김흥호의 철학강좌

서양철학 우리심성으로 읽기 Ⅲ

- 문학속의 철학 -

김흥호의 철학강좌

서양철학 우리심성으로 읽기 Ⅲ
- 문학속의 철학 -

도서출판 사색

김흥호 전집

문학속의 철학

지은이 : 김흥호
초판 발행일 : 2005년 3월 3일
초판 2쇄 발행일 : 2012년 2월 5일
발행처 : 사색출판사
발행인 : 최정식
인쇄처 : (주)약업신문

주소 : 서울 중앙우체국 사서함 206호
전화 : 070-8265-9873
팩스 : 02)6442-9873
홈페이지 : www.hyunjae.org
E-mail : hyunjae2008@hotmail.com
등록 : 2007. 10. 31. 제 16-4315호
ISBN : 89-90519-00-4(세트)
　　　　89-90519-08-X 04080

값 12,000원

※ 잘못된 책은 바꿔드립니다.
　 저자와의 협의하에 인지는 생략합니다.

머리말

　빛나는 하늘에 뭇별이 반짝이듯 마음속에 핀 꽃은 언제나 빛날 것이다. 마음속에 피어오른 아름다운 꽃은 꿈속에 피어오른 아름다운 깸이다.
　깸이 봄을 열어 아름다운 꽃으로 피어오르면 삶은 기쁨으로 넘치고, 사랑의 물을 주어 여름이 열리면 뜨거운 햇빛과 퍼붓는 소낙비에 잎은 무성하고, 지혜의 가을이 열리면 찬 서리에 열매는 무르익는다.
　마음 안에 핀 꽃은 젊은이의 꿈이요, 늙은이의 깨우침이다. 잠은 깨도 꿈은 깨지 말아야 한다. 꿈 없는 젊음은 젊음이 아니다. 아름다운 꿈을 지니고 사는 젊음만이 참다운 깨우침을 열어 솟아날 수 있다. 아름다운 꿈에서 인생은 깨고, 참다운 깸에서 인생은 꿈을 꾼다. 잠은 깨도 꿈을 지님이 참 인생이요, 깸 없는 꿈은 없고, 꿈 없이 깸은 없다.
　깸 속에 핀 꿈이 아름다운 사랑의 꽃이요, 꿈속에 열린 깸이 빛나는 지혜의 열매이다. 밖에 핀 꽃을 마음속에 옮겨 심으면, 밖에 핀 꽃이 곧 시들어버려도 안에 핀 꽃은 영원히 시들지 않는다.
　사랑은 밖에 핀 꽃을 안으로 옮겨 심게 하는 힘이요, 지혜는 안에 핀 꽃을 밖으로 드러내는 빛이다. 사람이 산을 보고 산과 같이 살다가 산이 되듯이, 사람은 꽃을 보고 꽃과 같이 살다가 꽃이 되어버린다. 꽃을 보고 가는 것이 인생의 길이요, 꽃과 같이 사는 것이 인생의 이치요, 꽃이 되고 마는 것이 인생의 명이다. 사람은 밖에서 피어 자연이 되고, 안에 피어 정신이 되고, 위에 피어 존재가 된다.
　마음의 새 땅에 꽃을 피우고, 정신의 새 하늘에 향내를 떨치고, 존재의 새 보좌에 빛을 더한다. 이것이 인간의 꿈이요, 인생의 깸이다. 자유는 꿈 속에서 자라 정의의 꽃을 피우고, 사랑은 깸 속에서 피어 평화의 향기를 넓게 떨친다.
　자유 속에는 정의의 꿈이 깃들고, 평화 속에는 사랑의 깸이 무르익는다. 오늘도 마음속에 진리의 물을 주어 꿈 속의 꽃을 곧게 피우고, 깬 세상에 펼친 향기 바람에 실어 새 하늘과 새 땅에 가득 채우자.

일러두기

1 — 저자는 1970년부터 1981년까지 12년에 걸쳐 1인人 월간지 사색을 발간했다(총144호). 이것을 1983년에 주제별로 묶어서 전 10권의 전집으로 발간 되었는데 그중 서양철학에 관련된 내용은 5권으로, 고대, 중세, 그리고 근대 합리론에 속하는 철인들의 생애를 쓴 『인물중심의 철학사(上)』와 근대 경험론과 현대 자유진영에 속하는 철인들의 생애를 쓴 『인물중심의 철학사(下)』, 그리고 플라톤, 스피노자, 칸트, 니체, 하이데거의 작품에 대한 평이한 형이상학적 해설서인 『철인들의 작품』, 키에르케고르, 야스퍼스, 니체, 하이데거의 생애와 사상을 살펴본 『실존들의 모습』, 도스토예프스키, 릴케등 문학사상가의 생애와 사상을 그린 『철학속의 문학』등이 있다.

2 — 그동안 절판된 전집에 대한 재발간이 절실히 요구되어 서양철학의 내용중 『철인들의 작품』을 시작으로 전 5권에 대한 재편집을 기획하고, 내용을 독자들에게 더욱 쉽게 읽히도록 하기 위하여 활자의 크기 및 꼴을 바꾸고 문장의 맞춤법과 외국인명 및 저서명을 현대어법으로 수정하였다.

3 — 20세기 한국을 대표하는 신학자인 변선환 박사는 김흥호 선생의 글을 읽고 '김흥호라는 한 한국인의 심성에 비친 그리스도 실존의 모습'이라는 평을 했는데, 서양철학을 우리의 심성으로 이해하고 읽어 나간다는 의미에 『서양철학 우리 심성으로 읽기』라는 제목으로 정하였다.

4 — 이 책의 재편집을 위해 이경희/임우식 선생께서 애를 써 주셨으며 인쇄교정에는 신옥희, 차현실, 이명섭 선생께서 수고를 해 주셨다.

차 례

머리말 ··· 5

제 1장 도스토예프스키
생애 ··· 13
자유와 빵 ·· 26
그리스도 ··· 38
절대순진 ··· 44
신을 찾아 ·· 50
허무주의 ··· 56
민중 ··· 62
사랑 ··· 68
늑대 ··· 74

제 2장 롤 랑
생애 ··· 83
근본경험 ··· 95
진리 ··· 107
장크리스토프 ···································· 119
생명 ··· 131

제 3장 릴 케
생애 ··· 147
사상 ··· 160
기도 ··· 172
투시 ··· 184
말테의 수기 ····································· 197
사랑 ··· 209
즉물성 ··· 220
예술의 세계 ····································· 232

제 4 장 톨스토이
생애 · 247
전쟁과 평화 · 259

제 5 장 괴 테
생애 · 275
파우스트 · 287
괴테의 문학 · 299

제 6 장 칼라일
생애 · 315
의복철학 · 321
영원의 부정과 긍정 · 327

제 7 장 에머슨
사상 · 335

제 8 장 소로우
사상 · 351

제 9 장 카프카
생애 · 367
카프카의 성격 · 379

제10장 카 뮈
이방인 · 395
반항적 인간 · 404
전락 · 406
페스트 · 408
사상 · 415

도스토예프스키

Dostoevski, Fedor Mikhailovich 1821-1881

도스토예프스키

Dostoevski, Fedor Mikhailovich 1821-1881

생애

19세기 문학계를 통해서 가장 인류적인 작가를 선택하라면 도스토예프스키를 생각하지 않을 수 없다. 그가 뼈저리게 싸운 것은 허무주의요, 그 허무주의를 극복하기 위하여 평생을 추구한 것이 새로운 종교였다.

그는 새로운 종교를 기독교 밖에서 찾지 않았고 기독교의 복음 속에 새로운 의미를 부여했다. 그가 무엇보다도 사랑한 것은 그리스도였다. 그에게서 그리스도의 이념이 사라져 본 적은 없다.

그가 『백치』를 쓰기 전 조카딸에게 보낸 편지에 다음과 같이 쓰고 있다.

"내 소설의 근본사상은 내가 어려서부터 사랑한 것인데 너무 어려워서 오랫동안 손을 댈 용기가 없었다. 이번에 거기에 손을 대는 것은 정말 내가 절망에 빠졌기 때문이다. 이 장편의 중요한 사상은 정말로 아름다운 인간을 그려내는 것이다. 이 이상 어려운 것은 이 세상에는 없다. 특히 현재까지 모든 작가들 중에서 (다만 우리나라뿐만 아니라 모든 유럽의 작가들까지도) 진짜 아름다운 인물을 그리려고 시도한 사람은 언제나 실패하였다. 그것은 헤아릴 수 없이 큰일이기 때문이다. 아름다운 것은 이상이다. 이상은 우리나라에서나 유럽에서나 영원히 완성될 수 없다. 이 세상에는 정말로 아름답고 위대한 사람이 한사람 있다. 그 분은 그리스도다. 이 헤아릴 수 없이 무한히 아름다운 인물의 출현은 물론 영원한 기적이다."

 누구나 『카라마조프의 형제』중에 대심문관을 읽은 사람이라면 그의 그리스도관에 압도되고 말 것이다. 일체를 초월하여 시종 침묵을 지키는 그리스도, 그는 한없는 연민의 미소를 고요히 지으면서 아무 말 없이 군중의 속을 걸어가신다. 사랑의 태양이 그의 가슴속에 불타 모든 사람의 마음을 감격으로 떨게 한다. 그는 모든 사람들을 향하여 손을 펴서 축복하셨다. 그의 몸이나 그의 옷자락에 가 닿기만 해도 모든 것을 고칠 수 있는 힘이 나오는 것이었다. 도스토예프스키가 시베리아 감옥에서 나온 직후에 쓴 편지 속에 이렇게 적혀 있다.

 "그리스도 이상으로 아름답고 심오하고 자비롭고 이성적이고 웅장하고 완벽한 것은 아무것도 없다. 아주 없을 뿐만 아니라 있을 수가 없다. 나는 나에게 뜨거운 사랑으로 이렇게 잘라 말할 수가 있다. 뿐만 아니라 만일 누군가가 나를 향하여 '그리스도는 진리 밖에 있다. 참다운 진리는 그리스도 밖에 있다.'고 증명하는 사람이 있을지라도 나는 차라리 진리보다도 그리스도와 같이 있기를 바랄 것이다."

 도스토예프스키의 그리스도는 이성을 통해서 얻은 그리스도가 아니다. 심정心情을 통해 얻은 그리스도다. 생각하고, 생각하고 생각해서 얻은 그리스도가 아니라 자기의 일체를 용서받고 눈물을 통하여 얻은 그리스도다. 성경을 통해 본 그리스도가 아니라 십자가를 통해 본 그리스도요, 이성을 통해 본 그리스도가 아니라 옥고를 통해 본 그리스도다. 눈바람 몰아치는 차가운 감옥 속에서 한없는 고독과 괴로움 속에서 만나 본 심정心情의 그리스도다. 이러한 그리스도가 아니고는 그의 허무주의는 이겨 낼 재간이 없다. 허무주의란 결국 이성주의요, 일체를 논리적으로 해결해 보려는 인간주의의 결정이라고 할 수가 있기 때문이다.

도스토예프스키의 그리스도는 신이 인간이 되었다든가 십자가의 속죄라든가 부활의 증거라든가 그런 교리적인 것이 아니었고 일체를 용서해 주시고 선한 자와 악한 자에게 골고루 베풀어 주시는 '사랑의 태양'이었다. 그는 하나의 '사랑의 기적'이었다. 비할 수 없이 아름답고 진실한 사람, '사랑의 영원한 이상'이 그리스도였다. 그는 '사랑의 화신'이었다. 사랑의 뜨거운 태양 밑에서 차가운 옥중의 얼음이 녹는 것이었다.

그리스도는 진리가 아니라도 좋다. 그는 진리를 초월한 사람이다. 도스토예프스키는 3차원을 넘어서 4차원을 나는 우주선처럼 진리의 세계를 넘어서 사랑의 세계를 날아갈 때에 그는 비로소 자유라는 것을 알게 되었다. 그가 밤낮 찾은 것은 자유이며 자유는 3차원의 세계에서는 찾을 수 없다. 이성의 세계를 넘어서는 것이다. 그런 의미에서 그리스도는 그에게 있어서 하나의 신이었다. 그는 그리스도의 신성을 믿었다. 인간의 힘으로 감히 침범할 수 없는 아름답고 깊은 사랑이 넘치고, 웅장하고 완벽한 히말라야의 어떤 영봉 같은 그리스도를 느끼고 있는 것이다.

도스토예프스키의 생각 밑바닥에는 생각의 차원을 넘어서는 어떤 심정이 깔려 있다. 이것을 그리스도 심정이라고나 할까. 이 심정 때문에 그는 러시아를 넘고 인류를 넘어서 우주적인 작가로 다시 살아나고 있는 것이다.

그가 죽은 것이 1881년, 100년이 넘었지만 아직도 그는 이 역사

속에 도스토예프스키의 열을 뿜고 있다. 그는 인간 문명이 합리주의에 파선하여 어떻게 할 수 없는 암흑에 처했을 때, 이성 이상의 것을 제시하는 작가로서 단테(Alighieri Dante, 1265-1321), 셰익스피어(William Shakespeare, 1564-1616), 괴테(Johann Wolfgang von Goethe, 1749-1832)와 더불어 거대한 하나의 별이 된 것이다. 그가 이성을 가지고 새로운 세계를 건설하려고 〈페트라셰프스키〉의 사회주의 운동에 가담했다가 발각된 것은 28세 때의 일이다. 총살형의 선고를 받고 처형장에 끌려간 마지막 순간을 그는 이렇게 묘사한다.

"군중과 군인에게 에워싸인 처형대에서 이십 보 가량 떨어진 곳에 기둥이 세워져 있었다. 범인이 여러 명인 듯하다. 우선 세 사람이 끌려 나가 기둥에 묶이고 사형복이 입혀지고 총이 보이지 않게 흰 수건으로 눈이 가려졌다. 그리고는 각 기둥마다 몇 사람의 군인이 줄을 지었다. 내가 아는 사람은 여덟 번째에 서 있었기 때문에 세 번 만에야 불려 나가게 되어 있었다. 한 사람의 승려가 십자가를 손에 들고 한 사람씩 찾아 갔다. 이제 마지막 5분, 이 이상 목숨은 없는 때가 다가왔다. 나의 경험에 의하면 이 5분간이야말로 한없이 긴 시간으로 마치 다 쓸 수 없는 많은 재산 같은 느낌이 들었다.

최후의 순간 같은 것은 생각할 필요도 없을 정도로 많은 생활을 이 5분 동안에 살 수 있을 것 같은 느낌이 들어 여러 가지 궁리를 해보았다. 우선 이 시간을 쪼개서 2분간은 친구들과의 고별에 쓰고, 2분간은 이 세상에서 마지막 사는 자신을 생각해 보기로 하였다. 그리고 남은 1분은 마지막으로 사면을 휘둘러보기로 하였다. 나는 이렇게 세 가지 계획을 세우고 이런 식으로 시간을 쓰려고 생각했다 (그는 그때 28세의 건장한 청년이었다).

우선 친구에게 작별을 고하면서 그 중 한 사람에게는 웃기는 질문을 하여 그 대답에 흥미를 가지기도 했다. 그리하여 친구들과의 작별이 끝난 즉시 이번에는 나의 일을 생각하기 위해서 쪼개놓은 2분을 쓰기로 했다. 나는 어떤 것을 생각할 것인지 미리 알고 있었다. 지금 나는 이렇게 살고 있지만 이제 이삼 분만 지나가면 나는 어떤 '무엇'이 되고 만다. 즉 '누구'가 되든지 아니면 '무엇'이 될 것이다.

왜 그럴까? 이 문제는 될 수 있는 대로 빨리, 될 수 있는 대로 밝게 해결하려고 생각했다. 누구인가가 된다면 '누구'가 될 것이며 그곳은 어디일까? 이것만을 완전히 2분 동안에 알고야 말겠다고 생각했다. 처형장에서 멀지 않은 곳에 교회가 있고 그 금빛 지붕 꼭대기가 밝은 햇빛으로 빛나고 있었다. 나는 무서울 정도로 집요하게 이 지붕과 지붕에 반사하는 햇빛을 바라보면서 그 광선으로부터 눈을 돌릴 수가 없었다.

이 광선이야말로 자기의 새로운 자연이다. 이제 몇 분이 지나면 어떤 방식으로 이 광선과 융합되고 마는 것이라는 느낌이 들었다. 이제 막 찾아오려는 새로운 미지의 세계와 거기에 대한 혐오의 감정은 무서운 것이었다.

그렇지만 나에게 말하라면 이 때에 그보다 더 괴로웠던 것은 끊임없이 떠오르는 하나의 생각 때문이었다. 만일 죽지 않았다면 어떨까. 만일 죽지 않게 되면 어떨까. 그것은 무한일 것이다. 그리고 그 무한한 시간이 모두 내 것이 될 것이다. 그렇게 되면 나는 한 순간 한 순간을 백년으로 연장하여 한 가지라도 쓸데없이 허비하는 일이 없게 해야 할 것이다. 그리고 그 한 순간 한 순간을 일일이 주판으로 계산하여 어떤 것이든 절대 허비하지는 않을 것이다. 이 생각이 나중에는 지독한 격분의 감정으로 변하여 어서 바삐 한 순간이라도 빨리 죽여주었으면 하는 마음으로 꽉 찼다."

이런 생각으로 가득 차 있을 그때 황제의 특사는 도스토예프스키를 죽음에서 풀어 주었고 그는 4년간을 시베리아 형무소에서 오직 성경 한 권만을 벗 삼아 옥고를 치르게 되었다.

이러한 특이한 경험 외에도 그에게는 신체적인 불행한 경험이 있었다. 그것은 그의 간질병이다. 그의 두 번째 아내였던 안나의 회상에 의하면,

"그가 기분 좋게 누님과 말하고 있다가 갑자기 말을 그치고 창백해져 의자에 기대어 내가 있는 쪽으로 기울어졌다. 나는 깜짝 놀라 가까이 가보니 무서운 신음, 사람의 소리가 아니라 마치 짐승의 울부짖음이 들렸다. 남편은 점점 꼬꾸라지면서 간질병 환자에게 공통적인 울부짖음이 10분 이상이나 계속되어 그때마다 나는 너무 놀라 심장이 멎는 것 같았다. 나는 사랑하는 남편이 얼빠진 것이 아닌가 하고 생각하여 오싹 소름이 끼쳤다. 몇 시간 지난 후에 겨우 남편은 걸을 수 있게 되어 우리들은 집에 돌아올 수 있었다. 발작 후에는 오랫동안 짓눌린 것 같은 우울한 분위기가 한 주일 동안 계속됐다. 자기의 가장 가까운 사람이 죽은 것 같은, 누군가를 파묻고 온 기분이었다."

이것이 그의 모습을 적은 글이다. 그러나 그 자신은 그의 간질 체험을 이렇게 적었다.

"극히 짧은 시간이었다. 그것은 한 번에 5초나 6초 이상 계속 되지 않지만 그 때 갑자기 완전하게 도달된 영구 조화의 존재를 느끼는 것이다. 그것은 이 세상 것은 아니지만 그렇다고 천상의 것이라고 말할 수 없다. 결국 인간이 몸으로는 견딜 수 없는 세계다. 생리적으로 변화가 되든지 그렇지 않으면 죽어버려야 한다. 그때에는 사람을 용서한다는 것도 없다. 이미 용서할 아무것도 없기 때문이다. 사랑이란 말로도 통하지 않는다. 아아, 그것은 사랑 이상의 것이다.

무엇보다도 무서운 것은 그것이 한없이 똑똑하게 말할 수 없는 기쁨으로 넘쳐 있다는 것이다."

이승과의 단절, 그것은 저승의 시작인 듯하다. 도스토예프스키는 그것을 기쁨으로 표시한다. 이쪽에서 보면 한없이 무서운 고통이 저쪽에서 보면 한없는 기쁨으로 넘친다는 이 역설이 그가 본 고통의 비밀이다. 그는 고통 속에 기쁨이 있다는 역설적인 주제를 끊임없이 설명하기 위해서 『지하 생활자의 수기』라는 작품부터 쓰기 시작했다. 이 작품이 나온 것이 53세 때다. 정말 인간이 무엇인가를 묻고 있는 것은 이 작품부터라고 니체(Friedrich Wilhelm Nietzsche, 1884-1900)도 말하고 있다.

그는 『죄와 벌』을 통해서 합리적인 허무주의를 고백하고, 『백치』를 통해서 처음으로 그리스도의 심성을 보여주고, 『악령』을 통해서 사회적인 허무주의를 그렸고, 『카라마조프의 형제』를 통해서 새로운 그리스도의 모습을 그려내고 있다.

이러한 일련의 작품생활이 아무도 따를 수 없는 천재적인 그의 솜씨를 보여 주고 있으나 이 천재적인 날개 밑에는 언제나 더러운 독사의 검은 그림자가 꿈틀거렸다. 그것은 천사를 더욱 아름답게 드러내는 악령들의 분신인지도 모른다.

그에게는 심한 낭비벽, 도박벽, 엽색벽 등의 악령들이 떠나본 일이 없었다. 낭비벽은 벌써 공병학교 때부터 시작되었다. 돈이 손에 들어오기만 하면 꾸었던 빚을 갚고 남은 돈을 곧 써버려 아무리 돈이 있어도 모자라는 형편이었다. 아버지가 죽은 후 매부가 후견인이 되어 시골 농장에서 나오는 수입을 매달 보내주었으나 그의 입에서 돈 꿔 달라는 부탁이 그친 적은 없었다. 밤낮 빚 투성이로 어떤 때는 출판사로부터 얼마 안 되는 돈을 꾸었다가는 갚을 수가 없어서 저작권을 양도하기도 하고 『가난한 사람들』을 쓸 때에는 얼마 안 되는 빚에 자기의 상속권을 제공하기도 했다.

　도스토예프스키는 돈이 있으면 그날로 다 없애야 직성이 풀리는 이상한 극단적인 낭비벽이 있었다. 허무주의자의 화신이어서 그런지 그는 무엇이나 오래 지니고 있지 못하는 성질이었다. 또한 그에게는 도박벽이 있었다. 남에게 돈을 꾸면 그것을 가지고 도박을 했다. 애인 폴리나 수슬로바를 만나러 파리로 가는 도중에 도박에 미쳐 며칠이나 지체하는 바람에 애인에게 다른 남자가 생겨 그녀를 잃기도 했다. 도박장 비스바덴에서 도박을 하다가 병들고 지쳐있었다. 식욕이 나지 않도록 방 안에 가만히 앉아 있다가 원수에게까지 돈을 꾸어달라고 편지를 한 적도 있었다.

　안나와 유럽여행을 떠난 때도 그는 비스바덴에 가서 도박을 해서 수중에 있는 돈을 모조리 잃고 도와줄 만한 사람에게는 빼지 않고 돈을 보내달라고 편지하고, 보내주면 더 보내달라고 조르고 돈이 오면 틀림없이 도박장으로 빠져나가 잃고 말았다. 값이 나갈만한 것은 빼지 않고 전당을 잡히고 점점 더 싼 집으로 이사를 다녔다. 어찌나 궁해 빠졌던지 우연히 만나는 친지들한테도 5프랑, 10프랑을 꿔서 먹고 살아가면서 하는 수없이 『죄와 벌』을 썼다.

　그 외에 기한이 촉박하여 속기사를 불러놓고 최대의 속도로 구술한 『노름꾼』이라는 작품도 있다. 그러나 이보다도 더 기가 막힌 것은 그의 엽색벽이다. 18세의 속기사를 불러 놓고도 작품이 끝나기가 무섭게 사랑을 고백하고 국외로 도망쳐 『백치』를 써야 하는 그의 치정은 수없이 그의 신세를 더럽혀 갔다. 마치 『악령』의 주인공 스타브로긴과 같은 허무주의의 화신이 되지만 그 안에는 영원히 변함 없는 조시마 장로의 영혼이 깃들어 있었다.

　소냐의 순수성, 미쉬킨의 순박성은 어떤 치정의 악령들도 감히 침범할 수 없는 거룩한 곳이 있다. 하나의 인간 속에 천사와 악마가 이렇게도 처참하게 함께 깃들 수가 있을까? 결국은 천사의 승리로 끝맺는 거대한 작품생활의 대단원이 그의 마지막을 재촉하게 한다.

그는 마지막으로 정말 그리스도의 신앙을 고백하는 작품을 계획하고 『아류샤』를 쓸 작정이었지만 하늘은 그에게 60을 넘는 목숨을 허락하지 않았다. 나이 60에 그는 폐암에 걸려 페체르부르그에서 죽었다. 그의 아내인 안나는 이렇게 회상한다.

"아침 7시에 눈을 뜨자 나는 그가 나를 바라보고 있는 것을 알고 곧 그에게 기분이 어떠냐고 물었다. 그는 낮은 목소리로 '안나!'라고 부르며 벌써 세 시간 전부터 자지 못하고 생각하고 있는 중인데 오늘 자신이 죽을 것을 그는 확실히 알 수 있다고 하며 나에게 촛불을 켜고 성경을 가져오게 했다(이 책은 그가 감옥 속에서 읽었던 책이요, 평생 그의 옆에서 떼 본 일이 없는 하나님의 말씀이 기록된 성경책이다). 내가 아무렇게나 편 곳은 마태복음 3장 14절, 15절이었다. '이제 허락하라. 우리가 이와 같이 하여 모든 의를 이루는 것이 합당하니라.'고 하신 구절이었다. 그는, '잠시 동안 허락하라. 그 말은 내 죽음을 말하는 거야. 됐어.' 그 이상 읽을 필요는 없다고 말했다. 그날 밤 8시 반에 그는 입에서 피를 흘리면서 숨을 거두고 말았다. 파란만장한 생애였다."

그는 1821년 10월에 태어났다. 아버지는 군의관으로 병원에 근무하고 있었다. 형 하나에 동생이 다섯인 7남매의 둘째로 태어났다. 어머니는 건강이 좋지 않았는데 도스토예프스키가 16세 때 결국 결핵으로 쓰러지고 말았다.

"어머니는 우리 모두에게 책을 읽고 글 쓰는 법을 가르쳤다. 교재는 『신구약 성서이야기』였다. 그 속에는 104개의 이야기가 수집되어 있다. 우주창조라든가 에덴동산의 이야기 등이 그림과 함께 실려 있었다."라고 그는 어머니를 회상하곤 하였다.

형은 나중에 그 책을 보물과 같이 소중히 여겼다고 한다. 아버지는 돈을 모아서 다로보예라는 시골에 땅을 샀고 그래서 그들은 여름이면 전원생활을 할 수가 있었다. 거기서 그들은 인디안 놀이를 하였다. 나무가 우거진 숲 속에 작은 집을 짓고 그것을 인디언들의 집으로 삼았다. 옷을 벗고 몸에 물감을 칠하고 닭털로 허리와 머리를 두르고 화살로 문화인의 주택을 습격하는 것이었다.

어른들의 제재를 벗어나 완전히 자유를 즐길 수가 있었다. 그의 어머니는 인디안 놀이를 중단시키지 않으려고 점심을 꾸려서 나무 밑에 숨겨 놓았고, 그들은 인디언답게 손으로 음식을 집어 먹었다. 숲속에서 밤도 지새려고 했으나 그것은 허락되지 않았다. 어머니의 사랑과 자연의 아름다움은 도스토예프스키의 정신의 끊임없는 원천이 되었다.

어머니가 세상을 떠난 후 그는 페체르부르그에 있는 육군공병학교에 들어갔다. 그 후 아버지는 의업을 그만두고 시골로 가서 신경질만 부리다가 도스토예프스키가 18세 되는 해에 농민들에게 죽임을 당하고 말았다. 이런 사건은 어린 그의 혼에 지울 수 없는 어두운 그림자를 던져 주었으며, 그는 자기도 모르게 문학청년이 되고 말았다.

그는 월터 스코트(Walter Scott, 1771-1832), 푸시킨(Aleksandr Sergeevich Pushkin, 1799-1837), 발자크(Honore de Balzac, 1799-1850), 괴테, 칼라일(Thomas Carlyle 1795-1881), 위고(Victor Hugo, 1802-1885) 등 닥치는 대로 읽었다. 그 밖에도 파스칼(Blaise Pascal, 1623-1662) 라신느, 샤토브리앙, 호머(Homer), 셰익스피어, 쉴러(Friedrich von Schiller, 1759-1805), 호프만(Ernst Theodor Amadeus Hoffmann, 1776-1822) 등을 마구 읽었다. 그는 특히 호머에 한없는 매력을 느꼈고, 빅토르 위고에게 무한

한 찬사를 보냈다. 그때 러시아에서는 레르몬토프의 낭만주의적인 작품 『현대의 영웅』과 고골리(Nikolai Vasilievich Gogol, 1802-1852)의 자연주의적인 『외투』가 판을 치고 있었다.

　22세에 공병학교를 졸업하고 소위가 된 도스토예프스키는 공병제도국에 배치를 받아 근무하다가 23세에 그만두고 『가난한 사람들』이란 작품을 쓰기 시작했다. 그가 그 원고를 친구에게 주었을 때 친구는 10페이지 정도 읽어볼까 하다가는 밤을 새워서 다 읽고 당시 지도적 비평가 벨린스키(Vissarion Grigoryevich Belinsky, 1811-1848)에게 가져갔다. 그는 그것을 읽자 도스토예프스키를 데려오게 하고 열을 올려 격려했다.

　"정말 당신은 자기 자신을 알고 있습니까? 24세에 당신이 이것을 알고 있다는 것을 믿을 수 없습니다. 비평가는 말로 그것을 설명하려고 하는데 당신은 미술가처럼 간결한 선으로 단번에 그 형상의 속성을 극히 평범한 독자들도 쉽게 느낄 정도로 뚜렷하게 알려주니 여기에 예술의 비밀이 있습니다. 당신에게는 진리가 계시되어 미술가처럼 당신의 눈앞에 펼쳐 보이고 이리하여 당신은 천부의 재능을 손에 넣은 것입니다. 당신은 그 천재성을 존경하고 어디까지나 충실하여 위대한 작가가 되시기를 빕니다."

　그 후 26세에 〈페트라셰프스키〉에 가담했다. 그리하여 27세에는 반란을 통해서라도 농민해방을 이룩해야 한다고 모의하다가 28세에 일망타진 되어 사형언도를 받고 집행장에 끌려갔다가 감일등 되어 한갓 병졸로 4년간 시베리아 감옥생활을 마치게 되었다.

　그는 이 때의 경험을 44세에 『죽음의 집의 기록』이라는 책으로 써내게 되었다. 이 책은 톨스토이를 비롯해서 많은 비평가들에게 높이 평가되었다. 그것은 도스토예프스키에게는 이미 현실을 직관할 수 있는 무서운 눈을 가지고 있다는 것이 증명되었기 때문이다. 33

세에 그는 옴스크 감옥을 나와서 하나의 병졸이 되어 시베리아 상비군 제7대대에 배속되었다.

여기서 그는 그의 새 삶을 위한 준비를 시작했다. 형에게 부탁하여 『코란』, 칸트(Immanuel Kant, 1724-1804)의 『순수이성비판』, 헤겔(Georg Wilhelm Friedrich Hegel, 1770-1831)의 『철학사』, 그리고 헤로도토스, 투키디데스 그 밖에 물리학, 생리학, 경제학, 역사학 등 읽을 수 있는 것은 다 읽으면서 4년의 병역을 끝마치게 되었다.

그러나 그 동안에 그는 학교 선생의 아내인 이사예프와 사랑에 빠져 그녀의 남편이 죽은 후에는 결혼을 했다. 이 여인이 바로 첫 번째 아내인 마리야다. 그녀가 데리고 온 어린애와 살면서 38세에야 겨우 페체르부르그로 돌아왔다. 그는 형과 같이 『예레미야』라는 잡지를 간행하여 『짓밟힌 사람』, 『죽음의 집의 기록』을 실어 호평을 받기도 했다.

그 후 그는 폴리나와 사랑에 빠져 폐병으로 신음하는 마리야를 내버리고 유럽여행을 떠나게 되었다. 먼저 폴리나를 떠나보내고 두 달 후에 파리에서 만나기로 했지만 그는 도중에서 도박에 빠져 일주일이나 늦게 파리에 도착했다.

그를 기다리던 폴리나는 그 동안에 스페인에서 온 의학생과 사랑에 빠져 도스토예프스키는 보기 좋게 배신당했지만 그 후 폴리나는 그 남학생에게 배신을 당하고 두 사람은 다시 의형제가 되기를 약속하고 이태리로 여행을 떠났다. 그는 그녀를 사랑했으나 그녀는 그를 다시는 사랑하지 않았다. 43세 때에는 그의 아내와 그를 지극히 사랑하던 형이 죽었다. 그는 자기도 모르는 사이에 철저한 회의주의자가 되어갔다.

그 후 십 년 동안 그는 정신적으로나 경제적으로 말할 수 없는 궁지에 빠져 버리고 그는 계속되는 빚더미에 눌려 모든 판권을 업자에게 빼앗기고, 45세 때에는 새로운 장편을 써주지 않으면 앞으로의 판권도 모두 빼앗긴다는 조건 때문에 속기사를 데려다가 한 달 동안에 구술한 것이 『노름꾼』이라는 장편이었다. 이 때 속기사로 온 18세의 소녀 안나에게 사랑을 고백하고 결국 27년이라는 나이 차이에도 불구하고 두 남녀가 결혼을 하여 유럽에서 새로운 신혼의 꿈을 속삭였다.

　이어서 그는 『죄와 벌』을 썼다.

　38세 때에 페체르부르그에 도착하여 사랑에 빠졌던 친구의 아내인 알렉산드리아는 33세, 첫째 아내는 29세, 그리고 폴리나는 22세, 부유한 퇴직 장군의 딸, 안나는 20세, 그리고 두 번째 결혼한 안나는 18세였다.

　폴리나와 장군의 딸, 안나의 이야기는 그가 내놓은 『백치』의 여주인공으로 나타난다. 안나는 아글라야로, 폴리나는 나타샤로, 그리고 미쉬킨 공작은 그리스도를 모델로 하고 있다.

　그리고 그는 작품 『악령』을 써서 무서운 통찰력으로 사회속의 집단을 분석했다. 결국 사회주의 집단은 무한한 전제주의로 종말을 맺는다. 사회주의 이상을 개성의 상실로 본 도스토예프스키는 진정한 개인의 자유를 『카라마조프의 형제』에서 논하고 있다. 57세에 쓰기 시작한 이 책은 인간의 진정한 자유는 정신에 있다는 것, 사람은 떡으로만 사는 것이 아니라 말씀으로 산다는 것을 증명하기 위해서 쓰게 된 것이다.

　죽기 석 달 전에 겨우 끝마쳤으며, 그는 일생 신의 문제로 고민하였다고 고백했다. 신의 문제는 자유의 문제요, 그것은 인생의 본질의 문제이기 때문이다.

자유와 빵

『카라마조프의 형제』 제5장 5절에 〈대심문관〉이라는 제목이 있다. 도스토예프스키의 이 작품은 15세기 세비야를 무대로 하여 쓰인 극시劇詩이다. 이야기는 스페인의 세비야를 무대로 하고 하나님의 영광을 위해 매일같이 무시무시한 종교재판이 벌어지던 때 이야기다.

이때 그리스도가 잠깐 그의 자녀들을 방문하기 위하여 스페인 남쪽지방 어느 도시의 뜨거운 거리에 나타나셨는데 바로 그 전날은 하나님의 영광을 위하여 국왕과 조정의 고관대작, 기사, 추기경을 비롯해서 아름다운 궁녀들과 세비야 전 주민들이 참석한 가운데서 대심문관인 추기경의 지휘로 교회를 비판하는 백여 명의 신도가 이단자로 몰려 불에 타 죽었다.

그때 그리스도는 아무도 모르게 가만히 나타나신다. 그런데 이상하게도 사람들은 그가 그리스도인 것을 직감했다. 사람들은 자신들도 모르는 사이에 그분에게 끌려가게 되어 그분을 둘러싸고 그 주위에 떼를 지어 따라간다.

그는 한없이 자비롭고 부드러운 미소를 지으며 말없이 사람들 사이를 걸어가셨다. 사랑의 태양이 그의 가슴 속에서 타오르고 빛과 힘이 그의 눈에서 반짝거렸고 그 광채가 사람들 위에 비추어 그들 가슴을 뒤흔들어 그 속에서도 사랑의 반응을 일으키게 했다. 그분은 백성들에게 손을 뻗치어 축복해 주셨는데 그분 몸은 말할 것도 없고 그분의 옷에만 닿아도 모든 병을 고치는 힘이 흘러나왔다. 그분이 세비야 성당의 재단 앞에서 걸음을 멈추었을 때 상여꾼들이 눈물을 흘리면서 뚜껑을 덮지 않은 작은 관을 들고 들어오고 있었다. 그 관

속에는 그 도시의 이름 있는 시민의 외딸인 일곱 살 난 계집애가 누워있었는데 그 작은 시체는 꽃에 덮여 있었다. 군중들은 울고 있는 어머니를 보고 "저분이 당신 아이를 살아나게 하실 수 있을 겁니다." 하고 외쳤다. 관을 맞으러 나왔던 사제들은 당황한 눈치를 보이면서 이맛살을 찌푸렸지만 죽은 아이의 어머니는 통곡을 하면서 그분 발 앞에 몸을 던졌다. "만일 당신이 주님이시라면 이 아이를 살려 주십시오." 하고 그분에게 팔을 뻗치며 외쳤던 것이다. 상여를 따르던 행렬은 멈춰 서서 그분의 발아래 관을 내려놓았다. 그분은 입을 여시고 조용하게 "내 딸아, 일어나라." 하고 말씀하셨다. 그 말씀이 끝나자 어린 소녀는 관 속에서 일어나 이상스러운 듯이 눈을 뜨고 미소를 지으며 주위를 둘러보았다. 군중들 사이에서는 소리를 지르고 울어대고 야단법석을 치는 등 혼란이 일어났는데 바로 그 순간에 대심문관인 추기경이 성당 옆을 지나가고 있었다.

그는 나이가 구십 가까운 노인인데 아직도 두 눈에서는 불빛같이 번득이는 광채가 돌고 있었다. 그는 군중이 떼를 지어 걸어오고 있는 것을 보고 걸음을 멈추고 처음부터 끝까지 모든 것을 지켜보았다. 그는 어린애가 살아나는 것을 보고 그의 흰 눈썹을 찌푸리더니 그의 호위들에게 그분을 체포하라고 명령을 했다. 호위들은 곧 그분을 잡아 감옥에 가두어 버렸다.

그날 밤 캄캄한 어둠 속에서 감옥의 철문이 열리더니 대심문관 자신이 손에 불을 들고 나타나는 것이었다. 그는 혼자 문안에 들어서자 문을 닫아버렸다. 그는 얼마 동안 그리스도의 얼굴을 뚫어지게 쳐다본 후 천천히 그분 앞으로 나아가 책상 위에 불을 놓고 입을 열었다.

"당신이 정말 예수이시오? 그런데 무엇 때문에 온 거요. 당신은 옛날에 당신이 말한 이외에 아무 말도 할 권리가 없단 말이오. 당신은 어째서 우리를 방해하러 왔소. 나는 당신에게 유죄 선고를 내리고, 내일이면 이단자로 누명을 씌워 말뚝에 매달아 태워 버리겠소. 오늘 당신 발에 입 맞추었던 자들도 내일이면 내가 손가락을 꼼짝만 해도 앞을 다투어 당신을 태우는 불에 불붙는 나뭇가지를 던질 것이오.

당신은 모든 것을 법왕에게 주지 않았었소? 당신은 지금 오실 필요가 전혀 없습니다. 당신은 전 세계의 신비를 우리에게 제시할 권리가 조금도 없습니다. 당신은 그들을 자유롭게 한다고 하셨지만 그들은 공손하게 그들의 자유를 우리의 발아래 가져다 놓았소. 그리고 그들은 어느 때보다도 완전히 자유를 누리고 있다고 망상하게 되었소. 이것이 우리가 한 일들이오. 당신은 확실히 우리에게 묶고 풀 수 있는 권리를 부여했으니 이제 와서 그 권리를 우리에게서부터 박탈할 수 없을 거요.

우리의 일을 방해하지 마시오. 도대체 당신은 무엇 때문에 이제서 우리를 방해하러 왔소. 무엇 때문에 당신은 그 부드러운 눈으로 말없이 속속들이 나를 바라보는 거요. 화를 내 봐요. 나는 당신을 사랑하지 않으니까. 당신의 사랑을 받고 싶지도 않소. 내가 당신에게 숨긴댔자 그것이 무슨 소용이 있소. 내가 말할 수 있는 것은 이미 당신이 다 알고 있단 말이오. 그러니 내가 우리의 비밀을 당신에게 감출 리 있겠소. 아마 당신은 그것을 내 입으로 말하는 것을 듣고 싶어 하는지도 모르겠소. 그렇다면 내 들려주리다. 우리는 당신에게 협력하지 않고 그 악마와 더불어 손잡고 일하는 중이오. 우리가 당신의 편이 아니라 악마의 편에 서게 된 것은 이미 오래 되었소.

우리는 벌써 오래 전에 당신이 멸시하고 거절했던 것, 즉 악마가 땅위의 모든 나라들을 보이면서 당신에게 제공했던 마지막 선물을 그에게서 받았소. 우리는 그에게서 로마제국과 가이사의 검을 취해서 우리가 이 땅위의 유일한 지배자라고 선포했소. 아무도 그 일을 완성할 수 없었소 마는 그래도 이미 첫걸음을 내딛었소. 아직도 달성되지는 않았지만 우리는 기어코 승리를 거두어 인류 전체의 행복을 계획할 것이오.
　당신도 가이사의 검을 취할 수 있었는데 어째서 그것을 거절해 버렸소. 만약 당신이 악마의 마지막 충고, 즉 악마에게 절하면 땅위의 모든 권세를 준다는 악마의 충고를 받아들였더라면 인류가 땅위에서 구하는 모든 것을 완성할 수 있었을 것이오.
　그들이 경배할 사람과 그들의 양심을 내맡겨 둘 사람과 온 세계 사람들을 한 마음으로 의좋게 개미집 같이 통일할 수 있는 방법 말이오. 당신이 만약에 전 세계와 가이사의 자줏빛 왕의王衣를 취했더라면 당신은 세계국가를 건설하고 세계평화를 가져다 줄 수 있었을 것이오. 우리는 가이사의 검을 취했고, 그것을 취하므로 물론 당신을 버리고 그 악마를 따라갔소.
　우리는 사람들이 자유를 포기하고 우리에게 복종할 때에만 자유롭게 될 것이라고 설복할 것이오. 그 때에는 영영 복종하게 될 것이오. 그 때에는 그런 천성을 타고난 약한 동물로서 거기에 알맞은 평온하고 수수한 행복을 베풀어 줄 것이오. 그러면 그들은 겁을 내게 되고 마치 병아리가 암탉 품안에 모여들 듯 두려워 떨며 우리 주위에 가까이 모여들어 우리를 우러러 볼 것이오. 우리가 노할 때에는 그들은 무력하게 떨 것이며 우리가 손짓만 하면 그들은 웃음과 행복으로 옮겨갈 것이오. 그들은 약하고 무능하기 때문에 우리는 그들에게 죄짓는 일까지 허락해 주어 우리의 허락을 받고 죄를 범하기만 하면 이런 죄에 대한 벌은 우리들 자신이 떠맡는다고 일러주기 때문에 그들은 우리를 구세주라고 앙모할 것이오. 그들은 양심 속의 가장 괴로운 비밀까지도 모조리 우리 앞에 드러낼 것이며 그들은 기꺼

이 우리들에게 복종할 것이오. 이리하여 모든 사람이 행복해 질 것이오.

그들의 행복을 위해 그들의 죄를 떠맡은 우리들을 당신이 심판할 수 있으면 해보시오. 나는 당신을 두려워하지 않소. 나도 한때는 당신을 찾아 광야에 나갔고 나도 또한 풀뿌리와 메뚜기로 연명했으며 당신이 자유를 가지고 인간을 축복해 주었는데 나도 또한 그 자유를 귀하게 여겼고 나도 또한 택함을 입은 사람들 사이에 끼려고 무척 애써 보았소.

그러나 그것은 허황된 꿈이었소. 나는 그러한 허황된 꿈에서 깨어나 미치광이인 당신을 섬기지 않게 되었소. 나는 돌아서서 당신의 역사를 뜯어고친 자들과 한패가 되었소. 나는 거만한 자들에게서 떠나 겸손한 자들의 행복을 위해 겸손한 사람들에게로 돌아왔소.

내가 당신에게 이야기하는 일들은 실현될 것이며 우리의 왕국이 건설될 것이오. 내가 되풀이해 말하지만 내일이면 그자들은 당신을 불태울 나무더미 위에 불타는 꼬투리를 던지려 달려갈 것이오. 당신이야말로 우리가 불로 태워 죽일 자요. 내일 나는 당신을 불태워 버리겠소.

우리는 인간을 사랑하기 때문이오. 우리는 인간이 약하다는 것을 너무도 잘 알고 있소. 인간이 찾는 것은 오직 행복뿐이오. 그런데 당신은 행복 대신에 자유를 주었소. 당신은 인간이 선악을 가리는 지식에 있어서의 선택과 자유보다도 편안을 더 좋아한다는 것을 잊었소. 인간에게는 양심의 자유보다 더욱 매력 있는 것이 없지만 그러나 그보다 더 큰 고통의 원인도 없소.

당신은 인간에게 자유를 주는 대신에 고통으로 그들에게 무거운 짐을 지워 주었소. 당신은 인간들이 자유로운 의지로 당신을 따르도록 인간의 자유로운 사랑을 바랐소. 그러나 인간들이 선택의 자유라는 무서운 짐 아래 눌리게 될 때 그들은 마침내 당신의 형상이나 진리까지도 거절한다는 것을 몰랐소. 그들은 마침내 진리는 그리스도 안에 있지 않다고 큰소리로 외치게 될 것이오. 그러므로 실제에 있어서 당신은 자신이 당신 나라의 파괴의 기초를 놓았소.

그런고로 당신은 누구하나 비난할 수가 없소. 그런데 도대체 당신께 제공된 것이 무엇이었소? 무력한 인간의 행복을 위하여 그들의 양심을 정복하고 영원히 그들을 사로잡을 수 있는 세 가지 힘, 즉 돌로 떡을 만들 수 있는 기적과, 성전 꼭대기에서 뛰어 내릴 수 있는 신비와, 천하를 다스릴 수 있는 권세, 이 세 가지를 주는데 그것을 당신은 거절하고 말았소. 그런데 우리는 이 세 가지를 받아 가졌소. 자연을 개발하여 상품을 만들 수 있는 무서운 기적을 우리는 가지게 되었고, 성전 꼭대기가 아니라 달나라에서부터 뛰어 내릴 수 있는 새로운 신비를 가지게 되었으며, 천하를 다스릴 뿐만 아니라 천하를 파괴시킬 수 있는 무서운 힘마저 가지고 있소.

인간은 기적 없이는 살 수 없는 존재요. 인간은 기적이 없을 때는 제 마음대로 새로운 기적을 만들어 마침내 요술이나 기술을 믿게 될 것이오. 당신은 기적에 의해 인간을 노예로 삼기를 원치 않았고 기적을 토대로 하지 않은 자유로운 신앙을 갈망하여 인간을 영영 위협해 버리는 무서운 힘 앞에서 노예로서 느끼는 비열한 환희가 아니라 자유로운 사랑을 갈망했소. 그러나 이 점에서 당신은 인간을 지나치게 높이 평가했소. 왜냐하면 비록 그들의 천성이 반항적이기는 하지만 두말할 것도 없이 그들은 노예이기 때문이오. 내가 단언하는 바이지만 인간이란 그 천성을 타고나기가 당신이 생각했던 것보다 훨씬 약하고 비열한 것이오.

당신은 물론 자기의 십자가를 지고 몇 십 년 동안 메뚜기와 풀뿌리로 살아가면서도 당신의 뒤를 따르는 자유의 아들들이 있다고 자랑할 수 있을지도 모르오. 그러나 그들은 겨우 몇 천 명에 불과하다는 것을 잊지 마시오. 도대체 나머지 인간들은 어떻게 하란 말이오. 위대한 사람들이 견딘 것을 약한 인간들이 견디지 못했다고 해서 어떻게 할 것인가 말이오.

우리는 당신의 역사를 뜯어 고쳐 기적과 신비와 교권 위에다 우리의 나라를 세워 놓았소. 그리고 우리들은 또다시 그들을 양떼와 같이 이끌어 주고 그들에게 큰 고통을 가져다주던 그 무서운 양심의 자유를 그들의 마음에서부터 제거해 주었기 때문에 그들은 기뻐하였소.

우리가 이렇게 가르친 것이 옳지 않소? 말해 보시오. 우리들이 그렇게 순순히 인간의 무력함을 인정하고 사랑으로 그들의 짐을 덜어 주고 그들의 약한 본성을 용납해 주고 우리의 허락을 얻은 후라면 죄까지도 지을 수 있게 해주었으니 우리가 인류를 사랑한 것이 아니겠소? 도대체 당신은 무엇 때문에 이제 우리를 방해하러 왔소? 무엇 때문에 당신은 그 부드러운 눈으로 말없이 속속들이 들여다보는 듯이 나를 쳐다보는 거요?

인간이나 인간사회에는 자유보다 더 견디기 두려운 것은 없는 것이오. 그런데 당신은 어리석게도 맨주먹으로 자유라는 것을 약속하고 가버렸소. 그리고 당신은 그들에게 하늘의 양식을 약속하였지만 약하고 항상 죄를 짓는 비열한 인간들의 눈으로 볼 때 하늘의 빵을 땅 위의 빵으로 비길 수 있겠소? 그들은 우리 발아래 그들의 자유를 들이대고 '우리를 노예로 삼으소서. 그리고 먹여만 주소서.' 하고 말할 것이오. 그들은 자유가 모든 사람들에게 충족한 빵과는 서로 양립할 수 없다는 것을 깨닫게 될 것이오. 그 까닭은 그들 사이에서 공평하게 나누어 가진다는 것은 결코 불가능하기 때문이오. 그들은 또한 자기네들이 약하고 악하고 한 푼어치 값도 없으며 결코 자유로울 수 없다는 것을 깨닫게 될 것이오.

그들은 우리에게 놀라 탄식하며 신으로 받들게 될 것이오. 왜냐하면 그들은 자유를 달갑게 버리고 그들을 통치해 주기를 허락했기 때문이오. 우리는 그들에게 말하기를 우리도 당신의 종이며, 당신의 이름으로 그들을 다스린다고 할 것이오."

대심문관의 이야기는 계속된다. 그러나 그것을 다 적을 수는 없고 한마디로 대심문관의 의도는 그리스도가 거부한 세 가지 제안이야말로 인류의 영원한 문제를 해결해 줄 수 있는 방안이라는 것이다. 그것은 한마디로 경제와 정치와 학문이다. 라인의 기적을 자랑하고 세계의 통일을 꿈꾸고 학문의 신비에 도취해 있는 것이 현대문명의 주장이다. 그러나 그리스도는 거기에 대하여 아무런 답변도 없다. 도스토예프스키는 기나긴 대심문관의 이야기를 이렇게 끝맺는다.

대심문관은 말을 멈춘 후 한참동안 죄수가 대답하기를 기다렸다. 그분의 침묵은 그를 괴롭혔다. 그가 보니 죄수(그리스도)는 조용히 그의 얼굴을 바라보면서 확실히 대답할 생각은 없이 끝내 열심히 듣고만 있었다. 대심문관은 아무리 지독하고 무서운 말이라도 좋으니 그분이 한마디라도 뭐라고 말하기를 갈망했었다. 그러나 그분은 갑자기 말없이 대심문관에게로 가까이 와서 핏기 없는 늙은이의 입술에다 부드럽게 입 맞춰 주었다. 그분의 대답은 그뿐이었다. 그 입맞춤에 노인은 몸서리쳤고 그의 입술은 떨렸다. 그는 문 곁으로 나가 문을 열어젖히고는 그분에게 이렇게 말했다.

"가시오. 다시는 오지 마시오. 영영 오지 말란 말이오. 무슨 일이 있어도 말이오."

그리고 나서 노인은 그 도시의 어두운 골목으로 그분을 내보냈다. 그래서 죄수는 가버린 것이다. 그분의 키스가 노인 가슴 속에서 불타올랐지만 그는 여전히 그전의 이상을 고집하였다.

오늘도 많은 사람들이 하늘의 빵보다도 땅위의 빵을 구하고 있고 의식이 족하여야 예절을 알 수 있을 거라고 주장하게 되었다. 인간의 행복을 위하여 우선 경제문제의 해결이 급선무라고 생각한다. '빵을 준 후에 착한 행실을 요구하라.' 이것이 현대인의 주장이다. 그리고 현대인은 강아지처럼 누구나 빵을 주는 이에게는 자유를 내버리고 그 앞에 겸손하게 복종한다.

인간은 본래 무엇에게나 절하기를 좋아하고 특히 모든 사람이 함께 절할 수 있는 존재라면 그보다 더 다행이 없다고 생각한다. 절할 수 있는 하나님이 세상을 떠난 후에도 인간은 계속하여 제 손으로 우상을 만들어 놓고 온 사람이 합심하여 그 앞에 무릎을 꿇기를 좋아한다. 모든 사람이 합심해서 무릎을 꿇는 대상으로서 빵을 나눠주는 경제기구보다 더 절하고 싶어 하는 대상이 어디 있을까. 인간의 행복과 역사의 의미는 경제문제를 해결하는데 있다고 주장하는 사람이 얼마나 많은가?

그런데 어리석게도 하늘이 떡과 자유의 이름으로 경제적 기적을 물리치고 인간을 불행하게 하고 말았으니 오늘 누가 그리스도를 따를 수 있으랴.

악마는 온 천하의 영광과 나라의 권세를 그리스도에게 보여주어 자기에게 절만 하면 그것을 다 준다는 것이었다. 인간은 세계적으로 하나 되기를 구하고 절대의 권력으로 지도받기를 원한다. 티무르나 징기스칸의 위대한 정복도 인류의 세계적 결합의 욕구를 이용한 때문이었다. 세계적 왕국만이 세계의 평화를 가져올 수 있다고 사람들은 믿어오지 않았던가.

예수가 악마에게 권한을 얻어 세계를 통일하고 말았으면 인류의 문제는 벌써 해결되었을 것이 아닌가. 그런데 그리스도는 평화를 마음으로 끌어들여 각자가 자유롭게 자기의 평화를 자기가 선택하도록 만듦으로써 정치와 무력으로의 세계통일을 거부하고 말았다. 이리하여 그리스도는 인류에게 또다시 불행을 안겨 주었다.

악마는 마지막으로 예수에게 하나님의 아들이거든 성전 꼭대기에서 뛰어내리라고 한다. 그러면 발하나 상하지 않도록 천사들이 받들 것이라고 성경에 기록되어 있다는 것이다.

자연의 법칙을 이용하면 그 이상의 기적과 신비를 행할 수가 있으리라. 그러나 학문과 기술의 힘으로 인간의 문제가 해결될 수 있을까?

인간에게 양심이 있고 자유가 있는 이상 인간을 어떻게 학문과 기술로 처리할 수 있을까. 인간이 하나의 기계라면 모르지만 인간의 사상을 통제하고 인간이 기술적으로 처리하여 인간의 자유를 억압하면 인간의 고통이 물러갈 수 있을까? 아무리 인간에게 고통이 있을지라도 인간에 있어서 자유 이상으로 더 매혹적인 것이 있을까?

비록 오늘 기계처럼 죽어간다고 해도 그들은 인간의 자유를 믿고 양심의 자유를 바라면서 숨을 거둘 것이 아닌가. 참 산다고 하는 것은 기계처럼 움직이는 것이 아니라 마음대로 생각하고 마음대로 걸어가면서 살아가는 것이 아닐까?

인간에게서 자유를 빼내면 그것은 곧 삶이 아니다. 산다는 것은 곧 자유를 의미하기 때문이다.

경제와 정치와 문화의 절대화를 주장하여 무섭게 힐문하는 대심판관에 대하여 시종 묵묵하였던 그리스도는 한마디 괴롭고 무서운 어떠한 말도 던지지 않고 조용하게 90세가 넘은 핏기 없는 추기경의 입을 맞추어 주었다. 그것이 답변의 전부였다.

노인의 가슴은 섬뜩하였다. 그 뜻은 경제로 밥 먹이고 정치로 통일하고 학문으로 신비를 안겨주어도 좋다. 그러나 그것이 전부가 아니다. 그 모든 것은 또 하나의 높은 차원 즉 인간의 자유를 위하여 이바지되어야 한다는 것이다. 경제도 정치도 문화도 다 절대일 수는 없다.

그보다 더 절대적인 것이 있다. 그것은 인간이다. 인간의 본질은 자유다. 자유이외에 아무것도 절대를 주장할 수 없다. 인간은 지상의 자유를 절대적으로 인정하고 초월적 자유를 거절하여 경제 정치 문화를 인간의 목적으로 삼고 그것을 위해서 인간은 태어난 것처럼 착각을 일으킬 때가 많다. 그러나 그것은 상대적인 것이요 지상적인 것이지 절대적인 것일 수는 없다. 지상의 자유가 나쁘다는 것이 아니다. 그러나 지상의 자유를 자유답게 하는 천상의 자유가 인정되어야 한다. 이러한 자유가 인정되지 않는 한 인간은 영원한 인간의 노예임을 면할 수가 없다. 경제건 교회건 국가건 그것은 절대성을 주장할 수 없다.

인간은 그들에게 주어진 자유를 국가나 교회나 경제에게 일임하고 자기의 양심과 책임과 결단에서 일어나는 고통을 벗어 버릴 수는 없다. 경제나 국가나 교회 속에서 인간의 문제가 해결되는 것이 아니다. 그런 것은 모두 상대적인 것이다.

인간의 진정한 의미는 절대 속에 있다. 모든 상대는 절대를 위한 수단이 될 수 있는 것이지 인간의 목적이 될 수는 없다. 절대적인 것은 땅위에 없다. 그런 의미에서 현실은 무無다. 그러나 현실이 무인 이유는 이 현실을 넘어선 곳에 절대가 있기 때문이다. 인간은 현실을 초월하는 곳에 자유가 있음을 알 수 있게 되고 이 자유가 있는 곳에만 인간의 의미가 있다는 것을 알게 될 것이다.

모든 역사는 이런 의미를 위하여 경제나 정치나 문화를 상대화하여 절대에 직면케 하는데 그 위대한 기능이 있다.

도스토예프스키는 되풀이 되는 인간타락의 역사 속에서 끈질기게 인류의 자유를 계시해 주는 그리스도의 모습을 누구보다도 선명하게 우리들에게 보여준다.

경제와 정치와 문화를 가지고 인간의 문제를 해결하려는 대심문관에 대하여 그는 아무 말도 하지 않고 입을 맞춘다. 악마의 분신인 대심문관에게 입을 맞추는 것이다.

가롯 유다에게 입을 맞춘 그리스도는 악마의 분신에게 입을 맞춘다. 아니 악마 자신에게 입을 맞추었다고 해도 좋다. 악마란 별것이 아니다. 인간을 너무도 약한 것이라고 얕보는 인간들이다. 그들이 경제를 들고 나오고, 정치를 들고 나오고, 문화를 들고 나오는 것은 인간을 사랑하기 때문이다.

도스토예프스키는 악마란 인간을 미워하고 저주하는 존재로 생각하지 않는다. 그들이야말로 인간을 사랑하는 존재다. 사랑하되 너무 사랑하는 것이다. 사랑은 맹목이라고 한다. 너무 사랑하는 나머지 인간을 언제나 연약하고 어리석은 동물로 생각하는 것뿐이다. 우선 먹여야 하고 입혀야 하고 가르쳐야 된다는 어머니의 사랑처럼 악마는 인간의 자유를 인정하려고 들지 않는다. 이것이 어머니의 사랑과 아버지의 사랑이 다른 것이다. 아버지는 아들을 육체로 보지 않고 정신으로 본다. 여기에 인간 자유의 근거가 있다. 아무 말도 하지 않고 입 맞추는 그리스도의 뜻은 대심문관도 구원하고 악마도 구원하지 않고는 견딜 수 없는 그의 사랑의 표현이었을 것이다.

인류에 대한 악마의 사랑은 의례 인정되어야 한다. 그러나 악마로 하여금 인간의 자유를 부정할 수 있는 권한은 줄 수가 없다. 악마뿐만이 아니다. 국가도 경제도 교회도 이 세상 전체가 인류를 위하여 수고하는 모든 공적은 긍정이 되어야 한다. 그러나 그것이 인간의 초월적 자유를 짓밟게 해서는 안 된다. 일체는 그 자신이 목적이 아니다. 그 자신을 넘어 더 높은 차원을 위해야 되기 때문이다.

악마가 거절되는 사랑은 참사랑이 아니다. 악마도 용납되는 사랑만이 그리스도의 사랑이기 때문에 도스토예프스키는 그 분으로 하여금 대심문관의 입술에 입을 맞추게 했다.

그리스도

　도스토예프스키의 그리스도는 권위적이고 초월적이며 교리적이며 교회적인 그런 그리스도가 아니다. 대심문관이 무엇이라고 해도 한 마디 말이 없는 감격의 그리스도, 붉은 태양, 다치면 터질 듯 익은 감 알처럼 안개 낀 서쪽 하늘로 뉘엿뉘엿 넘어가는 부드럽고 붉은 태양과 같은 그리스도, 인류의 영원한 이념인 그리스도, 그리고 언제나 새롭고 젊은 그리스도, 이런 그리스도가 도스토예프스키의 그리스도다.
　자유와 사랑이 터져 나올 것 같은 청춘의 그리스도, 어떤 무엇으로도 제한할 수 없는 무제한의 그리스도, 이런 그리스도에 대한 사랑을 그는 가슴 깊이 안고 있었다.
　그런 의미에서 도스토예프스키의 종교는 지금까지 볼 수 없었던 완전하고 자유로운 정서와 뜨거움이 넘치는 자유의 종교다. 그래서 어떤 비평가는 도스토예프스키의 기독교는 서구교회의 입장과는 너무도 다르다고 평가한다. 거의 오르페우스 종교의 디오니소스적 밀의를 생각나게 하는 어떤 신비적인 것이 넘쳐흐른다.
　그리스도에 대한 도덕적인 사랑은 별로 그의 작품에는 보이지 않는다. 부활이라든가 이 세상을 성화하려는 열광적인 기대가 도덕적인 원인보다도 더 깊은 개념을 이루고 있다.
　그의 기독교에는 그리스도가 목적이 아니라 수단이 되어 있다. 거기는 하나님의 사랑과 인간에 대한 동정이 자유롭게 흘러들어 가는 그런 그리스도다. 마치 음악이 울려 퍼지듯이 스며들어가는 사랑의 메아리다.

마치 그 자체가 빛이 되어 만물에 스며드는 영적인 그리스도, 영원의 비애를 간직한 어머니의 그리스도, 어딘가 러시아의 넓은 땅을 생각나게 하는 그러면서도 그의 금빛 나는 종각이 예상되는 빛나는 그리스도, 빛에 싸인 마돈나의 그리스도, 그것은 말로 할 수 없는 이 세상 것과는 다른 신성한 모습의 그리스도다.

일체를 용서하고 그리고 그들의 정신의 가장 깊음 속에서 그들을 일깨워 주며 어두운 암흑 속에서 빛을 발하는 고난의 그리스도, 모든 죄인을 스스로 깨우쳐 주며, 모든 허무주의자를 스스로 감격하게 하는 그런 그리스도다. 현대의 이성과 경험의 메마른 지성인들에게 그리고 기계와 물질의 화신이 된 현대인에게 다시 생명의 숨을 돌게 해주는 사랑의 그리스도, 그런 그리스도를 도스토예프스키는 사랑하고 있는 것이다.

그는 신약 속에서 이런 그리스도의 모습을 발견하고 그는 교회적인 교리적인 그리스도를 집어치우고 말았다. 특히 그는 예정설 같은 교리는 증오할 정도였다. 더욱이 이단을 학살하는 종교재판은 악마의 소행이요, 그리스도의 소행이 아니었다.

도스토예프스키에 의하면 참다운 기독교의 정신은 완전한 신앙의 자유를 존중한다. 그리고 자유를 위한 신앙, 이것이 그에게 있어서는 기독교 정신의 핵심이다. 그러기 위해서는 기독교는 진리의 종교요, 자유의 종교이다. 그리스도의 모습은 자유의 모습이다. 인간을 강요하지도 않고 인간을 복종시키지도 않고 반대로 인간에게 자유를 최대 선물로 주는 그리스도, 그것은 신적인 그리스도이며 인간의 능력으로는 생각할 수 없는 신비의 그리스도다.

그에게 있어서는 신앙의 자유가 기독교의 중심인 동시에 그리스도는 그대로 신이어야 했다. 그것은 인간을 자유롭게 하는 것 이상 어려운 작업은 없기 때문이다.

대심문관이 말한 것처럼 인간은 정말 자유를 싫어하고 있다. 인간들은 주는 것을 먹고 하라는 대로 하면 되는, 안일한 인간이 되고 싶어 한다. 생각하거나 탐구하거나 일하거나 노력하는 것을 싫어하는 것이 죄인의 특성이다. 안이하고 태만하고 방종하고 향락적인 인간이 죄인인 것이다.

인간은 타락한 후에는 자유를 미워한다. 자유는 신이기 때문이다. 그리스도의 본질은 자유다. 활동이다. 일이다. 창조다. 인간은 창조를 싫어하고 일을 싫어하고 태만하고 게을러 빠져 아무것도 하는 것 없이 거저 세상을 보내려고 한다. 이것이 허무주의다. 아무것도 안 하고 거저 공짜로 놀고먹겠다는 생각, 그것이 죄악이요 허무주의다. 이런 인간들은 자유라든가 자각이라든가 자율 같은 것은 생각도 하지 않는다. 그들은 자치보다도 타율을 더 환영한다. 그것이 편하기 때문이다.

죄인에 있어서는 자유처럼 무거운 짐은 없다. 자기가 선택하고 자기가 발명하고 자기 일은 자기가 하는 그런 자유처럼 싫은 것은 없다. 자유의 밑바닥에는 언제나 일이 깔려 있다.

그런데 움직임 없이 자유는 없다. 움직이기 싫어하는 게으름뱅이에게는 자유가 싫다. 다 남이 해주고 자기는 돌멩이처럼 가만히 있기를 좋아한다. 특히 인간들은 생각하기를 싫어한다. 거저 가만있든지 남이 하라는 대로 유유 복종하는 것으로 자기의 업을 삼으려고 한다.

신이 일체를 지배하고 자기는 아무것도 안하고 가만히 있는 종교가 우상의 종교요, 서구의 종교요, 허무주의의 종교다.

자유는 활동을 사랑하고 자기를 사랑하고 한없이 높은 것을 추구하는 고귀한 정신이다. 이런 정신이 산 정신이요, 이런 정신이 자유의 정신이다. 대심판관은 자유처럼 무거운 짐은 없었다고 고백하고 있는 것이다.

15세기 동안 우리들은 자유 때문에 골치를 앓아 왔었다. 그런데 이제 우리는 그것을 집어치웠다. 그리고 우리는 악마의 편이 되었다고 즐거워한다.

일체 자유를 말살하는 것이 악마다. 자유는 인간의 핵심이다. 악마는 인간의 핵심인 자유를 말살하면서 인간을 말살하고 마는 것이다.

도스토예프스키의 그리스도는 인간을 지배하려고 들지 않는다. 인간을 존경하고 인간의 고귀함을 깨우쳐 주려고 한다. 인간을 자유롭게 하기 위해서만 인간에게 가까이 간다. 그는 누구보다도 이 세상 사람이 도저히 따를 수 없을 정도로 무엇보다도 인간의 자유를 존중한다. 양심의 자유, 정신의 자유, 생각의 자유, 행동의 자유, 개성의 존중, 이것이 그리스도 사랑의 핵심이다.

그는 가르칠 뿐 심판하지 않는다. 그는 권위의 그리스도가 아니라 자유의 그리스도다. 그는 자기가 한없는 자유를 체득한 사람이다. 그는 인류 역사에 있어서 하나의 기적이다. 어떻게 자유가 이렇게까지 고결하게 구체화가 될 수 있을까.

그는 생각의 자유를 위하여 40일을 금식했으며, 인간의 자유를 억누르는 모든 시험을 이겨버린다. 기적도 신비도 교권도 그는 다 악마에게 주어버리고 인간의 노력과 인간의 생각과 인간의 정신으로 참 자유를 누리려고 한다. 그는 완전한 자유인이다.

그리스도처럼 아름다운 인격을 도스토예프스키는 다시 찾아 볼 수도 없었다. 이러한 자유의 구현을 본 그는 이제는 그리스도 없이는 인간을 생각할 수 없다고 고백하고 있다. 그리스도가 한번 존재한 이상 이제 다시는 그를 떠날 수 없다. 만일 그가 우리를 떠난다면 우리는 우리 속에 그리스도를 찾을 수밖에 길이 없을 것이라고 그는 생각하였다.

그는 그리스도의 신성을 믿었다. 그는 그리스도를 인간이라고 생각할 수가 없었기 때문이다. 그는 그리스도가 십자가에 달렸다든가 부활했다든가 해서 그리스도가 신이라는 것이 아니다. 그는 그리스도가 자유의 화신이요, 사랑의 화신인 까닭에 신이라는 것이다. 그에 있어서 그리스도는 하나의 자유요, 하나의 사랑이요, 하나의 감격이었다.

그리스도를 생각할 때는 그의 가슴은 떨리고 한없이 숭고해지는 것이었다. 그가 그리스도를 대할 때에는 언제나 한없는 기쁨과 창작의 샘이 흘러 나왔다. 그리스도는 그에 있어서 하나의 영원한 이상이요, 완벽한 인간성이었다.

세계의 역사 위에 오직 한번 있었던 기적, 비할 수 없이 아름다운 진실한 인간, 그는 이런 인간을 제외하고 역사를 생각할 수가 없었다. 그리스도 이전에도, 그리스도 이후에도 이러한 기적은 다시 일어나지 않는다. 그것은 두 번 일어날 수 없을 정도의 유일무이한 개성적인 것이기 때문이다.

만일 그리스도가 없다면 이 세상이 얼마나 쓸쓸하고 비참해 보일 것이냐. 그것은 광야에 피어난 한포기의 꽃이 없어진 것이나 마찬가지다. 거친 광야에 핀 한 떨기의 아름다운 꽃, 그것이 이 세상에 나타났던 그리스도다. 만일 사람이 그리스도를 제거한다면 이 세상에서 가장 진실한 선과 미를 제거해 버리는 것이다. 그리스도는 인간 정신의 본성이 단순히 공상이나 이상이 아니라 육체요 현실임을 보여주기 위해 나타난 것이다.

이상의 빛이 뿜어 나오는 숭고한 육체, 이 육체의 숭고함에 황홀하여 사람들은 얼빠진 사람처럼 그를 따라 다녔으며, 지독한 고난을 참아가면서 그리스도의 육체를 체험體驗하고 그의 모습의 완전성을 모방하고 육肉속에 드러난 그 빛을 믿을 수가 있는 것이다. 그들은 육신이 된 말씀, 행동이 된 이상, 현실화한 진선미의 대화에 한없는 존경과 사랑을 금할 길이 없었다.

그리스도 이상으로 더 고귀한 인물을 표현할 수가 있을까. 누가 그리스도 이상의 인격을 창조할 수 있었는가. 그리스도는 더할 수 없는 아름다운 존재다.

시베리아 감옥에서 4년 동안 성경과 씨름한 그는 성경을 통해서 나타난 그리스도를 한 송이의 꽃처럼 아름답고 싱싱한 것으로 느꼈다. 그리스도 이상 아름다운 것은 없다. 그 이상 생각이 깊고, 그 이상 사랑이 넓고, 인품이 높고, 그 이상 스케일이 크고, 그 이상 완전한 분은 이 세상에는 아무도 없다. 아니 없을 뿐만 아니라 있을 수 없다. 도스토예프스키는 그리스도에 대한 뜨거운 사랑으로 이렇게 고백할 수밖에 없었다.

"만일 누군가가 나에게 그리스도는 진리 밖에 있다. 진짜로 그리스도에게는 진리가 없다고 증명하는 자가 있어도 나는 진리보다도 그리스도와 같이 있기를 바랄 것이다."

도스토예프스키에 있어서는 그리스도는 신이었다. 신은 진리를 넘어선다. 그리스도는 진리의 화신이지만 진리는 아니다. 그는 진리 이상이다. 씨에서 싹이 돋아나듯 진리의 씨에서 돋아나온 생명이다. 그리스도는 생명이다. 생명 자체의 생명에는 아름다움이 있다. 생명에는 깊이가 있다. 생명에는 인정이 있다. 생명에는 용기가 있다. 생명에는 통일이 있다. 그리스도 이상 아름다운 것이 없고 깊고 동정적이고 이성적이고 웅장하고 완벽한 것은 아무것도 없다. 없을 뿐만 아니라 있을 수 없다. 이것이 그의 그리스도에 대한 이해다. 그에게 있어서는 이런 사람은 이전에도 이후에도 다시 나타날 것이라고는 생각되지 않았다. 하나로 족하다. 더 있을 필요는 없다. 이 하나 때문에 유성도 빛나고 이 우주의 모든 별이 빛날 수 있는 가장 강력한 빛의 근원이 되었다. 그 같은 의미에서 그는 하나의 기적이요, 하나의 신비요, 하나의 사랑이다. 오늘에 있어서 서구문명이 몰락되어 가는 것은 이 같은 그리스도를 버렸기 때문이다.

서양에는 진실로 그리스도교는 존재하지 않는다. 그래서 도스토예프스키는 서구의 기독교를 살려 낼 사명을 러시아 기독교에 부여한다. 러시아에는 아직 신비가 있고, 자연이 있고, 정교가 있고, 기적이 있다. 그가 러시아에 기대하는 것은 대지의 순박성이다.

절대순진

도스토예프스키는 대다수의 사람들이 거의 꿈이라고 생각하는 것, 또한 신비하다고 생각하는 것을 현실의 뿌리라고 생각하였다. 그렇기 때문에 그는 일상적인 현실은 별로 신통하게 생각하지 않았다. 일상적인 현실 배후에 있는 환상적인 것, 신비한 것, 그것이 이 현실의 뿌리요, 현실을 현실답게 하는 초현실적인 것으로 보았다. 도스토예프스키는 인간 이해에 있어서 그의 뿌리인 신적 이해를 기초로 하고 있기 때문에 그의 인간 묘사는 너무도 현실적이요, 그의 인간 이해는 너무도 생생하다.

그는 인간을 이해하기 위해서 신적 근거에까지 돌진해 가고 있다. 그렇기 때문에 그의 인간이해는 깊이가 있고, 정열이 있고, 사랑이 있다. 그는 일체의 인간을 간단하게 생각하지 않는다. 그의 배후를 살피고 그의 깊이를 살펴 인간의 위대함을 드러내고 있는 것이다.

길가에 핀 민들레에도 뿌리가 있듯이 아무리 하찮은 창부와 사형수라 할지라도 그에게는 언제나 신적인 근거가 있다는 것을 간과하지 않았다. 그렇기 때문에 그에게는 인간에 대한 위대한 사랑이 언제나 넘칠 수가 있었다. 그것은 그에게 있어서 인간에 대한 사랑은 그대로 신에 대한 사랑이었기 때문이다. 그는 어떤 인간 속에서도 소돔과 고모라의 야수성을 인정하는 동시에 인간의 신적인 빛을 볼 수가 있었다. 아무리 난폭한 미성년 속에도 제왕적인 자부심을 내포하고 있듯이 인간에게는 누구나 악마적인 요소와 신적인 요소가 싸우고 있다. 그는 언제나 범죄자의 마음속에 성자의 마음이 깔려 있는 것을 놓치는 일이 없었다.

그 극단적인 예가 『죄와 벌』에 나오는 소냐다. 소냐는 근대 고속도로 연변에 피어난 한 송이의 이름 없는 꽃이다. 가는 차마다 검은 연기를 뿜어주고 비가 오는 날이면 계속하여 진흙물을 끼얹어 준다. 소냐는 술주정뱅이와 계모의 갖은 욕을 먹어가면서 계모가 난 이복 동생들의 학비와 중독된 아버지의 술값을 벌기 위해 창기로 팔려 매춘부가 된다. 그리하여 수없이 난폭한 범죄자에게 무수히 짓밟혀 간다. 이것이 기계문명에 짓밟힌 현대인의 모습이다. 그러나 소냐는 통금시간이 되면 밤이슬을 마시고 밤바람을 쏘이면서 별 하늘을 쳐다보며 말없이 고개를 숙이는 청초한 무명초다. 그 속에는 아무 죄도 없고 흠도 없는 순진 자체다. 낮이면 숨구멍을 막을 듯한 연기와 진흙이지만 밤이면 바람은 부드럽고 찬이슬은 그의 머리를 식혀줄 수가 있다. 그의 영혼은 자기도 모르게 영원과 연결되고 그의 입술은 하나님을 찬양하여 마지않는다.

껍데기로 보면 그는 창녀요, 무서운 파렴치한이다. 그러나 내면을 보면 그는 지금 하늘에서 내려온 천사 그대로다. 그는 선녀처럼 순수 무구한 영혼을 내포하고 있다. 말없이 고개를 숙이고 흘리는 그의 눈물은 일체의 죄악을 씻을 수 있는 거룩한 샘물이다. 그녀는 아무에게도 저항하지 않고 아무에게도 불만이 없다. 그는 자기의 돌이킬 수 없는 운명에 그대로 체념하고 있다. 그의 가냘픈 힘으로는 지나가는 차를 막을 재간은 없다. 그들이 뿜어주는 대로 그들이 끼쳐주는 대로 그것이 자기의 운명인양 그대로 일체의 죄악을 받아들인다.

그러나 검은 연기와 더러운 흙물이 아무리 끼쳐진다 해도 길가에 핀 민들레를 넘어뜨릴 수는 없다. 대지 속에서 솟아나오는 무서운 생기가 사막에서도 살아가는 무서운 신비의 힘이 봄이 오면 아름다운 싹을 트게 하고 여름이 오면 귀여운 꽃을 피운다. 아무도 그의 순진성을 꺾을 악마는 없다. 술주정뱅이 아버지도 혓바닥이 꼬부라졌어도 이렇게 호소한다.

"소냐는 이 세상에 속한 애는 아니야. 하늘나라에 속해 있는 착한 천사야."

누구를 원망하는 것도 없고 울고만 있는 소냐는 누구에게도 불평이 없고 아무에게도 불만이 없다.

소냐는 들에 핀 한 송이의 꽃이다. 그녀의 순진성은 천사들도 부러워할지 모른다. 살인마 라스콜리니코프도 "소냐, 가엾은 여인, 왜 울지도 않고 신음도 않지?"라고 물을 때도 있다. 그녀는 그렇게 짓밟히면서도 그녀의 눈매는 그렇게 고요할 수가 없다.

라스콜리니코프는 그녀의 맑은 눈동자를 이해할 수가 없었다. 그러나 그는 종내 그녀의 발밑에 무릎을 굴하고 그녀의 발에 입을 맞춘다. 밖으로 보면 그는 하나의 창부지만 안으로 보면 그는 한없이 순결한 천사였기 때문이다. 세상의 더러움은 기계적으로 그의 껍데기를 더럽혔을 뿐 그녀에게는 음탕이라곤 눈꼽만큼도 찾아볼 수가 없다. 그녀는 영원히 깨끗한 하나의 성처녀요, 하나의 천사요, 구세주였다.

　소냐 속에는 신비한 불길이 타오르고 있었다. 이 불길에 살인마의 허무주의는 훨훨 타고 만 것이다. 그녀에게는 신과 연결된 깊은 신앙이 있었다. 그녀에게는 무아의 법열이 빛나고 있었다. 라스콜리니코프는 자기의 죄를 아무에게도 고백할 수가 없었다. 그러나 소냐에게는 숨길 수가 없었다. 이런 여인에게는 아무리 추악한 죄악이라도 능히 참회할 수 있기 때문이다.

　그녀는 현대의 그리스도의 화신이요, 거룩한 성자의 심정을 가진 자였다. 그녀는 라스콜리니코프의 소원에 응하여 나사로의 부활을 말하여 준다. 온 몸을 떠는 듯 또랑또랑한 목소리로 기쁨에 넘쳐서 그녀는 이때 오랫동안 숨겨두었던 영원한 신비를 드러내 보인다. 운명의 더러움도 그녀 속은 더럽힐 수가 없다. 아무리 죄악이 관여해도 인간의 속속까지 침범할 수는 없다. 인간의 속에는 생명의 새싹이 솟아나고 있다. 이 신성 앞에 라스콜리니코프는 그의 허무주의를 불태우고 하나의 실존으로 부활될 수가 있었다.

　도스토예프스키에 있어서 허무주의는 하나의 실재이면서 실재가 아니다. 그것은 물론 그림자는 아니다. 그렇다고 그것은 돌멩이도 아니다. 그것은 마치 진흙 같은 것이다. 그것이 말라붙으면 돌멩이처럼 굳어지지만 그것이 물에 닿으면 그림자처럼 녹아버린다. 아무리 굳은 죄악이라도 신적인 순진성에는 이겨낼 수가 없다. 물에 풀리지 않는 흙이 없듯이 순진성에 풀리지 않는 죄악도 없다.

　라스콜리니코프의 굳은 마음은 소냐의 순진성에 처음으로 참회를 한다. 그의 말랐던 생명을 다시 살릴 수 있는 이는 직업적인 종교가도 아니요, 세상에 도학자도 아니다. 창녀 소냐의 마음뿐이다. 그것이 그리스도의 마음이다. 이 마음은 수양에서 온 것도 아니요, 교육에서 온 것도 아니다. 모든 사람이 본래부터 가지고 있는 본래적인 자아뿐이다. 이 자아가 말라붙으리만큼 못된 허무주의에 희생이 된 인간이 라스콜리니코프다.

그러나 교육도 없고 도덕도 없는 가엾은 시골뜨기 속에 아직도 현대문명에 희생되지 않은 순박성이 있었다. 마치 지리산 속에 아직도 오염되지 않은 샘물이 흐르고 있듯이 아직도 세상에는 오염되지 않은 인간들이 있는 법이다. 성직자라면 그들이 성직자요, 구세주라면 그들이 구세주다. 오염되지 않은 인간을 우리는 소냐에서 본다. 길가에 짓밟힌 민들레 속에서 우리는 아직도 오염되지 않은 순진성을 찾아 볼 수가 있다.

도스토예프스키의 이상적인 인간은 오염되지 않은 인간이다. 물론 껍데기는 한없이 더러워졌어도 속에는 순진성을 가진 계란처럼 소냐는 더럽혀진 계란 같은 여인이었다. 그런 심성은 자연이요, 있는 그대로요, 존재자체지 어떻게 해서 된 것이 아니다. 깊은 산속을 흐르는 시냇물처럼 있는 그대로의 인간이다. 그것은 도덕적 인간도 아니고 기독교로 개종한 인간도 아니다. 종교니 도덕이니 그런 것과는 아무 상관없는 인간의 근본적 순진성이다.

도스토예프스키 자신도 도덕인도 아니요, 종교인도 아니었다. 그는 죄수요 도박자였다. 그러나 그의 속에는 언제나 오염되지 않은 물이 넘쳐흐른다. 그것은 그가 본래 가지고 나온 순진성이다. 어떤 때는 간질이 그것을 지켜주기도 했다. 간질로 의식이 끊어졌을 때 그는 무의식 속에서 오염되지 않은 세계를 회복할 수가 있었다. 이 세계는 본래적인 빛이요 존재자체다. 이 존재는 존재하는 것만으로 모든 사람을 성화할 수 있는 능력을 가지고 있다.

세상을 밝힐 수 있는 빛을 발산하는 인간, 소냐 같은 인간, 그것이 도스토예프스키의 이상적인 인간이다. 존재적인 인간, 본래 타고난 대로 있는 인간, 가끔 타고 난 것이 햇빛처럼 스며 나오는 인간,

가만있어도 사람을 정화할 수 있는 인간, 이런 인간이 도스토예프스키가 생각하는 전인全人이라고 할 수 있다. 순진성이 깨어지지 않고 그대로 가지고 있다는 뜻이다. 마치 신비력을 가진 샤먼처럼 그들은 신비한 빛을 뿜어내고 있다.

도스토예프스키는 새로운 시대의 성인들을 그리고 싶어 한다. 그들은 슬픔에 싸인 자요, 온유한 자들임에 틀림이 없다. 정말 행복한 사람들은 그들뿐이다. 그들은 아무리 세상이 어두워도 자기 속에 영원한 빛을 가지고 있기 때문이다. 그런 사람들이 이 땅을 이어갈 것이다.

도스토예프스키는 러시아 농민 속에 그리고 러시아 교도소 속에 수없이 많은 인물들을 발견해 간다. 도스토예프스키는 『백치』의 주인공 미쉬킨 속에 오염되지 않은 인간성을 발견한다. 백치요 간질환자인 미쉬킨은 정말 웃기는 천치 바보이지만 정말 도스토예프스키가 천재적인 심혈을 기울여 나타내려고 한 아름다운 인간의 모형이었다. 어린애처럼 천진하나 그의 존재는 인간을 정말 사랑하고 있는 숨은 그리스도임에 틀림이 없다.

도스토예프스키는 『카라마조프의 형제』에 나타난 장로 조시마 속에 역시 오염되지 않은 인간을 발견한다. 그는 알료샤에게 절대 직업 종교인이 되어서는 안 된다고 권면하고 마치 이 말처럼 언제나 법열에 잠겨 있었다. 인간을 사랑하는 이는 언제나 인간의 기쁨을 사랑한다. 그는 슬퍼하는 자에게 이렇게 말한다.

"만일 여기 어떤 사람이 죄를 졌다고 하자. 모르고 진 죄건 알고 진 죄건 그 죄 때문에 고민하는 사람이 있다고 하자. 그러나 그 사람은 이 세상에 정말 죄 없는 사람이 있는 것을 보고 기뻐할 줄도 알아야 한다. 그것은 자기 속에도 죄 없는 부분이 있는 것을 알 수 있기 때문이다."

인간은 혼자서 구원받는 것이 아니다. 세상에는 죄 없는 사람이 얼마든지 있다. 즉 러시아 민중 속의 소냐, 미쉬킨, 조시마와 같은 그런 사람들이 얼마든지 있다.

도스토예프스키는 러시아의 사명을 오염되지 않은 물로 생각한다. 참다운 러시아인은 유럽의 모순에 최후의 화해를 가져다주고 일체를 하나로 합칠 수 있는 형제애를 보여주고 모든 민족을 그리스도의 복음으로 융화시키는 일이다. 오염된 인간들에게 오염되지 않은 순진성을 부어 주는 것이 러시아의 사명이라고 생각했다. 무한한 대지, 순박한 농민, 온 천지가 공해로 덮여도 시베리아 벌판만은 맑은 공기가 남아 있을 것으로 생각하여 그것을 러시아가 인류에 내놓을 수 있는 가장 소중한 심성이라고 생각하였다.

신을 찾아

도스토예프스키의 신은 관념일 수는 없었다. 그는 신의 문제 때문에 얼마나 괴로워했는지 모른다. 그러다가는 자신도 무신론자가 되려고 얼마나 발버둥쳐 보았는지 모른다. 그러나 무신론도 하나의 신론인 것만은 부인할 수가 없다. 당시의 많은 러시아 사람은 무신론에 대한 하나의 광적인 매력을 가지고 있었다. 러시아가 소련으로 개명된 후에도 그것은 계속되고 있다.

무신론은 유신론의 가장 가까운 동생이다. 무신론은 무관심과는 다르다. 무관심은 하나의 태만에 불과하다. 그러나 무신론은 진지한 것이다. 무신론이 성장하면 곧 유신론이 된다. 그것은 신에 대한 반항이요 싸움이기 때문이다.

세상에 진짜 무신론자는 많지 않다. 세상에 많은 것은 불안한 인간들뿐이다. 그렇지 않으면 무관심한 인간들뿐이다.

도스토예프스키는 스타브로긴의 입을 통하여 이렇게 말한다.

"완전한 무신론이 세상의 무관심한 태도보다 훨씬 존경할 만하다. 완전한 무신론자는 결국 완전한 신앙에 도달한다. 완전한 무신론자는 완전한 유신론으로 넘어가는 마지막 디딤돌이다. 여기서 건너뛸 수 있을지 없을지는 별 문제지만 물론 이것은 무관심한 인간과는 차원이 다르다. 그들은 아무 신앙도 없다. 무신론과 무관심과는 근본적으로 다르다."

무신론은 종교요, 무관심은 종교가 아니다. 도스토예프스키에 있어서는 유신론이고 무신론이고, 하여튼 신에 대한 생각이 끊겨 본 일은 없다. 신은 물론 유신도 아니고 무신도 아닐 것이다. 보수적인 사상은 유신에 머물려고 하고 진보적인 사상은 무신으로 가는 것이 그들의 사회에 있어서 상례이었다. 보수적인 세력은 사회의 변화를 요구하지 않는다. 그들은 지도계급이요, 사회의 상층 계급이다. 그들은 안정된 사회의 부동하는 신을 찾는다. 그때 돌멩이처럼 꼼짝도 안하는 것이 유신론의 종교다.

러시아의 정교의 신 관념은 간명자명한 신이다. 그들은 신에 대해서 마치 인간정신이 완전히 정복한 어떤 대상물에 대한 논술처럼 그들은 신에 대해서 모르는 것이 없다. 신의 속성, 신의 양태, 무엇이든 모르는 것이 없다. 그러나 그들의 신은 그들의 사회가 정체되고 냉각되고 사망했듯이 그들의 신은 죽은 신이요, 부동의 신이요, 쇠로 만든 신이요, 돌멩이에 불과하다. 그들의 유신론은 아무 생기 없는 피 마른 승려들에 의하여 제사와 교리의 대상이 되는 고요하고 정적에 휩싸인 하나의 관념에 불과하다.

거기에는 아무 생명이 없다. 조금이라도 생각이 있는 사람은 이런 신관에 대하여 곧 반감을 가지고 거역하게 된다. 신은 죽었다. 그것은 죽은 신이다. 그것은 사람과 아무 관련이 없다. 그것이 비록 우주를 창조했다고 할지라도 우리와는 아무 상관이 없다. 이것이 현대인의 강한 무신론의 출발점이다. 적어도 사회에 불만을 품고 사회를 혁신하려는 인간치고 무신론을 말하지 않는 사람은 없다. 그 때의 신은 보수사회의 반영에 불과하기 때문이다. 사회의 그림자, 그것이 신이다. 사람을 신의 형상대로 지은 것이 아니라 신을 사람의 형상대로 지은 것이라고 부르짖는 것은 이런 것을 말한다.

보수사회가 돌맹이 같다면 이런 사회에서 소외된 인간들은 "신이 있다면 이럴 수가 있나. 악한 자는 잘살고 선한 자는 못사는 이런 사회가 유지될 수가 있나." 하고 욥과 같은 절망적인 절규를 허공에 대고 하소연하지 않을 수가 없다. 여기에 신에 대한 강한 회의와 불신이 생긴다. 신은 없다. 신이 있으면 의인이 이렇게 박해를 받을 수는 없다. 그리고 악인이 이렇게 축복을 받을 수는 없다. 세상의 무서운 암흑에 직면하여 신의 존재의 불확실에 고민하는 현대인의 불안은 정교의 신앙을 가지고는 영원히 해결할 수 없는 수수께끼다.

도스토예프스키는 어떤 때 이런 편지를 쓴다. 의식적으로나 무의식적으로나 나는 일생 괴로워하지 않을 수 없다. 신의 문제로 죽도록 고민하는 것이 과도기에 처한 진지한 청년들일 것이다. 카라마조프의 미챠도 "나는 하나님 문제로 일생 고민하고 있다. 나를 괴롭히는 것은 이것뿐이다."라고 실토하고 있다. 이것이 과도기에 처한 젊은이들의 신음이다. 신의 문제는 하나의 신음이요 절규이다. 신이 있다면 이럴 수가, 이럴 수가. 이것이 하나의 메아리처럼 온 사회에 울려 퍼진다. 그러다가 종종 발견하는 것이 신이 없다는 대답이다. 신은 없다. 신은 있을 수가 없다. 산에도 들에도 신이 있을 수가 없다. 자연뿐이다. 이성뿐이다. 인간이 새 사회를 건설해야 한다. 이성으로 자연을 정복하고 그 힘으로 새로운 사회를 이룩해 가야 한다.

여기에 젊은이들은 조직화된 무신론의 반기를 들고 보무당당하게 새 사회를 만들 설계를 한다.

이것이 오늘 공산주의의 현실이다. 그들은 무신론이란 새로운 종교를 가지고 새로운 사회를 구성하려고 한다. 그들은 신의 자리에 사람을 올려놓으려고 한다. 그러나 과연 어느 사람이 그 자리를 채울 수 있을까. 일단 그 자리를 채우기만 하면 그는 어느새 사람으로 있는 것이 아니라 짐승으로 탈바꿈하고 마는 것이다. 도스토예프스키는 이것을 악마라고 한다.

지성이란 인간의 가장 높은 자리에 도달하면 짐승처럼 해괴망측한 모습을 나타내는 것이 도스토예프스키의 악마다. 사람들이 신을 추방하기가 무섭게 들어와 앉는 것이 악마다. 자연은 진공을 싫어한다고 한다. 신의 진공은 곧 악마의 유혹으로 충당되어 버린다.

도스토예프스키의 작품에는 무수히 악마화 된 주인공이 그 모습을 드러낸다. 하나님은 없고 그리고 대신 나타난 것은 악마뿐이라는 이 현실 앞에 인간의 고뇌는 절정에 도달한다. 도스토예프스키에 있어서 신의 문제는 하나의 고뇌의 문제요, 운명의 문제다. 신은 인간을 엄습하는 무서운 운명이다. 인간은 아무도 이 운명을 벗어날 수가 없다. 신은 거대한 내적 힘을 가지고 인간을 결코 가만히 놓아두지 않는다.

결국 사람들은 다시 악마와 싸우기 위하여 신의 도움을 받지 않을 수 없다. 그리하여 그들이 요구하는 것은 새로운 신이다. 교회의 신도 아니고 정말 살아계신 하나님을 그들은 찾아 헤맨다. 더욱이 악마에 붙잡힌 죄수의 삶은 하나님 없이는 살 길이 없다. 정말 인간을 구원하는 하나님을 그들은 찾아마지 않는다.

이때 그들에게 나타나는 신이 자연신이다. 러시아의 종교적 전통과 결부된 자연신이다. 오르페우스 종교를 연상케 하는 광란의 정열, 뜨거운 신의 탐구는 결국 사람으로 하여금 광란의 종교를 찾아 헤매게 한다. 모든 추상적인 신 관념은 송두리째 집어치우고 신과 직접 합일케 하는 정열적인 체험, 도스토예프스키는 간질을 통해서 또는 신비한 발작을 통해서 어떤 황홀한 세계를 경험케 된다. 그것은 물론 악마는 아니다. 그러나 그것은 인간 이전의 자연이요, 원시 종교와 같은 하나의 형태이다.

 이런 엑스터시의 황홀경에는 말할 수 없는 기쁨이 극도의 고통을 통해서 느껴진다. 이 이상 견딜 수 없는 신적인 환희 때문에 마치 영혼이 소멸되는 것 같은 무서운 순간이다.

 도스토예프스키는 키릴로프의 입을 통하여 "극히 짧은 몇 초 동안이다. 그것은 한번에 5초나 6초 정도밖에 계속되지 않지만 그 때 홀연히 완전히 얻어진 영구조화의 존재를 직감하는 것이다. 그것은 이미 지상의 것은 아니다. 그렇다고 해서 천상의 것이라고 할 수도 없다."라고 밝히고 있다.

 도스토예프스키는 이와 같은 영원한 엑스터시 속에 어떤 초인간적인 경지를 감수하기도 한다. 장로 조시마의 신 체험도 이와 비슷한 것이다. 이런 빛 속에 모든 긴장이 하나님의 신비에서 발하는 만물에 기름을 부어 주시는 거룩한 기쁨 속에 다 녹아버리고 만다. 이런 신비적인 영상에 도스토예프스키는 몇 번이고 자기를 잊어버린다. 그러나 인간은 이런 시간을 영원히 계속할 수는 없다. 엑스터시는 5초나 6초 계속할 뿐 그들은 곧 황홀경에서 깨어난다. 그들의 원시적 신비주의는 그들을 오래 머물게 할 수는 없다. 그들은 깨어나면 또 현실의 운명에 그들을 맡겨 버려야 한다.

 도스토예프스키는 이런 경험 후에는 다시 그런 황홀경에 들어감 없이 있는 그대로 인간적인 노력을 통해서 각성함으로 인간은 스스로 하나의 신이 되려고 기도한다. 자연신이 아니라 자연신을 포기한 인간신, 이성을 떠난 것이 아니라 이성을 초월한 생각의 끝머리에 도달하는 인간신이 되려고 한다. 그것이 도스토예프스키의 작품에 나오는 키릴로프란 사람이다.

 이 사람은 신이란 무서운 망상 관념으로부터 인간을 해방시켜 준다는 것이 자기의 사명이라고 외치며 이러한 사명은 인간신의 완성으로 이루어진다고 한다. 그는 언제나 사람이 신이 된다고 야단이다. 이제 곧 행복과 자랑에 가득 찬 인신이 출현한다. 살아도 좋고 죽어도 좋다는 인간이 새로 나타난다. 고통과 공포를 정복한 사람, 그런 사람이 곧 신이다. 인간이 신이 되겠다는 욕망, 이것이 인간의 밑바탕에 있는 숨길 수 없는 하나의 욕망일 것이다. 키릴로프는 무신론의 가면을 쓴 하나의 새로운 인간신이다.

 그는 자기를 희생하여 인류를 구원하고 싶다는 새로운 종교심을 간직하고 있다. 그것은 인간의 가슴속에 숨어 있는 인간의 신성을 일깨워 주는 것이다. 이성으로 잡을 수 없고 교리로도 설명할 수 없는 인간의 신성을 찾아 마치 고딕성당의 종탑을 기어오르듯이 그는 인간의 신성을 찾아 헤맨다. 그리하여 인간이 결국 자기의 신성을 자각하는 날 인간은 생의 고통과 죽음의 공포에서 완전히 해방되어 절대의 세계에 살 수 있게 될 것이다.

 그러나 인간이 자기의 신성을 자각했다고 해서 인간은 그의 외곽까지 변화시킬 수 있을까. 그렇다고 지구도 변화하고 만물도 변화할 수 있을까. 그렇게 보일지는 모르지만 변화된다고 생각할 수는 없다. 내 마음이 기뻐져서 달이 웃는 것 같고 내 마음이 슬퍼져 달이 우는 것은 있을지 몰라도 내 마음이 변화했다고 달 자체는 변할 리 없다. 세상이 밝고 밝게 보일 뿐이다.

 그렇다면 인간은 신이 되는 것만으로 세상을 바꾸어 놓을 수는 없다. 인간의 마음이 바뀌었다고 하더라도 몸까지 바뀔 수는 없다. 인간이 아무리 자기의 신성을 자각했다고 해도 여전히 인간임에는 틀림이 없다.

인간은 결국 신은 아니다. 인간은 결국 인간이 되는 것뿐이다. 여기에 인간의 한계가 있다.

이때에 인간이 갈 수 있는 길은 자연신도 인간신도 아니고 신신神神이다. 신을 신으로 인정하고 신의 뜻을 헤아리는 길뿐이다. 신의 뜻이 어디 있는지를 헤아려서 인간신이 할 수 있는 일이라면 인간의 신성을 통해서 신의 신성을 직관하여 신의 뜻이 어디 있는지를 찾아낼 수 있을 것이다. 신의 뜻을 알아내서 자기의 할 일을 알아 가지고 신을 안 인간으로서 신이 인간에게 맡기신 일을 해나갈 뿐이다. 여기에 내 뜻대로 마옵시고 아버지 뜻대로 해달라는 그리스도의 신앙고백이 있다. 하나님의 뜻을 이루기 위한 인간의 고뇌가 십자가 위에 다시 드러난다.

허무주의

세기말적 현상을 제시한 러시아의 근대는 더욱 인간을 허무주의로 몰아낼 수밖에 없었다. 베르쟈예프(N. A. Berdiaev 1874~1948)는 러시아 허무주의의 본질을 이렇게 특징지었다.

"러시아의 허무주의는 신, 정신, 혼, 이념, 규범, 그리고 고차의 가치에 대하여 반항하고 거부하는 것이다." 그것은 하나의 종교적 현상이다. 그것은 러시아의 기독교적 기반에서 나타난 것이다.

허무주의는 러시아의 금욕적 기독교 정신이 빗나간 것이다. 허무주의는 은총을 상실한 금욕적 기독교의 속이 탈바꿈 된 것이다. 허무주의를 그 순수성과 깊이에 있어서 파악한다면 그것은 진실로 러시아적 기독교의 본질을 나타내고 있다. 악에 빠진 세계에 대하여 항거하고 생의 타락에 깊이 반항하여 무신론에까지 밀고 올라간 것이 허무주의다.

러시아의 허무주의는 러시아 민중의 금욕적 정신과 희생적 심정에서 흘러나온 말이다. 허무주의자는 결국 사회주의자로 바뀌고 무정부주의자로 변한다. 이것이 러시아의 혁명세력이다. 러시아의 허무주의에는 사상과 예술의 창조적 가치가 넘쳐흐른다. 그러나 일단 무신론에 빠진 인간이 자기 자신을 신으로 만들기 시작하면 선악 대신에 평범과 비범을 대치하게 된다.

비범한 인간은 사람 몸에서 피를 빠는 이[虱]만도 못한 노파를 죽여도 아무 상관이 없을 것이라는 악마적인 생각을 갖게 된다. 신을 찾으려고 하지 않고 신을 배척하고 자기 자신이 신이 될 때 인간은 악마가 되어 버린다. 그리하여 인간을 무시하는 허무주의가 되어 버린다. 무신론은 드디어 무인론이 되어 버린다. 허무주의를 낳도록 자극한 것은 사이비한 종교임에 틀림이 없다.

버림받은 어떤 소년이 술집에서 몸을 망치고 노인을 죽인 후에 사형선고를 받는다. 신부가 그를 찾고 교회 귀부인들이 그를 찾아가서 기도를 드리고 키스를 퍼붓는다. 소년은 단두대로 끌려가서 쉽게 그 목은 두 동강이 난다.

이런 사이비한 종교를 도스토예프스키는 극구 미워한다. 끌려가는 사형수에게 기도하는 종교는 종교가 아니다. 왜 소년들이 범죄 하지 않는 건전한 사회를 만들지 못하나. 범죄 한 후에 회개를 권면하는 기독교가 아니라 범죄 할 수 없게 하는 기독교가 참 종교가 아닐까. 장례식이나 해주는 종교가 아니라 인간에게 생의 희열과 기쁨을 주는 종교가 참 종교가 아닐까. 이런 종교는 귀족의 노리개 감으로 변한 종교에는 이미 없다.

농노제도와 전제군주제도의 노리개가 된 기독교에 생명이 있을 수 없다. 이런 사이비한 종교에 도전하여 천박한 기독교적 허식을 벗겨치우고 날카로운 안광으로 사이비기독교에 반기를 들고 전제군주제도를 파괴한 허무주의의 공적은 한없이 크다.

근대 러시아의 문학작품은 모두 허무주의를 바탕으로 하여 창작된 것이다. 허무주의자들은 무신론을 주장하고 유물론에 입각하였지만 실천적으로는 사회주의요, 열광적인 이상주의요, 변질된 묵시록주의자이기도 하다. 그는 변질된 교회요, 악마적인 종교다. 그 속에는 파괴의 쾌락과 동시에 창조의 쾌락이 있다.

러시아의 허무주의는 자연과학적인 유물론과 종교적인 변증법을 그 핵심으로 하고 있다. 허무주의는 현실을 폭로하고 현실을 파헤치는 쾌거를 감행할 뿐 아니라 새로운 현실을 창조하려는 강한 의욕을 가지고 있다. 이것이 사회주의다. 그러나 허무주의의 신을 상실한 대신에 새로운 신을 발견한 것은 아니다. 신 대신에 도리어 악마를 발견한 것에 불과하다.

도스토예프스키는 허무주의의 위대함을 인정하는 대신에 허무주의의 비참함도 여실히 본 사람이다. 도스토예프스키의 철학적 의미는 허무주의의 극복에 있다. 허무주의는 20세기에 들어와서 더욱 기승을 부렸기 때문에 우리는 도스토예프스키의 사상을 현대의 난치병을 고칠 수 있는 가장 중요한 사상이라고까지 하게 되었다.

도스토예프스키의 붐이 현대에 있어서도 계속되는 것은 그가 허무주의의 극복에 확실한 빛을 던져 주고 있기 때문이다. 그는 허무주의의 극복의 길이 진보적인 사회주의도 아니고 보수적인 자연주의도 아님을 확실히 하고 오직 초월적인 인간주의만이 허무주의를 극복하는 유일한 길인 것을 보여 주었다.

도스토예프스키는 혁명적 사회주의를 무신론의 현대적 수육이라고 이해하였다. 이 세계를 과학과 이성을 가지고 최대의 강제를 가지고 인간을 통합하려는 시도는 가톨리시즘의 재판이며 그것은 다시 인간을 악마의 질곡 속에 위임하는 허무주의의 최대의 후계자라고 생각하였다.

그는 『악령』에 "그건 정말 우리 러시아의 사정과 꼭 같군요. 몇백 년 동안 우리의 사랑하는 조국은 무서운 병에 걸렸지요. 무서운 균이 득실거리고 불결하기 짝이 없고 악마와 악귀 때문에 핼쑥해졌지요. 그러나 위대한 사상은, 그리고 힘 있는 의지는 미쳐 날뛰는 이, 사귀 들린 자까지도 구원해 주시겠지요. 그리하여 우리 러시아를 저 높은 곳에서 축복하여 주시겠지요. 그 때는 이 모든 더러운 것과 썩어가는 것들은 사귀 들린 자로부터 나와서 돼지 떼 속으로 들어가게 해달라고 자기들이 먼저 요청할 것입니다. 아니 벌써 들어가 버렸는지도 모릅니다. 그들이 우리들입니다. 우리들과 저들입니다. 자칫하면 나 같은 것은 괴수인지도 모르지요. 우리들은 미쳐 날뛰다가 낭떠러지 아래로 뛰어 들어가 모두 빠져 죽고 말 것입니다. 그것이 우리들의 운명입니다. 그렇게 되지 않으면 안 됩니다. 우리들은 그처럼 쓸데없는 인간이지요. 그러나 병들었던 그 사람은 고쳐짐을 받아서 예수의 발아래 앉게 되겠지요. 그리고 사람들은 모두 놀라운 눈으로 그를 쳐다보게 되겠지요."라고 쓰고 있다.

이것이 도스토예프스키의 사회주의에 대한 의견이다. 그들은 누적된 악마를 마지막으로 걸머지고 멸망 속으로 기어들어 갈 돼지로 본 것이다. 그러나 이러한 역사의 배후에는 러시아를 구원하려는 신의 높은 의지가 있음을 암시하고 있다. 도스토예프스키는 자유주의도 거부했다. 그것은 진부한 하나의 구호에 불과하고 썩은 시체에 달라붙은 날짐승 아니면 낡아빠진 옛 가수의 넋두리에 불과하다. 자유주의는 언제나 독창적이라야 하고 모든 세대가 새로워지는 그런 자유주의여야 한다.

  도스토예프스키가 찾은 것은 자유주의가 아니라 자유였다. 그것은 한없이 넓은 인간애와 사회부정에 대한 심각한 책임의식을 지닌 자유다. 자유는 인간이 가지고 있는 유일한 신성이다. 이 신성이 펴나오기 전에는 진정한 허무주의의 극복은 없다.

  그는 자유주의자에 대하여 진정한 살인자, 인간 영혼의 진정한 살해자는 너다 하고 분노를 터뜨린다. 자기중심적인, 보수적인 자유주의는 특권계급의 노리개 감에 불과하다.

  도스토예프스키는 사회주의적인 정치와 자유주의적인 문화로는 허무주의를 극복할 길이 없다고 생각했다. 그는 진정한 허무주의의 극복은 초월적인 인간주의로서만 가능하다고 믿고 있었다. 초월적인 인간주의란 종교적 깊이 속에서 터져 나오는 정신적 자유를 의미한다. 이 길만이 허무주의를 내면으로 극복할 수 있다. 그가 이러한 태도를 취하게 된 것은 사형집행의 체험과 4년 동안의 감옥 생활이다.

  그는 사형집행을 통해서 죽음을 초월할 수가 있었고 감옥생활을 통해서 삶을 넘어설 수가 있었다. 사형선고의 체험은 도스토예프스키로 하여금 인생을 초월하여 죽음 저쪽에서 삶을 볼 수 있게 하였다. 죽음이 전부라는 허무주의의 생각에서 죽음은 전부가 아니라는 실존주의적 사고방식으로 넘어가게 되었다.

  그는 자기를 영원한 입장에서 보게 되었다. 자기는 자기만이 아니라 가정이요 국가요 세계요 우주로 보았다. 나는 내가 아니다. 아들이요 남편이요 아버지요 국민이요 세계 시민이다. 나의 영향은 가족에게도 끼치고, 국민에게도 끼치고, 세계에도 끼칠 수 있는 존재다. 나는 단순한 하나의 고기 덩어리가 아니다. 나는 생명이요 마음이요 정신이요 심령이다. 내 생명은 가족과 통하고, 내 마음은 친구와 통하고, 내 정신은 국민과 통하고, 내 심령은 신과도 통한다.

 나는 몸일 수도 있고, 마음일 수도 있고, 정신일 수도 있고, 신일 수도 있다. 신으로 살아가는 것이다. 신의 입장에서 세상을 보는 것이다. 어른이 되어 아이를 보듯이 죽음에서 삶을 보는 것이다. 죽음이 전부가 아니다. 죽을 수 없는 세계가 있다. 생명도 죽을 수 없고, 마음도 죽을 수 없고, 정신도 죽을 수 없고, 신령도 죽을 수 없다. 죽을 수 있는 것은 작은 몸둥아리에 불과하다. 몸이 전부가 아니다. 사람은 정신이다. 몸은 죽어도 정신은 죽지 않는다. 도스토예프스키는 죽었지만 도스토예프스키의 정신은 오늘도 우리와 같이 살아 있다.

 도스토예프스키는 이때 깨어 일어난다. 그는 4년 동안 감옥에서 정신이 깨어남을 현실화하기에 최선을 다하였다. 감옥에서 볼 수 있는 책은 성경뿐이었다. 그것은 둘도 없는 영혼의 양식이었다. 그는 오랜 회의주의에서 벗어날 수가 있었다. 그는 안개가 걷히듯이 그의 정신이 깨어나는 것을 보았다. 안개가 걷히고 무엇인지 고요하고 맑은, 그리고 힘 있고 강한 무엇을 느끼기 시작했다. 자기의 과거를 살펴보고 가혹하고 냉철하게 자기의 삶을 비판하였다. 이렇게 시베리아 감옥 속에서 홀로 자기의 영혼을 살찌워갔다.

 도스토예프스키는 말할 수 없이 처참했던 암담한 유형생활에서 180도 변화된 인간으로 다시 태어날 수가 있었다. 죽음을 경험한 인간으로서 불 속에 들어갔다 나온 인간처럼 말로 할 수 없는 고뇌를 통해서 깨끗하게 정화된 인간으로서 거듭나게 되었다.

 그는 허무주의를 초월하고 사회주의를 극복하고 하나의 초월적 인간으로서 성숙한 어른이 되었다. 그리고 이 세상을 지도하는 하나의 초월적 선구자가 되었다. 허무주의는 정치나 문화로써는 극복할 수가 없다. 다만 종교적인 깊이에서 맑게 열린 정신적 태도로만 허무주의는 내면적으로 극복될 수 있을 것이다. 허무주의는 논리적으로 해결될 수 있는 문제가 아니라 현실적으로 진실하게만 해결될 수 있는 문제다. 허무주의를 극복할 수 있는 것은 실존뿐이다. 진실한 존재만이 허무를 극복할 수 있다. 진실은 지知만으로는 이루어질 수가 없다. 행行이 동반되어야 한다.

사형과 감옥은 행을 동반하는 도스토예프스키를 만들어 버렸다. 그에게는 고생도, 죽음도 별 문제가 안 되었다. 고생도 해낼 수 있게 되었고 죽인다고 해도 자기의 할 일은 할 수 있는 굳은 의지의 소유자가 되었다.

그는 하나의 일꾼이 되었다. 그는 밤을 새워가면서 오로지 주의 영광을 위하여 일할 수 있게 되었다. 일꾼에게는 아무 걱정이 없다. 그는 일속에서 천국을 발견하고 다시는 허무주의의 허깨비에 끌려 다니는 일이 없게 되었다. 그는 기쁨의 눈물로 대지를 적셨다.

민중

도스토예프스키는 허무주의자가 살아날 길은 민중과의 접촉에서만 가능하다고 생각했다. 이것은 4년 동안 그가 감옥생활에서 얻은 체험이었다.

그는 모든 악한들만이 모였다고 생각했던 범죄자들 소굴에서 한없이 고귀한 것을 보았기 때문이다. 하여튼 인간은 어디에 있어도 인간이다. 감옥살이하는 살인범 속에서도 그는 이 4년 동안에 사람을 알아볼 수 있게 되었다. 참으로 믿지 않을지 모르지만 그들 속에는 깊고 강하고 아름다운 성격이 있다. 그들의 거친 피부 속에서 가끔 황금빛이 발하는 것이 나에게는 한없는 기쁨을 불러 일으켜 주었다. 그것은 한두 사람이 아니고 많은 사람이 그렇다. 그중에는 존경하지 않을 수 없는 이도 있었고 그 속에는 단연 훌륭한 사람도 있었다. 그는 떠돌이 강도로부터 일반적인 보통 민중의 가슴 아픈 생활에 대해서 이루 말할 수 없이 많은 이야기를 들었다.

그는 결코 4년을 헛되게 보낸 것이 아니다. 정말로 러시아의 민중을 알았다. 많은 사람이 모르고 있는 것을 잘 알게 되었다. 그는 감옥에서 나와서도 민중에 깊은 관심을 가졌다. 그들의 근면함은 바로 그들의 핵심이다.

『악령』에서 샤토프는 스타브로긴에게 이렇게 말한다.

"네가 무신론자가 된 것은 네가 귀족의 도련님이 되어서 그렇다. 너는 쓰레기만도 못한 도련님이니까. 네가 선악의 차별감마저 상실한 것은 자기의 민중을 볼 수 없게 되었기 때문이다. 새로운 시대는 직접 이 민중의 가슴으로부터 나타난다. 그래도 너에게 그것이 보이지 않겠지. 그런데 너도 노동을 통해서 하나님을 붙잡아야 해. 인생의 핵심은 거기 있는 거야. 그렇지 않으면 너는 추악한 곰팡이처럼 사라져 버리는 거야. 노동으로 하나님을 붙잡는 거야. 하나님을 노동으로 붙잡아? 어떤 노동인가 하면 그거야 일반 서민의 노동이지."

도스토예프스키는 민중들이 묵묵히 노동하는 모습에 십자가의 모습마저 느낀다. 러시아 민중의 가장 중요한, 가장 근본적인 정신적 욕구는 언제나 어디서나 끊임없이 일하고 싶어 하는 욕망이다.

민중은 옛날부터 힘써 일하고 싶은 욕망에 붙들려 있는 것처럼 보인다. 그 일이 아무리 괴롭지만 도스토예프스키는 아무리 괴로운 일이라도 즐거워하는 민중들 속에 그리스도를 발견한다. 아마도 그리스도만이 러시아 민중을 사랑하는 오직 한 분일 것이다. 그런데 민중은 자기들의 독특한 방식으로 그리스도를 사랑해 간다. 그들은 고뇌를 통해서 그리스도를 사랑하고 있다.

"나는 어렸을 때 알았던 그리스도를 오랜 동안 잃고 있었는데 그것을 나는 민중의 혼을 통해서 다시 찾아 가게 되었다. 민중을 가지지 못한 자는 신을 가질 수 없다."

그는 민중에게 많은 결점이 있는 것을 너무도 잘 알고 있었지만 그는 그런 많은 결점을 넘어서 그 속에 빛나는 거룩한 모습을 찾아내고자 하였다. 민중의 진실한 친구였던 사람, 민중의 괴로움을 한 번이라도 가슴 속에 새겨본 일이 있는 사람이라면 민중을 이해하고 민중이 빠져 있는 모든 더러움을 용서하여 줄 수 있을 것이다. 그것은 그 더러움 속에서도 진주는 빛나고 있기 때문이다. 다시 말하지만 그 결점이나 악덕 때문에 러시아 민중을 비난하면 안 된다. 그들이 그 더러움과 수치 속에서도 목마르게 찾고 있는 그 위대하고 신성한 이상을 돌아보아 그들을 평가해야만 한다. 우리들의 민중 속에는 불량배나 범죄자만 있는 것이 아니라 우리들의 갈 길을 비추는 우리들을 어둠에서 밝혀주는 성자도 있는 것이다.

그는 동물처럼 무지한 농민들의 혼속에 서로 깊고 거룩한 인간적 감정이 얼마나 넘치고 있는지는 오직 하나님만이 알고 계신다고 말하고 있다. 비록 아무리 우리 민중이 동물적인 것, 죄에 물든 것이 붙어 있다 하더라도 사실은 의심할 수 없이 민중의 것이다. 민중은 전체적으로 보면 그들의 죄를 결코 올바른 것이라고는 생각하지 않는다. 과거에도 그랬고, 지금에도 그렇고, 앞으로도 영원히 그럴 것이다. 그들이 물론 잘못도 하겠지만 그러나 그들은 반드시 이렇게 말할 것임에 틀림이 없다. "잘못한 것은 저입니다."라고.

만일 죄를 범한 사람이 말하지 않는다면 다른 사람이 그 사람대신 말할 것이다. 이렇게 해서 민중은 진실을 지켜나갈 것이다.

죄란 악취가 나서 질식케 하는 안개 같지만 해가 떠오르면 모조리 사라질 것이다. 죄는 일시적이요 잠깐이다. 그러나 그리스도는 영원하다. 민중은 언제나 죄를 범하기도 하고 못된 짓을 하기도 한다. 그러나 민중은 정말 중요한 때는 결코 옳은 것과 옳지 못한 것을 혼동하지는 않을 것이다. 민중은 선을 악이라고 하고 악을 선이라고 하는 허무주의자들의 부정을 절대로 범하지 않는다.

도스토예프스키는 민중의 근본을 믿고 있었다. 민중은 언제나 근원적인 요소다. 깨지지 않는 어떤 관계를 맺고 있다. 그들은 언제나 우주의 본질과 근원적인 결합을 가지고 있고 이 세계의 능동적인 발전에 대하여 민중은 인류가 영원히 결합할 수 없는 착실하고 안정된 여러 가지 힘을 끊임없이 이바지해 가고 있다.

민중 특히 슬라브 민중 속에는 어떤 본질적인 것이 항상 잠재해 있다. 민중은 근원적인 것에 뿌리를 박고 있다. 그렇기 때문에 그들은 창조적인 작업을 해낼 수가 있다.

도스토예프스키는 이런 사실을 보았기 때문에 그는 민중을 믿고 그는 특히 러시아 민중 속에 그리스도적인 것마저 찾아보게 된다.

장로 조시마는 러시아의 구원을 민중으로 본다. 이 민중이 무신론자들을 정복하고 기독교와 한 몸이 되어 세계를 구원할 때가 올 것이다. 민중을 지키고 민중의 마음을 품어야 한다. 조용히 지켜 나가야 한다. 그것이 우리들의 사명이다. 왜냐하면 러시아 민중은 신을 품고 있는 백성이기 때문이다.

도스토예프스키는, 러시아 백성들은 신을 품고 있는 백성이라고 생각했다. 그는 러시아 민중이 세계를 구출할 수 있는 메시아의 소질까지 가졌다고 생각했다. 서구에서 죽은 기독교를 살려내는 일을 러시아 민중이 해낼 것이라고 생각했다. 그는 자기의 백성을 새로운 하나님의 이름으로 세계를 구원하고 갱신할 수 있는 사명을 지닌 것으로 생각했다. 러시아 국민이야말로 다른 국민에게 복음을 전할 수 있는 사명을 가진 신의 선민이라는 의식이 한때 도스토예프스키의 가슴을 벅차게 했다.
　모든 국민의 모든 역사의 영원한 목표는 오직 신의 탐구에 있다. 그것은 자기의 신, 자기 독자의 신이어야 한다. 오직 하나이신 참 하나님으로서의 신을 신앙하여야 한다. 신은 한 민족의 발생으로부터 종말에 이르기까지 전부를 포함한 종합적 인격이다. 많은 민족이 같은 신을 가진다는 일은 있을 수가 없다. 모든 국민의 신이 공통인 것이라면 그것은 국민의 몰락의 표적이다. 그때 신들은, 민족들은, 신앙들은 모두 죽어 버린다. 그러나 한 국민이 강력하면 강력할수록 그 신은 그만큼 독특한 것이 되는 것이다. 이런 샤토프의 견해에 대하여 스타브로긴은 "너는 신을 국민의 한 개의 속성으로 끌어내리는 것이냐?"고 항의하자 샤토프는 화를 내며 이렇게 대답한다.
　"내가 신을 국민의 속성으로 끌어 내린다고? 그 반대다. 나는 국민을 신에게까지 끌어올린다."
　국민, 그것은 신의 몸이다. 어떤 국민도 자기의 독특한 신을 가지고 있고 세계에 있는 다른 모든 신들을 강력하게 무자비하게 배제하는 한 국민으로 존속할 수가 있다. 자기의 신으로 세계를 정복하고 다른 신을 모조리 지배할 수가 있다고 믿는 한에서만 국민이 될 수 있다.
　도스토예프스키는 옛날 이스라엘 사람들이 가졌던 선민사상을 러시아 민족이 가졌다는 꿈을 가지고 있었던 것 같다. 물론 그 꿈은 여지없이 깨지고 말았지만 도스토예프스키는 그만큼 러시아를 사랑하고 있었던 것이다. 하여튼 도스토예프스키가 민중 속에 신비를 발견한 것은 사실이다. 지식층들이 민중과 인연이 끊어질 때 그들은 마치 뿌리 잃은 나무나 풀처럼 허무주의에 빠진다는 것을 그는 너무도 잘 알고 있다. 모든 불행은 상층의 지식계급이 하층의 가난한 민중으로부터 떠나간 데 그 원인이 있다.

우리가 여기서 문제 삼아야 할 것은 우리의 러시아 문화가 러시아의 토착적 본래적 원천과 원칙에서부터 아주 멀리 떨어진 것이다. 그것은 직접적이요 단독적인 결과이다. 근대 러시아의 불행은 상류계급과 소박한 민중과의 관계가 붕괴되었기 때문이다. 이러한 분리 때문에 현대 인간은 신앙과 안정을 잃게 되었다. 대지에 뿌리박을 힘의 원천이 끊어진 것이다.

도스토예프스키에 있어서 러시아의 대지는 팔레스티나가 유대인의 성지이듯이 거룩한 땅이었다. 그것은 우리에게 있어서 신의 신령한 것이나 마찬가지다. 러시아 사람들은 대지에 입맞춤으로 대지의 신성한 자비를 생생하게 느낄 것이다.

인간은 대지와의 결합을 통해서 평생 마음의 든든함을 느낄 것이다. 땅 속에는 신비한 생명의 비밀이 있을 것이다. 그것은 물속에도 공기 속에도 무엇에나 그런 생명의 신비가 있을 것이다. 그리고 정말로 대지의 이러한 생명 속에서 그 밑바닥의 깊고 깊은 속에서 하나님의 나라가 시작될 것이다. 진정으로 당신들에게 말하지만 우리가 세례를 받는 것도 생활의 뿌리 깊은 곳에서 시작한 것이 아니라면 천국에 올라간다는 일은 시작되지도 않는다.

"농부들이여, 오늘도 반드시 대지에 의하여 세례를 받기로 하시오. 가장 위대한 힘이 모자랄 때 신은 진실로 대지 속에서 신 자신의 생명에 의하여 세례를 베풀게 될 것입니다. 그것으로 좇아 우리는 자유라는 것을 느낄 것이며 한층 고귀한 생각을 안고 우리들의 일을 해 나가기로 합시다."

도스토예프스키에 있어서는 신은 하늘에도 계시고 땅에도 계시고 어디나 계시는 존재였다. 그러나 민중의 가장 가까운 길은 땅과 하나가 되는 길이다. 수동적이 아니고 능동적으로 생명의 힘이 넘치는 대지, 그 대지를 사랑하는 것을 인간은 결코 그쳐서는 안 된다. 사랑이 넘치는 대지에 가까이 가면 갈수록 그만큼 인간은 하나님의 품으로 가까이 가고 있는 것이다.

허무주의자들은 민중으로부터 떨어져 나갈 뿐만 아니라 대지에서부터도 떨어져 나갔기 때문에 그들은 가난한 존재가 되었다. 허무주의는 대지에서 떠남으로써 근원의 신비한 힘과 끊어지고 말았다.

라스콜리니코프의 범죄는 대지에 대한 반역이었다. 그래서 소냐는 말한다.

"자, 지금 곧 네거리에 나가서 무릎을 꿇고 당신이 더럽힌 대지에 입을 맞추시오. 그리고 사방으로 머리를 숙이고 큰 소리로 나는 사람을 죽였다고 소리를 지르시오.."

그래서 라스콜리니코프는 네거리에 나가서 무릎을 꿇고 땅에 머리를 대고 기쁨과 행복을 느끼면서 그 더러운 땅에 입을 맞춘다. 그때 라스콜리니코프의 마음에는 무한한 기쁨이 터져 나왔다.

도스토예프스키에게는 이성을 넘어서는 직관이 있었다. 그의 생각에는 가장 날카로운 이성을 가지고도 혼의 밑바닥은 꿰뚫어 볼 수가 없다. 이성조차도 미치지 못하는 세계가 있다. 이 세계는 이성을 넘어선 어떤 독특한 인식능력이 필요하다. 이 인식능력은 하나의 직관, 하나의 심정, 하나의 느낌이며 합리성을 초월한 생명과 같은 관련을 가지고 있다.

"위대한 사상, 그것은 하나의 감정이며 그것은 실로 한없이 오랫동안 말로 표현할 수가 없다. 내가 아는 것은 신선한 생명이 넘쳐 나오는 감정뿐이다."

"나는 진리를 보았다. 그것은 머리로 생각해 냈던 것과는 달리 나는 본 것이다. 나는 확실히 알 것이다. 그것은 실재다. 그 산 모습은 영원히 내 영혼을 만족시켜 주는 것이었다."

도스토예프스키는 상징을 볼 수 있는 능력이 있었고 이 능력을 통하여 그는 모든 관념에 새로운 의미를 부여할 수가 있었다. 이 능력을 직관이라고 하든지, 상징을 볼 수 있는 힘이라고 하든지, 하여튼 무엇이라고 말할 수 없는 하나의 능력이다. 도스토예프스키는 이 능력을 종교적 감정이라고 표현한다. 그것은 한없이 맑고 깨끗한 넘치는 사랑이다.

이 감정은 실수건 범죄건 무신론이건 도덕이건 그런 것과는 아무 상관이 없다. 일체를 불쌍하게 생각하고 같이 괴로워하는 심정인 것이다. 이러한 초도덕적인 입장에서 보면 사람은 일체를 용서할 수가 있다. 다른 사람을 저주하는 사람은 자기가 죄인이라는 것을 모르고 하는 소리다. 죄인을 불쌍히 여겨야 한다. 그리고 그 죄까지도 불쌍히 여겨야 한다.

죄를 범한다는 것은 얼이 썩어서 그렇고 얼이 썩은 것은 그 사람이 아직 어려서 그렇다. 죄란 못됨이요, 덜됨이요, 어릴 뿐이다. 죄를 가엾게 여겨야 한다. 죄를 불쌍히 여겨야 한다. 어린애가 대소변 못 가리는 것을 화내면 안 된다. 그럴 때는 기저귀를 갈아 주어야 한다. 죄짓는 사람을 사랑할 뿐만 아니라 죄까지도 사랑해 주어야 한다. 어머니의 눈에는 어린애만 귀여운 것이 아니라 기저귀까지도 귀엽다. 어머니의 눈에는 더러운 것이 더러운 것이 아니다. 더러운 것이 더러운 것으로 보일 때는 아직도 어머니는 아니다. 더러운 것까지도 귀엽게 보일 때 정말 어린애를 사랑하고 있는 것이다.

그런 의미에서 도스토예프스키는 사람은 사랑하나 죄를 미워하는 그런 사랑이 아니다. 사람은 말할 것도 없고 죄까지도 귀여워하는 것이 그가 말하는 사랑이다. 그런 사람에게는 일체를 용서받을 수가 있다. 도덕적 평가는 절망에 빠진 동료를 구원하는 길이 아니다. 사람을 심판하지 않는 종교적 감정만이 만인을 구원할 수가 있을 것이다. 이러한 감정을 그는 어머니에게서 발견하고 이러한 어머니의 감정을 그는 러시아 민중 속에서 발견한다.

"내가 믿는 것은 러시아 민중의 가장 깊은 근본적인 욕구다. 그것은 영원히 싫어하지 않고 고생하려고 하는 깊은 정신이다. 러시아 민중은 고뇌에 대한 갈구를 옛날부터 가지고 있는 모양이다."

고뇌를 잉태한 물줄기처럼 그 갈구는 러시아의 전 역사를 꿰뚫고 있다. 그것은 단순히 재난이 있을 때만 나타난 것이 아니라 그것은 언제나 민중의 산 마음으로부터 솟아나오고 있다. 개인이건 국민 전체이건 러시아 사람의 행복 속에는 언제나 고뇌의 한 덩어리가 포함되어 있다. 그렇지 않으면 러시아 사람에게는 진정한 행복은 없다. 도스토예프스키는 러시아 민중의 본질은 고뇌를 사랑하는 정신에 있다고 보았다.

이것은 러시아 사람만 그런 것이 아니다. 모든 민중의 가슴이 그런 것이다. 사람의 마음 밑바탕에는 고뇌 속에 즐거움을 발견하는 고귀한 심정이 있는 것이다. 괴로움을 갈구하는 이 욕망 때문에 자기를 희생할 수도 있는 충돌이 엿보인다. 조시마 장로는 알료샤에게 이런 유언을 남긴다.

"그대는 큰 슬픔을 보게 될 것이다. 그러나 그 고통 중에서도 행복을 얻게 될 것이다. 이것이 내 유언이다."

도스토예프스키는 모든 사람, 모든 물건에 대해서 책임을 느껴야 한다고 생각하였다. 그것을 제외하고 나의 구원은 없다. 나의 구원 없이 남을 구원할 수 없을 것이다. 남을 구원한 후에만 자기를 구원할 수 있다. 사람은 고생을 거쳐야 성숙해진다. 참된 자기 성숙, 참된 자기 자각은 고생 없이는 안 된다. 종교란 고생하는 일이다. 남을 위해서 고생하는 일이 종교다. 남을 불쌍히 여기는 성숙한 정신이 기쁘게 고생을 견디게 한다. 사람은 고생을 통하여서만 사물을 꿰뚫어 볼 수 있는 깊은 지혜를 가질 수가 있다. 성숙한 정신, 이것이 기독교의 핵심이다.

성숙한 세계, 사랑의 세계는 모든 만물을 안으로부터 꿰뚫어 볼 수 있는 눈을 열리게 한다. 모든 만물을 진정으로 사랑하는 사람에게는 모든 만물 속에 하나님의 신비를 발견할 수가 있다. 하나님의 신비가 만물에 가득 차 있다. 한포기의 풀, 한 마리의 벌레, 이런 것들 속에 놀라울 만큼 신비한 지성이 있다.

대자연 속에는 신비가 꽉 들어 차 있다. 우주 만물 속에는 신비가 언제나 넘치고 있다. 우주는 한없이 아름답다. 우주는 기쁨으로 넘치고 있다. 우주만물 속에 하나님이 넘치고 있기 때문이다. 하나님을 믿는 사람에게는 하나님만이 있다. 신비만이 있다. 생명만이 있다.

산다는 것은 신비의 탐구다. 그것은 절대로 끝날 수 없는 것이다. 생이란 위대한 것이다. 거룩한 것이다. 신비한 것이다. 세상에 이 믿음을 끊을 자는 없다. 죽음도 이 믿음을 깨뜨릴 수는 없다. 영원한 하나님을 사랑하는 것, 그것은 죽음도 어떻게 못한다. 그것은 영원한 생명을 믿기 때문이다. 삶은 아름다운 것이다. 그렇기 때문에 인생은 아름다운 것이다. 아름다운 인생은 아름다운 자연에 황홀하지 않을 수가 없다. 일체가 신비요, 아름다움이다. 한 그루의 나무, 한 포기의 풀, 그 속에는 신비가 숨어 있는 것이다. 새가 노래를 부르고 수없이 많은 별이 반짝거리고 일체가 아름답고 일체가 신비롭다. 어디나 말로는 다할 수 없는 신비와 아름다움이 충만하다.

도스토예프스키는 이 신비를 통해서 자연을 그리스도와 연결시킨다. 자연은 신에게 기도를 드리고 있다. 자연에는 죄가 없다. 그들은 완전한 것뿐이다. 인간을 제외하고는 일체가 죄가 없다.

　그리스도는 누구보다도 자연을 사랑하신다. 한포기의 풀, 한 마리의 벌레 그리고 들짐승까지도 그리스도는 사랑하신다. 그리스도는 일체를 위하여 존재하신다. 모든 인간뿐만 아니라 모든 피조물을 위해서 존재하신다. 하나의 나뭇잎도 그리스도를 위하여 올라가고 있다. 일체가 하나님을 찬양하고 그리스도를 위하여 눈물을 흘리고 있다.

　그러면서도 자연은 이 같은 것을 모르고 있다. 그저 티 없는 그의 생활이 이 비밀을 실천하고 있는 것이다. 하나님은 모든 만물의 씨를 하나님 나라에서 가져다가 이 세상에 뿌리고 그리고 아름다운 이 동산을 가꾸신 것이다. 그리하여 자랄 것은 자라고 필 것은 피고 맺힐 것은 맺힌다. 그들은 모두 하나님 나라와 접촉함으로 더욱 빛나고 아름답게 살아간다. 만일 사람 속에 이러한 감정이 사라지는 날이면 사람은 살기를 그칠 수밖에 길이 없을 것이다. 이런 것이 회의주의요, 그 결과는 멸망뿐이다. 이런 것이 허무주의다.

　도스토예프스키가 그렇게 오랫동안 고민한 것은 이 허무주의와 회의주의에서 벗어나기 위해서였다. 그 길은 자연을 통한 신비를 이해하는 일이다. 여기에 예술이 있고 문학이 있다. 자연과 인생은 둘이 아니다. 자연 속에는 기쁨이 있고 즐거움이 있다. 자연 속에는 언제나 신비가 넘치고 하나님의 현존이 이루어진다. 거기 한없는 법열과 기쁨이 넘친다. 그것은 만물의 틀림없는 부활이다. 만물의 부활뿐 아니라 인간의 부활이요, 인간의 부활뿐 아니라 허무주의가 실존주의로 바뀌는 것이다. 일체 회색 빛깔의 회의주의가 지나가고 풍성한 생명의 푸른 싹이 터 나오는 것이다.

　인생의 기쁨, 인생의 즐거움, 그것은 이 생 속에 있고 이 땅 위에 있다. 하늘 위에 있는 기쁨이 아니다. 이 땅 위에 있는 기쁨이요, 찰나의 기쁨이다. 미래의 영원한 삶이 아니라 이 순간의 영원한 삶이다. 이 순간이 있다. 이 순간이 되면 갑자기 시간이 멈추고 만다. 그리고 시간은 그대로 영원이 된다. 인간이 불행한 것은 자기의 행복을 알지 못하기 때문이다. 그것뿐이다. 절대로 그것뿐이다. 그것을 깨친 사람은 그 순간에 곧 행복해질 수가 있다.

인생은 천국이다. 우리는 천국에 있다. 사람들은 그것을 알지 못하고 있다. 만일 이것만 안다면 곧 천국에서 살게 될 것이다. 일체가 천국이다. 천국은 우리 안에 있다. 누구나 천국을 창조할 수가 있다. 사람은 빛 속에서 살고 있는 것이다. 눈만 뜨면 된다. 천국은 존재의 문제가 아니라 인식의 문제다. 눈만 뜨면 된다.

도스토예프스키는 조시마 장로의 입을 통해서 "천국은 우리들 속에 숨겨져 있다. 지금 곧 내 속에 숨겨져 있다. 그렇기 때문에 그것을 느끼기만 하면 내일이라도 당장 천국이 내 속에 나타나 평생을 잃는 일이 없을 것이다."라고 말한다.

조시마는 또 다른 데서 "밝은 하늘, 깨끗한 공기, 푸른 풀, 자연은 얼마나 아름답고 티 없는 모습일까. 그런데 사람들만이 어리석게도 하나님을 섬기지 않고 인생이 천국인 것을 모르고 있다. 실지로 사람이 깨닫기만 하면 지상이 곧 단장한 천국으로 변하고 우리들은 너무도 즐거워서 너무도 기뻐서 눈물마저 흘리게 될 것이다."라고 말한다.

도스토예프스키의 세계는 허무주의와 회의주의를 극복한 세계다. 그것은 이성을 넘어선 직관의 세계다. 그것은 신비가 가득 찬 황홀한 세계다. 도스토예프스키가 그리는 조시마 장로는 영원의 기쁨에 자기를 잊은 망아적인 인물이다.

"사랑의 기쁨과 법열을 갈구하시오. 그리고 그대의 기쁨을 소중히 하시오. 그것은 신의 선물이며, 누구나 가질 수 있는 것이 아니라 선택된 자만이 받을 수 있는 것이오."라고 조시마는 말하고 있다.

이러한 기쁨은 영의 눈을 뜬 사람에게만 주어지는 기쁨이다. 그것은 찰나 속에 있는 기쁨이요, 영원의 불이 타오를 때만 있는 기쁨이다. 인간이 행복한 것은 떡에 있는 것도 아니요, 옷에 있는 것도 아니요, 자부와 질투에 있는 것도 아니다. 기쁨은 오직 한없이 높은 사랑 속에만 있다. 도스토예프스키는 사랑과 기쁨을 하나로 본다. 한없이 높은 사랑 속에는 언제나 한없이 짙은 기쁨이 있다는 것을 놓치지 않았다.

그는 그리스도의 세계를 법열의 세계로 보았다. 그는 새로운 신인을 그리고 있다. 그것은 법열의 은혜를 받은 사람이다. 가나의 혼인 잔치에 새로운 포도주가 넘쳐흐르듯이 기쁨과 신비가 넘치는 사랑의 그리스도교는 새로운 인류의 미래를 이끌어 나갈 것이다. 그 때 회의주의와 허무주의는 그 자취를 감추고 신앙주의와 실존주의만이 넘치게 될 것이다. 이것이 법열에 넘치는 새로운 세계이며 이것이 그가 이해한 자연적 기독교의 모습이다.

늑 대

도스토예프스키에게는 어렸을 때 이런 일이 일어났다고 한다. 그것은 하나의 상징이 되어 시대의 앞날을 비춰주는 것 같다.

그에게 일어났던 이야기는 그가 시골에 가서 여름방학을 보낼 때에 그는 혼자서 숲 속에 들어갔다. 꽃도 꺾고 딸기도 따고 다람쥐의 재롱도 보고 새의 노래를 즐기고 있었다. 그런데 어디선가 늑대 소리가 확실히 귀에 들리는 것 같았다. 그는 너무도 무서워서 얼빠진 소년처럼 정신없이 달리기 시작했다. 그리하여 그는 넓은 들판에서 밭을 가는 농부에게로 뛰어가서 늑대가 온다고 외치고 농부의 품에 안겼다.

그러자 농부는 주변을 조심스럽게 살펴보고는 "아무것도 없는데 걱정할 것 없다. 네가 헛꿈을 꾸고 있나 보다."라고 안심시켜 주었다. 그래도 소년은 곧이들리지 않았다. 그는 전신을 떨면서 더욱 농부의 품으로 파고 들어갔다. 그 때에 농부는 웃으며 말했다.

"아무것도 오지 않는데 무얼 그러니? 걱정할 것 없다. 자, 일어나. 예수님이 우리와 함께 계시지 않아? 예수님께 기도하면 그런 망상은 다 물러갈 거야." 이때 소년은 겨우 일어나서 가슴에 십자가를 그리고 겨우 숨을 내쉬게 되었다.

니크는 이 이야기에서 도스토예프스키가 젊은 시절 계속 쫓기던 모습을 늑대에게 쫓기는 어린 소년으로 상상한다. 늑대는 진짜 늑대가 아니었다. 그것은 간질병을 앓게 되기 이전 어린 도스토예프스키에게 다가오고 있던 어떤 망상이었는지도 모른다.

니크는 그것을 허무주의라고 한다. 19세기에서 20세기를 무섭게 휩쓴 허무주의다. 그는 평생 허무주의와 싸운 하나의 실존주의자였다. 그에게 있어서 실존은 그리스도였다. 그는 그리스도에게 기도를 드리고 비로소 안도의 숨을 돌릴 수가 있었다. 그가 발견한 것은 새로운 그리스도였다. 그는 새로운 그리스도의 체험을 하고 법열의 기쁨을 맛보게 되었다.

그러나 그는 한동안 한없는 고민과 전율을 느꼈다. 그러나 그가 찾은 농민의 품은 허사는 아니었다. 농민은 어머니처럼 그를 감싸 주었으며 그에게 그리스도가 있음을 가르쳐 주었다. 거룩한 대지에서 자연을 벗 삼아 평생을 보내는 러시아의 대중, 그들 속에는 잡다한 토속신앙이 섞여 있지만 그러나 그들의 마음에는 시베리아 평원과 같은 한없이 대륙적인 위대함과 검푸른 대지처럼 끝없이 순박한 그리스도 신앙이 마치 러시아 정교회의 종탑처럼 금빛에 빛나고 있다. 러시아 민중의 순박성, 이것만이 그의 모든 고뇌를 씻어낼 수 있는 유일한 생수다.

세상에 제일 고귀한 것이 있다면 인간의 고뇌를 씻어줄 수 있는 순박성이다. 이 순박성은 러시아의 무한이 넓은 대지를 그의 마음으로 하고 그 가운데 우뚝우뚝 솟은 러시아 정교의 종탑처럼 금빛에 빛나는 그 순진성을 러시아 민중의 마음씨에서 찾으려고 하는 것이 도스토예프스키의 허무주의를 극복하고 실존주의를 찾게 되는 과정이다. 그는 서양적인 러시아에서 동양적인 러시아로 발길을 돌릴 때에 거기서 하나의 해결을 얻으려고 한다. 서양의 무신론적인 사고가 아니라 동양의 유신론적인 사고 속에서 하나의 빛을 찾아내려고 하는 것이 도스토예프스키가 평생을 악전고투하며 사는 원동력이다.

도스토예프스키는 교회에 별로 간 일이 없다. 당시에 러시아 정교의 승려계급이 저속하기 짝이 없었던 것이 하나의 원인인지도 모른다. 승려계급처럼 유물주의자도 없다. 예복을 입었을 때는 존경의 대상이지만 예복만 벗으면 수전노요 강도라고 사람들은 생각하고 있었다.

피터 대제 이후 정교합일의 교회는 거의 마비상태에 빠져 있었다. 그들은 성자를 숭배하고 성모를 예배하고 성화를 그려 걸고 미사를 드리고 예식을 집행하는 저속한 대중종교로 타락하고 말았다. 울긋불긋하고 장엄해 보이지만 그 속은 병든 종교였다.

라스콜리니코프는 나는 교회에 가본 일이 없는데 당신은 교회에 늘 나가느냐고 묻는다. 소냐는 자기도 나가지 않는다고 대답한다. 소냐는 라스콜리니코프에게 속죄를 위하여 교회로 가라는 말을 하지 않는다. 자연으로 가서 죄를 속하라고 가르쳐 준다. 자연 그리고 대지, 그것이 얼마나 신성한지 모른다. 그것이 당시의 젊은이들의 실제였을 것이다.

교회에 염증을 느낀 사람들이 산으로 가고 자연으로 가는 것은 어쩔 수 없는 현상이다. 그러나 도스토예프스키는 타락한 교회가 기독교라고는 생각하지 않았다. 교회는 타락했어도 기독교는 그래도 진리를 가지고 있다고 생각했다. 역시 허무주의라는 악마를 극복하기 위해서는 기독교만이 그것이 가능할 것이라는 것이다.

물론 도스토예프스키는 가톨릭을 기독교라고 보지 않았다. 가톨릭은 오히려 허무주의의 화신이라고 생각했다. 서구의 허무주의의 모태는 가톨릭이라고 생각했다. 그것은 가톨릭은 벌써 기독교를 떠났기 때문이다.

그는 미쉬킨의 입을 빌려 "가톨릭은 무신론보다도 더 나쁘다. 이것이 나의 확신이다. 무신론은 허무라고 주장하지만 가톨릭은 反그리스도를 선전하고 있다. 내 의견으로는 로마 가톨릭은 종교가 아니고 서로마 제국주의의 계속이다."라고 말한다.

도스토예프스키는 가톨릭에 대하여 가장 잔인한 칼을 꽂았다. 그것은 대심문관의 입을 통해서 "우리의 친구는 그리스도 당신이 아니고 악마 그분이다. 이것이 우리의 비밀이다. 우리는 벌써 예전부터 8백 년 동안 그리스도를 버리고 악마와 하나가 되었다."고 말하고 있다.

가톨릭은 인간에 대한 애정과 대중에 대한 지도와 권력욕의 세 가지를 교묘하게 혼합한 기독교의 탈을 쓴 악마교라는 것이다.

도스토예프스키의 악마란 행복을 주는 대신에 자유를 박탈하는 것이 악마다. 마치 야수를 잡아다가 우리 안에 넣고 잘 먹여 가축을 만들고 말듯이 가톨릭은 인간의 생각하는 힘을 박탈하고 인간을 교리 속에 가두어 두고 만다는 것이다. 더욱이 법왕을 가지고 이단 심문을 하여 하루에도 수없는 사람들을 살상하는 가톨릭은 요사이 숙청 숙청을 거듭하는 공산주의 사회와 별로 다를 것이 없다는 것이다.

인간의 자유를 구속하고 행복을 내세우는 모든 사상, 종교는 일체가 악마다. 독재와 독단이 있는 곳에 언제나 사망이 있다는 것이 그의 확신이다. 이런 가톨릭에 비해서 정교는 그래도 기독교의 순수성을 유지하고 있다고 그는 믿고 있다. 빛은 동방에서부터라는 말을 그는 곧잘 종교에 갖다 맞춘다.

도스토예프스키는 러시아 민중의 순박성을 정교의 덕으로 간주했다. 러시아 민중을 싸고 있는 것은 러시아 정교의 덕이다. 그는 러시아 교회를 사랑하였다. 러시아는 정교의 혼이 육체로 나타난 것이다. 이 정신 속에 농부들은 살아가고 있다. 러시아는 묵시록의 왕국이요 천년 왕국이다. 러시아 교회는 그리스도의 교회요, 정교 속에만 우리들은 그리스도의 모습이 감추어 있다고 생각한다. 그 밖의 것은 모두 가짜다. 그는 프로테스탄트도 믿지 않았다. 프로테스탄트는 반항만을 일삼을 뿐 자기의 말은 아무것도 없다. 그런데 정교 속에는 빛나는 종탑의 모습뿐만 아니라 그 속에 불타는 순수한 신앙을 가지고 있다.

아리스토텔레스적 기반 위에 선 가톨릭과는 달리 플라톤적 기반 위에 선 동방교회는 깊은 기독교 신앙에 넘치고 있다. 동방교회는 이질적인 기독교의 영향을 받은 희랍종교사의 단순한 지속이 아니다. 동방교회는 대담하게 인간신화의 가르침에 경의를 표하고 교의적인 교리의 외적인 권위를 배척한다. 그것은 기독교 이외의 종교적 가치도 인정한다.

정교적 기독교는, 기독교의 진리는 본래 오성적인 길로써가 아니라 내적인 정신적인 길을 통하여 즉 순수하게 사랑과 은총에 충만한 심정의 길로써 인식되고 직관되고 파악되고 체험된다고 강조한다.

도스토예프스키는 희랍정교에는 오성을 넘어서는 신비가 있음을 강조한다. 그것이 허무주의를 살려내는 유일한 길이다. 도스토예프스키는 언제나 신앙만이 구원의 길인 것을 믿고 있었다. 그는 늘 신의 존재와 영원의 불멸을 문제 삼았다. 이런 문제를 해결하지 않고는 허무와 회의를 극복할 수가 없기 때문이다.

이러한 현대인에게 신의 존재와 영혼의 불멸을 직감케 하는 것은 신비주의뿐이다. 인간은 신비주의에 부딪쳐 합리주의의 종말과 합리주의 이상의 신령한 세계를 인정하게 된다. 신은 현대에 있어서도 작용하고 있다. 그리고 인간의 영혼은 불멸한 것이다. 여기서 인간은 처음으로 마음의 평안을 얻고 마음의 위안을 얻는다. 이러한 신비적 요소가 러시아 정교에 있다는 것이다.

허무주의에 몹시 침식된 그는 그의 작품 세계에 언제나 종교를 도입하여 허무주의 극복의 길을 열어준다. 그것은 러시아 정교가 가지고 있는 자연을 밑바탕으로 하는 신비주의다. 인간은 그의 상처를 자연 속에서 치료 받을 수밖에 길이 없기 때문이다. 러시아 정교의 자연재생의 사상은 오늘날 서구 기독교에까지 하나의 영향을 끼치고 있다. 그는 러시아 정교에서 새로운 에녹과 엘리야가 나타나서 모든 나라로 향할 것이라고 생각했다.

도스토예프스키는 번개와 뇌성을 동반한 새로운 시대가 올 것을 예언하고 있다. 확실히 오늘도 누군가가 문을 두드리고 있다. 이것이 문제다. 그는 전혀 새로운 인간인가. 우리와 같은 낡은 인간인가. 도스토예프스키는 몇 번이고 되풀이 한다. 어떤 결정적인 것이 시작되었다는 것, 그리고 이런 것이 수세기 동안 존재한 것에 종말이 가까워 온다는 것, 그리고 무엇인가 새것이 이전의 것을 분쇄해 버리고 새로운 생으로 깨어나고 있다는 것, 그리고 그것이 한 발자국 걸어가기 시작했다는 것, 이런 말을 그는 몇 번이고 되풀이 하였다.

"나는 이런 생각이 든다. 낡은 유럽에 우리의 세기도 어떤 터무니없는 사건으로 종말을 고하게 될 것이다."

그는 전 유럽에 무엇인가 불행하고 불길한 것이 찾아온다고 느꼈다. 그가 어렸을 때 꿈속에서 어떤 악령에게 몹시 시달린 후에야 비로소 구원될 것을 그는 느끼고 있었다. 그런데 그 악령은 가까이 있다. 이러한 시대에 그가 내놓을 수 있는 것이 무엇일까? 그는 생각한 끝에 결국 유럽을 구하는 길은 러시아적 깨달음 밖에 없다는 것을 알게 되었다.

인간의 가장 깊은 근원의 세계도 결국 하나님 자체로 향하려 하는 것, 그것뿐이다. 그는 사람은 떡으로만 사는 것이 아니라 말씀으로 산다고 하는 것을 가르치기 위해서 그의 작품들을 썼다. 그는 지성을 가지고가 아니라 마음속으로부터 전심전력을 가지고 인류를 구원하고자 한다.

아시아가 내놓을 수 있는 것, 그것은 무신론적 서구를 깨우쳐 주는 일이다. 서양도 동양처럼 신의 것이 되어 새로운 창조를 경험하는 일이다.

롤 랑

Rolland, Romain 1866-1944

롤 랑
Rolland, Romain 1866-1944

로맹 롤랑의 『장 크리스토프』는 20세기에 나온 최초의 가장 위대한 책이다. 어떤 의미로는 그것은 20세기를 열어놓은 책이라고도 할 수 있다. 그것은 19세기로부터 20세기를 이어주는 다리요, 우리의 과거와 현재를 제시해 주고 미래를 내다보게 해주는 책이기도 하다.

그것은 니체(Friedrich Wilhelm Nietzsche, 1884-1900)의 『차라투스트라』와 같이 모든 사람들의 책이며 동시에 누구의 책도 아니다. 누구나 자기가 진리라고 생각한 것을 말할 수 있는 권리를 가진 것처럼 아무나 이 책을 헐뜯고 무시해 버릴 권리를 가지고 있다. 그러나 『장 크리스토프』를 읽고 조금이라도 생각해 본 사람은 누구나 인생은 바다를 향한 하나의 물줄기라도 아니할 수 없다. 『장 크리스토프』는 소설이라기보다도 하나의 인생이다. 어려서 라인 강을 바라보며 자라난 롤랑은 흘러가는 강물의 영원함을 느끼고 이 강물에 자기도 포함되어 있음을 자각했다.

장 크리스토프가 결정적으로 로맹 롤랑의 가슴속에 떠오르기는 그가 24세 때 로마에 가서 공부하던 학생시절이었다. 롤랑의 가슴속에 숨어있던 시혼詩魂이 오랫동안 의무적인 학문탐구에 짓밟혀 있던 시대다. 달 밝은 밤이면 늙은 마르비다 폰 마이젠부크 여사는 가끔 그에게 그의 친구 바그너(Richard Wagner, 1813-1883)와 니체의 비극적인 싸움을 이야기하여 주었다. 그럴 때마다 롤랑은 시대의 소음과 속진에 싸여 보이지 않는 강한 인간들이 그 시대에 같이 살고 있다는 것을 느꼈다. 그들의 위대한 비극적인 체험은 그가 언제나 그리던 그 모습과 하나가 된다. 로마 시외의 자니쿨(Janicule) 언덕을 산책하고 있을 때 갑자기 강한 한줄기의 빛처럼 장 크리스토프의 모습이 그의 마음속에 떠올랐다. 그 후 20년간 장 크리스토프는 그의 가슴속에서 계속 자라갔다.

46세 되는 여름에야 그는 세상의 햇빛을 보게 된다. 롤랑은 35세 되는 8월 어느 여름밤 스위스의 알프스 산속에서 이렇게 노트에 적어 놓았다.

"비바람 부는 산속, 번개가 비치는 천정 밑, 뇌성과 폭풍이 울부짖는 가운데서 나는 생각해 간다. 이미 죽어간 사람들과 장차 죽을 사람들을, 허공에 싸여 죽음이 가슴속으로 굴러 들어가 얼마 가지 않아 없어져 버릴 이 땅 덩어리, 죽음으로 가는 모든 사람들에게 얼마 안가서 죽어버릴 이 책을 써 보낸다."

이 책이 말하려는 의도는 아래와 같다.

"형제들이여, 서로 친하게 지내자. 우리 사이를 갈라놓는 일체를 잊자. 그리고 우리들이 끌려드는 것 같은 슬픔을 생각해 보자. 원수가 어디 있느냐. 악한 사람이 어디 있느냐. 있다면 가엾은 사람들이 있을 뿐이다. 영원한 유일의 행복이란 서로 이해하고 이해를 통해서 사랑하게 되는 것이다. 지혜와 사랑, 이것만이 오직 삶의 앞뒤에 펼쳐있는 두 개의 심연 사이에서 우리들의 어둠을 비추는 한줄기의 빛이다. 죽어가야 할 운명을 지닌 모든 자에게, 평등과 평화를 줄 죽음에게 삶의 수많은 시냇물이 쏟아져 들어가는 알 수 없는 바다에게 나는 작품과 나 자신을 바치련다." 이것이 장 크리스토프를 쓰게 되는 그의 심정이다.

롤랑에게 시혼을 불러일으킨 사람은 마르비다라는 늙은 여성이다. 롤랑이 24세 때 그녀는 벌써 70을 넘어 있었다. 그녀는 가장 심오한 독일의 심정을 간직한 할머니였다. 니체도 아름다운 소렌토에서 한 해 여름을 보내면서 『인간적인 너무도 인간적인』이라는 책을 써서 이 책은 나의 친구며 어머니며 의사이신 마르비다를 위해서 바친다고 아름다운 한편의 시를 적어 보낸 일이 있다. 그녀는 니체뿐만 아니라 바그너, 헤르첸, 마치니 등 19세기의 거대한 자유인들과는 누구나 사귀고 있었고 폭풍에 시달린 처진 새들과도 잘 알고 있었다. 그는 그 당시의 정신적인 어머니였으며 모든 사람이 다 몰라볼 때에 롤랑의 소질을 알아내고 주위의 반대로 고립해 있는 롤랑에게 작가가 될 수 있는 길을 알려 주었다.

그녀의 눈에는 수많은 비극을 거쳐서 승리의 아름다움을 불러일으키는 빛이 롤랑에게 숨겨져 있음이 보였던 것이다. 세계를 슬프게 하면서 동시에 세계를 아름답게 하는 정신을 그녀의 눈동자 속에서 비쳐볼 수가 있었다.

"나는 그 속에서 위대한 세계의 교사들, 다시 말해서 위대한 그들 패배자의 비밀을 배웠다. 행동과 사상의 패배자들, 십자가에 못 박힌 사람들, 시대로부터 거부된 사람들, 시대를 거역한 사람들, 수치를 당한 사람들, 마음에 상처받은 사람들, 그러면서 승리를 얻어 미켈란젤로(Buonarroti Michelangelo, 1475-1564)나 바그너처럼 승리의 푸른 하늘을 꿰뚫어 본 사람들, 그들은 단념한다. 하나님 앞에서 단념한다. 마치 밤새도록 천사와 씨름하다 이긴 야곱처럼 이 승리는 싸움의 보람으로 주어진 승리였다. 물론 천사가 이기리라는 것은 뻔

한 사실이지만 그러나 싸움의 보람이란 천사의 품안에 쓰러지는 것이다. 마치 단테의 지옥에서 뱀한테 말려 그 몸이 녹아 뱀의 몸이 되고 말듯이 하나님의 품안에서 단련된 인간의 몸은 하나님의 피가 되고 마는 것이다. 사람들이여, 우리들의 일이 끝나면 우리들의 피를 신께 돌리는 것이 어떠냐. 우리들의 피가 신의 것이기 때문이다."

젊은 롤랑이 마르비다 부인에게 받은 영향은 말할 수 없이 깊었다. 롤랑이 불붙는 고민으로 신음할 때 그녀는 언제나 고요하고 맑은 눈초리로 그의 마음을 비춰주었다. 마르비다야말로 작가 롤랑을 낳아준 정신의 어머니였다.

마르비다는 독일 귀족의 딸로서 아버지는 국무장관도 지낸 사람이요, 어머니도 교양 있는 여성으로서 그 집에는 화가, 시인, 음악가들이 그치지를 않았다. 마르비다 역시 작곡도 할 수 있었고 그림 솜씨도 보통이 아니었다. 그녀는 자유를 위해서 싸우는 목사의 아들이요, 신학자인 젊은 혁명투사와 약혼했지만 3년이 못가서 그 꽃은 떨어졌다. 약혼자는 혁명의 희생이 되어 죽어간 것이다. 마르비다도 부인 해방운동의 선봉에 나섰다가 결국 영국으로 망명하고 말았다. 그 후 그녀는 개인교수와 문필로써 입에 풀칠을 하면서 수많은 불우한 정신의 영웅들을 감싸주는 어머니가 되었다. 누구나 그녀 앞에서는 서슴지 않고 자신의 마음을 열어 놓았다. 그리고 위대한 그녀의 산 가슴에서 한없는 용기를 얻을 수가 있었다.

마르비다와 롤랑의 우정은 그가 37세, 그녀가 세상을 떠날 때까지 계속된다. 그동안에 서로 교환한 편지만 해도 600통을 넘는다고 한다. 그 때 그녀는 87세, 50년의 격차를 우정으로 메꾸어 나갔다. 롤랑과 그녀의 우정은 롤랑이 연구하는 베토벤(Ludwig van Beethoven, 1770-1827)의 음악 속에서 익어갔다.

롤랑은 어머니가 연구하는 독일 음악 속에서 독일의 혼과 어렸을 때부터 사귀게 된다. 어려서부터 그는 몸이 아플 때면 모차르트(Wolfgang Amadeus Mozart, 1756-1791)의 음악을 들으면서 이 세상을 떠났으면 하는 기원을 가지기도 했다. 섬세하고 활발한 프랑스의 이지를 사랑하면서도 바다와 같이 깊고 음침한 독일정신에 한없는 매력을 느꼈다. 그는 베토벤의 음악 속에서 그의 영혼의 대답을 얻는다. 그는 베토벤과의 대결을 통해서 자기 자신을 아로새긴다. 그는 베토벤의 전기를 쓰고 베토벤의 작품을 분석하고 괴테와 베토벤을 비교하고 그의 말년을 오로지 베토벤 연구에 바친다.

  62세에 『베토벤 연구』 제1권을 낸다. 70세의 『부활의 노래』, 『제9교향곡』, 『후기의 사중주곡』, 『피니타 코메디아』 등 죽는 순간까지 연구는 계속된다.

  베토벤의 속살은 한 마디로 투쟁이다. 그의 싸움은 초인적이었다. 그는 불을 훔쳐낸 저 프로메테우스(Prometheus)처럼 운명과 있는 힘을 다하여 싸웠다. 그는 음악가로서는 치명적인 귀머거리가 되었고 생명을 바쳤던 애인도 떠나 버렸다. 그것은 1802년 그가 32세 때의 일이었으나 그는 죽지 않았다. 그때 그는 그의 친구에게 이런 편지를 썼다.

  "나의 체력이 요즘처럼 강해진 때는 없다. 나의 젊음은 이제부터다. 하루하루 나는 나의 목표로 다가가고 있다. 물론 그것을 나는 알지는 못하지만 느낄 수 있는 그런 목표다. 만일 내 병이 낫기만 한다면 얼마나 좋을까. 그때 나는 온 세계를 껴안을 수 있을 것이다. 나는 지금 조금도 쉴 수가 없다. 잘 때를 제외하면 나는 거의 쉬는 때라고는 없다. 이전보다도 좀더 자야만 하는데도 나로서는 거의 할 수 없는 일이다. 그런데 운명이 내 목을 바싹 누르고 있다. 짓눌리는 불행의 절반이라도 제거할 수 있다면 얼마나 좋을까. 아, 정말 견딜 수 없구나. 그러나 결코 항복할 수 없지 않느냐. 아, 인생을 천 배로 늘려서 살 수 있다면 얼마나 좋을까."

이것이 무서운 베토벤의 투지다. 그의 투지는 시인 괴테가 파우스트를 통해 "인류 전체가 받아야 할 것을 내 안에서 받아 음미해 보자. 내 영으로 인간에 있어서 가장 숭고하고 가장 심오한 것을 붙잡아서 기쁨과 고통으로 이 가슴에 쌓아 놓고 나를 인류대로 확대하여 결국은 인생으로서 죽어가자는 노래처럼, 자아를 인류적인 자아로 만들기 위해서 베토벤은 힘 있게 싸워갔다."고 읊고 있다.

로맹 롤랑은 누구보다도 베토벤을 좋아한 사람이다. 그는 베토벤의 생애를 썼지만 그의 문제는 그것으로 만족할 수가 없었다. 그는 독일 혼을 구현하는 하나의 인간을 가상하여 장 크리스토프라고 이름을 짓고 인생을 흘러가는 강물로 견주어가면서 하나의 인간상을 그려간다. 누구나 장 크리스토프는 베토벤을 모델로 해서 그린 것이라고 하지만 롤랑은 거기 대하여 이렇게 변명한다.

"장 크리스토프를 베토벤의 초상화라고 생각해서는 안 된다. 크리스토프는 베토벤이 아니다. 그는 새로 태어날 베토벤이요, 베토벤 같은 영웅이기는 하지만 베토벤이 사는 세상과는 전혀 다른 오늘과 같은 시대에 태어나서 스스로 살아가는 하나의 존재다. 그는 1870년대에서부터 1914년대에 이르는, 세계대전을 겪기 직전에 살았던 하나의 인간이라고 생각해두자."

『장 크리스토프』를 실지로 쓰기 시작한 것은 1903년, 그가 37세 되던 해요, 그것을 완성하기는 1912년, 그가 46세 되던 해다. 근 10년을 꾸준히 써 갔다. 보불전쟁 이후 자본주의가 점점 자라서 제국주의의 양상을 띠게 되는 시대를 배경으로 하고 있다.

타락한 자본주의 사회를 앞에 놓고 장 크리스토프는 개인적인 반항과 초월을 감행한다. 그는 모든 대상을 무시해 버린다. 사랑도 여성도 그를 끌어 들일 수가 없다. 조국도 그를 붙잡아 맬 수가 없었다. 그는 모든 속박으로부터 벗어나 주체적으로 초월하여 완성된 개인이 되고자 아름다운 혼을 지향하여 올라간다. 장 크리스토프는 니체의 사자처럼 자기 자신을 보편적인 주관이 되게 하기 위하여 용감히 싸워간다. 그는 현실을 그저 받아들이는 것이 아니다. 언제나 싸워서 그것을 고쳐가지고 받아들이는 새로운 베토벤이다. 세계와 손을 잡는 자유가 아니고 세계와 싸워 이기는 자유를 장 크리스토프는 취하고 있다.

장 크리스토프야말로 영원한 젊음이다. 크리스토프는 야인처럼 여기저기서 야영을 한다. 강렬한 사랑의 섬광이 번쩍일 때 잠깐 멈칫하는 것 같으나 역시 또 움직인다. 장 크리스토프는 영원히 젊은이의 글이다. 장 크리스토프의 개성에는 세계의 정신적인 개성이 흡수되어 꽃이 되고 잎이 돋아 하나의 전체적인 개인에 도달한다.

물론 프랑스를 대표하는 올리비에, 이탈리아를 대표하는 그라치아, 그리고 독일을 대표하는 장 크리스토프가 또다시 하나로 통합되어 보편적인 개성으로서 열매를 맺는다.

장 크리스토프로 상징되는 금욕적인 극기와, 올리비에로 상징되는 무르녹은 삶과, 그라치아로 상징되는 은총이 유럽정신의 구현이기도 하다. 롤랑이 말하는 것처럼 극기적인 금욕주의는 열렬한 청교도정신, 혼을 단련하고 영웅적인 노력의 헌신은 유럽 정신의 등뼈라고 할 수 있다. 일상생활에 썩지 않은 고상한 인격은 이 견고한 금욕적 극기주의의 영향 때문이다. 그러나 이 바위 밑에는 언제나 올리비에로 상징되는 생의 뜨거운 용암이 불붙고 있다. 용암은 녹아 강물처럼 흘러간다.

어렸을 때부터 라인 강을 바라보며 자라난 롤랑은 생을 하나의 강으로 실감하였다. 흘러가는 강물의 불멸 속에 그는 생명의 신비를

롤랑 89

느끼고 이 흘러가는 물줄기 속에서 자기의 운명도 포함되어 있다고 생각하였다. 존재하는 모든 것, 가장 적은 데서부터 가장 큰 것에 이르기까지 모든 만물은 모두 같은 생명의 물줄기로 연결된다. 이 물줄기는 내 속에도 흘러가고 있다.

1882년 9월, 16세의 롤랑은 어머니와 여동생과 같이 스위스를 여행하고 있었다. 그들은 페르네에 도착하여 차를 내려 망대 위에서 멀리 눈 아래 자연을 바라보고 있었다. 20초도 될까 말까 한 짧은 시간이었으나 눈앞에 펼쳐진 아름다운 대자연의 한없이 웅장한 모습 뒤에 그는 무엇인가 보이는 것이 있었다. 무엇인가 능동적인 실재를 그는 가슴속 깊이 느꼈다. 자기도 만들어진 자연임에 틀림이 없지만 그 순간 만든 자연과 하나가 된 듯한 깊은 감명에 도취되어 그는 뛰는 가슴을 억제할 수가 없었다. 이것이 그가 처음 받은 하나의 영감이다.

그 후 그는 어디서나 모든 만물 속에 공통되는 생명력의 편재를 느끼게 되었다. 죽음의 어두운 그림자가 늙은 장 크리스토프의 이마를 스쳐갈 때에도 장 크리스토프는 유유히 흘러가는 강물을 바라보며 거의 흐른다고 할 수 없이 천천히 장엄하게 흘러간다고 그는 말하면서 이렇게 묻는다.

"저것이 그인가요?"

사랑하는 사람들이 이렇게 대답한다.

"저것이 그입니다."

그리하여 강물과 바다가 합치는 우렁찬 파도소리는 그에게 이렇게 속삭인다.

"쉬어라. 모든 것이 하나의 마음의 장난이다. 너도 다시 깨어날 날이 있을 것이다."

한 방울의 물속에 그는 자기의 그림자를 본다. 가장 위대한 인간

일지라도 풀끝에 맺힌 이슬에 희롱되는 햇빛에 불과하다는 것을 깨닫게 되었다.

　로맹 롤랑은 1928년 『라마크리슈나의 생애』를 쓰고 그 서문에 이렇게 적어 놓았다.

　"나는 본래 강가에서 태어났다. 나는 강물을 산 것처럼 좋아했다. 선조들이 강에 우유나 포도주를 부어 주던 것을 알 것만 같다. 모든 강중에서 가장 신성한 강은 영혼의 깊은 바위틈으로부터 터져 나오는 강물일 것이다. 종교, 예술, 행동, 과학, 측량할 수 없는 천길 물깊이의 어두운 암흑으로부터 넘쳐 나와 어쩔 수 없는 경사를 따라 나와 의식되고 실현되고 지배되는 존재의 강물과 물이 증기가 되어 바다로부터 올라와서 하늘의 구름이 되고 하천의 주변을 살리면서, 창조의 바퀴는 끊임없이 계속된다. 산으로부터 바다로, 바다로부터 다시 산으로 모든 것은 같은 힘이요 존재다. 처음도 없고, 끝도 없는 그것을 신이라고 하건, 힘이라고 하건, 그것을 물질이라고 하건, 정신이라고 하건, 말의 차이뿐이지 그렇게 추상적인 것이 아니다. 통일된 본질, 그것은 살아있다. 사람이 의식하건 못하건 내가 존경하지 않을 수 없는 것은 다만 이 근원적인 본질뿐이다."

　롤랑의 생각 밑바닥에는 생명의 신비한 느낌으로 꽉 차 있었다. 그리고 롤랑에게는 극기적 투기의 험한 산맥과 유유히 흘러가는 생명의 강물을 널리 포옹하는 또 하나의 하늘이 있었다. 그것은 그라치아로 상징되는 은총의 하늘이다. 롤랑은 『장 크리스토프』 속에서 그라치아를 이렇게 묘사하고 있다.

　"그녀의 모습은 조화된 너그러움을 나타내고 있었다. 그의 육체는 약간 자랑스러운 권태에 쌓인 것 같다. 그녀는 고요한 영으로 포근히 싸여 있었다. 그녀는 태양의 밝음으로 꽉 차 있는 고요함과 흔들리지 않는 관조의 감미로움을 음식으로 맛보고, 생활의 은은한 즐거움을 본능적으로 즐기고 있었다. 이런 것은 북방 사람들의 혼으로는 도저히 짐작할 수도 없는 생활의 고요함이다. 그녀가 과거의 생활로부터 현재까지 줄곧 지니고 있는 그녀의 특성은 너그러운 친절이다. 그것은 그녀의 다른 모든 감정 속에서도 스며들어갔다. 그런데 그녀의 빛나는 미소 속에도 요즈음은 어딘가 서글픈 너그러움과 약간 피곤한 듯한 기색과 가끔 나타나는 핀잔과 어딘지 부드러운 모습을 장 크리스토프는 느끼기 시작한다. 아마 나이가 그녀에게 약간 냉정한 베일을 씌워 그것이 그녀의 가슴에서 스며 나오는 환상을 막는 것 같았다.

그녀가 마음을 쏟아놓는 일은 거의 없지만 그녀의 마음의 부드러움은 장 크리스토프가 참을 수 없어 표현하는 정열적인 격동에 대해서도 언제나 밝고 맑은 미소로 자기를 덮어씌우는 것뿐이었다. 가끔 때에 따라 마음이 약해지는 순간도 있지만 그러나 그럴 때도 자기를 비웃으면서 현실과 싸워 이길 생각은 전혀 없었다. 사물에 대해서나 자기에 대해서나 조금이라도 그것을 거슬러서 움직이는 일은 없었다. 정말 착하고 양순하며 약간 우울한 기색도 있지만 어딘가 아주 부드러운 숙명관에 사로잡혀 있었다."

롤랑은 그라치아의 태도 속에서 마치 대지에 뿌리박은 나무처럼 심어진 자리에서 자라고 피는 그러면서 환경이 나빠지면 잠깐 동안에 말라버리는 식물의 운명을 암시하는 것 같기도 하다. 장 크리스토프의 눈에는 고요히 웃는 그라치아의 미소가 마르비다 같은 정신의 미소가 아니라 존재의 미소였다. 마치 모나리자의 미소처럼 그것은 물을 수도 없고 풀 수도 없는 영원히 분석할 수 없는 존재의 웃음이다.

그라치아에서와 마찬가지로 롤랑은 존재의 미를 라파엘에서 찾는다. 라파엘에 나타난 존재의 미는 아직도 음악의 세계에서는 나타나지 않았다고 한다. 그라치아는 살아 있는 한 폭의 명화인지도 모른다. 그녀의 존재는 그대로 하나의 자연이었다. 그녀에게서는 관능의 기쁨과 정신의 기쁨이 하나가 되어 있었다. 롤랑은 이러한 성격에서 최고의 행복을 그려 보았다. 그녀 자신에겐 아름다운 자연과 인간성이 아무 노력도 싸움도 없이 본래 하나로 태어나 있었다. 그러한 인간에게 있어서 산다는 것은 그대로 단순한 기쁨이 아닐 수 없다. 이런 성격은 모차르트의 음악 속에서나 겨우 찾아볼 수 있을 것이다. 그라치아는 순수하고 무사기한 하나의 자연이요 꽃이다. 이러한 천품은 은총이라고 밖에는 할 수 없을 것이다.

로맹 롤랑은 크리스토프와 올리비에와 그라치아를 배역하여 20세기 초의 유럽정신을 그려간다. 이것이 『장 크리스토프』가 만인을 위한 책이며 특정인을 위한 책이 아니라는 『차라투스트라』와 비슷한 점이다.

로맹 롤랑의 밑바탕을 다시 파고 들어가면 거기에는 스피노자(Benedictus de Spinoza, 1632-1677)의 범신론이 뿌리를 박고 있다. 롤랑은 벌써 중학생 시절에 스피노자의 『윤리학』을 읽고 모든 사물, 하찮은 우리의 삶 일체가 모두 하나님 안에 있다는 것을 알게 되었다.

"만드는 자연과 만들어진 자연은 하나다. 여기에 자연과 사회와 인간이 신과 통할 수 있는 숨구멍을 발견한다. 존재하는 일체가 신 안에 존재한다."

이 한마디로 롤랑은 자기 자신도 신 안에 있다는 것을 깨닫고 그를 질식하리만큼 가두어 두었던 자기의 개별존재라는 감옥의 문을 박차고 존재와 하나가 되는 체험을 경험하게 된다. 늙은 후의 롤랑은 자기를 회상하면서 자기의 본체는 신비적 신앙인으로서 자기를 지적하였다. "나는 믿는다. 고로 나는 있다."가 그의 가장 본질적인 것인지도 모른다.

그는 베토벤의 인간 배후의 스피노자의 신을 보고 산 사람이다. 본래 음악의 천재이면서 가정환경 때문에 음악으로 나갈 수 없었던 그의 억울함을 그는 음악소설『장 크리스토프』를 쓰므로 말미암아 음악에 대한 자기의 미련을 조금이나마 위로할 수가 있었다. 일생을 베토벤에게 도취되어 자유와 평화와 정의를 누구보다도 사랑한 사람, 그는『장 크리스토프』를 통해서 1915년 49세에 노벨상을 탔다.

그러나 그 후 1923년에는『장 크리스토프』와 맞먹는 또 하나의 대작『매혹된 혼』을 썼다. 장 크리스토프가 자기의 완성의 주인공이라면『매혹된 혼』의 주인공 앙네트는 자기를 벗어가는 과정이다. 한 꺼풀 한 꺼풀씩 매혹된 자기의 상태를 벗어나 결국 하나의 벌거벗은 혼이 되어 신의 실체를 눈으로 보는 과정이다. 장 크리스토프가 실재의 바다에서 태아나 개체로서의 주관성을 그 절정까지 끌고 가는 오름길인데 반하여 앙네트는 이 주관성으로부터 출발하여 주관의 허위와 자아의 교만을 벗어나서 또다시 실재와 합일하는 내리막길이다.

롤랑이『매혹된 혼』을 쓰기 시작한 것이 55세, 끝낸 것이 67세, 앙네트의 개인주의의 붕괴는 유럽의 개인주의의 붕괴를 의미하는 것이었다.

그는 평생 참을 찾았던 사람이다. 마하트마(Mahatma) 간디(Mohandas Karamchand Gandhi, 1869-1948)에게서 자기의 이상을 발견하고『간디 전傳』을 쓰기도 하였지만『톨스토이의 생애』를 비롯해서『베토벤의 생애』,『미켈란젤로의 생애』,『밀레의 전기』를 썼다. 1차대전 당시는 전쟁을 반대하여『전쟁을 넘어서』라는 작품을 썼으며 히틀러와 무솔리니 시대에는 독재에 항거하여『투쟁 15년』을 내놓기도 하였다. 롤랑은 죽기 전에 파리의 해방을 구경한다.

1944년 12월 30일 수많은 소설과 연극과 평론을 써서 참되게 살아간 하나의 정신이 그가 자란 고향 크람시(Clamecy)의 부모님 무덤 옆으로 옮겨진다. 프랑스의 해방군 용사들이 그의 영구를 옮겨갔다. 그를 가리켜서 "유럽의 양심"이라고 한 사람은 아인슈타인뿐만이 아닐 것이다.

근본경험

로맹 롤랑은 16세 때 『햄릿』을 읽다가 "내가 비록 호두껍질 속에 갇혀 있지만 나는 무한한 대우주의 주인공이 될 수 있는 힘을 가지고 있다."는 말에 깊이 동감을 느꼈다고 한다. 이 말이 나의 생애 역사의 전부다. 자기 속에 무한한 힘을 가지고 있다는 것, 그런데 지금은 갇혀 있다는 것, 자기 생의 근원의 발견과 이 우주에 있어서의 자기의 위치, 한마디로 새장에 갇힌 새, 이것이 롤랑의 본체다. 이것은 롤랑과 만인의 본체인지도 모른다.

롤랑이 어릴 때에 가장 강하게 느낀 것은 "나는 갇힌 몸이다." 하는 것이었다. 그것이 롤랑이 한 살도 되기 전에 어린 가정부의 부주의로 찬방에 방치되어 기관지염에 걸린 것이 롤랑 인생의 지병이 되었다. 날씨만 차면 언제나 기침과 천식으로 호흡곤란을 일으켜 언제나 방에 갇히게 되었다. 그는 창밖으로 하늘을 찌르는 종탑과 하늘에 퍼져가는 종소리를 들으며 강 위로 달리는 배를 볼 때마다 자기도 어느새 배에 몸을 싣고 망망한 대양을 달리는 몽상에 잡히는 것이 일쑤였다.

그에게는 플라톤적인 향수鄕愁가 언제나 그를 떠나지 않았다. 형이상학적인 향수는 롤랑 인생의 향수였다. 그는 생의 궁극적 의의를 찾아 올라갔다. 이것이 인간의 본능이요, 이것이 인간의 운명이다. 자유, 이것이 인간의 원동력이다. 자유가 없을 때 인간은 허무요, 자유가 있을 때 인간은 행복하다. 모든 사상과 종교적 충동은 자유에서 일어난다. 인간에게 자유가 저지되면 인간 존재는 불안하다. 불안에서의 해방, 이것이 인간의 본능적 욕구다. 이 본능적 욕구의 대상이 신이다. 신은 절대자유다. 롤랑의 신은 형이상학적 신이다. 인격적, 초월적 종교의 대상이 아니라 본체적, 선험적 철학적 존재다. 이런 존재의 인식은 이성적 사유를 넘어서 형이상학적 직관이 요청된다.

롤랑의 인생은 이러한 정신적 대상의 계속적인 투시다. 인간의 본능적 의욕은 존재의 실상에 눈을 뜨고 존재의 본체의 의미를 깨닫고 현상을 넘어서 인간의 본성을 붙잡아야 한다. 롤랑은 자기와 만물의 차별을 의식하지 못한다. 객관적 대립관계가 아니고 일체가 동질적인 혈연관계다. 그것은 분석과 수량의 대상이 아니라 동정과 공감 성질의 친구였다. 나는 무엇을 보기보다도 느끼고 있었다. 만물과의 동질성, 이것이 롤랑의 느낌이었다. 롤랑의 신비주의는 일생 롤랑을 지배하고 있다.

그는 교회의 교리에 흥미를 느끼지 못했다. 그는 분석하고 이해하는 것보다는 사랑하고 같이 사는 것이 더 좋았다. 그는 교리의 신보다는 생명의 신이 좋았다. 그는 사랑의 하나님은 믿을 수 있었지만 교리의 대상은 믿을 수 없었다. 그는 신을 사랑할 수는 있어도 신을 존경할 수는 없었다. 이것이 그의 본성이었다.

"나의 모든 구원은 생애의 어떤 시기에 있어서도 어떤 형편에 있어서도 절대로 변하지 않는 내 속의 진실에서부터 온 것이다. 사람은 누구나 이런 진실을 가지고 있는 법이다. 사람은 어렸을 때는 아무 의식 없이 마음대로 하늘을 나는 꿈을 꿀 수가 있었다. 그러나 나이 들자 이런 꿈은 유치한 것이 되고 말았다. 꿈에서 깨어난 의식적인 소년은 어린시절의 꿈을 잊게 되고 무엇이나 묻고 무엇이나 정확한 대답을 요구한다. 이리하여 대상을 개념적으로 체계 지으려는 욕망이 강해진다. 이성의 분석을 통하지 않고서는 믿을 수 없다는 의식으로 꽉 차진다. 그리하여 생명까지도 이성의 칼날로 분석하려고 든다.

그러나 생명은 본래 전체적인 것이지 분석적인 것이 아니다. 신은 분석으로 이해할 수는 없다. 그것은 느낌의 세계지 관찰의 세계는 아니다. 신의 증명은 언제나 헛수고요 절망이지 아무런 도움도 되지 않는다. 신의 인식은 전체적인 직관에서만 가능하지 논증으로는 가능하지 않다. 그런데 논증을 통해서 신을 인식하려다가 인간은 송두리째 신을 잃어버리게 된다. 그리하여 인간은 신이라는 자기의 지반을 잃고 깊은 허무와 회의의 구렁텅이로 빠지게 되는 것이다."

롤랑도 이지적인 발랄한 소년이었다. 일체를 이론적으로 설명할 수 있다고 생각하는 소년에게 신이 설명될 이치가 없다. 아무리 그럴듯한 교리와 신학이라고 하더라도 신을 설명할 수는 없다. 종교에 대한 회의와 절망은 나날이 깊어만 갔다. 그것이 롤랑이 15세에서 17세까지 사춘기와 병행되는 종교적 위기였다. 특히 파리의 소음과 돌무더기와 우울한 분위기는 더욱 롤랑을 죽음의 분위기로 몰아넣었다.

그는 한때 절망에 빠져 자살의 유혹까지도 느끼게 되었다. 인간이 느낌의 세계에서 셈의 세계로 떨어졌다가 다시 느낌의 세계로 올라간다는 것은 쉬운 일이 아니다.

사람은 깨어진 그릇을 다시 주워 모아 하나의 그릇을 만들려고 한다. 그것은 철학의 세계다. 합리적인 사고를 가지고 세계전체를 통일적으로 이해하려고 한다. 그러나 이런 통일적 이해를 합리적인 법칙을 가지고 이해하려고 하는 한 그것은 객체적이요 비생명적이다. 그것은 마치 풀로 붙인 그릇 같아서 사용할 수가 없다. 그렇기 때문에 철학적 체계로서는 인간의 근본문제를 해결할 수가 없다.

여기에 예술적이며 종교적 세계관이 등장한다. 그것은 깨진 그릇을 주워 모으는 것이 아니라 새로운 그릇을 다시 만들어 내는 것이다. 여기에 생명적인 직관과 신비적인 체험이 뒤따르게 된다. 그것은 합리적 개념위에 성립되는 것이 아니요 정의적 체험위에 성립되는 것이요, 그것은 합리적 보편성이 아니라 주체적 보편성이요, 그것은 정지된 세계가 아니요 살아서 움직이는 세계이기에 그 속에는 기쁨과 희망이 넘치게 되는 것이다. 이러한 직관은 우주와 나와의 관계를 재구성할 뿐만 아니라 동시에 나와 나와의 관계를 재구성하여 내가 이 세상에서 어떻게 살아야 하는지에 대해서도 확실한 신념을 가지게 된다. 이것을 우주관, 세계관, 인생관이라고 한다.

이때의 생은 적극적인 생이 되고, 고양된 생이 되고, 가치의식적인 생이 된다. 이 때에 세계관의 핵심은 생명이요, 나의 개체적 인생이 구체적인 존재 이유를 가지게 되는 동시에 실천적인 생의 지도 원리가 절대적인 가치를 가지게 되는 것이다. 이런 생의 신생新生은 비합리적인 신비적인 직관에 의하여 체득되는 것으로 이것이 종교적인 회심이며 이것은 극히 개인적이며 특수적인 체험이어서 사람마다 다 다른 것이다. 그러나 이 체험, 모든 사람의 근본경험으로서 이 체험 없이는 예술적인 작품이나 종교적 경험은 일어나지 않는다. 모든 철학적 사상체계도 이 체험 없이는 일어나지 않는다. 이러한 체험이 가장 중요한 것이다.

롤랑의 문학작품도 이 체험의 전위轉位적 표현으로서 그의 개성이 작품의 내용을 규정해 간다. 로맹 롤랑의 직관은 신비적 직관이며 동시에 그것은 형이상학적 신의 체험이다. 이 때에 신은 생명의 대명사이며 신은 일체를 살려내는 근원적인 힘이다. 이런 체험은 결국 의식 밑에 짓눌렸던 근원적인 욕구가 샘물이 터져 나오듯이 의식을 꿰뚫고 표면으로 분출하는 자동현상으로서 그것은 유한적 자아가 무한적 자아와 합일하는 체험이며 잠재의식이 보편의식과 하나되는 경험이다. 이러한 체험은 극히 순간적으로 일어나는 체험이지만 그것은 정신에 본질적인 변화를 일으키며 이런 체험을 통해서 일체의 유한성이 무한성과 연결이 되며 나[自我]라는 개별적인 소아는 없어지고 어디에나 있는, 언제나 있는 보편적인 대아로 확대가 되어 편재遍在감과 무한성이 현실적으로 느껴지게 된다.

체험 이후의 나는 나로서의 현실적인 생활을 하면서 동시에 진실계에 눈을 뜬 의식을 언제나 자기 속에 가지고 있다. 이런 근본경험은 인간으로 하여금 가상적 자기와 실체적 자기의 공존이라고 하는 가상즉실체假象卽實體 실체즉가상實體卽假象의 비논리적인 존재방식이 직관적 근본체험의 진실이 되고 마는 것이다. 롤랑은 이러한 이중성을 이렇게 표현한다.

"나는 언제나 두 가지 생활을 평행적으로 해왔다. 하나는 공간적이요 시간적으로 조상전래의 모든 풍습과 혼합된 사회적 개인 생활을 해왔으며, 또 하나는 얼굴도 이름도 장소도 시대도 없는 모든 생명의 본질과 힘인 실재의 생활을 해온 것이다. 이 두 가지 생활은 서로 다르지만 굳게 뭉쳐 있다. 자기의 현재적인 자기는 잠재적인 자기와 같이 살고 있으며 자기의 눈은 현상을 의식적으로, 실상을 무의식적으로 동시에 보고 있는 것이다."

롤랑은 잠재적인 자아가 현재적인 자아를 뚫고 나오는 경험을 여러 번 가진다. 처음에 어머니와 같이 스위스에 여행을 갔던 16세 때 볼테르의 집이 있는 페르네에서 느낀 경험이다. 높은 언덕위에서 들판을 내려다보니 푸른 하늘 밑에 아름다운 목장과 정원과 농가가 파란 호수 주변을 수놓고 흰눈이 쌓인 알프스의 연봉이 그들을 감싸고 있는데 갑자기 벼락이 떨어지는 것을 롤랑은 똑똑히 보았다. 물론 벼락이 떨어졌을 이유도 없고 그의 어머니나 여동생에게는 아무 일도 일어나지 않았다. 다만 롤랑만이 그런 경험을 가진 것이다. 그것은 롤랑에게 자연을 뚫고 다가오는 실재와의 만남이었다.

인생과 자연과 신이 여기서 처음 하나가 된 것이다. 이제 나와 우주의 대립은 없다. 우주는 나에게 있어서 담벼락은 아니다. 그것은 한없이 넓은 문제이다. 이제 대립과 모순은 사라지고 화해와 사랑이 넘치게 되었다. 자유다. 자기의 무한한 확대는 너무도 확실하다. 자기가 우주대로 커진 것이다. 이 실감을 그는 너무도 똑똑하게 느꼈다. 벼락이 떨어진 것이 아니다. 우주가 무너진 것이다. 그리고 실재의 세계가 나타난 것이다. 자기는 이 순간 실재가 된 것이다. 그것을 이제 아무도 부정할 수가 없는 것이다. 나는 자유다. 나는 나면서 나는 아니다. 나는 자기를 넘어선 것이다. 이것이 롤랑의 첫 번째 근본경험이다.

롤랑의 두 번째 경험이란 18세 때의 스피노자 경험이라는 것이다. 그가 고등학교 철학회 회원으로 열심히 철학책을 읽고 있을 때였다. 한때 스피노자의 기하학적으로 증명된 윤리학『에티카』를 읽고 있었을 때 그는 스피노자의 말을 뚫고 스피노자의 정신과 만나게 된다.

확고하고 영원한 것은 실재뿐이다. 확고하고 영원한 것은 개체적이다. 있는 것은 본질뿐이다. 실재뿐이다. 일체가 실재다. 유한한 양상에는 무한한 속성이 내재되어 있다. 그리고 존재 속에 존재, 그것은 신이다. 신은 실재다. 하나요 무한이요 모든 존재를 존재이게 하는 존재, 그것이 없다면 일체는 없다. 현실적으로 있는 모든 물체 속에는 영원 무한한 신의 본질을 내포하고 있다. 있는 것은 일체가 신 안에 있다. 신을 떠나서 일체는 없다. 신의 직관, 이것은 롤랑이 스피노자를 통하여 얻은 두 번째 체험이었다.

　신의 직관이란 자기의 직관이다. 그는 자기 속의 신을 발견한 것이다. 사람은 결코 책을 읽는 것이 아니다. 책을 통하여 자기를 읽는 것이요, 자기를 보는 것이요, 자기를 찾는 것이다. 롤랑은 스피노자를 읽고 있다가 갑자기 자기를 의식하게 된 것이다. 자기의 영원성, 자기의 무한성, 자기 속에 신이 계시다는 것, 자기 속의 신은 우주의 신과 하나라는 것, 이때 나는 나의 감옥이 열리는 것을 느꼈다. 어렸을 때부터 갇혀 있던 내가 한없이 큰 날개를 펼 수 있게 된 것이다. 그는 스피노자를 읽은 것이 아니라 스피노자를 본 것이다. 이것이 그의 두 번째 그의 직관 경험이다.

　세 번째 그의 직관은 그 후 그가 사범대학에 들어가기 직전이었다. 그가 프랑스 북방을 여행하고 있을 때 차가 갑자기 터널 속에서 정거하였다. 전등은 꺼지고 기관차의 경적만 요란하게 울릴 때 사람들은 겁에 질렸다. 수일전의 참사가 그들을 엄습했다. 이때 갑자기 롤랑에게는 화창한 봄날이 눈앞에 나타났다. 종달새가 울고 꽃이 만발한 밝은 언덕이다.

　그는 이때 "이것이다. 이것이 내 것이다. 여기에 내가 살고 있다. 캄캄한 터널, 곧 가루가 될 객차, 그것이 나를 어쩐단 말이야. 나는 무엇도 나를 어떻게 할 수는 없다. 나는 공기보다도 가볍고 나는 천만가지로 변할 수 있다. 바늘구멍으로도 빠져나갈 수 있고 굳은 철판도 뚫을 수가 있다. 일그러진 몸뚱이나 돌 천정을 뚫고도 나는 도망칠 수 있다. 나는 여기저기 어디나 있을 수 있다. 나는 일체다."라고 느꼈다. 그리고 그는 숨 막힐 듯한 열차 속에서 힘차게 웃음을 터뜨렸다. 이것이 롤랑의 또 하나의 근본경험이다.

　우주와 자기가 하나라는 것, 자기는 개체가 아니라는 것, 자기는 이제 전체라는 것, 격동하는 현상 속에서 격동하지 않고 영원히 있을 수 있다는 것, 자기는 이제 얼이요, 이 얼은 현상계를 넘어서 있다는 것, 현실적인 변동이 자기를 어떻게 할 수 없다는 것, 이제 자기가 주인이라는 것, 자기는 이제 주체적인 생명이라는 것, 자기는 이제 주어는 될 수 있어도 술어는 될 수 없다는 것, 자기는 이제 죽음도 삶도 없다는 것, 자기는 이제 보편적인 생명이라는 것, 자기는 이제 몸을 벗어나서 어디서나 살 수 있다는 것, 이것이 롤랑의 해탈의 경험이었다.

이런 경험은 인간에게 한없는 힘을 준다. 일체의 공포와 불안을 몰아내고 인간을 진짜 인간으로 하는데 큰 역할을 한다. 인간은 이런 경험을 통해서 대아가 된다. 대아가 된다는 것은 한번 인간이 무아가 되어야 한다. 인간은 이런 경험을 통해서 자기가 없어지는 것을 의식한다. 이런 경험은 인간을 다른 사람으로 만들어 버린다. 그것은 마치 애벌레가 나비가 되듯이 한번 죽음을 경험하는 것이다. 이 죽음이란 인간이 겪는 허탈상태다. 자기도 자기를 어떻게 할 수 없는 고민과 불안과 절망에 휩쓸리게 된다. 이런 허탈상태는 소아가 대아가 되는 과정에서 누구나 한번은 통과하지 않으면 안 되는 죽음의 고개다.

이 고개를 넘어선 후에 롤랑에게는 이 세상은 생기에 차 있었다. 태양은 무한히 밝고 하늘은 끝없이 푸르다. 나뭇잎 풀 한 포기에도 거룩한 빛이 빛나고 있었고 물소리 새소리도 천상의 음악을 들려주는 것 같았다. 일체가 생기에 넘쳐 있었다.

롤랑은 이제 사는 것이 무한한 기쁨이 되었다. 이제야 진짜로 사는 것이다. 넘치는 생명과 자유와 기쁨이 나의 전부다. 이제 인간적 도덕과 의무는 문제도 안 된다. 이제 진짜로 사는 것만이 전부다. 그러나 세상 사람들은 이 경험을 모른다. 이제 다시 애벌레는 될 수가 없다. 이제는 아무리 어려워도 나비로 사는 것이다.

　롤랑은 어려서부터 종교적이었다. 어려서 뿐만 아니라 평생을 종교적으로 살았다. 그는 자기와 종교가 분리되어 있지 않았다. 자기가 종교요, 종교가 자기였다. 그만큼 그는 종교적 인간이었다. 너무도 종교적이기 때문에 겉으로 보기는 그는 전혀 종교와는 상관없는 것 같은 모습이다. 그는 교회에 간 일도 없고, 무슨 교단에 참가한 일도 없고, 무슨 교리를 연구한 일도 없다. 그는 제도적 종교에는 거의 무관심이었다. 그러나 그에게서 종교를 빼면 그는 없어질 정도로 종교적인 인간이었다.

　롤랑은 어려서 뿐만 아니라 언제나 종교적이요, 하나님의 아들이었다. 그런 의미에서 그는 제도적 종교인은 아니다. 그는 타고난 천성의 종교인이다. 그의 종교는 배운 종교도 아니요, 밖에서 덧붙여진 종교가 아니다. 태어났을 때부터 가지고 있는 자유의 본능적 갈구다. 그것은 유한에서 무한을 찾는 전인격적인 갈구요, 그것은 이성적으로 설명할 수 없는 근본적인 욕구다. 그것은 육체적 본능보다 더 강한 욕구이며 인간이 영적 해탈을 경험하기까지 계속 성장해 나가는 자연적인 본능이다.

　인간에게는 육체적인 본능도 강하지만 정신적인 본능은 더 강하다. 그것은 더욱 근원적인 것이요, 더욱 본능적인 것이다. 그것은 만물과 통하려고 하는 우주적 감정이요, 자기 속에 신비를 발견하고 자기 속에 무한을 발견하여 내재적인 세계를 개척하고야 마는 끈질긴 투쟁이다.

　롤랑의 보편적 실체론적 본능은 제도적 종교에 저항을 느끼지만 한편 그 모든 제도적 종교에 또한 깊이 통하고 있는 것이다. 그는 기독교나 불교나 희랍사상이나 인도사상에 깊은 동조의식을 가진다. 그것은 교조들의 체험이 너무도 자기의 체험과 통하는 것이 있기 때문이다. 모든 종교의 공통적인 물음은 인간은 어디에서 왔다가 어디로 가는 것인가 하는 것이다. 이것은 절대자와 부딪치기 전에는 도저히 해결될 수 없는 것이다.

절대자와의 부딪침을 근본경험이라고 한다. 이런 근본경험을 통해서 인간은 자기가 절대에 속해 있다는 것을 깨닫게 된다. 나는 고독하고 연약한 존재가 아니다. 나는 절대자의 아들이다. 이때에 비로소 인간은 모든 억압에서 해방되어 자유의식을 꽃피우며 무한한 세계를 살아가게 된다. 그것은 진실한 세계요, 생명적인 세계요, 통일된 세계이며, 조화된 세계이며 사랑의 세계다. 사랑이 일체를 꿰뚫고 있으며, 어디에나 생명이 넘치고 있으며, 생명은 언제나 현재적이기 때문에 그것은 정서적이며 만족감에 넘치게 되며 하루하루 사는 것이 생의 환희에 넘치게 된다. 우주와 자연은 모두 신의 가족이며 일체가 다채롭지만 그것을 뚫는 신의 원리는 언제나 통일되어 있다.

그렇기 때문에 지금까지의 모순, 갈등, 대립은 더 깊은 원리에 조화되어 있으며 하늘과 바다와 땅과 물은 일체를 움직이는 사랑의 손에 보살핌을 받고 있는 것이다. 자연의 법칙도 단순한 인과율을 나타내는 것에 끝나는 것이 아니고 일체를 섭리하는 신의 섭리를 드러내는 극히 광대하고 진전하는 우주발전의 원동력으로 작용하게 된다. 인간도 신의 섭리에 가담하기 전에는 인생의 의미를 발견할 수가 없다. 그러나 절대자에게 부딪친 인생은 전체 세계에서의 자기의 지위를 인식하게 되며 인간을 통한 업적을 이해하게 된다. 인간은 신의 업적을 성취하기 위한 사명을 가지고 있으며 그것을 위해서 살고 그것을 위해서 죽을 때 자기의 사명이 뚜렷해지는 것이다.

인간은 하나의 이념을 위하여 자기의 의지를 바치게 되며 그것을 위하여 인간은 굴하지 않고 속이지 않고 신에게 솔직히 인간의 가치를 보유하면서 살아가게 되는 것이다.

 롤랑에게 있어서 가장 중요한 생의 태도는 진실이다. 인간은 자기를 속이면 안 된다. 인간은 자유를 갈구하는 인간의 욕망에 충실하여야 한다. 그리고 자유의 주체인 신에게 끊임없는 동경을 가져야 한다. 이러한 내적인 성실이 없는 한 인간이 절대자에게 부딪칠 수는 없다. 인간은 이러한 성실을 방해하는 일체와 싸워야 한다. 그것은 어떤 때는 자기로 나타나기도 한다.

 자기와 싸우는 일, 그것이 무엇보다도 중요하다. 그것은 때를 따라 사회제도, 풍습, 종교로 나타나기도 한다. 그럴 때는 그것과 싸워 이겨야 한다. 롤랑은 인간의 의식 밑에 내재하는 자아를 구원하기 위하여 피나는 투쟁을 계속하는 것이다. 그리하여 개아個我의 상태를 벗어난 영혼은 영원 무한한 세계에서 실재의 자유를 즐길 수 있다. 이것이 진실한 생명의 삶인 것이다.

 이리하여 정신은 새로운 세계를 살게 되는 것이다. 롤랑에게 있어서 삶이란 자아의 해방이다. 갇혀 있는 정신적 실체를 해방하여 우주적 실체로 돌아가게 하는 운동, 그것이 삶이다. 바르게, 높게, 깊게, 맑게 하는 것이다.

 성을 불사르는 것, 장작이 불이 되는 것, 장작에 갇혀 있는 불이 장작 밖으로 타오르는 것, 육체가 정신이 되는 것, 그것이 사는 것이다. 이런 삶을 롤랑은 창작이라고 한다. 창작이란 하나의 불사름이다. 그것이 과학이건 종교건 철학이건 모두 불사름이다. 롤랑은 예술적 창작으로 인생을 불살랐다.

 그의 작품은 언제나 더 높은 세계로의 승화가 주된 내용이 된다. 그것을 카타르시스[淨化]라고 한다면 롤랑의 예술은 카타르시스가 그 특징이다. 예술은 예술을 위한 예술이 아니라 진짜로 인간의 참다운 선과 미의식을 높여 주고 인간의 진정한 행복을 구현하는데 있다.
 롤랑에게 있어서 삶이란 참된 인간을 사는 데 있다. 롤랑의 예술작품은 롤랑이 인간을 사느라고 애쓴 그 흔적이요 부산물이다. 롤랑에게 있어서는 사는 것이 목적이지 예술이 목적일 수는 없었다. 그것은 작품이 문제가 아니다. 자기고백이 전부였다. 자기의 고백은 동시에 인류의 고백이다. 자기의 불사름은 동시에 인류의 불사름이다. 인류는 모두 같은 태양에서 나온 나무들이기 때문이다. 불사를 자아의 보편화, 육체의 정신화, 이것이 사는 것이다. 그것이 롤랑의 종교요, 동시에 예술 창작이었다.
 글을 쓴다고 하는 것은 인간의 우주적인 실체성을 창작의 과정에서 느끼는 일이다. 그것은 자아의 무한한 확충이다. 예술은 인간을 바르게, 높게, 깊게, 맑게 하는 것이다.
 롤랑의 종교는 보편적인 종교요, 롤랑의 신은 체험의 신이다. 롤랑에게는 자기의 종교를 구체적으로 실천하는 것이 예술 활동이요, 혁명 활동이요, 사회 운동이다. 그는 원리를 가지고 살지 않을 수 없었다. 그는 직관의 인간인 동시에 행동의 인간이었다. 세계는 원리와 현현이다. 그것은 인간의 체험과 행동으로 나타날 수밖에 길이 없는 것이다. 롤랑의 모든 사회적인 행동도 그의 종교의 구현이다. 그는 공산폭력을 지지하는가 하면 간디의 무저항을 지지하였다. 폭력과 비폭력 모두 신의 힘의 구현이기 때문이다. 현실의 모든 사건은 세계 발전원칙의 구현이다. 현실에서 진실이 빠져나가면 그것은 아무런 의미가 없다. 롤랑의 사회적 행동이나 예술작품은 현실의 사실과 사건에서 문제가 되지만 그 속에는 언제나 영원한 고전성이 드러나 있다.
 롤랑의 인생은 절대자의 체험을 거쳐서 하나의 원리를 가지고 살아가는 것이었다. 그의 신적 이념은 모든 행동과 창작을 통해서 현실이 되어갔다.

진리

로맹 롤랑은 하나의 원리를 가지고 산 사람이다. 이 원리는 롤랑의 존재의 핵심이요 롤랑의 생을 일관하고 있다. 도道라고 할 수가 있다. 그것은 도이기 때문에 형이상학적인 원리요, 이 원리는 신의 체험 없이는 얻어질 수 없는 것이다. 롤랑의 신의 체험은 그에게 하나의 형이상학적 원리를 제공한다. 이 원리에 의지해서 살 때 그의 삶은 주체적인 삶이 되는 것이다.

롤랑은 다방면에서 활동을 한 사람이다. 혁명가, 문학가, 사상가, 종교가, 음악가 등 다방면의 활동을 하고 있지만 그의 주체성은 언제나 변함이 없다. 어디에서나 그가 주체성을 유지할 수 있는 것은 그의 존재원리 때문이다.

그것은 그의 입장이기 때문에 무엇이라고 말할 수는 없다. 그것은 그에게 있어서는 절대적인 직관이요, 신의 체험에서 얻어진 것이다. 이런 체험을 통해서 그는 하나의 우주가 되었다.

그의 밝은 마음은 언제나 거울처럼 일체를 비추고 있다. 그는 대우주를 비치는 소우주요, 그런 의미에서 그는 현존재요, 도통한 사람이다.

그의 사상 원리는 그의 생의 어디에서나 나타나고 있다. 그의 모든 활동은 주체적인 삶의 구현이었다. 그의 정신적 활동이 그대로 그의 작품이요, 그의 생활이었다.

그의 철학적 사상은 그의 근본체험의 소산이요, 그의 근본이념은 신으로서의 절대적 성격과 권위를 가지고 있으며 그는 자기의 권리에 복종하고 순응함으로써 신을 경외하고 있는 것이다.

또한 그의 신앙은 그의 사상과 분리되어 있지 않고, 그의 사상은 그의 생활과 분리되어 있지 않다. 그에게 있어서는 신앙과 사상과 생활은 하나였다. 우리는 이런 사람을 스피노자와 간디에게서 본다. 롤랑의 스승은 스피노자요, 롤랑의 친구는 간디였다.

간디는 롤랑이 쓴 『마하트마 간디』를 읽은 후 롤랑에게 이런 편지를 썼다.

"내가 깜짝 놀란 것은 당신이 나와 멀리 떨어진 전혀 다른 환경에서 살면서 나의 사명을 그렇게도 올바로 이해할 수 있었다는 것입니다. 이것은 우리가 서로 다른 풍토에서 꽃을 피웠다고 해도 인간의 본성은 본질적으로 꼭 같다는 것을 새롭게 증명하는 것입니다."

간디에게는 롤랑도 인도인, 프랑스인이기 이전에 그들은 모두 다 세계인이었다. 간디도 보편적 정신으로 산 사람이요, 롤랑도 보편적 정신으로 산 사람이다. 그들에게는 꼭 같은 인류애가 감돌고 있다.

간디는 "나의 종교는 지리적인 한계를 가지고 있지 않다. 내 신앙이 산 것이라면 그것은 인도에 대한 나의 사랑도 넘어설 것이다."고 했다.

간디의 인도 해방운동은 단순히 인도를 위한 국수주의는 아니었다. 그것은 물질적 행복을 인생의 유일한 목적으로 삼는 탐욕과 허위로 가득 찬 서양문명을 인도에서 내어 쫓고 인도를 다시 사람과 진리에 입각한 정신적인 인도로 되돌리자는 것이 그의 정치운동이었다. 그것은 정치운동이라기보다 정신운동이었다. 정신운동이 표면적으로 정치운동으로 나타난 것뿐이다.

간디는 영국을 미워하는 것이 아니라 영국이 걸린 병을 미워하는 것이다. 이 병은 영국만 못살게 하는 것이 아니라 인도도 못살게 하고 있다. 영국이 걸린 문명 병, 자본주의 병은 영국의 정신을 마비시키는 것뿐 아니라 인도의 정신과 육체도 파괴시키는 것이었다.

간디의 적은 영국이 아니라 물질주의였다. 이 물질주의에서 영국을 해방하고 인도를 구원하자는 것이 간디의 정신주의다. 그의 무기는 폭력이 아니었다. 정신력이었다. 정신력으로 물질력을 이기자는 것이다. 그의 독립운동은 정신을 일깨우는 것이었다. 그것을 그는 '스와라지'라고 하였다.

스와라지는 자치自治란 말이다. 정신이 육체를 다스릴 수 있다는 것이다. 정신이 육체를 고칠 수가 있다는 것이다. 건강한 정신은 건강한 육체를 만들 수 있다. 이것이 간디의 신념이었다. 건강한 정신이 있는 곳에 불건강한 육체는 없다. 병은 없다. 그것이 자치다. 간디는 고귀한 정신은 물질문명의 병폐를 능히 이길 수 있다고 생각한다. 정신주의는 자본주의의 마수를 꺾을 수 있다고 생각한다. 그것을 믿고 실천한 사람, 정신이 육체보다 강하다는 것을 믿고 실천한 사람, 그 사람이 간디였다.

"나에게 있어서는 애국심과 인류애는 하나다. 나는 인간이요 인간이기에 나를 사랑하지 않을 수 없다. 그러나 나는 인도를 사랑하기 위해서 영국이나 독일을 해칠 생각은 추호도 없다."

진정한 인도주의자가 아니면 진정한 애국자는 될 수가 없다. 간디를 만난 어떤 부인은 감탄했다.

"아아! 간디의 정심淨心은 상상을 넘어선다. 나는 예언자라고 생각했었는데 만나보니 그는 천사였다."

간디는 확고한 신념과 한없는 사랑과 헌신적인 고통과 말씀을 가지고 시대적인 악마와 대결하여 싸운 것이다. 그리하여 영국을 구원하고 동시에 인도를 구원하려고 했던 종교적 정치가였다.

그는 사람들로부터 크리슈나의 화신이라고 존경을 받았으며 사람들은 그를 바푸(아버지)라고 부르기를 서슴지 않았다. 간디는 자기를 이기는 스와라지[自治]의 무기로서 세 가지를 택했다. 사탸아그라하[眞理把持]와 부라마챠리아[純潔]와 아힘사[不殺生]다. 진리파지는 그의 사상이요, 불살생은 그의 신앙이요, 순결은 그의 생활이었다. 그도 진리를 가지고 힘차게 산 사람이다.

그에게 있어서 사상과 신앙과 생활은 하나였다. 그는 확고한 신앙을 가지고 자기의 사상을 실천해 가는 사람이다. 그도 신의 근본체험이란 신앙이 있었고 이 신앙을 통해 생의 근본원리를 직관할 수 있었으며, 이 근본원리로 살아갈 만한 용기를 부여 받았던 사람이다.

간디는 어렸을 때부터 거짓말을 못하게끔 양심의 순결을 가지고 태어났던 사람이다. 이런 사람이 영국에 가서 자본주의의 앞잡이가 되어보려고 애를 쓰고 있었다. 그러나 신은 그를 버리지 않았다. 친구에게 빌려 본 『바가바드기타』는 그의 본성을 일깨워 주었다.

그는 성경을 읽고, 코란을 읽고, 아베스타를 읽고, 베다를 읽어 보았다. 모두 신의 영감이 넘치는 것이었다. 그는 힌두교만이 유일한 종교라 생각하지 않았다. 반면에 힌두교도는 세계의 모든 종교의 지도자들을 존경할 수 있는 여유를 가져야 한다고 강조했다. 힌두교는 모든 사람이 각각 자기의 신앙과 진리에 의하여 신을 경배할 것을 가르치고 있다. 힌두교는 다른 모든 종교와 서로 화합할 수 있다. 간디의 보편 정신은 플라톤을 사랑했고 신약 성경을 사랑했다. 그는 정신의 힘을 신약성경에서 얻어 가졌다. 나에게 무저항이라는 정신의 힘을 일깨워 준 것은 산상수훈이었다고 후에 그는 성서의 위대함을 말했다.

간디는 톨스토이의 "하나님의 나라는 네 속에 있다."는 말을 글자 그대로 믿었던 것이다. 사람 속에는 언제나 정신이 깃들어 있다. 세상에 정신없는 사람은 아무도 없다. 이 정신을 키워가는 것이 하나님의 나라요, 이 정신을 깨워가는 것이 무저항이다. 깬 정신을 발견하는 것이 진리다. 그리고 그 진리를 살펴보는 것이 생활이다. 생활이란 진실의 실험이다. 진리를 탐구하고 진리를 실천하는 것이 간디의 생의 목적이요, 생의 수단이었다. 진리를 찾아 자기가 실천하고 그것이 좋으면 남에게도 실천하라고 전하는 것이 간디의 삶이었다.

"나는 이 목적을 추구하기 위하여 살고 움직이고 존재한다. 내가 말하고 내가 글 쓰고 내가 정치적으로 투쟁하는 모든 것이 이 목적을 위하여 써진다. 한 사람에게 가능한 것은 모든 사람에게도 가능하다. 그것이 내 신앙이기에 나는 골방에 숨어서 하지 않고 모든 사람이 보는 하늘 밑에서 한다."

간디의 삶은 원리를 보는 것이다. 원리를 사는 것이 그의 신앙이다. 간디에게 있어서 가장 중요한 것은 진리다. 그것은 생활의 원리요, 모든 사람을 행복하게 하는 것이다. 그것은 우주를 통일하는 법칙이요, 일체가 귀속되는 하나다. 그에게 있어서는 원리를 떠나서 신을 생각할 수는 없다. 그래서 진리파지眞理把持야말로 그의 삶의 가장 핵심적인 것이다. 간디가 롤랑을 찾아 간 것이 1931년 62세 때다. 그때 롤랑은 65세였다.

간디는 롤랑을 인류의 큰 뜻, 평화와 사랑을 위해서 같이 일하는 서양 선배라고 말하고 롤랑은 간디에게 잊어버리기도 하고 배신되기도 하는 그리스도의 신탁神託을 서양 모든 민족을 위해서 살려낸 힘찬 생명의 얼이라고 표현했다. 그들의 만남은 별과 별의 만남이었다. 닷새 동안 간디는 롤랑의 집에 머물면서 정치, 종교, 예술 등 인류의 근본문제를 서로 이야기하였다.

간디는 물질문명의 허위와 제국주의의 범죄를 탄핵하고 참되고 건강한 삶을 말하였다. 고요하고 맑은 눈, 연약하고 적은 키, 마른 얼굴과 큰 귀, 흰 옷에 맨발, 쌀과 과일을 먹고 판자 위에서 자며 몇 시간의 수면으로 끊임없는 활동을 계속하는 볼품없는 작은 사나이가 3억 민중을 일깨우고 대영제국을 굴복시킨 비밀이 어디 있을까. 그에게는 간디가 하나의 새로운 그리스도처럼 보였다. 위대한 혼의 가는 목소리는 롤랑의 혼과 하나가 되었다. 롤랑은 간디를 통해서 인도를 알게 되고 인도를 사랑하게 되었다.

롤랑의 스승은 스피노자였다. 롤랑이 스피노자를 만난 것은 22세 때였다. 스피노자의 『에티카』를 정신없이 탐독한 롤랑은 스피노자를 통해서 신을 만나게 된다. 나는 스피노자의 말을 통해서 스피노자가 아니라 내가 전혀 알 수 없었던 내 자신을 만나게 되었다. 나는 겨우 22세로서 이 세상에 대해서 아는 것이라고는 아무것도 없었다. 나는 사람에 대해서도 별로 아는 것이 없다. 그러나 산 인간이라면 누구나 잠깐 밖에는 못사는 것이고 개인적으로 보면 훌쩍 지나가는 것이다.

그것은 보편적 생명의 반짝임에 불과하고 생명자체는 아니다. 그 빛은 반짝하고 움직이고 사라져 버리지만 또다시 새롭게 살아나서 춤을 추는 움직임은 그치질 않는다. 그러니까 내가 생명을 붙잡으려고 할 때에 확실히 알맞아야 할 것은 반짝하는 움직임이 아니고 그 움직임 배후에 있는 빛 자체다. 그런데 이 빛을 찾기 위해서는 내 속에서 찾을 수밖에 다른 길이 없다. 왜냐하면 인간의 실체 전존재에 부딪치는 길은 나 자신을 떠나서 다른 길이 없기 때문이다. 그렇기 때문에 밖에서부터 오는 일체를 멀리하고 나의 생명을 밑바닥까지 가장 순수하고 가장 진실하나 본질에까지 들어가지 않으면 안 된다. 거기에서만 진리를 찾을 수 있을 것이다. 절대로 확실한 것은 스피노자의 『에티카』 첫머리에서 직관되고 있는 것이다. 그것 자신 속에 있고 그것 자신에 의하여 느껴진 실체 이상 더 확실한 것은 없다. 어떤 외계의 현실도 이 확실성을 어떻게 할 수가 없다. 이것은 우리 정신의 요구요, 우리 이성에 있어서 빼놓을 수 없는 것이다.

롤랑에 있어서 모든 구원은 생애의 어떤 시기에 있어서도 또 어떤 상태에 있어서도 절대적이요 변함없는 내면의 성실성으로부터 왔다고 말하고 있지만 롤랑은 이 확실성을 언제나 자기 몸으로 체험하려고 하였다. 살아계시는 하나님은 체험할 수밖에 길이 없기 때문이다. 절대적으로 현존現存적인 것은 현전現前의 감각을 통할 수밖에 길이 없다. 추리推理나 생각으로는 신을 만날 수 없다.

롤랑에게 있어서 가장 확실한 분은 절대자요, 절대자는 자기 자신 안에 있고 자기 자신 밖에서는 생각될 수 없는 존재인데 이러한 실체實體는 체험을 통해서 밖에는 접근할 수가 없다는 것이다. 실체의 확실성과 체험의 현존성을 가지기 위해서 롤랑에게 필요한 것은 직관과 실천이다. 직관 없는 실천은 무의미하고 실천 없는 직관도 불필요하다. 없는 것을 붙잡으려고 해도 안 되고 있어도 붙잡지 않으면 쓸데가 없다. 우선 있어야 하고 있으면 붙잡아야 한다. 신의 직관과 신의 체험은 없을 수 없는 것이다. 확실성과 현존성, 이 두 가지는 절대로 필요하다. 롤랑에게 있어서 체험은 보편적 감각이요 직관은 보편적 존재다. 보편적 존재만이 영원한 존재요, 보편적 감각만이 영원한 감각이다. 영원한 감각과 영원한 존재는 하나다.

그래서 롤랑은 "나는 감각한다. 고로 그는 존재한다."고 하는 근본명제를 설정하였다. 사람은 누구나 정신적 감수성과 생명적 이성을 가지고 신을 볼 수 있다. 사람은 누구나 자아의식을 가지고 있다. 자아의식은 물방울 같아서 그것은 완전하고 무결하다. 한 방울의 물방울을 통해서 바다를 인식할 수 있는 것처럼 사람은 자아의식을 통해서 신을 인식할 수 있는 것이다. 자아의식은 신적인 것이며 신과 같은 성질의 것이다. 모든 사람의 자아의식 속에는 신적인 자아, 절대의 내가 잠자고 있다. 이 내가 깨기만 하면 신을 볼 수 있는 것이다. 이 내가 절대이성이다. 절대이성을 통해서 신을 직관할 수 있는 것이다.

모든 사람은 자기 속에 신성한 감각을 발견할 수 있을 것이다. 누구나 가지고 있는 신성한 감각은 보통은 깊이 잠들어 있다. 그러나 인간이 법열에 빠져 개별적 자기를 망각했을 때 이 보편적 감각이 나타날 때가 있다. 사람이 죽음을 넘어설 때 자아는 만물과 하나가 될 수 있다. 이때 의식은 명석하고 충실해야 개별자아는 파괴되고 해방된 자아는 절대적 자아로서 영원히 발전할 수 있다. 신은 만물 속에도 있고 내 속에도 있다. 나는 신을 통해서 만물을 알 수 있고 만물은 나를 알 수 있다. 신을 통하지 않고 보는 만물은 꿈같은 것이다. 실재는 신뿐이다.

모든 사람 속에는 신이 있다. 내가 신을 사랑하는 것은 내가 나를 사랑하는 것이다. 내가 신을 사랑하는 것은 내가 남을 사랑하는 것이다. 내 속에 있는 신이 남의 속에 있는 신을 사랑하는 것이다. 신을 사랑하는 사람은 남을 사랑하지 않을 수 없다. 우리 속에 신성이 그것을 우리에게 명하기 때문이다. 우리는 타인 속에 있는 신을 사랑해야 한다. 타인 속에 있는 신을 사랑할 때 내속의 신이 가장 순수해진다. 사람은 아무리 자기 속의 신을 순수히 사랑하려고 해도 실지는 자기중심이 되고 만다. 결국 나를 사랑하는 길은 남을 사랑하는 수밖에 없다.

롤랑은 스피노자의 범신론에 깊은 동감을 느꼈다. 모든 사람의 마음속에는 보편적 실체인 신이 있다는 것, 그것은 내 속에만 있는 것이 아니라 남의 속에도 있다는 것, 모든 사람 속에 있는 실체는 진실하다는 것, 인류는 서로 믿을 수 있다는 것, 진실하기 때문에 나는 믿는다. 이것이 22세 난 롤랑이 스피노자를 읽고 느낀 점이다.

신은 진실하기 때문에 신은 믿을 수 있다는 것, 자기와 타인 속에서 진실을 발견한 롤랑은 우주 속에서도, 자연 속에서도 어디서나 진실을 발견하였다. 사람은 진실하기만 하면 어디서나 신을 만날 수 있다. 인간은 진실하기만 하면 인간의 위치에 있으면서도 신 안에서 살 수가 있는 것이다. 그는 셰익스피어 속에서, 톨스토이 속에서, 베토벤 속에서, 괴테 속에서, 간디 속에서 진실을 발견하였다. 특히 그는 동양의 고전에서 진실을 발견하였다. 진실에는 동양도 없고 서양도 없다. 살았건 죽었건 진실한 사람은 다 나의 친구다.

진실에는 시대도 민족도 경계도 없다. 진실은 세계 어디에나 있다. 진실은 누구에게나 있다. 진실은 언제나 있다. 인간에게 있어서의 진실은 깊은 자아, 그것이다. 시간적인 가면을 벗고 공간적인 의상을 벗고 인간적인 언어를 벗고 아무것도 걸친 것이 없는 벌거벗은 나, 그것은 진실이다. 바닷물 한 방울이 짜면 온 바다가 짠 것처럼 인간이 자기 속에 진실을 발견하면 신과 통할수도 있고 자연과 통할 수도 있고 인간과 통할 수가 있다. 진실은 우주의 근본이요 세계의 근본이요 인생의 근본이다. 진실은 언제나 어디에나 누구에게나 통하는 산 언어다.

롤랑은 인도사상 속에서 하나도 생소함을 느끼지 않았다. 그에게 생소한 것은 아무것도 없었다. 그것은 모두 자기 속에 있는 것이요, 그가 잘 알고 있는 것이다. 이미 본 것을 다시 보는 것처럼 익숙한 것이었다. 그것은 서양의 사상에서도 마찬가지였다. 셰익스피어나 베토벤이나 톨스토이나 괴테나 그들의 작품은 자기의 내부를 그려 보여준 것 같았다. 내가 이미 기록한 것을 다시 보는 것 같은 기분이었다.

롤랑은 동서의 많은 사상을 편력하였지만 어디에서나 이국적인 것은 볼 수가 없었다. 어느 나라의 혼의 형태도 그에게 있어서는 처음부터 이미 알고 있었으며 미리 느껴진 것이었다. 그것은 자기의 혼과 다를 바가 아무것도 없었다.

　롤랑은 순수한 프랑스 사람이요, 가톨릭 교인이요, 외국의 피는 전혀 섞이지 않은 프랑스 중부 산골에 태어나 대대로 자기고향을 떠나본 일이 없는 순수한 토박이였다. 그것은 부르고뉴 지방의 푸른 하늘과 시냇물과 그 지방 찰흙으로 빚어진 물병과 같다. 그러나 그 속에 들어있는 물은 세계 어느 곳에 있는 물과 다른 물이 아니었다. 인도에 내린 빗물이나, 프랑스에 내린 빗물이나, 북극에 내린 빗물이나, 남극에 내린 빗물이나, 빗물은 같은 물이다. 나는 내 속에서 세계의 모든 자취를 볼 수 있었다고 롤랑은 말하고 있다.

　롤랑 속에 담긴 진실은 세계 어디에 있는 진실이나 마찬가지였다. 보편적인 자아는 다 통하는 것이었다. 롤랑에게 있어서 인도의 신비사상과 그리스의 신비사상과 기독교의 신비사상은 다를 것이 하나도 없었다. 기원전 6세기 야지니야 발키야가 주장한 인도의 우파니샤드(Upanishad)의 아트만[眞我絶對者]은 순수한 영지로서 그것은 안도 없고, 밖도 없고, 유도 아니고, 무도 아니고, 일체 설명을 불허하여 만일 억지로 이것을 표현하려고 하면 거저 그것도 아니고, 저것도 아니고, 이런 것도 아니고, 저런 것도 아니고, 거저 아니야, 아니야(네티, 네티) 하고 계속 부정할 수밖에 없는 것, 그것이 아트만이다. 이것이 다하면 그것은 아닌 것이다. 일체 이것이라고 한정할 수 없는 무한자, 그것이 아트만이다.

　인도의 아트만은 만물의 본체, 우주의 원리로서 만물에 편재하고 우주에 충만한 브라만과 같은 것이다. 병 속에 든 물과 바닷물은 같은 것이다. 그것은 모두 짠맛을 가지고 있다. 그것은 모두 진실이다. 그래서 인도사람들은 '아트만은 브라만이다.'라는 범아일여梵我一如를 주장한다.

　그리스의 플로티누스(Plotinus, A.D. 204-269)는 우주의 근원을 일자一者라고 하여 그것은 모든 존재 위에 초연하여 사유를 떠나고 일체를 초월하여 그것은 그것만으로 존재하고 그것을 확정하려면 다만 그것 이외 것을 부정하는 길 밖에 없고 다른 것을 부정하고 부정할 때만 그것에 접근할 수 있을 뿐이라고 주장한다. 기독교에 토마스 아퀴나스(Saint Thomas Aquinas, 1225?-1274)나 에크하르트(Meister Eckhart, 1260-1327)에게 많은 영향을 준 디오니소스나 아레오파, 그밖에 위서緯書는 신을 선악을 초월한 절대자로서 그것은 도덕적인 것보다 우주적이며 이 절대자에 대한 인식은 자기의 순화와 영화靈化에 의하여 자기를 신화神化할 때만 가능하다고 주장한다.

디오니소스는 신에 도달하는 방법으로 감각적인 지성적인 일체를 버리고 일체의 규정을 거부하는 부정적 방법을 주장한다. 자기신화의 경지는 디오니소스나 플로티누스나 우파니샤드나 다 마찬가지다. 자기가 그대로 신이라고 주장하는 우파니샤드의 웃다라가의 두 마디 '그대는 그분(梵)이다.' '나는 브라만이다.'라는 전통과 다를 바가 없다.

인도사상이 피타고라스를 통해서 그리스로 건너와 플로티누스의 사상이 되고 플로티누스의 존재의 근원에 대한 인간적인 동경을 플라톤의 에로스라고 한다. 그리고 정신의 집중과 순화에 의하여 일자와 합일한다는 엑스터시의 사상이 디오니소스 위서緯書로 흘러 들어간 것이 아닌가 하고 생각하게 된다. 동서양의 정신이 모두 절대자와 일치하려는 강한 충동을 가지고 있다. 그것은 인간의 본능이 보편적이기 때문이다.

롤랑은 언제나 책도 같고, 사람도 같고, 영원도 같고, 신도 같다고 한다. 롤랑은 언제나 어디에서나 누구에게나 보편적 자아를 발견하고 기쁨을 금하지 못한다. 롤랑이 인도를 사랑한 것은 인도에 대한 호기심이 아니었다. 인간의 보편성에 대한 깊은 공감이었다. 인도는 인류의 근원적인 사상이 가장 순수한 형태로 보존되어 있는 지역이다. 인류의 어머니의 사상이 그대로 살아있는 나라다. 태고의 사상이 현대의 현실 속에 그대로 살아있는 나라가 인도다.

롤랑은 인간의 사상의 길을 찾아가기 위해서 고전을 읽을 필요가 없었다. 우리는 3천년 전의 사상을 우리 눈으로 볼 수 있고 귀로 들을 수 있다. 롤랑은 간디를 통해서 크리슈나를 들을 수 있고 그리스도를 볼 수 있었다. 롤랑은 자기의 귀로 듣고 현대에 살아 있는 인류의 정신을 볼 수 있었다. 롤랑은 인도를 소개함으로써 인류의 근원을 서양에 소개하였다. 인간은 모두 형제요 자매다. 모든 인간 속에 가득 찬 진실은 변함이 없다. 인간은 누구나 신의 아들이다. 존재하는 것은 신이다. 신은 하나다.

롤랑은 신의 입장에서 서양과 동양을 구별하지 않았다. 스피노자의 경험을 치른 롤랑에게는 인도경험은 전혀 생소하지 않았다. 롤랑이 인도사상에 전혀 접촉하기 이전에 쓴 소설 『장 크리스토프』를 읽은 어떤 인도 사람은 이 소설 속에 인도의 비슈누나 시바 신에 대한 베다의 옛날 찬가가 그대로 표현되어 있다고 한다. 이 소설은 옛 인도의 영감을 새롭게 불러일으키고 인도 사람들에게 인간 혼의 동일성과 영원성을 계시해 주는 작품이라고 극구 칭찬하였다. 롤랑이 인도 사상에 접한 후에 쓴 『매혹된 혼』은 동양 사상과 서양사상을 조화시키고 통합시킨 세계적인 작품이다. 인간성의 해방과 서양의 인도주의를 생명의 편재와 무한이라는 동양적 신비주의까지 파고 들어가 인간성의 깊이와 보편성을 보여주고 있다.

인도의 근원적인 사상에 서양의 인도주의 사상을 접붙여서 미래에 세계주의 꽃을 피워보자는 것이 『매혹된 혼』의 구상일 것이다.

현대인은 누구나 매혹 속에 살고 있다. 인도 사람이 말하는 마야요, 우리가 흔히 말하는 꿈속에서 살고 있다. 이 매혹을 벗어 버리고 이 꿈에서 깨어나서 하나의 벌거벗은 혼으로서, 산 혼으로서 우주의 진리에 귀일하는 것이 『매혹된 혼』에서 외치고 싶은 롤랑의 의도일 것이다. 『장 크리스토프』와 『매혹된 혼』은 그의 작품 중에 가장 대표적 작품이라고 볼 수가 있다.

장 크리스토프

『장 크리스토프』는 롤랑이 37세에 쓰기 시작하여 46세에 끝낸 그의 대표작이다. 장 크리스토프로 상징되는 독일, 올리비에로 상징되는 프랑스, 그라치아로 상징되는 이태리는 유럽공화국의 이해와 협조와 존경을 기반으로 하여 영원한 평화를 희망하는 우주적인 의미를 그리고 있다. 장 크리스토프의 힘과, 올리비에의 지와, 그라치아의 사랑은 힘 되시는 성부와 지가 되시는 성자와 사랑이 되시는 성령을 표현하기도 한다.

단테는 신곡에서 천지창조를 이렇게 노래 부른다.

"제일의 그리고 말로 다할 수 없는 가치를 가진 힘이요 아버지인 하나님은, 그의 아들인 그리스도와 두 분 사이에 영원히 숨을 쉬는 사랑과 성령과 더불어 마음속에 있는 보이지 않는 것과 공간 속에 있는 보이는 것들을 놀랄 만한 질서로 창조하셨다. 그리하여 그를 보는 자는 신의 위대함을 찬양하지 않을 수 없다."

롤랑의 『장 크리스토프』도 우주적인 통일 원리를 드러내기 위하여 써진 작품이다. 크리스토프는 희랍말로 '그리스도를 업은 자'라는 뜻이다.

성聖 크리스토프는 기원 250년 로마 데기우스 황제 때 산 사람으로 사람을 업어 강을 건네주는 것이 그의 직업이었다. 어느 날 어떤 어린이를 업고 강을 건너다가 어린애가 자꾸 무거워져서 나중에는 견딜 수 없었으나 그래도 크리스토프는 끝까지 견뎌내어 강을 건너주었는데 내려놓고 보니 그가 바로 그리스도였다는 것이다. 그는 기독교인이 되어 많은 박해를 받고 나중에는 순교까지 당했지만 끝끝내 그리스도를 저버리지 않고 성 크리스토포루스가 되었다.

사람은 누구나 이 세상을 건너가는 나룻군이다. 자기의 신앙을 끝까지 지켜가는 것이 무엇보다도 절실하다. 장 크리스토프가 살던 시대는 전후의 허탈과 침체와 찰나주의의 분위기 속에서 정신의 희망과 이상과 힘을 잃고 저속한 물질주의에 빠지기 쉬운 시대였다. 이런 때 주인공 장 크리스토프는 어떻게 해서라도 진실을 간직하고 인간의 존엄과 생명의 가치를 지니고 탁한 물결을 힘차게 헤치고 건너가는 것이었다. 그러기 위해서 장 크리스토프의 힘은 올리비에의 지와 그라치아의 사랑이 필요하다. 장 크리스토프의 참을성과 용기는 인간의 가치와 의미를 다음 세대에 전해주는 롤랑의 진실한 의지였다.

노틀담 사원의 성 크리스토포루스의 조각 밑에는 "크리스토포루스의 얼굴을 본 사람은 절대 죽지 않는다."고 적혀 있다. 크리스토포루스에 업힌 사람은 탁류에 휩쓸리는 일은 없을 것이다. 장 크리스토프는 세례요한과 예수 그리스도의 이름을 합친 것이다. 장 크리스토프의 힘은 그의 우주적인 진실뿐이다. 누구나 그리스도의 힘을 가진 사람은 멸망할 수가 없다. 장 크리스토프는 몰아치는 세파와 싸우면서 우주의 실체인 진실한 생명을 끝까지 지니고 인간의 전형적인 생을 성취함으로써 그의 본체인 우주의 창조에 참여하고 영원한 가치를 천명하는 힘 있는 소리가 되었다.

크리스토프가 평생을 두루 헤매는 정신계는 비록 여러 가지 모습으로 나타나지만 궁극은 인간적인 진실을 보여주는 것이다. 그것이 이 소설의 목적이다. 이 진실은 우주적인 통일성을 의미한다. 민족과 국적이 다르지만 사람은 역시 같은 고민과 같은 기쁨과 같은 동경을 가지고 있다.

롤랑은 그의 서문에서 언제나 인간과 인간과의 통일, 인간과 우주와의 통일, 우주의 본질은 인간의 본질이며, 우주의 법칙은 인간의 법칙이라는 것, 우주와 인간은 모두 보편적이라는 것을 설명한다.

그리고 이 우주적인 보편정신을 그는 누구보다도 베토벤에게서 발견하였다. 그 당시 서양 여러 나라에 있어서 베토벤은 보기 드문 예술가 중 하나요, 광대한 내부의 세계를 지배하고 예술창조의 천품과 만인을 사랑하는 심정을 같이 보유하고 있는 인간이었다.

롤랑은, 크리스토프는 현대를 사는 새로운 베토벤이라고 했다. 강한 생명력, 불굴의 독립심, 날카로운 직관력, 풍부한 창조성, 그리고 무엇보다도 불협화 속에서 협화를 찾아내는 우주적 조화, 이것이 소설의 주인공 크리스토프다.

음악가 크리스토프는 갓 알게 된 이름 없는 시인 올리비에를 그의 가난한 아파트로 찾아간다. 방에 있는 피아노를 본 그는 아무거나 좋아하는 곡을 치라고 간청한다. 시인은 수줍음을 극복하고 모차르트의 라단조 아다지오를 친다. 올리비에는 곡에 감동하여 마지막 부분을 칠 수 없게 된다. 뒤에 섰던 크리스토프는 손을 들어 그 곳을 마저 치면서 "네 혼의 빛깔을 알 것만 같다."고 중얼거린다. 음악을 통한 진실의 파악, 이것이 『장 크리스토프』라는 음악소설이다.

롤랑은 "나는 작품을 쓰고 있는 것이 아니다. 나의 신앙을 고백하고 있는 것이다."고 곧잘 말했다.

그의 진실성은 언제나 영원한 모습으로 그의 작품에 넘치고 있다. 그의 작품은 음악에 맞추어 사부四部로 구성되어 있으며 언제나 객관적으로 표현하지 않고 주관의 내면을 느끼게 한다.

"나의 정신상태는 화가의 정신이 아니라 음악가의 정신이다. 나는 작품 전체의 음악적 인상을 별 구름처럼 느끼고 나서 작품세부를 분류해 간다."고 말했다.

어렸을 때 음악가가 되는 것이 꿈이었던 롤랑은 그 소원을 소설 쓰는데 쏟아 놓는다. 그는 정말 베토벤적的이었다. 그가 평생을 베토벤 연구에 바친 것은 그는 자기 속에 베토벤을 발견하였기 때문이다. 베토벤의 음악의 특징은 진실이었다. 진실이란 자기 속을 내어 놓는 것이다.

그의 음악은 예술작품이라기 보다도 자기 고백이다. 그는 자기의 삶을 그대로 고백한 것이다. 그것이 너무도 진실하고 순수했기 때문에 만인의 가슴에 파고든 것이다. 그의 음악은 마음으로 마음에 파고드는 것이었다. 그의 음악은 즉흥적인 것이 아니라 깊은 사색과 진실이 담겨진 것이었다.

그의 음악에는 목적이 있다. 애통하고 고민하는 사람을 위해서 자기를 바친다는 것이 그의 음악의 내용이었다. 그의 마음속에는 깊은 도덕적 감정과 인류애가 서려 있었다. 그가 "머리 위에 별 하늘, 가슴 속에 도덕률"을 외친 칸트(Immanuel Kant, 1724-1804)를 좋아한 것도 그의 마음과 통했기 때문이다.

만년에 베토벤은 세상적으로 너무도 불운했다. 귀머거리, 실연, 병, 가난, 사람들의 냉정, 친척의 협잡, 그는 세상에 대해서 아무것도 기대할 수가 없었다. 그는 새로운 세계를 창조할 수밖에 길이 없었다. 그래서 그는 "내 나라는 하늘에 있다."고 마음속에 자위하며 새로운 길을 모색하였다. 그 결과 베토벤이 하나님께 가까이 갈 수 있었다.

"나의 예술 속에서 나는 신이 나에게 가장 가까이 계시는 것을 느낀다. 음악은 모든 철학보다도 더 높은 계시啓示다. 한번 나의 음악을 이해한 사람은 인간의 고통에서 해방될 수 있는 것이다."

"고통에서 환희로!" 그것이 그의 제9교향악의 이념이었다. 베토벤은 좀더 높은 세계로 올라가기 위하여 자기의 운명과 싸웠다. 그의 음악의 위력은 그의 투지에 있다. 운명을 극복하는 정열은 그를 진실한 것으로 한 걸음 한 걸음 나아가게 했다. 그는 가장 진실한 것을 찾아서 인류에게 보여 준 사람이다. 그것이 그의 용기였다. 그래서 그는 고난 받은 십자가를 사랑했다. 운명에 이긴 그리스도를 사랑했다.

그는 성경을 읽다가 너무도 감동하여 엉엉 우는 때도 있었다.

"하나님은 나의 기둥, 나의 반석, 나의 일체, 당신만이 나를 아십니다."

하나님밖에 그를 알아주는 이는 아무도 없었다. 그러나 하나님이 자기를 알아주는 것으로 그는 족했다. 그에게는 우주를 넘어선 깊은 신앙이 그를 지탱하고 있었다. 롤랑의 긴 생애를 통하여 베토벤은 정말 그의 기둥이며 반석이었다.

롤랑은 베토벤 속에서 언제나 자기를 발견할 수가 있었다. 베토벤은 롤랑이 숨 막힐 때에 시원한 공기였고, 애 탈 때 펼쳐진 자연이었으며, 신앙을 잃었을 때 맑은 샘물이었고, 어둠에 빠졌을 때 열린 창문이었다. 베토벤의 혼은 언제나 그 혼 옆에 있었다. 베토벤은 그의 혼의 친구였다. 아니 롤랑의 분신이었는지도 모른다. 그가 베토벤을 그의 작품의 주인공으로 하는 데는 그것이 그의 분신이었기 때문이다. 장 크리스토프는 베토벤인 동시에 롤랑 자신이었다. 그는 그리스도를 업고 가는 존재였다. 그리스도가 아무리 무거워도 그는 세상을 건너가기까지 버릴 수가 없었다. 그리스도는 그에게 있어서 하나의 진실이기 때문이다.

크리스토프의 이름은 장 크리스토프 크라프트(Jean Christophe Kraft)다. 크라프트는 독일말로 힘이라는 말이다. 롤랑은 주인공 크리스토프에게 무엇보다도 힘을 나타내고 싶었다. 어떤 어려움도 극복할 수 있는 힘을 그는 주고 싶었다. 그는 마치 거친 자연력과 같다. 큰 나무를 뿌리 채 뽑은 무서운 폭풍, 어떤 때는 바위에 부딪쳐 가루가 되는 무서운 파도, 그러나 어떤 때는 꽃잎을 스치는 산들바람이 되고, 어떤 때는 하늘을 나는 흰 구름도 되는 티 없고 순수하고 무심하고 건강한 힘을, 자연의 힘을, 천재의 힘을 그는 크리스토프에게 주고 싶었다.

어떤 때는 사람들과 싸우기도 하고 어떤 때는 사람들과 친하기도 한 힘을 그는 주고 싶었다. 크리스토프는 이 힘을 처음에는 의식하지 못한다. 그러나 그는 이 힘 때문에 얼마나 고민하는지 모른다. 자기 속에 있는 천재성이 가끔 쓸데없이 그 얼굴을 나타내기 때문이다. 마치 땜에 넘치는 물은 적은 구멍을 통해서도 터져 나올 때가 가끔 있는 것처럼 그는 귀족사회를 우롱하기도 하고 대공을 조소하고 싶은 충격에 자기의 출세 길이 무너지는 것을 막을 수가 없었다.

그러나 드디어 크리스토프는 자기 속에 힘이 넘쳐 나오는 것을 체험하는 순간이 있었다. 크리스토프는 그날 밤 자기 방에서 촛불이 다 타가는 것을 들여다보고 있었다. 그 때 갑자기 실재가 엄습한다. 개체로서의 그가 무너지고 전체로서의 힘과 하나가 된다. 이런 체험을 통하여 힘 자체가 된 크리스토프는 원초적인 인간이 되고 마는 것이다. 건강하고 자유롭고 강하고 아름다운 인간이 된다.

그는 울고 몸부림치고 물고 뜯고 싶은 충동에 휩쓸린다. 이런 순간에 그는 자기가 자기임을 잊고 자기를 파멸로 몰고 갈 수도 있다. 그에게는 이 힘을 제어하고 조절하는 강한 지성, 밝은 빛이 필요하다. 그것이 프랑스의 청년 올리비에로 상징된다. 올리비에는 올리브

나무로 지성을 상징한다.

프랑스는 라틴의 전통적이며 오랜 귀족적인 지성을 가지고 있다. 그것은 데카르트(Rene Descartes, 1596-1650) 같은 명석과 분석적이면서 파스칼과 같은 섬세하고 직관적인 것이다. 그것은 논리적인 인식을 감행하면서도 실재를 직관할 수 있는 능력을 갖춘 지성이다.

올리비에(Olivier)의 지성은 일체의 혼탁, 과장, 저돌猪突, 편파적인 것을 본능적으로 싫어한다. 이 지성은 깊이 우주의 법칙에 뿌리박고 있다. 우주의 정체 통일로 명징明澄, 평화의 상징이다. 이 법칙은 우주를 발전시키는 맹목적인 힘을 바로 인도하는 목적성과 일치한다.

크리스토프의 힘이 자연력의 일부라면 올리비에의 빛은 자연법칙의 일부다. 자연력을 목적에 일치시키는 것이 자연법칙이라면 인간의 힘을 목적에 일치시키는 것이 지성이다. 지성은 분석과 종합을 개념적으로 행할 수 있는 논리적 사고력뿐만 아니라 그것은 우주의 목적인 진리를 비약적으로 파악할 수 있는 직관력을 가지고 있다.

지성은 개념적이요, 추상적인 능력뿐만 아니라 감성적이고 생명적인 능력이기도 하다. 올리비에는 데카르트의 로고스와 파스칼의 누스(Nous)를 종합한 하나의 지성이다. 게르만적인 감정의 크리스토프가 라틴적인 지성의 올리비에에 깜짝 놀라는 것은 올리비에 눈 속에 엿보이는 끝없이 움직이는 동요 속에서도 꼼짝도 안하고 흔들리지 않는 중심의 평안인 것이다.

올리비에의 흐트러지지 않는 지성은 사람들의 혼을 뚫어보는 직관력을 가지고 있고, 넓고 예민한 정신의 호기심을 드러내고 있으며, 그 호기심은 어디에서나 반짝이고 아무것도 부정하지 않고 아무것도 미워하지 않고 언제나 너그러운 마음으로 세상을 바라보고 있다. 이 지성의 평정, 정신의 초월, 멀리서 보고 그것을 이해하고 지배하는 눈동자야말로 힘의 크리스토프가 지녀야 할 가장 소중한 것이다.

크리스토프의 맹목적인 충동은 이제 올리비에의 냉철한 눈을 가지게 된다. 디오니소스적인 혼돈이 아폴로적인 명징明澄을 가지게 되는 것이다. 크리스토프의 힘과 올리비에의 빛은 이제 그라치아(Grazia)의 사랑 속에 조화를 이루게 된다. 그것은 인간적인 사랑이 아니라 신적인 사랑이다. 크리스토프의 자연과 올리비에의 인간과 그라치아의 신이 하나가 되어야 한다. 그러기 위해서는 그라치아는 죽어야 한다. 그는 단테의 베아트리체처럼 영원한 여성이 되어 하느님의 나라로 그를 끌어 올린다. 그녀가 죽었다는 소식을 듣고 그는 자기 방으로 들어간다. 다시 나온 그는 조용하고 피곤하였지만 부드러웠다. 그는 자기 침대에 가서 부활하신 그리스도가 막달라 마리아를 만나는 기사를 읽으면서 무너지려는 자기를 일으켜 세운다. 그날 밤 무거운 잠 속에서 그녀는 부드러운 손을 그에게 내민다.

"이제 당신은 자연을 넘어섰습니다." 하고 그에게 말을 건네자 그의 마음은 한없이 평안해지고 하늘에는 별이 빛나고 우주에는 음악으로 가득 채워진다. 그의 개체가 융해되고 무한한 우주 속에 융화되어 우주의 음악과 하나가 되는 것이다. 이리하여 크리스토프는 완전한 크리스토프가 된다. 크리스토프를 크리스토프로 만들기 위해여는 그의 인간성을 순화하고 높이고 영원화하는 고귀한 그라치아의 우아함이 있어야 한다.

모나리자의 신비의 미소를 띠운 이태리의 여성, 밝은 태양빛 밑에서 고요하게 명상하는 신비한 미소, 풍만한 그녀의 육체는 본능적으로 운명과 하나가 되어 사는 것, 그대로 즐겁고 깊은 아름다움을 내뿜고 있다. 그녀에게 있어서는 끝없는 내면의 너그러움이 자연적으로 밖에 나타나 있다. 그것은 우아한 아름다움이요, 사랑의 조화된 정신적 아름다움이다.

그녀의 무의식적인 행동은 하나의 선의 규율과 어긋나지 않는다. 일체의 모순과 대립을 넘어서 전체와 조화를 이룬 아름다운 혼이다. 그것은 만물을 낳고 기르고 완성시키는 어머니의 사랑이요, 만물의 처음이요, 나중인 근원적인 사랑이다. 그것은 신적 은총이요, 형식과 내용의 우아한 하모니다.

그라치아라는 이름은 이태리 말로 신의 은총의 의미를 뜻한다. 크리스토프의 혼은 그라치아를 통하여 신의 은총에까지 도달하는 것이다. 과학적인 힘이 철학적인 빛을 거쳐서 종교적인 사랑에까지 도달하여 크리스토프가 되는 것이다.

독일의 과학과 프랑스의 철학과 이태리의 종교는 유럽정신의 기본요소다. 이 세 가지가 아름답게 조화될 때 유럽인은 비로소 유럽인이 되는 것이다. 크리스토프와 올리비에와 그라치아는 아름다운 조화를 이루어 보편적인 우주의 진실이 된다. 자연의 힘과 자연의 법칙과 자연의 조화, 이것이 아무리 적은 미생물일지라도 그리고 아무리 큰 우주일지라도 가지고 있는 자연의 진실이다. 한 포기의 풀에도 날아가는 구름에도 빛과 힘과 사랑이 감돌고 있다. 크리스토프의 자연적 생명은 올리비에의 논리적 직관으로 질서를 획득하고 그라치아의 예술적 직관으로 조화를 유지하게 되었다.

크리스토프의 애벌레는 올리비에의 고치를 넘어서 그라치아의 나비가 되었다. 그것은 마치 지면을 떠난 비행기처럼 구름 위로 시대 위로 나는 것 같았다. 시대와 국경과 편견과 개아個我가 멀리 떠나버리고 그는 처음으로 자유가 되었다. 그는 종래 시간을 넘어서고 말았다. 영원과 부딪쳐 소아는 대아로 확장이 되었다. 개체로서의 심장이 전체로서의 우주의 고통이 되었다.

인간은 끝없는 전체와 하나가 될 때에 무한한 자유를 즐기게 된다. 혼의 자유, 이것이 롤랑이 크리스토프에서 보여 주고 싶었던 것이다.

그리고 또 한번 혼의 자유를 보여 준다. 그것이 『매혹된 혼』이다. 10년의 세월을 걸려서 1912년 1차 대전 직전에 완성된 『장 크리스토프』에 대하여 『매혹된 혼』은 다시 10년을 지나서 1922년에 쓰기 시작한다.

이 작품은 11년이란 긴 세월을 소비한다. 그 동안에 세계는 제1차 대전의 격동기를 거쳐서 이제 제2 차 대전이란 또 한 차례의 격동기를 예상하는 숨 막힐 듯한 시대였다. 현실은 추상적인 자유주의나 개인주의를 용납하지 않았다. 국제자본주의와 민주 프로레타리아는 나날이 그 기치를 선명히 하기 시작했다. 러시아 혁명, 이태리 파쇼, 독일의 나치, 프랑스 인민전선의 형성 등은 20세기의 모습을 여실히 드러내기 시작했다.

롤랑은 이 이상 더 개인주의에 머물러 있을 수가 없었다. 『매혹된 혼』은 개인주의에서 사회주의로 변천하여가는 롤랑의 혼을 그린 것이다. 어머니 주인공 앙네트와 아들 마르크, 며느리 아샤, 그리고 이모 실비, 이 가운데서 롤랑의 화신은 마르크이다. 마르크는 성경에 나오는 마가의 이름이다. 마가는 네로의 박해에 흔들리는 신도들의 신앙을 격려하고 십자가의 희생을 통해서만 사회가 구원됨을 강조하기 위하여 마가복음을 쓴 사람이다. 마르크도 피렌체의 폰테베키오 다리 밑에서 파쇼의 검은 셔츠단의 칼에 맞아 쓰러지게 된다. 그가 파리에서 연설도중 덤벼드는 우익 단원과 싸우다가 상대방의 우연한 실수로 머리가 돌에 닿아 뇌진탕으로 죽게 되자 그것을 언제나 자기의 잘못으로 생각하고 이번 싸움에는 남의 생명을 희생하지 말고 자기가 희생이 되어 사람들의 고통을 덜어주고 억압된 인민을 풀어줄 수 있기를 기도하는 것이었다. 그는 사회주의자로서 프로레타리아 혁명을 지지하고 그 운동에 헌신하는 롤랑 자신의 화신이었다.

롤랑은 마하트마 간디의 비폭력을 전적으로 지지하면서도 러시아의 폭력을 전적으로 지지하였다. 폭력혁명과 비폭력혁명의 조화야말로 롤랑이 걸머진 십자가였다.

나는 소련의 전투적 공산주의와 간디가 조직하고 지도하는 불복종 운동을 혁명의 두 날개로 생각한다. 나는 이 두 날개가 서로 손을 잡고 서로의 율동을 규제하면서 서로 조화되어 나가기를 바란다. 소련과 간디의 두 가지 이론은 현재 파멸에 인접한 인간 세계를 구하는 두 가지 길이다. 둘 다 장엄하고 위험한 실험이다. 이 두 가지 이론은 서로 싸우지 말고 하나가 되어 공동의 적에 대처할 수 없을까 하고 롤랑은 고민한 적도 많았다.

롤랑은 소비에트를 지지하면서 동시에 간디를 지지한 사람이다. 롤랑이 간디를 지지하는 것은 말할 것도 없다. 그러나 다급한 현실에서는 폭력은 피할 수 없는 것이다. 마르크는 이렇게 생각한다. 폭력은 사람에게는 너무도 지나친 술이다. 한잔으로 이성은 통제를 잃어버린다. 그러나 오늘의 유럽은 폭력 없이는 어떻게 할 도리가 없다. 이제 말로는 어떻게 할 수 없는 시대가 되었다. 행동만이 있을 뿐이다. 전투를 위해서 몸의 희생을 요구하고 있다. 이리하여 마르크는 인민전선에 가담하는 것이다.

마르크의 아내 아샤는 본래 소련에서 쫓겨난 백계 러시아인의 딸이다. 아버지는 가잔 대학 교수로서 파리로 망명을 하여 처음에는 소련의 도덕과 제도에 반항을 하지만 파리에 와서 살았다. 아샤는 파리에 살면서 다시 러시아의 대평원을 그리워하게 되고 그녀의 야수적 본능은 소련의 사상을 그대로 받아 들여 남편 마르크를 충동하여 사회주의자로 전향시킨다. 아내의 이름 아샤는 아세아라는 뜻으로 동양과 서양의 대결을 뜻하고 있다. 아샤에게는 사상 때문에 행동을 주저하는 서양 인텔리의 모습을 볼 수가 없고 건강하고 명랑하며 전진적이요 행동적인 새시대적인 인간을 상징하기도 한다. 아샤는 마르크가 죽은 후에 한동안 비통에 잠기지만 곧 미국의 기사와 결혼해 미국으로 건너가서 반제국주의 운동에 가담하는 진보적인 투사가 된다.

앙네트의 배다른 여동생 실비는 현실주의를 상징하며 수풀을 뜻하는 라틴말로서 파리의 현실을 표현하는 인물이다. 향수와 육체와 물질을 찾아 헤매는 자본주의의 상혼과 귀족주의 권력과 향락주의 시대풍조를 사랑하는 파리의 전형적인 인간상이다. 삯바느질에서 시작해서 파리의 일류 유행품 상점의 주인이 된 그녀는 육체적 생활력에 넘치는 철저한 개인주의자며 쾌락주의자였다.

그녀는 일하고 즐기는 것이 그의 생의 질서며 사상이나 논리는 그녀와는 아무 상관이 없다. 국가나 사회도 그녀에게는 문제가 안 된다. 무엇 때문에 사느냐고 물으면 그녀는 무엇 때문이 아니고 거저 사는 것이다. 무엇 때문에 같은 것은 생각할 필요도 없다. 쓸데없는 생각은 안하는 것이 최고다. 그것이 파리인의 모습이었다.

여기에 비해서 어머니 앙네트는 그의 이름을 성경의 어린 예수를 만난 여자 예언자 안나에게서 얻는다. 안나는 결혼한 지 7년 후 과부가 되어 믿음 속에서 그리스도가 오시기를 기다리다가 84세에 그리스도를 만나고 간 사람이다.

롤랑은 앙네트를 통해 새 시대를 고대하고 결국은 새 시대를 엿볼 수 있는 인물로 등장시킨다. 앙네트는 넉넉한 부르주아 집에서 태어나지만 아버지의 유산 관리인의 배신으로 근로생활로 쫓겨들어 피압박 계급의 생활을 깊이 체험하고 나중에는 파리 신문사의 사장비서가 되지만 사장은 국제무기판매와 비밀첩보수집의 괴인물로서 그녀는 자본주의 경제체제와 제국주의 정치사회의 이면을 간파하고 사회혁명의 필요성을 통감하고 사회운동을 지지하게 된다. 그녀는 일체의 현실을 이상의 소재로 보고 현실을 긍정하면서 이상을 쌓아올리는 보편적인 생활로 자기를 끌어올린다. 그는 혁명도 긍정하고 전쟁도 긍정한다. 그것은 우주적 운명에 필연적인 조건이며 모든 혁명과 전쟁은 떠오르는 보편세계를 환영하는 대연주에 불과한 것이다.

앙네트는 태아나기를 강한 사랑에 휩싸여 태어났다. 이 사랑의 힘 때문에 수없이 유혹에 빠진다. 그것이 매혹된 혼이다. 그러나 이 사랑 때문에 그녀는 현실 배후에 숨어 있는 깊은 실체에 마음이 끌린다. 자연에 대한 사랑은 신에 대한 사랑의 일부분이다. 매혹되었던 혹은 실체의 사랑에 눈을 뜨고 자기를 싸고 있는 최후의 베일을 벗겨버리고 매혹된 상태를 빠져나가 벌거벗은 혼으로서 하나님의 실체를 눈으로 보게 되는 것이다. 이것이 『매혹된 영혼』의 결론이요, 앙네트의 사명이요, 새로운 세계의 내림이다.

롤랑은 생명을 물처럼 생각했다. 구름처럼 하늘을 나는 나비에서 인간은 자유의 모습을 본다. 그리고 바다에서 인간은 고치가 되어 자연의 모습을 보고, 애벌레에서 강물처럼 기어가는 자아의 모습을 본다. 자아와 자연과 자유이다. 애벌레처럼 흘러가는 강물에서 인생의 길을 보고, 고치처럼 넘실거리는 바다에서 자연과의 합일을 보고, 나비처럼 날아가는 구름에서 신의 은총을 본다. 그것이 크리스토프와 올리비에와 그라치아다. 『장 크리스토프』는 이런 인간의 생명을 강물로 표현하고 있다. 강물은 생명의 상징이며 힘의 상징이며 실재의 상징이며 신의 상징이다. 그것은 무엇보다도 인간 본질의 상징이다. 긴 장편소설의 첫머리는 '집 뒤의 강물 흘러가는 소리가 요란하다.'라는 말로 장 크리스토프의 탄생을 축하하고 있다. 그것은 크리스토프의 작은 생명은 강물이 바다의 한 부분인 것처럼 우주라는 큰 생명의 한 부분으로서 우주를 살기 시작하는 것이다.

롤랑에게 있어서 생명은 본래 우주적인 것이지 개인적인 것이 아니다. 아무리 작은 물방울이라도 그것은 우주적 물의 한 방울이지 우주와 떨어진 물은 없다. 모든 물은 우주의 물이지 우주 밖의 물이 따로 있는 것이 아니다. 어떤 사람이든 인류를 떠나서 있는 것이 아니다. 인류의 한사람이요 대아의 한 부분이지 대아와 떨어져서 따로 있는 것이 아니다.

너는 브라만이다. 바닷물이나 물 한 방울이나 물임에는 틀림이 없다. 모든 사람은 신이다. 아무리 작은 사람도 신의 일부분임에는 틀림이 없다. 생명은 한 생명이다. 크리스토프는 우주의 큰 생명의 분신으로서, 한 방울의 물로서 태어나지만 그러나 우주의 큰 생명의 분신임에는 틀림이 없다. 그렇기 때문에 장 크리스토프의 출생은 우주적인 경사요, 천군천사가 노래를 부르고 집 뒤의 강물이 요란하게 흘러가면서 찬송을 부름에 틀림이 없다. 물 한 방울은 자라고 자라서 강물이 되어 드디어는 바다로 합류한다. 마치 애벌레가 고치가 되듯이 그것은 고요히 바다로 들어간다. 그것이 인생의 죽음이라는 것이다. 이 죽음은 죽음으로 끝나는 것이 아니다. 물은 또다시 하늘로 올라 신이 되어 하늘을 날게 된다.

사람과 자연과 신은 자아와 자연과 자유에 있어서 한 생명의 변형이다. 애벌레나 고치나 나비나 모두 한 생명의 변형이요, 얼음이나 물이나 구름이나 같은 물의 변형이다.

인생과 자연과 신이 한 생명임을 느끼는 것이 롤랑의 생명관이다.

강은 언제나 장 크리스토프와 같이 자라간다. 그리고 그의 임종이 가까웠을 때 강물의 모습은 더욱 그 숭고한 실체의 모습을 드러낸다. 또다시 집 뒤에서 강물 소리가 요란하게 들리기 시작한다. 크리스토프는 희미하게 어렸을 때 창문에서 내려다보던 강물을 다시 보게 된다. 그의 전 생애는 라인강물처럼 눈 밑을 흘러가고 있었다. 그의 생애의 전부가, 그의 생활의 전부가 흘러가고 있는 것이다. 인생과 자연과 신이 한 생명이라는 생각은 롤랑의 생각의 근본을 이루고 있다. '네가 브라만이다.' 할 때에 너와 브라만은 한 생명이라는 것이다. 내가 신이라는 것이 아니다. 내가 신과 한 생명이라는 것이다.

  신과 자연과 인간은 엄격히 구별되어야 한다. 그러나 그것은 한 생명이라는 것이다. 애벌레와 고치와 나비는 엄격히 구별되어야 한다. 그러나 한 생명이라는 것이다. 자연과 인생과 신은 한 생명의 변형이다. 그런 의미에서 죽음은 자연이 되는 것이지 없어지는 것은 아니다. 애벌레가 고치가 되고 강물이 바다가 되는 것이지 없어지는 것이 아니다. 애벌레가 고치가 되는 것은 나비가 되기 위한 변형이지 없어지는 것은 아니다.

  생명은 없어지는 것이 아니다. 생명은 영원한 것이다. 다만 변형하는 것뿐이지 죽어서 없어지는 것이 아니다. 죽어서 변하는 것, 더 높은 존재로 변하는 생명의 승화 변용, 그것은 더 높은 생명의 본질로 변화하는 것이고 복귀하는 것이지 생명이 없어지는 것은 아니다. 죽음은 하나의 탈바꿈이요, 생명의 변형이요, 본능이지 생의 허무가 아니다. 사람은 죽음의 신성한 동경을 가지고 있다. 마치 나비가 불에 뛰어들 듯 우주의 생명과의 합일은 신성한 것이다.

  사람은 죽음을 통해서 우주의 생명과 하나가 되고 또 우주의 생명과 하나가 되는 체험을 통해서 죽음을 경험한다. 그것을 근본경험이라고 한다. 죽음은 더 높은 생으로의 전진이지 없어지는 것이 아니다. 장 크리스토프는 임종 시에 이런 기도를 드린다.

"주님, 나는 싸우고 고통을 당하고 길을 헤매고 여러 가지를 만들기도 했습니다. 제발 아버지의 품속에서 쉬게 하여 주십시오. 언젠가 나는 또 새로운 싸움을 위해서 새로 태어나게 될 것이기 때문입니다."

그때 강물과 바다는 같이 울부짖으며 노래하였다. 너는 다시 태어날 것이다. 푹 쉬는 것이 좋을 것이다. 이제 전체는 하나의 심장뿐이다. 낮과 밤이 얼싸안고 고요한 미소를 지을 것이다. 사랑과 미움의 장엄한 조화, 나는 힘찬 두 날개를 가진 신을 찬양한다. 생에 영광 있으라. 죽음에 영광 있으라. 롤랑은 자기의 자서전 『마음속의 나그네 길』이라는 책머리에 괴테의 시 한절을 적어 놓았다.

"무한한 것 속에 똑같은 것이 영원히 되풀이 되어 흘러갈 때에 겹겹이 갈피를 가진 둥근 천정 밑에서 큰 별이나 작은 별이나 생명의 기쁨이 넘쳐 나와 모든 갈등도 모든 투쟁도 주되신 신 안에서는 영원히 평안하고 고요하다."

롤랑은 이 시詩에서 자기의 우주관과 같은 것을 본다. 무한한 공간 속에서 같은 원리를 원리로 하는 영원한 활동이 되풀이 되고 있다. 큰 뚜껑처럼 닫쳐진 하늘의 둥근 천정 밑에는 무수히 겹친 우주의 피조물이 겹치고 덮치듯 힘 있게 존재하고 있다. 그리고 삼라만상의 근원되시는 생명의 뿌리에서부터는 생명력의 기쁨이 터질 듯 넘쳐흐른다. 이 세상의 동요나 소요는 지나가는 장난으로 주 되신 하나님의 마음인 우주의 영원한 평안은 그런 것들에 의하여 조금도 흔들리지 않는다.

롤랑에게 있어서는 거듭되는 혁명과 전투의 참혹한 역사도 우주적인 생명의 하나의 폭발이요, 땅이 갈라지고 하늘이 흔들리는 천변

지재는 우주적인 생명의 과도적인 동요로서 그 모든 흔들림과 소란도 결국은 유구한 밑 없는 신의 정적 속에 가라앉아서 대우주는 끝없는 침묵을 되찾게 된다.

롤랑은 인간과 자연을 신의 무궁한 차원에서 보고 있는 것이다. 손오공이 부처님 손 안에서 헤매고 있듯이 자연과 인생은 신의 손 안에서 몸부림치고 있는 것이다. 신의 입장에서 자연과 인간을 보는 지적知的 직관은 롤랑이 이십대에 스피노자로부터 배운 것이다. 『매혹된 혼』의 주인공 앙네트는 죽음이 가까워오자 뻣뻣해지는 큰 눈으로 빨아들이는 것처럼 주위를 바라보고 있다. 주위 사람들은 그녀가 혼수상태에 빠졌다고 생각할 뿐 그녀가 아직도 마지막 언덕길을 기어오르고 있다고는 생각하지 못한다.

그녀는 자기의 헐떡거리는 숨결을 마치 물결소리처럼 듣고 있다. 긴장된 청각은 커지는 숨결을 조용히 듣고 있었다. 그것은 마치 돌진하는 열차의 입김 같기도 하다. 이제 달리는 것은 누구인가. 나인가. 남인가. 그녀에게는 이제 자기의 입김과 남의 입김을 구별할 수 없게 되었다. 경계표지가 일진광풍에 쓰러지려는 찰나다. 남이 나요, 내가 남이다. 비아非我가 자아自我요, 자아가 비아다. 모든 것이 통 속의 골탄처럼 어둠 속으로 모여들어 덩어리처럼 엉기어 거품처럼 위로 부풀어 올라 통 가장자리에 도달하고 한참 멎었다가 다시 올라와 넘치고 흘러내린다. 용암의 거대한 흐름이 위에서부터 쏟아져 내린다. 이제 지상의 법칙은 맥을 못 춘다. 이때 중력은 우리를 하늘로 끌어 올린다.

롤랑은 여기서 "우리를 하늘로 끌어 올린다(Zieht uns hinan)"는 말을 일부러 독일어로 집어넣는다. 그것은 괴테의 『파우스트』의 마지막 노래, 신비의 합창에서 끌어넣었기 때문이다. 지나가는 것은 일체의 비유에 불과하다. 알 수 없는 것이 이제 실지로 일어나고,

말할 수 없는 것이 지금 이루어졌다. 영원히 여성적인 것이 우리를 하늘로 끌어 올린다.

  인간의 이성으로는 생각할 수 없는 것, 인간의 오성으로는 경험할 수 없는 생의 신비가 더 높은 차원에서 이루어지고 있다. 그것은 영원한 여성의 힘, 우주의 근원적인 생명력, 만물을 낳고 만물을 기르고 만물을 거두시는 영원한 생명력에 의해서 이루어진다. 파우스트 때문에 자기의 아기를 죽였던 처녀, 그레트헨(Gretchen)도 성모 마리아의 손길로 구원되고 심지어 파우스트마저도 영원한 여성의 힘으로 구원을 받는다.

  나는 인류에게 주어진 모든 것을 내 안에서 맛보고 내 정신으로 우주의 가장 높은 것과 가장 깊은 것을 붙잡고 인류의 행복과 불행을 나의 가슴 위에 쌓아 올리고 나 자신의 자아를 인류의 자아까지 끌어 넓히고 최후에는 인류 자체가 되어 나도 멸망할 것이다. 이런 소원을 가지고 길을 떠났던 파우스트도 개체적인 생명을 전체적인 생명에 합치고자 하는 그의 의욕 때문에 이성과 오성으로는 이해할 수도 없고 경험할 수도 없는 생의 구원을 받게 되는 것이다.

  롤랑은 죽음을 끌어 올려지는 것으로 묘사한다. 모든 것이 위로 빨려 올라간다. 그것은 말할 수 없는 고통이었지만 그 속에는 말할 수 없는 기쁨이 있었다. 그대는 내 것이요, 나는 그대의 것이다. 우주와의 합일, 우주와의 일치가 이루어진다. 이 순간 혼은 선의 저편, 존재의 저편을 모두 이해하게 된다. 전체적인 체험이 이루어진다. 이 순간에 매혹된 혼의 주기는 끝이 난다.

  죽음의 체험은 우주적인 체험이요, 전체와 하나가 되는 체험이다. 우주의 대생명에서 갈려 나온 작은 생명이 갖가지의 인생체험을 거쳐 최후에 근본적인 대 생명으로 복귀하는 장면에서 롤랑은『매혹된 혼』의 최후를 이렇게 마무리한다.

"앙네트! 잘 가. 이제 주님은 당신의 종을 말씀대로 평안으로 인도하시는 것을 알 것만 같다."

그때 앙네트는 마지막 숨을 몰아쉬었다. 아샤는 그 입에 몸을 던져 마지막 숨을 빨아들였다. 그러나 아샤는 이제 벗어버린 옷에 부딪친 것뿐이었다. 매혹된 혼은 이미 빠져나가 높이높이 산 위 높은 하늘로 빠져 들어갔다. 거기는 뱀처럼 긴 은하수가 밤하늘을 장식하고 수없이 많은 별들이 무한한 초원 위에서 반짝거리고 있었다.

롤랑에게 있어서는 소아와 대아의 합일, 그것이 죽음이었다. 롤랑은 일생에 세 번씩이나 소아와 대아가 합일하는 신비한 경험을 한다. 그것은 죽음의 경험이요, 근본생명의 경험이다. 죽음의 구멍에서 은하수가 흘러내리듯이 롤랑은 생의 경험에서 말씀이 흘러나온다.

롤랑의 작품은 하늘의 별처럼 빛나고 있다. 그것은 실체와 하나가 된 작품이기 때문이다. 모든 현실은 영원한 이념을 내포하고 있다. 일체의 현상 속에서 보편적인 실질을 직관하고 우주적인 이념을 체험하여 인간의 정신이 한없이 깨끗하고 고상하고 심오해져서 궁극적으로 우주의 본체와 하나가 되는 것이 인간 최대의 행복이다.

롤랑은 괴테처럼 자기의 체험을 쌓아올려 그것을 작품으로 표현하고 작품을 통해서 다른 사람의 정신을 끌어 올리는 것이 그의 솜씨였다. 우주의 생명과 합일하는 체험을 가진 롤랑은 필연적인 결과로서 그의 정신들은 언제나 국경과 인종을 넘어서 언제나 보편적인 것이었다. 전全 우주, 전 자연, 전 인류의 입장에서 언제나 현실을 보는 공정함을 가지고 있었다. 그들의 사회비판이나 사회활동에도 언제나 보편적인 원리와 사회적인 공정성이 깃들어 있다.

슈테판 츠바이크(Stefan Zweig, 1881-1942)가 그를 '유럽의 양심'이라고 울부짖게 하고 알버트 슈바이처(Albert Schweitzer, 1875

—1965)가 그를 언제나 '깨어있는 양심'이라고 격찬한 것도 그의 합리주의 정신과 인류애를 느꼈기 때문이다. 롤랑은 다른 사람의 운명을 자기의 운명으로 생각하지 않고는 못 견디는 따뜻한 마음을 지니고 있었으며 롤랑에게 있어서 사랑은 언제나 존재의 원인이요 의미를 드러내는 것이었다. 언제나 진실을 찾는 정의감과 인류 동포를 사랑하는 심정은 롤랑의 생애에 있어서 모든 활동의 원동력이요 그의 사업의 본질적인 성격이기도 했다.

그는 인류의 대다수가 고통 받는 것을 보고 가만히 있을 수가 없었다. 그의 사회적 활동의 밑바닥에는 언제나 형이상학적인 깊은 관조가 내재해 있는 것은 말할 것도 없다. 그는 언제나 두 가지 생활을 병행하고 있다. 하나는 하나의 공간, 하나의 시간으로 빚어진 그의 개인 생활이고, 다른 하나는 얼굴도 없고, 이름도 없고, 장소도 없고, 시대도 없이 모든 생명의 본질과 하나가 되는 실재의 생활이다.

롤랑의 생활은 개인으로서의 현실생활과 보편인으로서의 정신생활이 언제나 병행적으로 존재하고 있었다. 롤랑은 언제나 우주적인 법칙이 구체적으로 전개되어 가는 것을 현실의 세계로 본 것이다. 그것은 롤랑의 생애가 자기의 근본경험을 생활화하는 것이었기 때문이다.

롤랑은 언제나 자기 작품의 인물에게 이중의 역할을 부과했다. 그들은 현실적인 존재이면서 영원한 이데아를 나타내는 상징적인 인물이어야 했다. 역사적 현실에 책임을 지고 있으면서 동시에 보편적 근원적인 생명력에 끌려 다니는 이중의 성격을 부여하였다. 그리하여 이 두 가지 성격이 어떤 때는 잘 어울리지 않아 어색한 때도 가끔 있었다. 그러나 롤랑에게는 이 두 가지의 조화만이 현실을 살리는 길이었다.

이런 생각 때문에 그는 공산주의 역사관에 쉽게 동조할 수 있었다. 역사는 필연의 전개라고 보는 유물사관의 생각을 롤랑은 아무 비판 없이 거저 받아들일 수가 있었다. 공산주의의 유물은 우주의 보편적인 이념이 아니다. 그것은 사회의 경제적 생산력이다. 경제적 생산력의 필연적 발전과 우주의 이데아의 필연적 발전은 너무도 다르다. 하나는 인간의 노동력을 문제 삼고 있고, 다른 하나는 우주의 형이상학적 신비를 말하고 있다.

　그러나 롤랑은 필연적 발전이란 낱말 때문에 쉽게 공산주의자가 되었다. 그러나 그는 동시에 무저항주의자도 되었다. 레닌을 지지하면서 간디를 지지하는 롤랑의 태도를 세상 사람들은 이해하기가 어려웠을 것이다. 그러나 롤랑은 아무 모순 없이 그것을 해낼 수 있는 이중적인 구조를 가지고 있었다. 그는 신비주의자요 동시에 현실주의자다.

　롤랑은 언제나 이중으로 살고 있었다. 『매혹된 혼』의 여주인공은 이중의 생활을 하고 있었다. 그녀는 두 가지 면을 동시에 보면서 살아왔다. 하나는 그녀가 속하는 현실의 삶이요 또 하나는 정신적인 내부 심연의 삶이었다. 그것은 롤랑이 개인으로서는 현실을 살고 있고 보편인으로서는 정신을 살고 있는 것이나 마찬가지다. 그러나 롤랑은 보편의 현실화를 기도하면서 살았다. 그것이 근본경험을 한 신의 아들로서의 인간의 길이기 때문이다.

　또 그는 자기 작품의 인물들로 하여금 보편에 순응하는 현실에 살게 한다. 앙네트도 직관력을 가지고 운명의 필연을 느끼고 그 필연에 자기의지를 일치시켜 그 필연에 순응하면서 살 각오를 한다. 그것이 모든 신앙인의 생활하는 태도요, 그렇게 사는데 사람들은 기쁨을 느끼기 때문이다. 앙네트도 나의 의지도 그렇게 되어야 하는 것이요, 그렇게 되어야 할 것은 반드시 그렇게 되게 될 것이다.

앙네트는 자기의 의지가 필연과 일치하여야 하며 필연에 일치하게끔 될 것을 바라는 것이다. 롤랑은 혁명을 하나의 필연이라고 생각한다. 근본체험을 가진 롤랑에게는 근본체험이야 말로 하나의 위대한 혁명이다. 이런 혁명 없이 새로운 인간은 창조될 수 없는 것이다. 롤랑에게는 근본체험이 하나의 우주적인 필연이었다. 자기의 의지가 아니라 우주적인 의지에 의하여 그는 세 번씩이나 근본체험을 가지게 된다. 롤랑에게는 혁명도 하나의 역사에 나타나는 우주적인 필연의 폭발로 본다. 운명의 피할 수 없는 움직임을 고요히 볼 수 있는 앙네트의 눈에는 혁명은 확실한 것이며 지금 싸우고 흐트러져 있는 지평선 위에 확실히 있어야 할 당연한 것이었다.

롤랑이 인류의 대다수가 고통하고 있는 현실을 앞에 놓고 혁명이 불가피하다고 인정한 것은 너무도 당연하다. 그는 정신적인 간디의 혁명이건 물질적인 레닌의 혁명이건 없을 수 없는 우주의 필연이라고 생각한 것뿐이다. 롤랑은 그의 혁명 극 마지막 『꽃의 부활절』에서 나폴레옹의 독재정치의 행렬이 산 밑으로 지나가는 것을 보고 그르도네 공작을 통해서 이렇게 말한다.

"저기 오는 자가 신의 사자인지, 악마의 사자인지, 진보의 힘인지, 퇴보의 힘인지, 생의 힘인지, 사의 힘인지 알 수는 없지만 올 것이 오고 있는 것만은 분명하다. 그것은 내 속에서 무엇인지는 모르나 하나의 불을 느낄 수 있기 때문이다. 어두운 밤에 불을 발견한 원시인처럼 나는 불을 존경하고 싶다. 그것이 누구의 손에 있건 불은 불이기 때문이다. 나는 그 불로 나를 새롭게 한다."

롤랑에게 있어서 혁명은 이데올로기의 갈등도 아니고 계급과 계급의 충돌도 아니고 그것은 근원적 생명의 불이 타는 것이요, 우주의 발전을 위하여 일어난 하나의 자연현상이다. 혁명은 스스로 새롭게 하는 우주적인 노력이요, 우주의 운행 상 필연적으로 일어나는 하나의 결과이다. 왕당인 그레네트와 정 반대인 쟈코뱅 당의 류니온도 밤하늘에 펼쳐진 흘러간 별들의 부서짐을 보고 "저것은 우리들의 모습이다. 눈에 보이지 않는 하나의 손길이 우리를 하늘의 사방에, 우주 한가운데 내던지는 것이다."라고 말했다.

모든 것은 전진한다. 지구도 만물도 다같이 하늘로 달리고 있다. 밤하늘에 별의 흐름과 무서운 바람소리를 들어 보라. 바위가 부서지고 산이 무너지는 소리를 들어보라. 일체가 전진하는 신의 손길이다. 신의 손길은 결코 멈추지 않는다. 삶도 죽음도 신의 걸음을 걷고 있는 것이다. 프랑스 대혁명은 롤랑에게 있어서는 역사적 가치를 지닌 획기적인 인간현상이면서 그것은 보편적인 원리의 구현인 자연현상이기도 하였다. 그는 혁명극 서문에 "나는 내 작품 속에서 자연의 하나의 경련, 사회의 하나의 폭풍을 그려 보고 싶다."라고 말하고 있다.

롤랑은 인간의 역사도 하나의 자연으로 보려고 한다. 롤랑은 혁명을 인간 역사에 일어나는 필연적 현상으로 보려고 한다. 어떤 사회조직도 불안정하며 일시적인 것이다. 인간의 결합이란 어떤 암묵暗默의 계약 없이는 존재할 수 없다.

그 계약은 동의나 폭력으로 얻어진다. 이 계약은 다른 기질과 이해를 가진 인간 상호간의 타협과 양보를 전제로 한다. 각자의 요구와 희망 사이에 근사한 평균을 전제로 한다. 그러나 그것은 깨지기 쉬운 평형이다.

어떤 사회도 부동은 아니다. 왜냐하면 운동이야말로 생명의 증거요 조화된 균형은 오래가는 것이 아니고 평형은 가끔 깨지게 마련이다. 이해관계와 생각이 계약과 일치하지 않기 때문이다. 그렇기 때문에 계약은 가끔 개정하여 새로운 요구에 맞게 바꾸어가야 한다.

그런데 평형이 깨지므로 이익을 얻는 사람은 평형을 되찾는 것을 싫어하여 자기의 권력을 더욱 확대하려고 생각하고 또 사상의 진보라는 것은 전체적으로 이루어지는 것이 아니라 일부 사람들의 이익과는 반대 방향으로 이루어지게 된다. 그래서 구질서가 이로운 사람은 새 질서에 대하여 완강히 눈을 감게 되고 구질서에 고통 하는 사람은 새 질서를 있는 힘을 다하여 열어젖히려고 한다. 이리하여 둘 사이에 도랑은 점점 깊어져 드디어 혁명이 터지고 만다. 이리하여 구질서는 폭력에 의하여 신질서로 바뀌게 된다. 이러한 현상은 역사에 있어서 흔히 볼 수 있는 사회적 현상이다. 사회와 역사의 영원한 움직임은 결합 계약 발전, 발전에 대한 반대 혁명, 새로운 결합 계약, 이런 식으로 움직여 가고 있다. 그렇기 때문에 혁명이 사춘기의 위기처럼 주기적으로 사회에서 일어나는 것을 막을 수는 없는 것이다. 이러한 생의 위기가 요사이 4분의 1세기처럼 격렬한 때는 과거 수세기에서는 찾아 볼 수 없는 사실이다.

지금은 자본이 만능의 힘을 가지고 세계를 휩쓸고 있다. 이 자본의 공세에 대하여 고통 받는 인간대중이 반동을 일으킬 것은 필연적인 사실이다. 자연이 복수를 하는 것이다. 자연이 혁명이라는 무서운 위기를 이용하여 자기를 구하려고 하는 것이다. 이것이 롤랑이 사회주의 운동을 지지하게 되는 이유요, 그가 32세부터 40년 동안이나 혁명 극에 대하여 관심을 가지고 12편의 혁명 극을 써내게 되는 이유다.

롤랑에게는 프랑스의 대혁명처럼 인간의 해방이 고양된 때는 없고 평소에는 숨어 있던 인간 혼의 심연이 그의 실체를 그렇게 노골적으로 표기한 때도 없다. 정의의 불은 붙고, 증오는 회오리바람처럼 휩쓸고, 애정은 강물처럼 흐르고, 슬픔은 가슴을 찌르고, 천사와 악마는 마음대로 날뛴다. 그러나 이런 혁명을 통해서 롤랑은 그 뒤에 숨은 운명의 힘, 필연의 힘, 우주의 힘을 보려고 한다. 하나의 신이 그들 속에 움직이고 있다. 이들 군중은 필연의 맹목적인 꼭두각시다. 그 신을 숭배해야 한다. 그 신 앞에 머리를 숙여야 한다.

롤랑은 프랑스 대혁명의 장엄한 파노라마를 그려보면서 프랑스 민족의 서사시 일리아드를 노래하고 싶었다. 현상의 배후를 언제나 생각하는 그의 눈에는 인간의 지배 후에 우주의 생명을 구상하고 이 신비한 불꽃은 불가항력의 힘을 가지고 폭발하고 있다고 본 것이다. 생명 있는 통일체의 근본 특징은 분화, 결합, 발전하는 것이다. 자연 전체가 결합과 분화를 계속한다면 사물의 관찰자인 인간도 자연처럼 결합과 분화를 반복할 것이 아닌가. 롤랑에게는 원리탐구의 이상주의와 현실을 바로 잡으려는 양심주의가 언제나 같이 움직이고 있었다.

릴 케

Rilke, Rainer Maria 1875-1926

릴 케
Rilke, Rainer Maria 1875-1926

　릴케는 언제나 죽음과의 대결을 통해서 자기의 정신적 발전을 이룩해 갔다. 마지막에는 죽음과 실존적인 만남에까지 도달한 시인이다.
　하이데거(Martin Heidegger, 1889-1976)가 죽음을 생의 한가운데로 끌어 들여 죽음에의 존재를 인간의 내면구조로 보았는데 반면에 릴케는 생에 있어서의 사死를 내면화하여 인간의 것으로 만들었다. 죽음은 인간 밖에 있는 것이 아니라 인간 안에 있으며 마치 진주 속의 모래처럼 인간 삶의 핵심이며 진주처럼 인생을 빛나게 하는 가장 소중한 것이다. 그의 『시도시집時禱詩集』에서는 "주여, 각 사람마다 자기 자신의 죽음을 죽을 수 있게 하소서."라고 노래하고 있다.
　사랑과 의미와 절박한 위기 속에 사는 하나의 인간의 삶으로부터 위대한 죽음이 무르익지 않으면 안 된다.
　릴케는 "존재하라, 그리고 동시에 비존재의 조건을 알아라."라고 외친다. 비존재의 조건을 알 때에 인간은 자유로워진다. 그것은 성숙한 존재가 되었기 때문이다. 성숙한 인간은 무르익은 과일이 나무에서 떨어지듯이 죽음에 대한 원한이 없다. 죽음을, 완전한 죽음을 끌어안고 깊은 잠에 드는 것뿐이다. 그는 죽음을 찾아 10년을 헤맨다. 그것이 『두이노의 비가悲歌』다. 비가는 37세 때 이태리에서 시상詩想을 얻어 47세에 끝을 맺는다.

그 후 병으로 요양 중 장미가시에 찔린 것이 원인이 되어 백혈병으로 죽어간다. 그때가 51세였다. 비문에는 릴케가 미리 골라 놓은 시, "장미, 아아, 순수한 모순, 수많은 눈썹 속에서 누구의 잠도 아닌 잠의 즐거움"이라고 적혀 있다. 그의 묘지는 바닷바람이 언제나 불어오는 험한 언덕비탈이다. 장례식에는 스위스, 라이프치히, 파리 등지에서 달려온 친구들이 자리를 메웠으며 바하의 바이올린 독주가 그의 가는 길에 울려 퍼졌다. 그가 죽은 것은 1926년 12월 29일이다.

그가 보름 전에 쓴 편지에는 다음과 같이 적고 있다.

"나는 지금 끝없는 고통에 걸려 있다. 잘 알려지지도 않은 혈액병이 전신에 퍼지고 있다. 고통이 무엇인지도 잘 모르던 나는 고통에의 순종을 배우고 있다. 백 번 저항을 하면서 억지로 배우면서 자기도 모르게 깜짝 깜짝 놀라고 있다."

그는 임종 직전까지도 그렇게 빨리 죽으리라고는 생각하지 못한 듯하다. 그러나 하루 전부터 혼수상태에 빠져 새벽에 한번 깨어 눈을 크게 뜨고 머리를 조금 드는 듯 했으나 푹 쓰러지고 말았다. 한 달쯤 전에 여자 친구가 찾아온다고 하여 장미꽃을 따다가 가시에 찔린 것이 원인이 되어 그만 죽고 만 것이다.

48세에 벌써 신체의 균형이 깨져 발몬 요양원에 갔다. 이때 그의 작품 가운데 가장 위대한 작품 『두이노의 비가』와 『오르페우스에게 바치는 소네트』가 나와 굉장한 관심을 불러일으키고 있었다. 그러나 이 작품의 어려움은 끝없는 설명을 요청하였다. 그는 이 책의 알기 어려움은 이 책에는 어떤 깊은 뿌리가 숨겨져 있어서 그렇다고 설명한다. 그러면 그 뿌리가 무엇인가? 그것은 그의 작품 속에 나무뿌리처럼 숨어있는 비밀이다. 그것은 죽음이라는 것이다.

그는 48세 봄에 쓴 편지에 이 작품이 태어남에 있어서 두 가지 가장 깊은 체험이 결정적으로 내재하고 있다고 했다. 그것은 나의 삶을 죽음으로 향하여 내맡기려는 강한 결의와 또 하나는 사랑의 여러 가지 변천을 좀 더 넓은 삶 속에 자리 잡게 하고 죽음을 무조건 배척하는 그런 것이 아니라 죽음을 생의 한가운데 자리 잡게 하는 그런 정신적 욕구가 그것이다. 이런 생각이 이 시의 줄거리다.

하이데거는 『두이노의 비가』를 읽고 자기와 같은 사상을 릴케는 시로 표현했다고 말했다. 존재의 철학이 있는 것처럼 존재의 시가 『두이노의 비가』와 『오르페우스에게 바치는 소네트』이다. 인간존재의 중심에는 죽음이 본질적으로 자리 잡고 있으며 하이데거는 죽음을 위대하고 확실한 실존의 조건으로 삼았으며 실존의 목적은 죽음에 직면하여 자유를 얻는 것이라고 한다.

릴케는 37세에 『비가』를 쓰기 시작할 때 죽음이라는 문제를 내걸었는데 그때는 아직 죽음과 조화할 만큼 성숙하지 못한 릴케였다. 그러나 10년이 지난 47세에 다시 『비가』를 쓰기 시작할 때는 그는 죽음을 실존에 더함으로써 인간은 인간이 되고 인간은 죽음을 이기고 자기의 책임을 다할 수 있다고 보게 되었다. 48세 때 보낸 편지에는 다음과 같이 적고 있다.

"모든 인간적인 기질은 신에 의하여 제거되고 창조와 사랑과 죽음으로 되돌아갑니다. 심연深淵까지도 집으로 삼을 수 있는 사람에게는 앞서 떠나보냈던 하늘이 되돌아와서 교회가 부당하게도 저쪽으로 밀어 놓았던 일체의 깊고 진짜 지성적인 것들이 다시 되살아나게 됩니다. 이때 모든 천사가 찬미를 부르면서 지상을 그리워합니다."

『비가』와 『소네트』는 인간으로 도달할 수 있는 성숙한 가능성과의 대화이며, 그것은 성숙한 인간의 노래이며, 그것은 지상에서 사는 인간의 순종과 위대함의 시다. 이런 시가 완성되기 위해서는 10년의 고난과 성숙이 필요했다. 37세에 영감을 놓치고 47세에 영감을 다시 회복하기까지의 끝없는 자기초월이 필요했던 것이다. 그러나 단순한 자기초월만 가지고는 작품이 안 된다. 여기는 하나의 견딜 수 없는 절대의 충격이 필요했다. 그것이 어린 베라의 죽음이다. 그는 깊은 슬픔에 잠기며 베라의 어머니에게 이런 편지를 썼다.

"그녀는 다 소모되어 어쩔 수 없는 때 돌연 보통 같으면 건강한 생애를 가지고도 다 담을 수 없는 빛이, 이 빛의 넘침이 어린애 가슴에 터져 나온 것입니다. 그리하여 무한한 광명이 비칠 때 거기에 그녀의 순수한 통찰의 두 첨단이 드러나게 되었습니다. 하나는 고통은 미망迷妄이라는 것, 그리고 육체적인 것 속에 발생한 둔한 오해요, 그 쐐기를 하늘과 땅에 틀어박고 있다는 것입니다. 그리고 또 하나는 만물로 향해 열려진 그녀의 마음과 지속하는 세계와의 깊은 일치一致라는 생각입니다. 생에 대한 대긍정, 지상세계에 대한 즐거움, 감동적인 철저한 일치감. 아아, 이런 생각은 내 마음에 부과된 터무니없이 큰 의무처럼 나에게는 생각됩니다."

릴케는 50세 때 이런 편지를 쓰기도 하였다.

"미완성이요 순결한 소녀였던 그녀는 무덤의 문짝을 열어젖히고 있기 때문에 생의 절반은 신선하게 보존하고 있으면서 다른 절반은 상처처럼 굉장한 힘을 내쏟고 있는 것이다."

한 달 후에 그는 25편의 소네트(14行 詩)를 베라 어머니에게 보내주었다. 이 시를 지배하고 있는 이는 베라다. 그는 죽음을 정복하면서 죽음에 정복되는 거문고를 뜯는 음악신 오르페우스를 통해서 생을 찬미하고 그의 여사제女司祭였던 소녀의 죽음을 찬송하는 것 같았다. 이것이 『오르페우스에게 바치는 소네트』이다. 그것은 1922년 2월 2일부터 5일까지 쓴 것이었다. 이틀 후에 7일부터 11일 사이에 그는 영감에 충만하여 10년 전에 놓쳤던 『비가』 10편을 완성한다.

그가 친구에게 보낸 편지에 이렇게 적혀 있다.

"『비가』와 『소네트』는 언제나 함께 손을 잡고 있습니다. 이것은 한 입김으로 두 개의 돛, 『소네트』의 작고 파란 돛과 『비가』의 거대한 하얀 돛을 바람으로 채울 수 있었다는 것은 한없는 은혜였다고 나는 생각하고 있습니다."

『비가』의 핵심은 역시 죽음이었다. 죽음은 누구에게나 위험이요 불안이다. 그러나 한번 그것이 극복되면 죽음은 열려진 삶의 입구가 된다.

릴케는 『비가』에 와서 비로소 죽음을 긍정하게 된다. 『비가』란 결국 죽음의 체험이요 죽음의 찬미다. 존재의 세계는 생과 사의 두 가지 영역에서 무진장의 양분을 흡수하는 것이다. 그렇기 때문에 존재의 영역은 한없이 광활하다. 한없이 넓은 생사의 호흡을 거쳐서 한없이 깊은 혈액의 순환이 돌아가고 있다. 이승도 없고 저승도 없다. 있는 것은 거대한 통일된 세계이며 거기에는 우리보다 완전한 천사가 살고 있다. 릴케는 천사를 사람보다 앞선 존재라고 생각했다. 천사는 과거에 이 세상에서 끝없는 시련을 극복하고 끝없는 찬송을 부르면서 천성을 넘어간 이들이다.

인간은 현재의 모습을 벗어버리고 미래의 모습을 지니기 위해서 끊임없이 올라가야 한다. 고뇌와 죽음을 긍정하고 사랑을 배우고 일체를 자기 속에서 변형시키면서 눈에 보이지 않는 세계로 높이 올라가는 한 인간은 천사를 향해 오르고 있는 것이며 순수한 실존으로 되어가고 있는 것이다.

이러한 죽음의 극복은 그의 종교적 신앙에서 유래한다고 볼 수 있다. 그가 46세 겨울에 쓴 편지에 맨 먼저 우리들은 어디서든 신을 발견하고 신을 체험하지 않으면 안 된다고 쓰고 있다. 릴케는 신을 믿는다든가 신에 대해서 안다든가 하는 것이 문제가 아니라 신의 발견, 신의 체험이 문제였다. 릴케는 회심이나 신앙을 통해서 신에게 온 것이 아니라 스스로 신의 족속에 가담한 것이다.

　그런 의미에서 신의 혈통을 받아가지고 타고 난 유태민족, 아랍족, 러시아 족, 멕시코 족 등에 말할 수 없는 신뢰를 품고 있었다. 그들에게 있어서는 신은 혈통이지 그 밖의 아무것도 아니다. 이들 민족에게는 신앙이 그대로 삶이요 도덕이다. 그런 의미에서 그는 인간의 근원적 실수나 원죄 같은 관념을 거부했다. 그런 의미에서 그는 기독교적이 아니다. 그가 언제나 성서를 머리맡에 두고 놓지 않았던 것은 성서에서 종교적인 지식을 얻기보다는 직접적인 영감을 불러 일으켰기 때문이다.

　릴케에게는 깊은 종교적인 단순성이 있었다. 릴케에 있어서는 초월적인 것이 내재적인 것에 흡수되고 말았다. 그에게는 이 세상에 살면서 천상의 향기와 매력을 지니게 되었다. 그는 새로운 인간이 되었다. 그는 신을 지닌 사람이 되었다.

　그는 생을 도피하지 않고 생을 탐구하였다. 그는 사람을 피하지 않고 사람을 찾았다. 그리하여 모든 것에 모든 사람에게 자기를 나타내고자 하였다.

　그는 이제 새로운 영광을 가지고 그를 찾는 사람을 기쁘게 하고 그들을 위대한 정신의 소유자로서 그들을 그의 집에 환영한 것이다. 이 때 그는 뮈조트에 살고 있었다. 잠깐 그는 파리에 체류하면서 도시생활까지도 만끽하였다. 서점은 그의 작품들로 즐비하게 되고 여기저기 살롱은 그를 환영하였다. 상류층 부인들은 그에게 열렬한 애정을 속삭여 왔다. 이때야말로 릴케에게 있어서 생의 절정이었다. 그는 프랑스를 통하여 자기의 생이 되살아나는 것을 느꼈다. 그는 훨씬 더 합리적인 정신이 되고 논리적인 정신이 되었다.

그는 프루스트(Marcel Proust, 1871-1922), 발레리(Paul Ambroise Valery, 1871-1945), 지로드, 지드(Andre Gide, 1869-1951)에게 친숙해 갔다. 그가 지드를 만났을 때에는 깊은 감명을 받았다. 그는 이런 사람이 세상에 있다는 것을 생각할 때 세상을 사랑하지 않을 수가 없다고 말하였다. 46세에 그는 발레리의 『해변의 묘지』를 읽고 그것을 놓을 수가 없어서 뮈조트의 고요한 정적 속에서 한 구절 한 구절 번역하기 시작했다. 그는 신비가가 신에 통하는 것처럼 발레리에 통하게 되었다. 그는 발레리의 『유팔리노스』, 『혼과 무도』, 『단트베르트』를 번역했다. 그리고 그는 프랑스 말로 시를 짓기 시작했다. 창, 장미, 수첩 등 독일말로 표현할 수 없는 더 깊은 세계를 프랑스 말로는 표현할 수 있다는 것을 알게 되었다. 그것은 언어의 고유한 운율 때문일 것이다.

그러나 이런 시기도 오래가지 못했다. 48세에 그는 신체의 균형이 깨져 발몽 요양원으로 가지 않을 수 없게 되었다. 그의 몸은 계속 쇠약해 갔다. 그는 50세를 넘길 것 같지 않았다. 그것도 우연히 그를 찾아오는 여자 친구에게 장미꽃을 바치겠다고 장미꽃을 꺾다가 가시에 찔려 백혈병으로 51세에 죽고 만 것이다. 장미, 아! 순수한 모순, 기쁨, 수없이 겹쳐진 꽃잎 속에서 이제 한없이 깊은 잠에 들게 될 줄이야.

릴케는 1875년, 그때 독일령이던 체코슬로바키아의 수도 프라하에서 태어났다. 심야에 그리고 일곱 달 만에. 그는 날 때부터 이 세상에 살 수 있는 충분한 준비가 되어 있지 않았다. 가엾은 어린 시절, 육군학교시절, 실생활의 무능력, 방랑, 신경쇠약, 요절, 이것이 그의 일생이었다. 짧은 일생이었으나 그의 이름은 길었다. 르네 칼 빌헬름 요한 요세프 마리아 릴케가 그의 이름이다. 군인이 되려다가 되지 못한 아버지의 소원과 외딸을 잃은 어머니의 소원이 다같이 들어 있는 독일적이며 가톨릭적인 이름이다.

아버지는 소위 후보생으로 체조, 검도, 승마, 수영에 능하여서 1859년 이태리 전쟁에도 종군한 유능한 사관 후보였으나 병에 걸려 그만 철도검사관으로 후퇴하고 말았다. 어머니는 왕실 고문관의 딸로서 화려한 생활의 꿈을 가진 여자가 철도 검사관의 아내가 되자 그는 더욱 상류사회의 망상을 가지게 되고 그는 이 망상을 종교적인 환상 속에서 승화시키려고 하였다. 아버지의 무능력과 어머니의 환상은 모두 릴케에게 유전되었는지 모른다.

아버지 어머니는 릴케가 9세 때 헤어지고 말지만 아버지는 릴케가 군인이 되기를 원하여 군복을 입히고 아령을 권하고, 어머니는 그를 딸처럼 생각하여 밖에 나가 다른 애들과 노는 것을 금하고 언제나 집안에 가두어 길렀다. 학교에 가서도 그의 성적은 시원치 않았다. 산수가 부족하고 그림과 음악은 언제나 떨어졌다. 오는 병, 가는 병에 다 걸려들고 가끔 학질에 떨기도 하였다.

그는 언제나 불안한 상태에 놓여 있었다. 어머니는 그에게 그림과 시의 과외를 시켰다. 이때 그린 그림은 사관들이 싸움터에서 싸우는 모습, 기사가 말을 타고 괴물을 쓰러뜨리는 모습, 종교적이고 무사적인 환상의 그림을 그렸다. 이때 쓴 시로 전선에서 죽어가는 장군의 모습과 그를 사랑하는 연인의 슬픔 등을 노래한 것이 남아있다고 한다. 그의 그림이나 시는 모두 남성적인 무용담이면서도 그의 친구는 언제나 여자뿐이었다. 그리고 그의 학교 성적은 시원치 않았다. 체계적인 학문이 그에게는 맞지 않았기 때문이다.

그러나 11세에 그는 육군 유년학교에 들어가게 된다. 그는 비로소 인생의 무서운 체험을 겪게 되는 것이다. 그곳은 미래 장교 양성소다. 열 살 남짓한 장난꾸러기를 아침 4시에 일으키고 체조, 수영, 검도, 행군이 그들의 생활이었다. 릴케도 그 가운데 끼어서 피나는 훈련에 가담하였다. 그러나 그는 그렇게 튼튼해지지도 못했다. 가끔 앓아누워 입원했으며 말을 타다 떨어지기도 하였다. 짓궂은 친구들의 놀림감이었다. 그는 친구들이 잠든 후에 수없이 울기도 하였다.

  이런 고통 속에서 그가 찾은 것은 종교와 시였다. 그 후 성경은 그의 머리맡을 떠나지 않게 되었다. 그리스도의 위대한 모습이 하나의 거울이 되었고 위로가 되었다. 그는 친구들에게 얻어맞으면서도 '그리스도도 참았으니 나도 참아야지.'라고 생각했다. 그리고 그리스도처럼 그들을 용서해 달라고 기도하였다.

  그는 고통을 참는 것이 그리스도에게 가까워지는 길이라고 생각하였다. 이때에 그가 쓴 시도 거의 종교적이었다. 그는 병원 한구석에서 시를 짓는 것이 더할 나위 없는 기쁨이었다. 만성적인 병약 상태라는 이유로 그는 군인학교를 물러나게 되었다. 초등학교 교육도 시원치 않았고 유년학교 생활도 인생을 살 만큼 키워주지 못했다.

  그는 다시 린츠 상업학교에 들어가 일년쯤을 보내고 17세에는 고등학교 졸업 검정시험 준비를 시작하였다. 아들을 잃은 큰아버지의 배려로 생활비를 충당할 수 있게 되었기 때문이다. 20세에 그는 시험에 통과하고 프라하 대학 문학부에 적을 두고 철학, 형이상학, 문학, 역사 등 14학점을 따게 되었다. 그러나 반년 후에는 법학부로 옮겨 법률, 성곽 등의 강의를 듣고 다시 반년 후에는 뮌헨 대학으로 옮기고 또 1년 후에는 베를린 대학으로 옮긴다. 그것은 그가 학문을 할 만큼 훈련돼 있지도 않을 뿐 아니라 그의 정신적인 불안이 고개를 들기 시작했기 때문이다.

  그의 비밀은 역시 시에 있었다. 그것을 키우기 위해 그에게 필요한 것은 독서와 여행과 연애였다. 릴케는 괴테를 탐독하고 자기보다 한 살 위인 발레리를 사랑하였다.

그녀의 아버지는 육군사관이었고 그의 어머니는 문학적인 집안 출신이었다. 처음에 그녀는 외로운 청년을 동정하는 마음에서 돌보아주었고 가끔 죽는다고 하는 것을 막아 검정시험 합격을 도와주었다.

20세 때 릴케가 합격한 후 그는 그녀에게 이런 편지를 썼다.

"끊임없는 수고와 목적 없는 공부로 지쳐 공부를 집어 치우려고 할 때 나는 그대를 만났습니다. 그대는 나에게 힘을 주고 내 마음을 위로하고 나에게 살 희망과 미래를 가져다주었습니다. 이전에는 싸우지 않고 운명의 흐름에 나를 던지려고 했으나 지금은 내 힘을 믿을 수 있는 투사가 되었고 사랑과 감사와 희망에 부푼 가슴을 안고 두 사람의 결합을 위하여 매진하게 되었습니다. 이것은 모두 그대의 덕입니다."

발레리와의 관계는 오래 가지는 못했다. 20세에 그는 또 다른 여인을 사랑하게 되었기 때문이다. 이때 그는 「인생의 소곡」등 세 권의 연애시를 내놓았다.

프라하에서의 3년 입시준비와 연애는 그의 생을 자연주의와 낭만주의의 심각한 갈등을 경험케 했다. 더욱이 프라하의 분위기는 이 갈등을 더 심오하게 하였다. 프라하는 나중에 체코슬로바키아의 수도가 된다. 그러나 이 때는 독일의 속령이 된 약소민족이었다. 독일과 오스트리아, 러시아와 프랑스 사이에 끼어서 언제나 강대국의 싸움터가 되고 30년 전쟁의 격전지요, 신비주의가 팽창하여 신비주의자 야곱 뵈메가 나오고 얀 후스가 불에 타죽고 모라비안 교도가 나오고 가까이는 카프카(Franz Kafka, 1883-1924)가 나온 곳이다. 언제나 강대국의 억압 밑에 환상의 세계를 살 수밖에 없는 불쌍한 사람들이다.

릴케는 체코 사람이 아니라 지배자인 독일 사람이다. 그러나 10세까지 가정교육을 제대로 받지 못했고 군인이 되려다가 실패하고 나온 릴케는 독일 사람이라기보다는 체코 사람에 더 가까웠다. 그는 체코 사람과 사귀기를 좋아했으며 그가 사랑한 발레리도 어머니는 체코사람이요, 아버지는 오스트리아 사람이었다. 그는 과외공부의 우울한 기분과 사랑하는 여인의 신비한 향수 사이에서 걷잡을 수 없는 환상의 세계로 끌려 들어갔다. 그가 다행히 대학에 입학하여 다시 자기가 되었을 때는 그는 깊이 체코에 자극을 받은 독일인으로서 피어나고 있었다.

연극과 시로 그는 어느 정도 독일과 체코의 갈등을 승화시켜 한해 동안에 무섭게 많은 작품을 썼다. 21세 때 그의 희곡이 실지로 국민극장에서 상연되어 성공을 거두기도 하였다.

「이제 우리가 죽어 갈 때는」이라는 작품에 나오는 한 장면이다.

가난한 과부가 다 죽어가며 어두운 방에 누워 있고 맏딸은 땔 것과 먹을 것이 떨어져서 눈물을 흘리고 작은 딸은 철없이 동화의 왕자를 즐기고 있다. 집주인이 집세를 독촉하여 결국은 맏딸을 요구한다. 어머니를 살리기 위해 맏딸은 어머니 몰래 집주인에게 간다. 어머니는 정신이 혼미하여 작은 딸을 큰 딸인 것으로 알고 집주인이 큰 딸의 아버지라고 털어놓고 숨을 거둔다. 작은 딸은 미친 듯이 큰 딸을 찾아 뛰어나간다.

릴케는 참으로 시대를 알고 있었다. 그가 피할 곳은 두 곳 뿐이었다. 그것은 꿈과 사랑이다. 그는 자기의 꿈과 사랑을 하나로 모두어 시로 꽃을 피웠다. 지금까지 나는 세상을 멀리하고 남몰래 글을 쓰고 시를 읊는 것이 제일 좋다고 생각했다. 그런데 갑자기 이런 욕구가 터져 나왔다. "지금까지 나는 나의 쓸쓸하고 좁은 담벼락에 고백하던 것을 사람들에게, 깊은 감성을 구비한 사람들에게 속삭이고 싶습니다. 그들의 맑은 혼은 나의 모습을 반영하고 그의 떨리는 입술은 나의 말을 되씹을 것입니다."

대학에 입학한 그는 모든 불안에서 해방되어 비상한 열의로 40편의 시와 50여 편의 논설과 7권의 책을 내어놓는 희귀한 릴케가 되는 것이다.

그는 자유롭게 자기의 생각을 시로 표현하고 낭만주의와 자연주의를 조화시켜 연극을 쓰고 단편소설마저 재치 있게 써낼 수 있게 되었다.

그는 확실히 자기의 소질이 어디 있는가를 알게 되었다. 이제부터 남은 일은 자기의 새싹을 큰나무로 길러내는 것이다. 이 일을 위하여 그는 자기의 본국 독일로 돌아가게 되는 것이다. 그는 예술의 도시 뮌헨으로 갔다. 거기서 그는 이태리 미술을 전공한다. 그는 다시 베를린 대학으로 자리를 옮긴다. 그는 자기의 정신을 일깨워 줄 위대한 스승을 찾고 있었다.

예나전쟁 이후 독일은 경제적 군사적으로 신흥국가의 면목을 갖추었지만 이미 바이마르의 꽃은 지고 괴테가 간 후 그 뒤를 이어줄 사람은 아무도 없었다. 거친 정신의 사막에는 오아시스라고 할 아무도 없었다. 위대한 사람들은 이미 오래 전에 죽고 이 신비한 세계에는 어머니도 스승도 영웅도 없었다.

그는 말이나 가르침을 찾는 것이 아니라 하나의 모범을, 하나의 정열을, 하나의 위대한 것을 만들어 낼 수 있는 손을 찾는 것이다. 그것을 그는 독일사람 가운데서 찾을 수가 없었다. 그는 부득이 외국사람들 가운데서 찾지 않을 수 없었다. 그것이 덴마크의 소설가 야곱센과 희곡작가 메테르링크(Maurice Maeterlinck)이었다. 그는 친히 야곱센을 찾아가서 그의 제자가 되고자 하였다. 그러나 그가 받은 편지는 그가 죽었다는 소식이었다. 그때 메테르링크의 직관지, 영혼의 깨어남, 죽음, 여성, 이런 것이 릴케의 양식이 되어갔다.

메테르링크의 영향은 릴케로 하여금 많은 작품을 낳게 하였다. 그 대표적인 서정시가 「그리스도의 강림절」이다. 22세에 쓴 이 작품은 어딘지 모르게 릴케 자신의 미래가 약속되는 것 같은 느낌을 발견하는 것이다. 모든 명상과 신비가 지나가고 새로운 인생이 태어날 것만 같았다. 향수와 방황과 절망 속에서도 작품을 창조하는 고뇌를 통해서 인생과 시간을 넘어서 완진한 성숙을 이룩하려고 무진 애를 쓰는 것이다.

성숙, 탈바꿈을 한다는 것, 새로운 존재가 된다는 것, 그것은 쉬운 일이 아니었다. 그러나 이 일을 촉진시켜 준 것은 스승이 아니요, 성숙한 지성과 교양의 상징, 루 살로메(Lou Andreas Salome, 1861-1937)였다. 릴케보다 나이가 많은 원숙한 여성이었다. 릴케를 그 자신으로 인도해 준 것은 22세 되던 봄 날, 루와 만남으로 시작된다.

"내가 당신과 만났던 때, 그때 나는 실로 비참한 사람이었다. 마치 풍요한 여성 곁에 다가가는 어린애와 같은 것이었다. 그리하여 당신은 나의 혼을 당신의 가슴에 안고 흔들어 주었다. 그것은 정말 멋진 것이었다. 그리고 당신은 나의 이마에 입을 맞추었다. 그러기 위해서 당신은 얼마나 허리를 굽혔는지 모른다. 나는 당신과의 사귐으로 성장하여 당신의 눈과 내 눈 사이에는 이제는 약간의 거리 밖에 없게 되었다. 이런 것을 당신도 알 수 있겠지요."

이때부터 그는 자기의 이름을 아름답고 단순한 독일식으로 부르기 시작했다. 지금까지의 르네 마리아 릴케를 라이너 마리아 릴케라고 부르게 되었다. 이제부터 준비시절의 르네가 아니라 성숙한 라이너로서 작품세계 속에 서게 되는 것이다.

사상

　릴케는 거대한 나무처럼 자라야 했다. 그에게는 높은 하늘과 넓은 땅과 깊은 물이 필요했다. 그에게는 나무처럼 자라기 위해서 대자연의 생명이 필요했으며 수많은 사람의 작품과 수많은 나라와 수많은 풍토와 수많은 영혼의 조국이 그의 거름이 되어야 했다. 어려서부터 고향을 가지지 못했던 그는 진짜 고향을 찾아서 그는 평생을 길 위의 존재가 되었다. 운명이 끈질기게 그를 길 위로 몰아낸 덕분에 그는 길 위의 존재가 되었을 뿐만 아니라 실지로 길 위에 살면서 살게 되었다.

　그는 어떤 나라 어떤 민족에 속하는 인간이 아니라 세계의 거울이 되기 위하여 이태리, 러시아, 프랑스, 스페인, 덴마크, 스웨덴, 알제리, 튀니지, 이집트 등 구경을 위한 여행이 아니라 그의 혼의 고향을 찾기 위해서 계속 필연적인 우연에 끌려 다녔다.

　이리하여 릴케라는 어린나무는 신이라는 나무를 찬송하리만큼 거대한 나무로 자라게 되는 것이다. 괴테를 눈뜨게 한 이태리는 22세의 릴케를 또한 눈뜨게 한다. 릴케가 이태리에 와서 가장 크게 놀란 것은 바다다.

　"나는 저 끝없는 환영幻影에 견딜 수 없었다."

　일체의 기교가 사라진 후 여기 새로운 것의 자연이 나타난다. 복잡한 것 뒤에 하나가 나타난 것이다. 탐구探求 뒤에 위대가 특이하게 아무리 퍼내도 다함이 없는 발견이 나타난 것이다. 아무도 밟지 않은 깊이 속에서 예술이 감미로운 해방을 기다리고 있는 것이다. 22세의 젊은이는 바다와 만남을 통하여 하나의 전체를 느끼게 된 것이다. 하나의 전체를 붙잡는다는 것은 인생의 가장 근본원리를 붙잡는 것이다. 하나의 전체를 붙잡으면 그 밖의 모든 것은 나머지 더 가짐과 같은 것이다. 하나의 전체를 붙잡으면 인생은 무한한 부자가 된다. 릴케는 인생을 의심하고 인생의 힘을 믿지 못했지만 이제부터 그는 인생을 사랑하고 인생의 모든 가능성을 길러가기로 결심하였다.

우선 루 살로메는 그에 비하면 한없이 완벽하고 성숙한 여성이지만 그는 이제 그녀와 어깨를 겨룰 날이 있을 거라고 생각하고 이상한 영혼의 긴장을 가지고 그녀의 수준까지 자기를 높이기 위하여 그는 있는 힘을 다하여 화살을 쏘는 것이다.

"내가 아무리 멀리 쏘아도 당신의 화살은 언제나 나보다 더 멀리 간다. 우리의 싸움은 언제나 당신의 승리로 끝나버린다. 그럴 때마다 나는 당신의 앞에서 한없이 왜소함을 느낀다. 그러나 나의 새로운 수많은 승리는 모두 당신의 것이요, 나는 그것을 당신에게 보내드릴 수 있다. 이태리 여행은 나를 산꼭대기로 끌어 올려주고 있다."고 그는 루에게 편지를 쓰기도 했다.

릴케는 이렇게 외친다.

"나는 바다와 같은 소리를 가지기를 원한다. 그리고 당신들을 나의 빛으로 깨워주고 당신들을 지배하고 불러들이기 위하여 나는 산이 되어 솟아오르는 태양 속에 우뚝 서고 싶다."

그는 바다를 통해서 어머니와 종교와 예술에 눈뜨게 된다. 모성은 여성의 종교요, 여성은 모성을 통해서 완성에 도달할 수가 있다. 그는 미켈란젤로에 도취했다. 그에게는 봄에서 여름으로 성장할 수 있는 성숙한 힘을 발견하였기 때문이다. 릴케에 있어서 예술은 해방의 길이요, 완성의 길이요, 고독한 사람들이 자기를 발견해 가는 과정이기도 하였다. 그는 예술을 통해서 더 큰 것을 발견할 수가 있었다.

그는 플로렌스의 시인 단테와 보카치오(Giovanni Boccaccio, 1313

−1375)를 통해서 미래의 신을 발견하게 되는 것이다. 1898년 7월 6일 23세의 그의 일기에는 이런 말로 끝을 맺는다.

"그리하여 먼 미래의 시대에 나타날 최후의 공간은 우리 주변의 움직이는 것, 실재하는 것을 빠짐없이 그 속에 안을 것이다. 왜냐하면 그것은 모든 힘으로 충만한 최대의 공간이 되겠기 때문이다. 이 공간에 도달하는 이는 오직 한 분밖에 없겠지만 그러나 모든 창조자가 이 유일한 한 분의 조상들이다. 이 한 분외에도 아무것도 존재할 수 없게 될 것이다. 나무도 산도 구름도 파도도 그가 자기 속에 발견하는 모든 실재의 상징에 지나지 않을 것이다."

일체가 그의 속으로 흘러 들어간다. 그는 이제는 기도하지 않는다. 그는 있는[存在] 것이다. 그리고 그의 몸을 움직일 때 그는 수많은 세계를 창조하여 그것을 무한 속에 던져버린다. 그러면 그들의 세계에서도 같은 활동이 시작된다. 특히 성숙한 사람들이 우선 그 수를 늘여가고 그리고 서로 흩어져 간다.

릴케는 예술을 신에 도달하는 길로 보고 예술가는 신의 창조자로 본다. 그렇기 때문에 나는 신을 느끼는 것이다. 우리는 신의 조상이요, 우리는 가장 깊은 고독을 안고 신의 출현까지 오랜 세기를 지나야 할 것이다. 릴케는 이태리에서 르네상스와 바다를 바라보면서 먼 미래를 내다보면서 그 속의 신을 보게 되는 것이다.

그는 원숙과 명석을 동경하면서 자기의 진리를 직관하고 난생 처음으로 잠깐 동안이지만 자기 자신이 되는 것이다. 이태리에서 릴케라는 나무의 씨를 발견한 러시아 장군의 딸 루 살로메에 끌리어 러시아를 찾게 된다. 24세 때에 한번, 25세 때에 또 한번 그리고 그는 또 한번 갈 계획을 가졌으나 그것은 이루어지지 않았다.

릴케는 이제야 자기 씨가 러시아라는 대초원 위에 떨어진 것을 느꼈다. 러시아의 하늘과 초원은 그의 고향이 된 것이다. 릴케는 난생 처음으로 모스크바에 갔을 때 "나에게는 모든 것이 다 본래부터 알고 있었고 오래전부터 친숙해 있던 것처럼 느껴졌습니다. 때마침 부활절이었는데 그것은 나의 봄이요 나의 종소리처럼 나의 마음을 울렸습니다. 그곳은 나의 가장 옛날부터 가장 깊이 느껴지는 도시였습니다. 나에게 신호를 보내는 종소리를 나는 끊임없이 보고 있었으며 그것은 바로 나의 고향이었습니다."

 릴케에 있어서 러시아의 대초원은 릴케의 풍토가 되고 국토가 되고 그것은 끝없이 신에게 연결되고 있었다. 땅도 크고 강도 크고 무엇보다도 하늘이 한없이 크다. 내가 지금까지 본 하늘이나 땅은 그림자에 불과했다. 여기야말로 하늘 자체요 땅 자체다. 나는 내가 천지창조의 아침에 선 것 같은 느낌이다. 이 대자연 속에서 러시아 민중들은 몇 천 마일 떨어진 사람들도 하나의 동포요 하나의 형제로 살아가고 있다. 그들은 아직 성숙한 실재가 아니라 창조자의 손에서 겨우 떨어져 나온, 아직도 분화되지 않은, 아직도 모태에서 완전히 떠나지 않은, 내면적으로 유아나 원시인 같은 몽롱한 인내심 있는, 하나하나가 힘인 것 같은, 아직도 자본주의에 세뇌되어 미라가 되지 않은 국민도 민족도 아닌 거저 민중들이었다.

 릴케는 볼가 강변 한촌에서 너도 이제는 민중이라고 외치던 농민의 딸과 의형제를 맺었다. 자연과 민중 그 위에 신이 있었다. 그것은 파스칼의 신이 아니라 은총의 신이요, 증명된 신이 아니라 느껴지는 신이다. 하늘과 대지와 궁전과 문맹과 농민과 민중과 교회와 일체를 싸고 있는 신이다. 신은 사랑이요 은총이요, 그들의 예배는 신 앞에 엎드리는 것이 아니고 두 손을 벌리고 신을 받아들이는 소박한 신뢰였다. 그들에게는 교리도 신학도 아무것도 없다. 신은 아직도 민중과 더불어 자라고 있으며 아직도 신의 모습이 정확하게 그려지지 않은데 대하여 릴케는 한없이 행복을 느꼈다. 그는 대지에

돋아나온 싹처럼 자기의 주변을 휘둘러보았다. 그것은 일체가 아득하고 먼 것뿐이었다.

그는 이런 편지를 쓴다.

"나에게 있어서 러시아는 나의 고향, 나의 하늘이 되었다. 먼 나라, 먼 길 위에 나는 내가 살 고향을 보았다. 나의 귀에 속삭이는 새소리는 강을 건너 먼 곳에서부터 온 것이다. 볼가 강 흐르는 물에 비치는 교회당 첨탑尖塔의 그 큰 종소리는 나를 위해서 울려 퍼진다. 그리고 눈먼 여인, 어린이들의 노래 소리까지도 나의 얼굴에 비쳐온다."

그는 야스나야 폴야나에서 톨스토이(Lev Nikolaevich Tolstoi, 1828-1910)를 만나고 농민들의 신神인 도로 신의 집에서 일주일을 보내고 체호프(Anton Pavlovich Chekhov, 1860-1904)의 희곡, 도스토예프스키의 『가난한 사람』을 일부 번역하고 러시아어로 시詩까지 지으면서 러시아의 정신에 깊이 뿌리를 내렸다.

러시아에서 돌아온 릴케는 25세에 북부 독일 보르프스베데로 간다. 이태리에서 만난 화가 하인리히 포겔러의 간절한 초대를 받았기 때문이다. 보르프스베데는 브레멘과 함부르크 사이에 자리 잡은 이름 없는 곳이다. 여기에 원시림을 사랑하는 화가들이 모여 살고 있었다. 물과 하늘과 초원의 늪지대다. 하늘과 초원, 말은 다르지만 그것은 본래 하나의 체험이다. 이 체험을 통해서 인간의 감정은 성장해 간다.

릴케는 대평원을 사랑한다. 하늘과 맞닿은 대평원은 스스로 개성을 가지고 있으며 끝없는 변화 속에 무진장의 장엄을 인간에게 전해 준다. 하늘은 지상의 생명과 맞닿아 있고 일체가 하늘에 연결되어 있다. 영원히 미완성인 늪지대에는 어디나 하늘이 비치고 있다. 릴케가 사랑하는 곳은 이런 곳이다. 여기서 그는 화가들과 만나게 되었다. 그 가운데는 여류 화가도 있었다. 그들은 자연을 사랑하고 있었다. 예술이야말로 인간과 자연을 만나게 해준다. 그들은 인간을 자연으로 보내며 인간을 높여준다. 예술가는 자연의 친구다. 그들은 자연을 묻기 전에 자연을 사랑하는 것으로 만족한다. 여기서 그는 하늘과 초원과 우정을 이해하게 되었다. 그는 일체를 집어치우고 자기도 형성도상에 있는 예술가의 틈에 끼고 싶었다.

그는 25세, 가을에 베를린으로 돌아와서 다시 러시아로 갈 준비를 하고 있었다. 그런데 여류화가 클라라가 그곳 풍경을 이야기하자, 26세 봄에 그는 다시 베데로 가서 클라라와 결혼하고 말았다. 그리하여 27세에는 광막한 늪[沼]지대의 오두막집에 아내와 어린 딸마저 가지게 되었다. 광대한 공간 앞에 서로의 온전한 모습을 발견하면서 같이 살아간다고 하는 것은 얼마나 행복한 일인지 모른다. 미래의 전진을 위해서는 두 사람의 힘을 합하는 일이며 그러나 서로의 고독을 지켜주기 위하여 그들은 최선을 다하여 도와주었다.

27세 때 그들은 서로의 고독을 지키기 위하여 별거하기 시작했다. 예술가에게 있어서 고독은 무엇보다 신성한 것이기 때문이다. 그는 자기를 위해서나 아내를 위해서는 고독을 만들어 내는 것을 사랑과 우정의 사명이라고 생각했다. 깊은 고독으로 중단되는 생활이야말로 진정한 공동생활이다. 그들은 별거생활을 결혼생활 이상으로 소중히 여겼다. 그는 아내의 진실과 사랑을 더욱 존경했으며 그는 아내의 권유로 파리로 나가서 그가 찾던 스승 로댕(Auguste Rodin, 1840–1917)을 만나게 된다. 클라라는 옛날 로댕의 지도를 받은 일이 있었고 예술을 창조하고 새로운 존재를 모색하는 자기 남편에게는 로댕은 둘도 없는 스승이라고 생각했기 때문이었다.

프랑스로 떠나기 전에 그는 너무도 많은 글을 썼다. 그는 무엇인가를 열심히 찾고 있었으며 그것을 자기 속에서 끄집어내려고 생각했기 때문에 그는 무엇이나 생각나는 대로 적은 것이다. 말씀은 존재의 집이라는 하이데거의 말처럼 그는 무엇이나 적어 놓으면 그 속에 존재가 있을지도 모른다고 생각했다. 무엇이나 조각해 가노라면 결국은 미가 나타날 것이라고 생각한 것이다. 그의 예술은 신을 창조하는 것이었다. 비너스를 조각하기 전에 수많은 습작이 나타나고 있으며 그 가운데 비너스를 능가하는 작품이 나올 수도 있다. 다만 불완전한 형태일 뿐이다.

그의 예술은 신을 조각해 내는 일이다. 희랍의 조각가들이 제우스를 조각하고 아폴로를 조각하듯이 그의 작품 일체는 신의 조각이다. 이태리에서 신의 씨를 발견하고 러시아에서 신의 씨를 발견한 그는 독일에 돌아와서 그것을 자라게 하였다. 신의 싹이 트고 줄기가 뻗고 가지가 뻗기 시작했다. 이 신의 나무가 그의 『시도시집時禱詩集』이다. 수도생활, 하나님의 이야기, 순례자, 진혼곡 등이 그 내용이다.

수도생활은 1899년 24세의 릴케가 러시아에서 돌아온 지 석 달도 못되어 베를린의 교외 슈마르겐도르프에서 쓴 글이다. 러시아의 체험은 그로 하여금 신은 영원하여 미래의 신이며 미완성의 신이요 계속하여 인간에게 발견되어 가는 신이다. 인간은 신을 소유해 본 일이 없다. 신은 아직도 나타나 본 일이 없기 때문에. 그는 친구에게 이런 편지를 썼다.

"당신은 어찌해서 신을 모실 자로, 영원 전부터 다가오고 있는 자로, 미래의 존재로서 그리고 우리들은 그의 잎이요, 그는 나무의 최후의 과실이라고 생각하지 않는 것입니까? 당신이 신의 탄생을 생성하는 시간 속에 내던지고 당신의 생을 잉태의 고난과 미美의 하루로 사는 것을 무엇이 방해하는 것입니까? 하나님은 모든 것을 싸기 위해서 최후의 존재가 되어야 하지 않을까요? 만일 우리가 기다리던 사람이 벌써 와 버렸다면 우리의 삶은 무슨 의미가 있는 것일까요?"

 벌이 꿀을 모으듯이 우리들은 모든 것으로부터 가장 감미로운 것을 뜯어 모아 신을 만드는 것이다. 릴케에 의하면 인간의 생이란 신을 창조하는 것이다. 인생의 의미, 그것이 바로 신이다. 인생은 그 생명을 신을 창조하는데 바쳐야 한다.
 "이러한 신념이 신은 지나가서 없어졌는지 모른다는 불안을 나에게서부터 제거해 주었다. 신에 대한 한없는 그리움 때문에 가만있을 수가 없는 우리들의 의욕에 의하여 신은 창조되고야 말 것이라는 확신을 가지게 한다."
 릴케의 신관은 회의와 절망의 끄트머리에서 신을 조각하는 조각가의 한 사람이 되어서 신을 창조하였다는 그의 결의가 그의 새로운 신앙을 낳은 것이다. 이 신앙 때문에 그는 이태리의 조각가와 러시아의 수도사가 되어 그의 시작詩作을 계속하게 되는 것이다. 이런 신앙을 가지게 되는 23세 때는 그의 진정한 회심이며 그의 회심은 오랜 불안을 청산하고 확고부동한 그의 입장을 제공하게 되는 것이다. 신과 저승은 우리에게는 별로 문제가 안 된다. 우리에게 있어서 중요한 것은 지상의 생이라는 점에서 지드와도 가까워지고『차라투스트라는 이렇게 말했다』,『신은 죽었다』고 쓴 니체와도 멀지 않다. 그는 양양한 바다 위에서 아무런 위험도 느끼지 않을 것이며 앞으로 미래의 큰 물결이 그를 바닷가로 밀어 올릴 것이다.
 릴케에 있어서 신의 현현顯現이라는 그리스도의 사건은 하나의 미숙하고 소란한 이야기 밖에 안 된다. 모든 사람이 유일신을 인식할 때까지 신은 각 사람에게 각각 새로운 모습으로 나타난다. 시인은 언제나 신에 가장 가까이 있는 것을 느낀다. 그는 신비주의자 에크하르트처럼 신은 밤에 나타난다고 생각했다.
 "내가 그 속에서 태어난 어둠이여! 나는 그대를 불꽃보다도 사랑한다. 불꽃은 세계를 한정하여 어떤 부분만을 비추지만 그 밤에 아무것도 불꽃은 알지 못한다. 그러나 어둠은 모든 모습, 불꽃, 동물, 나까지도 일체 감싸고 있다."

어둠은 사람들과 모든 힘을 자기 속에 끌어넣는다. 자칫하면 하나의 거대한 힘이 내 옆에서 움직일지도 모른다. 나는 밤을 믿는다, 보이지 않는 신을 보면서, 이것이 릴케의 사명이다. 그는 성경을 읽고 마리아의 기도, 플로티누스(Plotinus, A.D. 204-269) 에크하르트, 안겔스, 시레지우스를 읽으면서 신은 스스로 각 사람에게 자기 자신을 제시한다고 생각했다.

지상을 향하는 것이 신을 향하는 것이다. 생에 대한 사랑과 신에 대한 사랑은 같은 것이다. 생을 완성하기까지는 사는 것이 하나님을 사랑하는 것이다.

그는 『하나님의 이야기』를 썼다. 어린이들에게 들려주기 위해서다. 미켈란젤로가 돌 속에서 신의 소리를 듣고 그의 사도가 되는 것처럼 사람들은 누구나 제멋대로 신의 사도가 되는 것이다. 신은 하늘에서 내려오는 것이 아니라 땅에서 솟아 나오는 것이다.

26세에 그는 보르프스베데의 늪과 평원과 하늘을 바라보면서 순례의 글을 썼다. 가을의 폭풍이 신의 영감처럼 그에게 다가온 것이다. 릴케는 이제 얼마 있으면 아버지가 되게 되었다. 모성의 기적을 찬양하고 신을 창조하는 어린이를 칭찬한 그가 이제 하나의 아들이 자기의 뒤를 잇고 자기를 연장시켜 준다고 생각할 때에 그는 새로운 하나의 생각 즉 신은 인간의 아들이라는 생각을 하게 되었다. 아들은 미래요 돌아옴이다. 아들은 또한 태胎요 바다다. 이 신은 사물을 통일하는 암흑보다도 자기 안에서 일체를 융합하는 세계의 지배자로서 나타난다. 릴케는 신을 이렇게도 그려보고 저렇게도 그려본다.

당신은 사물에 깊은 총화다. 자기의 본질을 최후까지 말하지 않고 다른 사람에게는 언제나 다른 모습으로 나타난다.

릴케의 순례의 책에도 많은 사람과 사물이 신과 신비적인 합일을 실현한다. 늪지대에 고인 물들이 저마다 달빛을 비춰듯이 모든 것은 신의 빛의 적은 반영임은 말할 것도 없다.

"나는 당신의 하찮은 종입니다." 이것이 모든 순례자의 고백이다. 만일 그대가 나를 발견하지 않았다면 나는 그대를 찾지 않을 것이다. 25세 되던 11월에 그의 아내가 친구의 죽음을 알려왔을 때 그는 진혼가를 읊었다.

"그대는 아느냐. 이것이 다가 아님을. 생은 한 부분에 불과하다. 생은 꿈속의 꿈이다. 깸은 어딘가 다른 곳에 있다. 죽음은 위대하다. 입으로는 웃고 있지만 우리는 죽음의 한 집안이다. 우리가 살고 있다고 생각할 때 죽음은 우리 속에서 울고 있다."

사람은 사물에게 배워야 한다. 어린애처럼 처음부터 다시 내딛어야 한다. 왜냐하면 사물은 신의 마음에 매달려서 결코 신을 떠나 본 일이 없다. 릴케는 자기도 작은 신의 하찮은 노예의 하나라고 생각한다. 그는 자기가 시를 짓는다기보다 시에 의하여 자기가 지어진다고 생각되었다. 신을 짓기 위해서는 시를 지어야 한다. 그래서 그는 수많은 시를 쓰게 되는 것이다. 특히 26세 때 독일에서 많은 글을 썼다. 호수지대, 하늘과 늪이 마주 닿은 곳, 큰 물, 적은 물, 어디나 그것은 하늘의 형상이었다. 너무 많이 쓴 것을 후회하리만큼 많이 썼다. 보는 것이 시요, 느끼는 것이 시요, 쓰는 것이 시였다.

이때 처음으로 펴낸 것이 『나의 기쁨』인데 이것을 그는 자기의 처녀시집이라고 생각했다. 그리하여 이때부터 그는 자기의 새로운 이름 '라이너Rainer'라고 서명하기 시작했다. 이때 쓴 시들의 주제는 그리움이다. 「천사의 노래」, 「숲 위에 뜬 구름」, 「소녀들」, 「우리의 꿈은」, 「대리석 기둥 위에서」, 이런 시들은 거저 쏟아져 나온 것이지 지은 것이 아니다.

 어느 날 앙드레 지드가 시도 모든 예술가처럼 그 작품을 고쳐가야 한다고 말했을 때 릴케는 깜짝 놀라며 자기는 자기의 시를 수정해 본 일이 없다고 말하였다. 그는, 시는 하나의 계시啓示라고 생각했다. 존재의 소리를 듣고 쓰는 것이다. 릴케는 자기의 수첩을 지드에게 보여주었다. 그곳에는 고친 자국이 없었다.

 릴케의 시 속에 두드러지게 많이 나오는 것은 천사다. 그것은 자기의 화신이다. 어렸을 때 순수하던 천사는 세상의 때가 묻으면 자꾸 작아졌다가 눈물을 흘리고 고생을 하면서 철이 드는 대로 자꾸 커져 나중에는 하늘을 훨훨 날 수 있으리만큼 자유로운 존재가 되는 것, 그것이 릴케의 자아다.

 릴케는 어디나 비치는 자기의 형상形相을 『형상시집』이라고 하여 내어놓기도 하였다. 그는 미래의 신을 형상의 형상이라고 하였다. 그는 형상의 형상을 찾는 것이 신을 찾는 것이었다.

 릴케가 로댕의 제자인 클라라와 결혼하게 되는 것도 그녀가 로댕을 통하여 형상을 보고 있는 여성이었으며 그녀의 사랑을 통하여 로댕을 찾아가는 것도 형상의 형상을 찾기 위해서다. 「단발 소녀」, 「정적」, 「천사」, 「자장가」, 「밤」, 「기도」, 「사원」, 「저녁계시」, 「동방박사」, 「심판」, 「기사」, 「독서」, 「맹인」 등 모든 형상을 직관하고 그린 시詩들이다.

 사람들이 릴케를 형상의 시인이라고 하는 것은 그의 직관력이 무섭게 사물의 본질을 꿰뚫어 보기 때문이다. 형상은 사물의 이데아요, 그것은 언제나 구체적인 것이다. 그는 아직도 사물의 시인은 아니다. 그것은 로댕을 통하지 않고서는 안 된다. 사물은 그의 손에 자기를 맡기고 그의 열렬한 탐구에 대하여 자기 자신을 열고 그가 전신을 바쳐서 사물이 되기를 기다리고 있다. 그는 아직도 사물과 하나는 되지 못하고 진지하게 신을 찾는 순례자이다. 그러나 그의 직관의 능력, 풍부한 상상력, 그의 천재적인 표현은 신을 그리려는 형상시인답게 그의 『시도시집』은 무한한 공간을 지니게 되었다.

릴케는 시詩뿐만 아니라 연극도 썼다. 『백의의 후작부인』, 『가상다반(家常茶飯)』, 『탄 라지루의 죽음』, 『가신봉폐(家神奉幣)』등을 썼다.

그러나 그를 빛나게 한 것은 역시 그의 시집詩集이었다. 미래의 신을 향한 그의 기도는 새 시대를 여는 새로운 시집으로 많은 사람의 주목을 끌게 되었다. 이 모든 것은 보르프스베데에서 이루어졌다. 아내와 어린이와 예술가 친구들 그리고 자연, 이런 것이 미래의 신神을 찾는데 얼마나 도움을 주었는지 모른다. 보르프스베데는 그에게 위대한 인생의 서막을 열어주었다. 프라하에서 태어났지만 제대로 고향을 가지지 못하고 이태리와 러시아에서 고향을 찾은 릴케는 처음으로 예술인들이 모여 사는 보르프스베데에서 예술의 고향을 살아 보았다. 신의 생산을 예술의 본질로 본 릴케는 신을 생산하는 예술가들의 진지한 모습을 볼 수 있었다.

그는 친구에게 보르프스베데에서 나는 인간이 생활하는 모습을 내 눈으로 본 최초의 나의 고향이라고 적어 보냈다. 여기서 그는 자기의 사명이 무엇인가를 깨닫게 되었다. 모든 사물 속에 갇혀 있는 형상을 놓아 주는 일이다.

릴케에게는 만물이 존재의 집이었다. 존재를 놓아 주어 자유롭게 하는 그것이 그의 사명인 것이다. 그는 이제 예술을 창조하고 사물 속에 갇혀 있는 형상을 해방시키는 기술을 체득해야 한다. 그러기 위해서 그에게는 위대한 힘이 필요하고 위대한 스승이 필요하다. 아내 클라라는 자기의 스승 로댕이야말로 바로 그 사람이라고 가르쳐 주었다. 릴케는 행운아였다. 로댕이라는 산 선생을 만나게 된 것이다. 그의 아내는 러시아의 양자요, 독일의 아들인 그를 다시 프랑스로 보내어 프랑스의 제자로 삼게 한 것이다.

1902년부터 1910년까지 27세에서 35세까지 그는 광야의 시련을 가지게 된다. 로댕과 세잔, 파리와 프랑스, 로마와 두이노, 스페인과 이집트의 지중해는 이제 다시 그에게 새로운 계시를 내리게 된다.

릴케의 생애는 동그라미라고 하듯이 그는 이태리를 떠나 러시아를 거쳐 독일을 돌고 프랑스를 지나 다시 이태리로 동그라미를 맞추게 된다. 이 원의 중심은 로댕이요, 그는 로댕을 통하여 새로운 『신시집新詩集』을 쓰게 되고 『말테의 수기』를 쓰게 된다. 파리의 생활은 빈곤과 죽음의 책을 쓸 만큼 비참한 것이었으나 이런 광야의 시련을 통과하지 않으면 애벌레는 나비가 될 수 없었을 것이다.

기 도

사람은 두 번 태어난다. 한 번은 육체로 태어나고 한 번은 정신으로 태어난다. 릴케는 정신으로 태어나기 위하여 프랑스로 갔다. 말도 모르고 인생도 모른 채 그는 말을 찾고 인생을 찾아서 파리로 간 것이다. 그는 리하르트 무터의 미술총서에 로댕 평전을 써달라는 부탁을 받고 27세 여름에 로댕에게 편지를 쓰고 가을에 파리로 떠나게 된다.

그는 편지에서 이것이 내 천직이요 축제요 기쁨이요 고귀한 의무라고 생각된다고 말하고 있다. 또 1902년 8월 28일, 그는 아내에게 "나는 파리에 있다. 나는 이것만으로도 가슴이 벅차다."고 편지를 보냈지만, 그러나 얼마 안가서 릴케는 곧 도시의 소음이 얼마나 지독한지를 알게 된다. 그는 마차가 자기의 몸 위를 지나가는 것 같은 기분이었다. 그는 도시 구석구석에 도사리고 있는 냉혹과 도시의 중심가를 채우고 있는 허위와 악독을 곧 알아 차렸다. 도시는 시인에게 광야요 죽음이라는 것을 곧 느낄 수가 있었다. 몇 백만의 고뇌가 넘치는 곳, 욥기 30장의 한마디 한마디가, 보들레르(Charles Pierre Baudelaire, 1821-1867)의 밤이 그대로 도회지의 모습임을 알게 되었다.

고뇌와 비참과 죽음의 광야를 그는 파리에서 겪게 되는 것이다. 고뇌와 비참과 죽음은 진주속의 모래알처럼 실존적인 인간의 핵심이 되어야 한다. 릴케는 이것을 피하지 않고 잡아먹고 자기의 살과 피로 만들어 자기 생의 내면적인 실체로 삼아야 했다. 그는 파리의 시련을 이기기 위하여 낮에는 일하고 밤에는 책을 보면서 28세의 말테가 되는 것이다.

그는 『말테의 수기』를 쓰기 전에 빈곤과 죽음의 책을 쓴다. 이것이 새 기도집의 첫 부분이다. 옛 기도집에서 그는 수도생활과 순례자를 읊었다. 그러나 이제 그는 새 기도집에서 가난과 죽음을 읊어야 한다. 어려움 가운데 가난보다 더 어려운 것은 없다. 슬픔 가운데 죽음보다 더 슬픈 것은 없다. 절망의 지옥을 통과하지 않고서는 희망의 천국은 나타나지 않는다.

파리에 나간 릴케는 가난과 죽음에 휩싸인다. 종일 벌어도 먹을 것이 없고 몸은 계속 쇠잔해 간다. 자기 뼈 속에 파고드는 가난과 죽음을 그는 또 다시 시로 읊어야 한다. 그리하여 시 속에서 그것을 이겨내야 한다.

그러기 위해서 그는 가난과 죽음을 보편화해야 했다. 파리는 가난과 죽음의 도시다. 파리에 넘치는 것이 가난이요, 흔해 빠진 것이 죽음이다. 거기에는 죽음이 있다. 그것은 어린이들의 죽음처럼 기적같이 느껴지는 그런 죽음이 아니다. 거기서 사람이 인정할 수 있는 죽음은 적은 죽음이다. 그들의 고유한 죽음은 아직 익지도 않아 전혀 단맛이 없는 설은 죽음이다.

"주여, 각 사람에게 익은 죽음을 베푸소서. 사람들이 거기서 사랑과 의미와 지혜를 찾을 수 있는 산 죽음을 주시옵소서. 왜냐하면 우리는 껍질과 잎사귀밖에 가진 것이 없나이다. 주여, 각 사람에게 무르익은 죽음을 주시옵소서. 누구나 죽을 수 있는 위대한 죽음을 주시옵소서."

릴케는 너무도 많은 사람이 봄바람에 떨어지는 어린 과일처럼 익지 않고 딱딱한 채로 무의미한 죽음을 죽어가는 것을 볼 때에 가슴이 아팠다. 죽음은 무르익은 죽음이어야 한다. 다 익어서 제풀에 떨어지는 과일처럼 성숙한 사람의 죽음이 되어야 한다. 공포도 없고 슬픔도 없는 죽음, 그것이 무르익은 죽음이다.

나이가 많다고 무르익은 죽음이 아니다. 진리를 깨달아야 무르익은 죽음이다. 진리를 깨달은 사람은 벌써 죽어서 살고 있다. 죽어서 사는 사람에게는 매일 매일이 죽음이며 구태여 자리를 펴고 죽을 이유도 없다. 죽음은 이런 죽음이라야 한다.

그런데 도회지의 죽음은 너무도 비참하다. 그들은 죽음을 제대로 죽지도 못한다. 그들은 참 죽음을 모른다. 죽은 사람들은 죽은 사람들이 아니다. 그들은 죽지 못한 사람이요, 고혼이요, 원혼들이다. 세상에 죽지 못하는 사람이 얼마나 많은가. 사람은 죽어야 사람인데 죽지도 못하니 얼마나 기가 막히느냐. 죽는 것이 비참이 아니라 죽지도 못하는 것이 비참이다.

릴케는 파리에서 너무도 많이 사람이 죽지도 못하는 죽음을 죽어가는 것을 보고 정말 안타깝게 생각했다. 죽지도 못하게 하는 도시, 그것이 도시라면 도시는 또한 인간을 살지도 못하게 한다. 그것이 가난이다. 삶이란 사랑이 사는 것이다. 나눠주는 것이다. 같이 사는 것이다. 이런 사랑이 식으면 그것은 삶이 아니요 죽음이다. 아무리 황금을 태산처럼 쌓아 놓고 황금의 울타리를 두르고 있어도 그것은 가난이지 부유가 아니다. 부富는 여유요, 포섭이요, 사랑이다.

도시는 가난으로 휩쓸려 있다. 따뜻한 사랑은 찾을 길이 없다. 그대는 가난이다. 아무것도 없는 이, 그대는 놓일 자리 하나 없는 돌, 거리의 변두리를 떠도는 버림받은 문둥이, 아마도 나는 거친 산속을 지나가고 있나보다. 굳은 산맥을 하나의 돌처럼 나는 너무도 깊이 들어갔기에 길도 산도 보이질 않는다.

일체가 눈을 가려 모든 것이 돌이 되었다. 파리는 하나의 돌무더기가 되었다. 여기는 아무런 생명도 없다. 가난은 본래 그런 것이 아니다. 가난이야말로 풍요로운 것이다.

릴케는 러시아의 원시림에서, 독일북부의 화가들 속에서 얼마든지 가난을 보았다. 그들은 아무것도 가진 것이 없다. 그러나 그들에게는 수선화의 향기가 있었고 그들에게는 고요한 평화와 친절한 침묵이 있었다. 그들에게는 대자연의 추억이 남아 있으며 그들의 손, 그들의 입술, 그들의 목소리, 그들의 잠, 그 모든 것이 자연 그대로다. 그들의 손은 어린애의 손처럼 무엇이나 있으면 나눠 먹는다. 냉이, 쑥갓, 딸기, 물고기, 노루, 사슴 일체가 그들의 것이다. 그들도 자연 속에 살며 자연을 즐기고 햇빛을 즐긴다. 그들에게는 한없는 풍요가 있다. 그들도 가진 것이 없지만 산처럼 위대하며 그들의 집은 텅 비었지만 성전처럼 거룩하다.

가장 부요한 빈곤은 아시시의 성聖 프란시스(Saint Francesco d'Assisi)의 모습이다. 그는 아무것도 가진 것이 없을 때 일체를 가지게 되었다. 그에게 있어서 빈곤은 위대한 장미요 황금의 햇빛이요 시간을 영원히 변하게 하는 것이었다. 가난한 사람은 돌보다도 더 깨끗하고, 갓 난 짐승의 새끼보다도 더 순진하다. 일체가 너희들 것이다. 아무것도 바라는 것이 없고 그들이 원하는 것은 가난뿐이다. 그들이 끝없이 가난해질 때 그들 속에서는 빛이 반짝이는 것이다.

릴케는 가난을 갓 난 새끼, 갓 떠오르는 태양처럼 인간의 정신을 무한히 빛나게 하는 것이라고 생각했다. 그렇지만 도시의 가난은 가난도 아니다. 그들의 가난은 가난이 아니라 비참뿐이다. 그들의 가난에는 친절과 진실과 소박이 없다. 그들의 가난은 가난한 자의 가난뿐만 아니다. 부자도 일체가 가난이다. 그들의 가난은 돌 같은 가난이다.

릴케의 가난은 갓 난 새끼 같은 가난이다. 힘이 있고 순진한 자연 그대로의 가난, 그것이 릴케의 가난이다. 도시에는 죽음이 없듯이 가난도 없다. 도시는 죽음도 없고 가난도 없다. 도시는 생生도 없고 사死도 없다. 있는 것은 멸滅과 망亡이 있는 것뿐이다. 죽을 수도 없고 살 수도 없는 도시를 그는 피하려고 하였다. 병든 그는 지친 몸을 끌고 잠깐 이태리의 바다를 찾아가기도 한다. 그러나 그는 멸망을 이겨야 했다. 그리고 정말 가난과 죽음을 찾아야 했다. 사는 것과 죽는 것이 인간의 가장 소중한 핵심인 까닭이다. 이 일을 위하여 그는 가난과 죽음을 자기 생의 한가운데 간직한 사람, 그가 그리던 로댕을 찾게 된다. 그리하여 그는 가난과 죽음을 시로 읊어야 하고 동시에 가난과 죽음의 신을 창조해내야 했다.

옛 기도집,『시도시집時禱詩集』제1부에서 그는 수도자로서 신의 탐구자였다. 그러나 그는 제2부에서 신의 순례자가 된다. 그러나 이제 그는 제3부 새 기도집에서 그 신의 은총을 기다리는 기도자가 되었다. 빈곤과 죽음의 시에서 그는 '신神'이란 말을 쓰지 않고 '주主여!'라는 말을 쓰고 있다. 릴케의 신은 신비주의의 신에서 범신론의 신을 거쳐 신은 죽음과 빈곤이 되어 버린다.

"죽음과 빈곤의 신, 주여!"

이것이 새 기도집의 첫머리다. 릴케에게 있어서 가난과 죽음의 신은 그리스도다. 그리스도와의 만남은 기적이었다. 그것은 로댕과의 만남을 통해서 이루어졌다. 시인과 조각가와의 만남, 그것은 표면뿐이었다. 속은 영과 영의 부딪침이었다.

릴케는 여기서 사람의 본질이 무엇인지 알게 된다. 그것은 기쁨이라는 것이다. 로댕은 기쁨의 샘이었으며 아무데서나 기쁨을 발견할 수 있었다. 그 예로 그는 다음과 같이 말하고 있다.

"이 예지의 인간은, 이 위대한 인간은, 기쁨을 발견할 수 있는 기술을 알고 있습니다. 기억 속에 남아 있는 어린애 시절의 이름모를 기쁨, 그리고 가장 깊은 동기로 얻어진 넘치는 기쁨, 어떤 것이든지 그에게 오기만 하면 자기를 열어 헤친다. 우리 앞에 밤나무, 한 개의 돌, 모래밭의 조개껍질, 이런 모든 것들이 거친 들에서 명상을 하고 단식이라도 한 것처럼 그에게 말을 거는 것이다."

열린 삶, 그것은 기쁨의 삶이었다. 삶이란 열림이다. 계시도 열림이다. 삶은 열림이요 기쁨이다. 기쁨이 삶의 핵심이라면 그것은 시의 핵심이어야 한다. 삶, 이것이 시의 핵심이다. 릴케는 어떻게 기쁨을 얻는 것인가. 거기에 대한 대답은 언제나 같은 대답이었다. 그것은 일이었다.

로댕은 영감을 그리 중요하게 생각하지 않았다. 영감을 기다리기 위해 집을 나가고 음식을 줄이고 마음을 가라앉히고 하는 방법으로 릴케는 영감을 기다렸다. 그런데 로댕은 전혀 반대였다.

그는 아침부터 저녁까지 자기의 일터에서 계속 작품을 만들어 갔다. 쪼고 또 쪼고, 고치고 다시 만들고 끈질긴 인내와 노력으로 자기 속에 있는 자연이 튀어 나올 때까지 그는 일을 계속하는 것이었다.

릴케는 신을 위에서 찾고 있었지만 로댕은 신을 안에서 그것도 일을 통하여 찾고 있는 것이다. 로댕은 나이 60이 되어서야 다소 자기의 예술을 이해하기 시작했다는 말에 릴케는 깜짝 놀랐다. 천재란 참고 기다린다는 것을 알았다.

사회적인 적의와 대중의 몰이해와는 아랑곳없이 그는 끈질기게 자기의 작품을 창조해 가고 있는 것이다. 로댕의 작품 배후에는 자연이 있었다. 자연만이 아름답고 자연만이 스승이다. 위대한 거장을 배우는 것이 아니라 자연을 배우는 것이다. 자연 외에는 구원이 없다. 자연의 미를 발견하고 변하는 빛 속에 마음을 가다듬고 동물의 눈초리에서 신비를 보면서 나무들의 이야기를 들으면서 자연을 드러내는 것이다.

사는 것, 일하는 것, 참는 것, 기쁨을 발견하는 것, 이런 삶을 그는 친히 로댕의 삶 속에서 발견했을 때 그는 로댕을 신이라고 생각했다.

신은 이제 릴케의 이웃이 되었다. 27세에서부터 30세까지는 간간 찾아가서 배우던 것을 30세에서 31세까지는 같이 살게 되었으며 그 후 몇 해 동안 그는 그를 신으로 모셨다. 로댕은 신과 하나요, 일체의 척도를 초월해 있었다. 로댕은 본질적인 것을 직관하는 힘을 가지고 있었고 영웅들처럼 자기의 일에 자기를 집중할 수가 있었다. 로댕의 집에서 사는 동안 그는 가장 행복한 나날을 보냈다. 그는 로댕을 들여다보고 로댕의 말을 듣고 그도 로댕처럼 일에 불탈 것을 기원할 뿐이었다. 그러나 2년 후 사소한 일로 로댕과 맞지 않게 되어 로댕의 집에서 쫓겨나지만 조금도 스승을 원망하지 않았고 도리어 그것이 자연이었을 거라고 스스로 위로하였다. 그는 솔직히 로댕의 집에 해로운 존재가 될 가능성이 있었음을 시인했다.

"위대한 스승이여! 당신은 나에게 보이지 않게 되었습니다. 마치 무지개를 타고 하늘로 올라간 것처럼 나는 슬픔과 고독에 잠긴 사도들처럼 다시 당신을 찬송하고 당신의 위로와 정의와 힘을 발견하게 될 것입니다."

 그는 스승을 떠나서 자기를 스승의 자리까지 높여갔다. 위대한 스승, 그가 신의 손처럼 혼자서 일하듯이 릴케도 신의 손이 되어 시를 짓기 시작한다. 그는 이제 영감을 기다리지 않았다. 나의 일하는 방법은 전보다도 사물을 받아들이는 것으로 바뀌게 되었다. 이제는 열흘 동안에 해치우는 일은 다시는 없을 것이다. 이제부터는 무한한 시간을 쏟을 것이다.

 로댕은 식물원에 가서 나무를 보고 오라고 릴케에게 명하였다. 이는 릴케로 하여금 나무의 마음을 잡기 위해서였다. 그래서 그는 동물원에도 갔다. 동물의 마음을 잡는 것이다. 동물을 그리는 것이 아니다. 보이지 않는 사물의 그림을 그리기 위해서 표범이라는 그의 시, 가로막은 창살 때문에 지친 표범의 눈에는 아무것도 안 보인다. 거저 수많은 창살이 있는 듯 그 뒤의 세계는 없는 것 같다. 더할 나위 없이 작은 동그라미를 그리고 도는 표범의 유연하고 굳센 숨은 발걸음은 하나의 중심을 도는 무용과도 같다. 거기 지쳐서 거대한 의지가 우뚝 서 있다. 다만 가끔 눈의 휘장이 소리도 없이 올라갈 때 그때 마음은 긴장된 네 발의 고요한 틈을 지나 그림자 속으로 사라져 버린다.

 릴케는 상 위에 놓인 과일을 보며 생각하였다.

 "그것은 흙 속에서부터 과일을 향하여 높이 올라갔다. 그리고 고요한 나무줄기 속에서 침묵을 지키고 밝은 꽃 속에서 불꽃이 되었다가 그리고 다시 한번 침묵한다. 그것은 오랜 여름동안 밤도 없고 낮도 없이 일하는 나무속에서 열매를 맺고 마음에 가득 찬 공간을 향하여 다가오는 미래의 자각을 가졌다. 그러나 이제 무르익은 열매 속에서 그의 풍요한 평정을 자랑할 때 그것은 자기를 버리고 다시 과일 속 자기의 마음을 향해서 돌아간다."

릴케 179

그가 36세에 한 강연은 사물론事物論이었다. 그는 이제야 사물을 표현하는 시의 창조자가 된 것이다.

"그대의 눈을 꿈과 입술에서 떼어버려라. 그리고 사물을, 태양을, 사람을 보는 것이다." 이것이 살로메에게 쓴 편지다. 그는 꿈에서 깨어나 현실에 살게 되었다. 그는 막연한 것, 움직이는 것, 생성하는 것, 일체 속에 신을 붙잡고 그것을 사로잡아 그것을 조직하였다.

그는 시인이 되었다. 화가나 조각가처럼 자연에 직면하여 착실하게 일할 줄 아는 그리고 서정시적인 겉핥기나 싸구려 얼버무림을 안 하는 조각가 같은 시인이 되었다. 그의 시에는 어림이 없다. 그는 어림짐작을 싫어했기 때문이다.

로댕을 떠나서도 그는 파리를 떠날 생각을 하지 않았다. 파리는 얼마든지 고독을 제공했으며 돈 없이도 넉넉히 살 수 있는 곳이었다. 그는 고독하고 가난했지만 파리가 좋았다. 거기서는 누구나 독특한 표정을 가지고 있으며 자기 개성의 징표를 가지고 있다. 그것은 누구에게 보이자는 것도 아니요 그렇다고 숨기자는 것도 아니다. 행복하다든가 불행하다든가 고독하다든가 하는 표정을 나는 파리 시민들의 얼굴에서만 찾을 수 있다. 이처럼 천태만상의 다양한 모습 속에 프랑스의 생명력은 넘치고 있다. 거리를 걸어도 나는 결코 공허를 횡단하는 것이 아니고 한 사람의 얼굴에서 다른 사람의 얼굴로 눈길을 돌리면서 어림짐작이 아닌 순수한 가치를 포착하게 되는 것이다. 모든 얼굴이 섬세하고 충실한 빛으로 가득 차 있다. 파리는 일할 수 있는 곳이다. 여기서는 일과 보는 것이 둘이 아니다. 일하기 위해서는 보아야 한다.

생을 탐구하는 릴케에게 있어 파리는 더할 나위 없는 다채로운 광경과 아름다운 풍경과 인간의 풍경을 제공해 주었다. 여기서는 모든 것이 정신의 양식이요, 일체가 자기에게 자극이 되었다. 미술전람회,

식물원, 공원, 사원, 거리, 도서관, 박물관 등 얼마든지 자료는 쌓여 있었다.

릴케는 그 후 고호(Vincent Van Gogh, 1853-1890), 세잔(Paul Cezanne, 1839-1906)에게 접근했지만 그들도 이론보다는 그리는 편이었다. 세잔은 "가장 좋은 것은 일하는 것이다. 조금씩이라도 매일 나아가는 것이다. 나는 이론보다는 그림을 그려 보여주겠다."라고 릴케에게 말하곤 했다.

파리에 머물면서 건강을 위해서 여러 번 이탈리아에 갔다. 그는 깨끗한 바다가 좋았다. 불안하고 마음이 울렁거리고 기분 나쁠 때 나는 바다로 간다. 바다는 거대한 술렁거리는 소리를 가지고 일체를 지워버린다. 바다 소리는 나를 깨끗하게 하고 내속의 혼돈을 정리하여 운율을 준다. 그는 키프로스에 가서도 희랍의 정신을 찾아볼 수 있었다. 그는 키에르케고르와 입센을 읽고 북유럽에 갈 계획으로 덴마크 말을 배우기도 하였다. 그는 강연을 위해서 덴마크와 스웨덴을 방문하여 바다와 하늘과 초원이 맞닿은 자연을 다시 한번 즐길 수가 있었다. 그는 농가에 머물면서 마음껏 전원생활을 즐길 기회를 가졌다.

그러나 릴케의 마음은 그곳에 머물 수가 없었다. 마음 한구석에 이미 파리가 자리 잡고 있었기 때문이다. 파리는 역시 크다면 한없이 크고 작다면 한없이 작다. 그러나 그 속에는 필연성으로 채워져 있었으며 믿기 어려우리만큼 진실이 있다. 그는 파리를 사랑하기 때문에 체험을 통해서 스스로 파리를 창조하여야 했다. 신의 가수, 꿈의 시인, 릴케는 현실을 말하기 위하여 사물과 존재의 소리를 들으려고 한다.

릴케는 하나의 사물을 관찰할 때에도 마치 사물 속에 들어가서 사물을 보는 것 같다. 그는 로마의 분수를 보고 오래된 둥그런 대리석

물받이 속에 두 개의 접시가 하나는 위에 하나는 아래에 있어 위의 접시에서 고요히 흘러내리는 물을 기다리고 있듯이, 받은 아래접시는 고요히 종알거리는 위의 물에 아무 말 없이 손바닥을 오므려 술잔처럼 만들고 가만히 초록 이끼 낀 검은 밑바닥에 비쳐진 파란 하늘을 낯선 것처럼 눈짓을 한다. 물은 고요히 아름다운 접시 속에서 아무런 고향의 그리움 없이 몇 겹으로 물결을 그리면서 넘실거리며 가끔 꿈꾸는 듯 한 방울씩 늘어진 이끼를 타고 접시의 일그러진 모습을 아래로 비쳐주는 마지막 거울 위로 흘러내리는 것과 같이 사물을 관찰한다.

　릴케의 『신시집』은 29세에서 35세 사이에 지은 시를 모은 것이다. 그런데 이와 동시에 그는 자기의 속을 깊이 들여다보고 『말테의 수기』를 쓴다. 처음에는 말테가 릴케인지 릴케가 말테인지 구별하기가 어렵지만 나중에는 서로 갈라지게 된다. 『말테의 수기』를 끝내고 그는 이제부터 모든 것을 다시 시작할 수 있게 되었다. 말테는 비참의 밑바닥에서 행복의 절정에 도달하였다. 그는 전체를 붙잡은 마음이다. 이제 모든 노래는 가능하게 되었다. 이제 릴케는 오랜 광야의 시련을 끝내는 것이다. 계란이 병아리가 되어서 깨 나오듯이 계란 속에 쓰라린 경험이 말테의 수기다.

　릴케는 친구에게 나는 말테와 같이 철저한 절망 속에서 모든 것의 뒷면까지 다시 말해서 죽음의 뒷면까지 뚫고 나갔기 때문에 이제는 죽음마저도 죽을 수 없게 되었다고 쓰고 있다.

　『말테의 수기』는 탕자蕩子의 비유로 끝을 맺는다. 그는 이 이야기를 독특하게 해석한다. 그것은 사랑받기를 싫어하는 이의 이야기라는 것이다. 자기 앞에 전개되는 아직 살아보지 않은 생의 비밀을 두 팔을 펼치고 잡기 위해서 가정생활의 유연한 애정과 습관적인 생활의 기형화로부터 벗어나기 위해 결심한 젊은이의 전설이라는 것이다. 그는 사랑을 받는다는 이 무서운 상태에 아무도 있게 하지 않기 위해서 결단코 사람을 사랑하지 않으리라고 결심하고 집을 떠난 것이다. 그러나 그의 결심은 꺾어지곤 했다.

그는 가끔 사람을 사랑했다. 그 때마다 그는 상대의 자유를 위하여 말할 수 없는 두려움을 느끼곤 하였다. 그는 서서히 사랑의 대상을 자기의 감정의 불로 태우지 않고 그것을 빛으로 꿰뚫음을 배우게 되었다. 자기도 그런 빛으로 꿰뚫릴 것을 바랬지만 그런 애인을 찾을 희망은 없었다.

그는 생을 사랑하지만 사람을 사랑할 생각은 없었다. 그는 신을 사랑하기에 먼 길을 걸어서 잠깐 동안이나마 투명하게 비치는 사랑의 빛을 신속에서 보는 듯 하였다. 그러나 동경과 행복한 희망 가운데서 그는 신에 대한 무한한 거리를 알게 되었다. 그는 도를 닦고 지혜를 갈고 사랑을 배우고 일의 가치를 알게 되었다. 탕자(릴케)는 이제 집에 돌아가서 가족들 발아래 몸을 던지고 제발 나를 사랑해 주지 말 것을 애원하였다.

"아무도 그를 사랑하기는 어렵게 되었다. 하나님만이 그를 사랑할 수 있을 것이다. 그러나 신은 아직 그를 사랑하려고 들지 않는다."

탕자의 모습은 릴케의 모습이요, 동시에 인류의 모습이다. 아버지 집을 버리고 수없이 사랑하면서도 사랑을 발견하지 못하고 결국은 신을 붙잡았다고 생각하지만 아직도 신은 현실이 아님을 알게 되었다. 그는 신을 찾는 인류의 운명을 그리고 있다. "죽음으로부터 사랑을, 사랑으로부터 신을." 이것이 그가 쓰고자 한 기록이다.

릴케는 가끔 젊은이에게 이 책을 읽지 않게 하기 위하여 이 책을 감추기까지 했다. 왜냐하면 이 책은 사는 것이 불가능하다는 것을 증명이라도 한 것처럼 느껴졌기 때문이다.

이 책은 거꾸로 읽어야 한다. 이 책은 인생을 비관하는 것 같지만 그것이 아니다. 반대로 우리에게는 한없는 부富를 가지고 있는데 우리의 실수로 그것을 잃어가고 있다는 것을 증명하고 있는 것이다. 죽음과 사랑과 신이 아니라 우리 속에 숨은 무한한 힘과 빛과 삶을 끄집어내는 것이다. 말테의 기분은 한 마디로 내던져져 있다는 것이다.

하이데거가 좋아하는 그의 시, 자연은 산 존재를 그들의 불확실한 의욕의 모험에 맡기고 어떤 것도 흙덩이나 나뭇가지로 감싸주지 않는다. 우리들도 또한 우리들의 존재의 심연에서 보호되고 있는 것이 아니다. 그것은 우리를 모험에 내맡긴다. 릴케의 생각은 존재의 본질을 지강至剛으로 보고 동시에 인간의 본질도 지강으로 본다. 그것은 너무 강해서 가끔 부러지기도 하지만 그것은 퇴락하리만큼 약하지 않다는 것이다. 32세에 아내에게 썼던 편지에 그는 말테를 보았다고 썼다. 시련에 견디고 그것을 조금도 자랑하지 않고 혼자서 눈에 띄지 않게 말없이 단순한 생활을 하는 말테를 말이다. 참된 일도 많은 과업도 이 시련을 지나서 시작된다.

릴케는 내가 이 책을 쓰는 것은 자기의 속을 확실히 보기 위해서 그리고 이 수련을 지나야 나는 무엇이나 쓸 수 있는 사람이 될 것이라며 이 책을 결사적으로 썼다. 왜냐하면 그는 이때 밑 없는 심연 위에 걸려있는 것처럼 느꼈기 때문이다. 심연이란 하이데거의 주석에 의하면 인간존재가 거기에 뿌리를 내리고 그 위에 서 있는 기반을 말한다.

릴케의 『신시집』과 『말테의 수기』는 마치 천의 날과 씨같이 동시에 나온 작품이다. 수기를 끝냈을 때 그의 나이는 35세가 되었다.

『말테의 수기』와 『신시집』을 완성한 것이 1910년 릴케가 35세 때였다. 35세는 인생의 절반이요 절정이기도 하다. 이 절정에 오르기 위해서 릴케가 의식적으로 무의식적으로 얼마나 애를 썼는지 아는 사람은 알 수 있으리라.

『말테의 수기』는 자기의 탐구요, 자기의 형성이요, 자기의 탈출이요, 자기의 조각이다. 지금까지 어떤 시인도 릴케처럼 진지하게 작품과 생활을 일치시킨 사람도 많지 않을 것이다.

릴케는 35세에 자기라는 껍질을 벗고 병아리가 되므로 비로소 릴케 자신이 되어 이 세상에 서게 된 것이다. 이리하여 그는 세계를 가지게 되고 공간을 가지게 되고 내면을 가지게 된다. 릴케는 사람들이 알고 있는 세계에서 사는 것이 아니다. 사람들이 알고 있는 세계란 계란 속이다. 그러나 릴케는 계란이 아니다. 이제는 병아리다.

릴케는 시간 밖에서 과거와 미래가 연결되고 일체가 꼭 같이 현존하는 세계에서 살고 있었으며 또 공간 밖에서 눈에 보이지 않는 것이 눈에 보이는 것과 융합하는 세계에서 살고 있는 것이다.

그에게는 일체가 통한 공간이어서 무엇이나 받아들일 수 있게 되었다. 그에게는 모든 장벽이 무너지고 하나의 세계가 있을 뿐이었다. 그는 독특한 내부의 세계를 가지고 있었다. 그것은 우리의 모든 외부의 세계보다는 말할 수 없이 깊고 넓은 세계였다. 그것은 과거의 모든 사람과 앞으로 올 모든 사람이 다 들어가고도 남을 넓은 세계다.

우리의 세계는 물위에 나타난 빙산의 일각 같은 것으로 우리의 의식의 밑에서 넓은 무의식의 세계와 깊은 초의식의 세계가 열려져 있다. 릴케는 이런 내부의 세계와 통하여 우주 저편까지 보게 되는 것이다. 눈에 보이지 않는 세계를 붙잡을 수 있다는 비범한 능력, 미래와 과거 속에 또 생과 죽음 속에 몰입할 수 있는 능력을 그는 가지고 있었다.

그에게 있어서 시는 이제 상상력의 한 형식도 아니고 인간의 추리 능력을 발전시켜 주는 하나의 논리의 세계가 아니다. 그것은 하나의 실재의 표현이요, 인간 속에 갇혀있는 가장 심오한 진리의 구현이다. 35세 이전의 시가 초월적인 영감에 의지한 시라면 35세 이후의 시는 내재적인 영감에 의거한 시다. 그는 순수영감의 시인이다. 그에게 있어서 영靈이란 말을 빼놓을 수가 없다. 그도 니체처럼 현실을 넘어서 사는 능력을 가지고 있었다. 니체는 주로 듣는 능력을 가졌고 릴케는 보는 능력을 가졌다.

릴케는 가끔 자기 의자 옆에 그리스도가 서 있는 것을 보았다고 친구들에게 말하곤 했다. 그는 어떤 때는 저고리를 벗으면서 자기의 입에서 하나의 시가 튀어나옴을 느낀다. 그러나 자기가 읊으면서도 자기의 것이 아님을 곧 알게 되었다. 그는 고요히 앉아서 난로 저편을 바라보았다. 점잖게 차려입은 중년남자가 누런 종이에 시를 적어 놓고 그것을 자기에게 읽어주는 것이었다. 그것은 자기 입에서 튀어나온 시와 같은 것이었다. 뮌헨에서 릴케 친구가 몰래 릴케를 어떤 여자 점쟁이에게 데리고 갔다. 여자 점쟁이는 손으로 눈을 가리고 지금까지 자기는 이런 사람을 본 일이 없다고 말하였다. 그의 몸에서 이상한 광채가 나오고 있다는 것이다.

릴케에 있어서 가장 두드러진 특징은 정직하다는 것이다. 그는 체면도 창피도 잊을 정도로 순진했다. 그는 셰익스피어의 『햄릿』을 읽은 일이 없다고 주저하지 않고 말할 수 있는 배짱을 가지고 있었다. 그는 괴테의 『파우스트』도 읽어본 일이 없고 단테의 『신곡』도 읽어 본 일이 없다. 그는 시인으로서 그것을 못 읽은 데 대하여 조금도 부끄러움을 느끼지 않았다. 계란 시인이라면 그렇게 창피한 것은 없을 것이다. 그러나 병아리 시인에게는 그것이 아무 문제가 안 되었다.

괴테도 병아리요, 단테도 병아리요, 릴케도 병아리다. 같은 병아리로서 남을 흉내 낼 필요도 없거니와 각자 자기의 특색대로 울 뿐이다. 인간은 자기의 개성을 발견했을 때 일체의 열등의식을 벗어난다. 어디서나 주인이 되면 그것이 참이다. 릴케는 이제 주인이 되었다. 남의 돈을 꾸지 않은 것이 바람직한 일이다. 그에게는 셰익스피어나 괴테나 단테를 읽을 필요가 없다. 릴케는 그만큼 깬 사람이 된 것이다. 그렇다고 릴케는 교만하지 않았다. 너무 겸손하고 너무 수줍어한다는 것이 그의 결점이라고 할 정도다.

그러나 그에게는 언제나 넘치는 매력이 있었다. 골상학의 전문가인 카스너는 이렇게 말하였다.

"나는 내 생애에 있어서 만난 많은 사람 가운데서 릴케처럼 매력 있는 사람을 보지 못하였다. 그처럼 뚜렷하게 자기의 개성을 가지고 사는 사람도 없을 것이다."

그처럼 자기가 자기답게 사는 이도 없다. 그는 가장 잘 자기의 본성을 보유하고 있는 사람이다. 릴케의 온몸에는 자기의 본성이 구석구석 침투되어 있다. 그는 본성을 가지고 있다기보다 본성 자체라고 하는 것이 나을 것이다. 본성 자체라고 해서 으시대거나 독특하다거나 그런 것이 아니다.

도부리몬 부인은 릴케의 첫 인상을 이렇게 말한다.

"릴케가 아무 소리도 내지 않고 거의 누구의 눈에도 띄지 않게 방에 들어오는 것을 보았을 때 그는 조심스럽고 정중하고 지루할 정도로 은근하였다. 그러나 그에게서는 차차 생기가 빛나기 시작했다. 그의 눈동자는 새파래지고 그의 빛나는 눈초리는 어린애처럼 즐겁고 부드러웠다. 목소리도 부드러웠지만 가끔 말이 중단되어 무엇인가 억눌리는 것 같은 기분이었다."

릴케의 특징은 그의 웃음에 있었다. 웃음이 터져 나오면 그의 몸 전체가 흔들리는 것 같았으며 그것도 어린이나 정직한 소년의 웃음이나 한없이 주인을 따르는 선량한 강아지의 웃음과 비슷했다. 그의 얼굴은 이마가 넓고 윗부분은 굉장히 발달된 것 같지만 아랫부분은 별로 시원치 않았다.

고뇌의 그림자가 없는 젊고 그리고 비음악적인 아주 넓다고는 할 수 없는 이마, 아주 부드럽고 깨끗한 눈썹, 더할 나위 없이 새파란 두 눈동자, 그의 눈은 가끔 프랑스귀족 특히 17세기 부르봉 왕조에서 보는 푸른 눈이며 어린이의 눈인 동시에 투시透視자의 눈이다. 그 밑에는 못생긴 슬라브적 코가 있다. 그 코는 별로 고귀하지는 못하지만 넓은 콧구멍으로 냄새는 잘 맡게 생겼다고 카스너는 묘사하고 있다.

릴케가 아무도 흉내 낼 수 없는 방식으로 낭독할 때는 그의 숨결과 말의 폭풍 속에서 코는 굉장히 부풀어 올랐다. 릴케의 얼굴은 입으로 끝난 것 같다. 모든 것이 입으로 쏟아지고 입이 마치 강의 하구 같은 느낌을 준다. 입 밑에는 별로 턱다운 턱이 없었다.

릴케가『말테의 수기』를 쓴 집주인의 회상기에 따르면 릴케는 별로 크지 않고 날씬했으며 얼굴은 길고 머리칼은 검고 눈은 어린애의 눈처럼 새파랬다. 이 눈은 얼굴 복판에 자리 잡지는 못했고 꽤 긴 억센 코에는 기운이 넘치는 것 같았고 의젓한 사냥개의 코를 연상케 했다. 수염은 중국 사람의 수염처럼 엉성하며 입 주변에 둘리어 있었으며 표정이나 얼굴빛은 민감하게 움직이는 편이었다. 그래서 시인은 몇 개의 얼굴을 가진 듯하였다. 눈도 언제나 마음의 충동에 따라 어두워지기도 하고 밝아지기도 하였다. 목소리를 빛깔로 드러내자면 보랏빛을 띤 진한 갈색이 떠오를 정도라고 릴케를 묘사하였다.

갓 태어난 어린이는 한동안 지쳐 자게 마련이다.『신시집』과『말테의 수기』를 쓴 릴케는 기진맥진하여 더 이상 아무것도 생산할 수 없는 가뭄과 불모不毛에 시달리게 되었다. 몸은 상기되어 눈은 충혈되고 이마에까지 피가 뭉치어 고통과 우울, 낙담과 무기력은 의사도 어떻게 할 수가 없어 결국 전지요양밖에 할 수 없었다.

특히 릴케의 투시현상은 다른 사람에게는 정신 분열로밖에 이해되지 않았으며 아내도 정신병원에서 치료를 받을 것을 권유하였다. 약을 먹고 전기로 충격을 가하면 정신이상이 사라지고 바보처럼 될 것을 아는 릴케는 자기의 정신을 죽여서 바보가 될 수는 없었다. 릴케의 정신은 이상이 아니라 비상인 것이다. 그는 의식계를 넘어서 무의식계로 헤매면서 보이지 않는 실재와 접근하는 것이다. 그 속에는 악마도 있고 천사도 있다. 악마를 쫓기 위해서 정신을 죽여 버리면 천사도 동시에 죽어버린다.

악마와 천사의 갈등을 릴케는 어떻게 해결하느냐가 제일 큰 문제였다. 그는 정신치료를 중지하고 여행을 떠나게 된다. 4년 동안에 그가 찾은 곳이 50곳을 넘을 지경이다. 그의 생활은 계속 옮아가는 생활이었으며 그는 마치 나뭇잎처럼 떠돌아 다녔지만 그의 심리적 불안은 가라앉지 않았다. 다만 그가 이집트의 원시적 신비종교에 접했을 때 그는 마음에 한없는 기쁨을 느끼는 것이었다. 특히 사막의 빛 속에 피어난 카르낙의 신전은 릴케로 하여금 한동안 자기를 잊게 하였다. 그는 카이로 박물관에서 쇠사슬에 매인 리비아 사람을 끌고 가는 람세스 6세에 마음이 끌렸고 특히 달빛에 빛나는 스핑크스의 신비는 그의 마음속에 한없이 수수께끼를 던져주었다.

릴케는 다시 스페인으로 갔다. 그것은 영매자靈媒者를 통해 알게 된 어떤 여자의 영혼 때문이다. 영은 릴케에게 "톨레도로!"라고 하면서 이렇게 말했다.

"붉은 흙, 작열灼熱, 강철, 쇠사슬, 교회, 피 묻은 밧줄다리, 두 끝에 탑이 있는 다리, 거기가면 다리 밑으로 내려가라. 큰 바위가 있는데 거기서 노래를 불러라."

마음속으로부터 이 말을 듣고 그는 바욘누를 거쳐 톨레도로 갔다. 거기서 보낸 편지는 기쁨으로 차 있었다. 그는 톨레도를 그리려면 천사의 말이 필요하다고 했다. 거기서 그는 교회를 발견하고 그 벽화에서 쇠사슬에 매인 사라센의 포로와 피 묻은 밧줄을 보았다.

그 후 그는 코르도바에 가서 코란을 읽었는데 이 경전은 그에게는 하나의 소리처럼 그를 끌어들이는 것이었다.

"마호메트는 나에게 가장 가까운 사람이다. 원시의 산골을 흘러내리는 시냇물처럼 마호메트만이 신에 도달하는 오직 하나의 길을 열어 놓았다. 나는 매일 아침마다 그의 신과 정중하게 말을 건넨다. 나는 이제는 그리스도와 말할 필요가 없게 되었다."

이 때부터 그는 반反그리스도인이 되었다.

그 후 그는 이태리 베니스 가까이에 바다 속으로 내뻗은 반도 끝 바위 위에 세워진 드노관에서 살게 되었다. 이스트리야 산맥이 보이고 아크레야의 바닷가가 보이는 자연의 명승지다. 여기는 그가 후작부인의 호의로 상류층과 사귀고 책을 읽고 음악을 듣고 요양을 할 수 있는 바다와 태양과 바람이 춤추는 곳이었다. 그는 가끔 초청되는 트리에스테 사중주단을 통하여 베토벤과 모차르트와 친하게 되었다.

릴케는 음악을 그리 좋아하지 않았다. 그것은 일체를 풀어헤치는 매력을 가지고 있다고 생각했기 때문이다. 릴케에게는 풀어헤침보다 얽어매는 것이 필요했다. 그는 정신적 분산을 막고 통일로 이끌어가기 위하여 로댕을 따랐고 조각을 배웠다. 그런데 여기서 아름답고 젊은 여성 벤베누타를 만나 음악의 침묵을 배우게 되고 눈의 사람이었던 릴케가 이제 귀의 사람이 될 것을 바라게 되었다.

모든 음악 속에는 깊은 신비가 들어 있다. 그는 음악에 대해 아직 참은 아니지만 귀에 느낌이 좋은 것은 사실이다. 그러나 음악 속에 가장 중요한 것은 귀에 들리는 것뿐만이 아니다. 모든 예술에 있어서 결정적인 것은 그 외양이나 작용이 아니다. 그것은 참 아름다움은 아니다. 그런 것이 아니고 그 속에는 더 깊은, 더 내적인 근원, 다시 말해서 그 속에 숨어 있는 존재라고 말할 수 있는 무엇이 있는 법이다. 그것이 곧 아름다움이라고 할 수는 없지만 그것이 생산하는 것이 아름다움이라고 하는데 가장 중요한 의미가 있다고 생각한다.

릴케는 음악을 통해서 마음의 공간 속에서 여러 가지의 새로운 세계를 창조할 수 있는 가능성을 발견했기 때문에 음악에 더욱 관심을 가지게 되었다. 그러나 그는 본시 음악에 소질이 있는 사람은 아니었다. 그는 귀의 인간이라기보다는 눈의 인간이기 때문이다.

이 당시에 릴케는 또 하나의 소득은 그가 괴테의 작품에 친숙할 수가 있었다는 것이다. 그때까지 그는 괴테를 거의 읽지 않고 있었다. 그런데 괴테 수집가 키펜베르크가 괴테전집을 그에게 보내주었다는 것이다. 그는 40이 가까워서 괴테를 발견하게 되었다. 그는 괴테가 시인으로서 정진해 갈 때에 골목마다 만나는 천사와의 싸움을 이겨갔으며 괴테가 산 예술을 창조하기 위하여 있는 힘을 다하여 노력하고 있으며 상실된 내심의 균형을 다시 발견하기 위하여 싸운 그의 노력을 높이 찬미하였다. 그는 끊임없는 탈바꿈을 계속하면서 자기실현을 해가는 모습은 실로 장엄한 것이라고 느끼지 않을 수 없었다.

오랫동안 영감을 상실한 릴케는 다시 영감을 찾기 위해서 자기가 좋아하는 외국 작품을 번역하기 시작했다. 앙드레 지드의 『탕자의 귀가』를 번역하고 그는 다시 말테가 된 것 같은 기분이었다. 그는 사랑하는 것뿐이지 사랑을 받아내서는 안된다는 말테의 진정을 표현하기 위해서 『막달라 마리아의 사랑』을 번역한다. 이 번역은 릴케의 창작이라고 할 만큼 아름다운 설교의 번역이다.『막달라 마리아의 사랑』은 산 그리스도에게 바쳐진 사랑보다도 죽은 그리스도에게 바쳐진 사랑이 더 위대하며 부활하여 그를 떠난 후에 그리스도에게 바쳐진 사랑은 더 숭고하다는 것을 말해준다. 37세에 그는『포르투갈 수녀의 편지』를 번역한다. 그 책의 내용은 여성은 남성이 가질 수 없는 위대하고 확고한 천부의 단순성을 지니고 있다는 것이다. 여성은 단순히 사는 것만으로도 행복할 수 있다. 그녀는 존재하는 것만이 전부다. 그녀는 자기를 느끼고 자연의 식물 같은 감정으로 다른 사람에게 말할 수 없는 안정감을 준다. 아무리 정처 없는 남자라도 여성에게 정착되기만 하면 마음은 가라앉는 법이다. 여성의 존재는 한없이 적극적이다.

　번역한 책의 또 하나는『반인반마』라는 범신론적 작품이다. 그는 차차 영감을 느끼기 시작하여『마리아의 생애』라는 시집을 내게 되고 그는 정말 영감에 부딪쳐『두이노의 비가』두 편을 쓰게 되었다.

　37세 되는 1912년 1월 어느 날 릴케는 아주 짜증나는 사무적인 편지를 받고 그 답장을 쓰기 위하여 집안에 들어박혀 있었다. 그 때 밖에는 바람이 세차게 불고 있었으며 태양이 검푸른 바다를 내리쬐고 있었다. 릴케는 뜰로 나가 산보하면서 바닷물결을 바라보며 편지 답장을 생각하고 있었다. 그때였다. 그는 갑자기 멈추어 섰다. 바람 속에서 어떤 소리가 들려왔기 때문이다. 천사들 가운데서 누가 내 소리를 들어 주겠느냐. 릴케는 드디어 신이 나타났다고 직감했다. 그는 들려오는 말을 곧 적기 시작했다. 그날 밤에『두이노의 비가』제1이, 그 다음에 제2가 나오게 되었다. 그리고 그는 이 시에「회심」이라는 제목을 붙였다. 어차피 그는 회심하지 않을 수가 없었기 때문이다.

　릴케는 젊어서 사물과 동물과 여성에 마음을 열고『신시집』을 썼다. 그러나 그것은 위대한 작품의 준비지 위대한 작품은 아니었다. 그는 자기의 무력을 너무도 잘 알고 있었다. 그것은 그의 마음속에는 사랑이 없다는 것이다. 사람의 눈에는 한계가 있는 법이다. 눈만 가지고는 안 된다. 마음이 있어야 한다. 지금까지 눈의 일만 해 온 것이다. 이제부터는 마음의 일을 해야 한다. 이제부터는 예술을 위한 예술이 아니라 심정을 위한 예술이다. 그것은 만인을 살리는 예술이어야 한다. 정말 사랑의 작품을 쓰고 싶었던 1914년 37세 때 그는 제1차 세계대전에 휩쓸리고 만 것이다. 그가 40세 때 딸에게 쓴 편지에는 이렇게 적혀 있다.

"나는 지난 일 년 동안 고통과 비통의 사막을 걸어왔다. 이렇게 괴로울 수는 없단다. 나에게는 아무런 위로도 없다. 너는 내 말을 알 수 있겠지? 그것은 우리에게는 한 사람의 원수도 없는데 모든 사람과 싸워야 한다는 것이다. 전 유럽이 빠져버린 이 터무니없는 큰 상처를 싸매줄 수 있는 부드러움을 하나님은 언제까지나 보류하고 계시는 것일까."

특히 릴케만이 가진 더욱 큰 고뇌는 지금까지 그는 죽음을 과일이 익어가는 것 같은 성숙의 상징으로 보았다. 그런데 지금 미쳐버린 유럽은 익기는커녕 아직 크지도 않은 젊은이의 죽음, 집단의 죽음, 공동의 죽음을 죽이고 있는 것이다. 이러한 죽음을 그는 어떻게 이해할지 도저히 알 수가 없었기 때문이다.

그는 독일에 가서 호전적인 열광에 그만 압도되어 심한 공포에 휩쓸려 요양을 떠나지 않을 수 없었다. 온 세상이 폭풍에 휩쓸리는 파도와 같았다. 이런 속에서 자기 자신을 되찾는 것은 불가능하다고 생각했다. 그는 친구에게 나의 내면생활은 깊은 심연으로 그 속에는 일체가 조각이 나고 있다고 썼다. 세계가 이런 길을 가고 있는 동안 나는 침묵밖에 할 것이 없다고 말하기도 하였다.

결국 그가 할 수 있는 것은 외국어 공부뿐이었다. 외국을 침략하는 것이 아니라 외국을 사랑하는 길은 그 나라의 말을 배워 그들을 위로하는 길밖에 없다고 생각했기 때문이다. 그는 있는 힘을 다하여 전쟁을 미워하였다. 그런데 41세에 그는 징집을 받게 되었다. 그는 예비군 보병 제1연대에 입대하여 훈련을 받고 비엔나에 파견되었다가 육군본부에 근무하고 겨우 해제되어 반년 후에 뮌헨으로 돌아왔다.

그는 톨스토이, 셰익스피어 등의 작품을 읽었다. 그는 죽음 속에서도 인간적인 것이 있을 수 있는가를 깊이 찾아보았다. 그는 독일정신을 찾기 위해서 횔덜린(Friedrich Hölderlin, 1770-1843)을 연구하고 쉴러(Friedrich von Schiller, 1759-1805)에 열중하였다. 그는 횔덜린에게서 많은 영향을 받았다. 그는 횔덜린을 통해서 희랍정신을, 쉴러를 통해서 로마정신을 다시 찾게 되었다. 그것은 다신론적多神論的이고 범신론적汎神論的인 사상이다.

릴케의 신이란 그에게 있어서는 인간을 초월한 일체를 말하고 있다. 인간은 영원히 신의 패배자다. 그러나 인간은 계속 상승하면서 자기를 창조해 간다. 그에게 수많은 문제가 있지만 신처럼 큰 문제는 없다. 인간은 인간의 연약함 때문에 이 문제를 보류할 수는 없다. 왜냐하면 인간은 이 문제를 피할 수는 없기 때문이다. 릴케는 기독교처럼 신성을 인간보다 더 앞에 두지 않았다. 그는 신성을 인간의 무한한 발전 끝에 미래에야 나타나는 것으로 보았다. 그는 그리스도의 사명도 신으로의 상승을 지시하는 손가락으로 생각했다.

릴케가 44세 때 제1차 대전은 끝이 났다. 그에게 부과된 과업은 『비가』를 완성하는 일이었다. 그리고 그것을 완성하기 위해서 그것을 쓸 수 있는 분위기 속에 자기를 몰입하게 하는 것이다. 두이노의 성곽은 이미 깨져버렸다. 그는 스위스에서 찾아보았으나 발견하지 못하고 프랑스로 갔다. 그는 파리에서 다시 신비의 샘물을 마신 것처럼 새로운 용기를 얻게 되었다.

그는 프랑스 말과 독일 말의 경계선인 북유럽과 지중해의 접촉점, 게르만과 라틴의 접경인 시엘에 머무는 동안 우연히 뮈조트 성곽을 발견하게 되었다. 성곽이라기보다는 높은 탑이었다. 12세기에 지은 수도기사修道騎士들의 휴식처였다. 좁은 방, 옛 가구 사이에는 아직도 전기가 통하지 않는 곳이 있다. 그가 깊이 숨기에는 안성맞춤인 곳이다. 릴케는 일시적인 죽음이라고 할 만큼 깊이 숨는 것이 필요했다. 그에게는 깊은 명상, 이 세상과의 단절이 필요했다. 그는 정신을 집중하기 위해서 일체를 멀리하지 않으면 안 된다. 그에게 필요한 것은 침묵과 고독뿐이다. 그는 여기서 발레리의 두 작품,『해변의 묘지』,『유팔리노스』를 읽게 되었다.

발레리는 현대의 로마 시인 루크레티우스라고 불리기도 하지만 우주만생을 노래 부르는 시인에게 그는 깊이 도취하여 그것을 번역하기 시작했다. 그는 다시 자기의 정신이 집중되는 것을 느끼기 시작했다. 1922년 2월 11일 그는 기쁨에 넘쳐 마리 폰 투른 운트 탁시스 후작 부인에게『비가』를 완성했다고 보고의 편지를 쓰게 되었다.

"후작 부인, 드디어 은혜의 날이, 아아, 어떻게 이런 은혜의 날이 찾아와 주었을까요. 당신에게『비가』를,『비가』의 완성을 보여 드릴 수 있는 날이, 열편의 비가, 모두가 이삼일 안에 이루어졌습니다. 그것은 형언할 수 없는 폭풍이었으며 정신의 태풍이었습니다. 옛날 두이노에서와 마찬가지로 내속에서 조직 같은 것이 다 흩어지고 말았습니다. 식사 같은 것은 생각할 겨를도 없었습니다. 누가 그동안 나를 먹여주었는지 이상할 정도입니다. 하여튼 이제『비가』가 완성되었습니다. 여기『비가』가 존재합니다. 아멘, 이것을 위하여 나는 지금까지 견디어 왔습니다. 모든 것을 극복하고 살아왔습니다. 그리고 이것만이 나에게 필요했습니다. 오직 이것만이 필요할 뿐입니다."

릴케가 1912년 37세에 쓰기 시작한 비가는 47세까지 10년 만에 드디어 완성을 보게 된 것이다. 그것은 하나의 은총이었고 그것은 하나의 기적이었다. 그는 10년 동안 잃은 영감을 찾기 위해서 온 땅을 헤매며 돌아다녔다. 그런데 뮈조트 탑 골방에서 그것을 얻게 되었다. 그는 안드레아스 루 살로메에게 말했다.

"2월 11일 토요일 오후 6시 정각에 그것은 존재합니다. 나는 밖에 나가 이 작은 탑, 나를 지켜주고 나에게 그것을 내어준 이 탑을 크고 늙은 짐승처럼 쓰다듬어 주었습니다."

릴케는 드디어 그의 작품을 완성할 수 있게 되었다. 릴케의 고독을 지켜준 산들이 그의 눈길을 멀리 별 하늘까지 인도하여 주었다. 이들 산들은 릴케에게는 어떤 생이나 사상보다도 어떤 표현의 가능성보다도 더 신비하고 더 높은 것이었다. 그 산정에는 무수한 천사들이 날아가고 있었다. 긍지와 도취에 젖어서 릴케는 신의 영원성에까지 닿을 정도로 바람을 실은 인간의 빛나는 존엄의 증언을 신비한 산마루의 절대경으로 날려 보낸 것이다.

이 작품에는 두 가지 결정적인 릴케의 내적 체험이 들어 있다. 하나는 삶을 꿰뚫고 삶의 저편인 죽음 속에 자기의 자리를 마련한다는 것이고 하나는 죽음을 배척하는 좁은 삶이 아니라 죽음을 포섭한 넓은 삶 속에 사람의 모든 형태를 그려보자는 것이다. 현실에 갇혀있는 삶이 아니라 현실을 뚫고 이상에 나서서 현실을 구원하고 현실을 사랑하는 삶인 것이다. 인간의 세계에서 인간을 보는 것이 아니라 신의 세계에서 인간을 보는 것이다.

인생, 그것은 순수한 모순이요 동시에 기쁨이다. 그것은 수많은 천사들 속에서 깊이 잠든 어린아이와 같다. 장미, 아아, 순수한 모순, 기쁨, 이렇게 수많은 눈썹 속에서 누구의 잠도 아닌 깊은 잠을 릴케는 오늘도 자고 있는 것이다.

말테의 수기

『말테의 수기』는 무엇을 알려고 하는 사람에게는 별로 도움이 못 될 것이다. 왜냐하면 그것은 사는 것을 아는 것보다 더 앞세우기 때문이다. 본질(무엇)보다 실존(누구)이 더 중요하다고 생각한다. 실존은 본질에 앞선다. 본질을 파고드는 것보다도 우선 실존하는 것이 더 소중하다고 본다. 본질은 아무리 파 보아도 물리는 알 수 있으나 윤리는 모른다. 윤리를 모르면 진실은 종래 드러나지 않는다.

릴케는 말테에게 진실을 기대한다. 새끼를 절벽에 밀어 던지는 사자처럼 그는 암흑 속에 말테를 밀어 던진다. 어두운, 부정적인, 절망적인 한계 상황 속에 그를 집어넣는다. 비참, 빈곤, 질병, 죽음, 공포, 불안, 혼란, 불신, 문 없는 절벽, 자기소외의 세계, 실패자의 무리, 인간쓰레기, 산송장, 검은 도시, 그런 속으로 말테를 밀어 넣는다. 그것은 그런 속에서도 생이 가능한가를 증명하기 위해서다. 출구가 없는 암흑 속에 던져져 태양[本質]을 기다리는 것이 아니다. 스스로 빛[自光]을 발하는 금강석[實存]처럼 실존하는 모습을 보자는 것이다.

『말테의 수기』는 객체의 묘사가 아니다. 주체의 독백이다. 과거의 소설은 작가가 주인공의 성격을 사회의 환경 속에서 재현하여 인물과 인물의 성격상의 갈등을 외적인 사건의 진행으로 묘사하고 독자는 주인공과 같이 같은 시대 사람으로서 시대적 사건이나 인간의 심리적 갈등이나 행동을 읽을 수가 있었다.

그러나 말테의 수기는 현실의 재현묘사나 설득을 전혀 문제로 하지 않았다. 이것은 자기의 주인공으로 하는 일인칭 소설이다. 삼인

칭 소설에서 보는 객관적 사실이 아니라 자기와 자기 자신과의 대화요, 자기 내면의 과정을 그린 것이다. 말테는 어떤 의미로는 릴케 자기 자신이다. 그러나 릴케는 말테와 떨어질 수 있다는 점에서 말테는 아니다.

결국 릴케는 오랫동안 행위에 옮길 수 없는 절망상태가 계속되었으나 나중에는 다시 힘을 얻어 세잔의 생을 살았다고 할 수 있다. 나는 말테의 모습의 한계에 도달했다. 그러나 세잔은 말테에게서 성공하지 못한 것을 처음으로 소박하고 빈약하게나마 성공에 도달시켰다. 말테의 죽음, 그것은 세잔의 삶이었다. 그의 후기 30년의 삶이었다. 세잔은 예술적 직관으로 존재자가 존재할 수 있는 사물세계를 획득하였다. 그 후 세잔은 본래적인 삶의 가능성을 발견하고 자기 자신의 생을 살아간 것이다. 말테는 진리를 실천하지 못하고 죽고 세잔은 30년 동안 진리를 실천하며 진리를 가지고 살 수 있다는 가능성을 증명하였다. 세잔은 말테가 가지지 못했던 끔찍한 체험을 하였다. 문둥이와 같이 잔다는 체험을 통해서 죽음을 넘어선다는 시련에 합격하게 되는 것이다. 그러나 말테는 관념적으로는 이런 시련의 필요성을 이해하지만 그것이 현실화되지는 못했다.

『말테의 수기』는 덴마크의 말테라는 청년이 자기의 원고를 대화 속에 나오는 어떤 청년에게 맡기고 죽어버린다. 릴케는 이 청년에게 그 원고를 받아가지고 편찬하는 형식을 취한다.

내용은 생과 사랑과 신의 문제다. 하나님과 나와의 관계, 나와 나와의 관계, 나와 남과의 관계다. 생을 어떻게 파멸하지 않고 살아갈 수 있는가. 생을 인도하고 생을 참고 견디게 하는 예술이라는 것이 어떤 것인가. 만일 생을 찾지 못하면 생은 그 사람을 넘어서 가고 만다는데 인생의 절망이 있다는 것, 이런 생각을 그의 친구 레벤틀로프에게서 얻은 것이다.

릴케가 『말테의 수기』를 쓰게 된 동기는 릴케가 파리에 도착한 때였다. 파리에서 그는 결정적인 현실에 부딪친 것이다. 파리는 어디나 병원이 있고 거리마다 병자요 장례행렬이 줄을 이었다. 릴케에게는 파리는 마치 최후의 심판처럼 보였다. 모든 것이 뛰어가고 흘러가고 떨어지고 있다. 파리는 불안한 릴케를 더욱 공포로 몰아넣는다. 자기를 상실하고 궤도에서 벗어난 별처럼 무엇인가 무서운 충돌을 향하여 달리고 있다. 혼란, 비참, 빈곤, 죽음, 이런 무서운 현실의 중압 속에서 릴케는 불안에 떨다가 다시 이 현실을 이겨내고 이 현실을 직시하기 시작한다. 이런 현실 속에서 그는 로댕의 지도로 눈을 뜨게 된다. 그는 새로운 관념을 가지고 현실을 새롭게 보기 시작한다.

릴케는 인간들이 확실히 인간의 근거를 상실하고 있다는 것, 인간은 아무에게도 수호되고 있지 않다는 것을 몸으로 체험했다. 하나님을 가진 사람도 없고 이웃을 가진 사람도 없다. 그리하여 릴케는 인간의 불안이 얼마나 심각하다는 것을 알고 어떻게 다시 확실성을 찾을 수 있을까 하여 『시도시집』 제3부 「빈곤과 죽음의 책」을 썼다. 그는 형상의 세계를 떠나서 사물의 접근을 시도한다. 시는 감정이 아니다.

파리에서 릴케가 본 것은 허위의 현실과 존재의 근거 상실이다. 릴케가 로댕한테서 배운 것은 사물의 확실한 파악과 예술사물의 창조다. 이것이 말테의 수기를 쓰게 된 동기가 되는 것이다. 그렇기 때문에 말테의 수기의 환경은 현실이다. 그것은 구체적 파리이며 도시의 구원 없는, 수호되지 않은 절망적 상태, 말테에 나오는 인물은 직접 간접으로 존재 문제와 연결되어 있다. 그렇기 때문에 주인공을 비롯하여 모든 인물이 현실과 밀착되어 있으면서 현실에 흥미가 없다. 말테의 인물 묘사나 심리분석은 전혀 독자의 흥미나 동정을 기대하지 않는다. 다만 한계 상황에 선 실존적 인간을 그릴 뿐이다.

『말테의 수기』는 65개의 단편으로 모여졌다. 편지, 일기, 회상, 관찰, 그 가운데는 일관된 맥락이 없다. 다만 순간에 비치는 영원의 모습을 적어간 것뿐이다. 벽에 부딪치고 떨어지는 올라가려다 다시 떨어지는 실존의 모습을 기록해 갈 뿐이다. 그러나 실존적 고독은 존재의 통로인지 모른다. 좌절이 곧 초월이기 때문이다. 말테는 객체 세계에 떨어져 거기서 자기가 객체화될 것을 무엇보다 두려워하는 주체적인 고독한 실존자였다.

말테는 고독해지면 질수록 더 주체적이 되었다. 나중에는 객체 세계를 잊을 정도의 절대주체가 되었다. 말테는 물론 완전히 인생을 떠나 나무와 바위가 된 존재자는 되지 못하였다. 말테는 그렇게 되지는 못했지만 그렇게 되기를 바랬다. 말테가 걸어간 길은 고독한 실존의 길로서 도중에 좌절하고 몰락하지 않을 수 없었지만 그러나 말테는 절대적 세계를 확신하고 있었다. 그 절대적 세계에서는 변신 變身을 통해서 존재할 수 있을 것을 가능하게 생각하고 있었다. 이런 점에서 『말테의 수기』는 실존에서 존재로 가는 하이데거의 『존재와 시간』에 맞먹는 작품이라고 할 수 있다. 불안에서 확실성을 찾는 관심의 세계가 『말테의 수기』다.

말테는 시인이 되기 위하여 일체를 미워했다. 시인이 되기 위해서는 일체를 미워해야 한다. 그렇기 때문에 시인은 언제나 고독하다. 일체를 미워하면 시인이 될 수 있지만 미워하지 못하면 시인이 되지 못한다. 미워한다는 것은 쉬운 일이 아니다. 정말 한 가지를 사랑하지 않으면 절대 일체를 미워할 수가 없기 때문이다. 그는 하나를 사랑하기 때문에 일체를 미워했다. 시를 사랑하기 때문에 일체를 미워한 것이다. 그 결과 릴케는 시인이 되었고 실존이 되었다.

어두운 곳에 서기 전에는 빛이 될 수 없는 것처럼 실존이 되기 전에는 존재를 이해할 수가 없다. 실존은 존재의 길이다. 릴케의 존재는 투명한 문학, 『오르페우스에게 바치는 소네트』, 『두이노의 비가』가 나오기 위해서는 실존의 자기증오, 『말테의 수기』가 필요하다.

『말테의 수기』는 모순을 포함한 채 생을 갉아먹는 고민의 시대로 그것은 밑없[無底]는 심연深淵에 달려 있는 불가능한 생이다. 그것은 포도가 발효하듯 발효하는 생이요, 고뇌라고 하는 발효균에 의하여 발효하는 시기다. 이것이 실존이다. 얼마 있다 맑은 술이 되면 춤을 추고 노래를 부른다. 『두이노의 비가』와 『오르페우스에게 바치는 소네트』가 나타난다. 십자가가 지나가고 부활이 올 것이다. 실존에서부터 존재로, 이것이 『말테의 수기』에서 『두이노의 비가』에 이르는 과정이다. 그 사이에는 깊은 단절이 있다. 불모의 단절, 죽음의 단절, 자기극복의 단절이 있다.

실존은 생의 생생한 고민의 모습이다. 이것은 본래적인 것이다. 이것은 학문 때문에 오는 것도 아니고 전통 때문에 오는 것도 아니다. 인류 고유의 본래적인 것이다. 그런 의미에서 릴케는 실존주의 이전의 실존주의자다. 현대의 실존주의는 기계문명이 빚어내는 평균화, 개성무시, 공동사회의 개인무시에서 오는 인간 존재의 독자적 존재방식인 실존의 자각에서 유래한다.

릴케도 이런 분위기와 무관하지는 않다. 그는 너무도 감각이 예민하기 때문에 현대인보다 좀더 앞서서 깨달은 것뿐이다. 실존은 발효다. 그것은 언제나 어두운데서 이루어진다. 만인의 발효상태를 보여주는 것이 말테의 수기다. 발효가 원인이 되어 술의 결과가 생기듯이 실존이 원인이 되어 존재의 세계가 이루어진다. 실존은 보이지 않는 나무의 뿌리다. 『말테의 수기』는 릴케 시詩에 있어 나무의 보이지 않는 뿌리 전체다.

릴케는 자기의 시가 어렵다는 평에 나의 시가 필연적으로 지니고 있는 어려움은 그것이 애매하기 때문이 아니라 그 출발점이 나무뿌리의 덩어리처럼 깊이 숨어있기 때문이라고 대답한다. 뿌리 없이 나무는 없다. 말테의 이해는 두이노의 이해에 불가결한 것이다.

릴케의 시의 이해는 릴케 신의 이해와 직결된다. 릴케의 시는 릴케의 신에게서 나온 싹이다. 신의 뿌리에서 시의 싹이 터나온다. 릴케의 시는 뿌리를 향한 내적 진행이다. 잎에서 만든 녹말이 뿌리에 저장되듯이 릴케의 시는 신의 창조다.

릴케의 신은 실존적이다. 그러나 키에르케고르처럼 기독교적이 아니고 어떤 면으로는 니체에 가깝다. 릴케가 생각하는 실존적 신관이란 신도 주체主體도 인간도 모두 주체일 때에 신과 인간은 만날 수 있다는 것이다. 그러기 위해서는 인간의 외부세계에서 완전히 단절되고 내부에서만 살아야 한다. 외부세계는 객체의 세계요, 개념의 세계요, 우상의 세계요, 망상의 세계다. 거기에 대하여 내부세계는 실재의 세계요, 주체의 세계요, 자각의 세계다.

이 세상에서 완전히 소외된 사람, 고독하고 비참하고 맹목이 된 사람, 그 사람만이 신과 같이 있으며 행복하며 눈 뜬 사람이다. 외부와는 단절되어야 내부와 연결이 된다.

말테의 수기에서 마지막 탕자가 바라는 것은 아들이 돌아오기를 기다리는 아버지의 인내성이다. 릴케에 의하면 아들은 주체가 되기까지는 아버지에게는 돌아갈 수는 없다. 이것이 릴케와 기독교 신앙이 다른 것이다. 기독교는 무조건 돌아가면 된다. 아버지는 무조건적 사랑이기 때문이다. 그러나 릴케의 신은 무조건이 아니다. 그것은 주체라는 것이다. 아버지가 주체이기 때문에 아들도 주체가 되어야 한다. 아버지와 아들이 만날 수 있는 점은 주체뿐이다.

그런데 말테의 탕자는 종래 주체가 못된다. 주체가 되려고 애쓰고 있는 것뿐이다. 탕자는 하나의 혼이 되기를 기다리는 신의 인내를 바라고 있고, 말테는 계속 온전한 실존이 되려고 애를 쓰지만 결국에 실존은 되지 못한다. 탕자는 아무에게도 사랑받을 수 없게 되었다. 그는 다만 신만이 자기를 사랑할 수 있다고 느꼈다. 그러나 신은 아직 사랑하려고 하지 않았다. 이것이 『말테의 수기』의 끝말이다. 이것이 또 릴케의 생애의 끝이기도 하다.

　말테는 빛나는 사랑만이 신에 대한 사랑이요, 마음으로 사랑하는 것만이 신에 대한 사랑이라고 생각했다. 그는 있는 힘을 다하여 신을 사랑했다. 그러나 신에 대한 거리는 무한함을 알고 말테는 몰락해 간다. 마치 돈을 벌어 가지고서야 아버지께 돌아가겠다는 어리석은 아들의 운명을 말테는 자기 운명으로 삼는 것이다.

　이 점에 있어서 그는 결국 신앙에 안주할 수가 없었다. 신을 발견하지 못하고 마는 것이다. 신을 만나지 못한 채 밤낮 신을 그리는 탕자의 신앙은 다만 방향을 가진 사랑뿐이다. 사랑의 대상은 없고 다만 방향이 있을 뿐이다. 별빛이 찬연하게 빛나고는 있지만 대상이 없이 빛나고 있는 것처럼 릴케의 신앙도 빛나기는 하지만 현실적인 신앙이 아니고 최후까지 사랑할 것을 결심한 짝사랑이 되고 말았다. 하나님이 인간을 사랑하는 것이 아니라 인간이 하나님을 사랑하는 자기사랑이 되고 말았다.

　옛날 구약의 족장들이 약속한 신을 신약의 사도들이 현실세계에 모셔왔지만 신은 다시 하늘나라에 돌아가고 말았기 때문에 신약의 세계에는 신의 그림자만 남아서 그것을 지키고 있는 것이 기독교요 기독교에는 신이 없다고 릴케는 생각하였다.

　릴케는 기독교를 언제나 비판하였다. 기독교에는 신의 그림자뿐이지 신은 없다는 것이다. 신은 주체적인 신만이 실재적인 신이다. 객체화된 신은 신이 아니라 신의 그림자. 주체적인 신은 인간이 주체가 되었을 때만 직접 만나는 것이다.

릴케에게 있어서 신인관계는 직접적이지 누구의 중개도 필요가 없다. 이심전심以心傳心이지 그 밖의 간접적인 길이 없다. 그렇기 때문에 그리스도가 신과 인간과의 중간 교량이라는 교리를 릴케는 인정할 수 없었다. 중간 교량은 도리어 직접적인 관계를 막는 방해의 역할을 한다. 신인으로서의 그리스도, 십자가라는 것이 교량의 역할을 하는 그리스도교를 릴케는 절대 인정할 수가 없었다. 그런 의미에서 원죄설 또한 인정할 수가 없었다. 인간의 힘으로는 도저히 신에게 도달할 수 없고 신의 힘으로만 인간에게 도달할 수 있다는 생각을 그는 부정했다.

  릴케는 니체와 마찬가지로 인간을 약하다고 보지 않았다. 인간은 한없이 강한 것인데 그것을 약하다고 했기 때문에 사람은 정말 약해져서 짐승처럼 되었다는 것이다. 그래서 사람은 자기의 본질을 잘못 파악하고 약해져서 굶주리고 목마르고 앓고 비참해졌다. 그리고 절망에 빠졌다. 구세주라는 어떤 사람이 인간을 병자로 만들어 놓았다. 그리스도적 사랑, 동정, 긍휼이 약자를 더욱 약하게 하였다.

  릴케의 『시도시집』에서 기독교도는 신에 대해서 아무런 의미도 없다고 말한다. 릴케는 기독교도가 아니었다. 그는 그리스도를 사랑하지도 않았다. 그것은 외부에서 강요하는 도덕률은 인간의 자유를 해친다고 생각했기 때문이다. 인간의 내부에는 무한한 힘이 있다. 이 힘을 그는 믿는 것이다. 이 힘에 한계를 긋는다든지 어떤 방향을 설정하려는 모든 사상에 대해 그는 반기를 들었다.

  말테는 인간이 한없이 강하다고 생각한다. 말테는 인간이 신이라고 믿는다. 말테는 실존이 가능하다고 믿는다. 말테는 실존의 참혹을 통해서 비로소 살맛을 느낀다고 생각했다. 고난은 인간의 강함을 증명하는 것뿐이다. 그는 위로와 구원을 거부하고 절망을 찾아냈다.

  말테는 구원을 구하는 것으로 생의 의미가 상실될 것을 염려했다.

비록 기독교도가 생을 포기하지 않는다고 해도 구원을 원하는 동안 벌써 생을 포기한 것이다. 그는 구원이란 생각이 하나의 공리주의의 망상이라고 생각했다. 기독교는 원죄라는 것을 가정하고 인간의 무력을 몽상화하여 신앙을 통한 내세를 고취하여 현실에 대한 책임을 회피하게 한다는 것이다.

릴케는 원죄도 신인도 은총도 믿지 않는다. 그는 그리스도가 인류의 약화를 조장할 뿐이라고 생각했다. 릴케의 일기에는 그리스도는 하나의 커다란 위험물로 묘사되었다. 그리스도는 너무 가까이 있어 신을 가리고 만다. 젊은 사람은 인간적 척도로 신적인 것을 찾고 있어 인간적인 것에 도취되어 나중에 영혼이라는 참혹한 장소에서 얼어 죽게 될 것이다.

말테는 순수하게 존재하는 신, 객체화하지 않은 신, 비참과 맹목에 있어서 절대로 주체적인 신을 찾고 있다. 말테는 위선의 외투를 벗어버리고 비참을 견뎌내면 절대의 주체가 될 수 있는 완전하게 고독한 실존자가 될 것이다. 이때 신은 객체화된 신의 그림자가 아니고 절대의 주체로서 인간과 만나게 될 것이다.

『말테의 수기』 마지막에 탕자가 비참에 자기를 내어주고 거름처럼 되어 실존을 강행할 때 그는 하나의 양치기로 무한한 초원에 그 모습을 드러내고 존재함을 사랑하고 절대주체가 될 때 신을 만나게 된다. 그러나 말테는 비참에 자기를 내맡길 수 없어 결국 신은 영원히 침묵을 지키는 것이다.

릴케가 25세 일기에 "단독자는 신의 얼굴을 보고 신의 어깨까지 발돋움한다. 그리하여 신과 더불어 힘 있는 자가 되고 신을 위하여 중요한 자가 된다."라고 쓰고 있다.

릴케는 실존의 본질을 비참과 맹목으로 규정한다. 절대자를 지식으로 붙잡겠다는 것은 너무도 망상이다. 릴케에게도 신에 도달하는 길은 시간뿐이다. 시간문제가 해결될 때 인간은 실재계인 내부공간에 들어간다. 그 때에 진짜로 신은 내재하고 모든 종교는 필요 없게 된다.

그의 『신시집新詩集』은 중세의 신에 대해 "그들은 신을 자기 속에 가지고 있었다. 그리하여 신의 인도를 기원하였다."라고 한다. 신은 영원한 회귀 위에서 사람들의 행위와 날마다의 일에 지시자가 되면 족했다. 시계로서의 신은 영원한 시간 위에서 인간들의 행위를 규정하고 있었다.

릴케의 실존은 주체요 행위의 세계다. 태양에 시간이 없듯이 행위에는 시간이 없다. 시계에는 시간이 없다. 영원한 시간이 돌아가고 있는 것뿐이다. 실존은 하나의 태양이요 시계다. 태양은 시계와 일치한다. 행은 행과 일치한다. 주체는 주체와 일치한다. 인간이 행자가 될 때에 인간은 시간에 의해 지배받지 않고 시간도 넘어설 수 있다. 시간을 넘어선 후에 인간은 존재와 만난다.

말테는 신의 존재를 느끼고 있다. 25세때 출판된 『보르프스베데』 일기를 보면, "인간은 신을 간절히 필요로 했으며 인간은 처음부터 신이 계신 것을 느끼고 보았다. 신의 완전을 인간은 필요로 했기 때문에 신은 있다고 인간은 말했다."라고 쓰고 있다.

이때 릴케는 신의 계심을 느끼고 있었다. 32세 때 쓴 즉흥시에는 신에 대한 호소가 신에게 도달되기 위해서는 내부공간이 외부공간으로 확장되어 내부공간이 외부공간을 덮을 수 있을 때 가능하다고 말하고 내부공간의 확대에 전력을 기울였다. 이 노력이 성공하여 마음이 몸을 포섭하여 내부공간이 외부공간을 포함할 때 시인은 자기완성적인 완전한 주체로서 신을 향할 수 있게 된다. 이때 나와 하나님은 하나가 되어 있기 때문이다.

릴케는 의식으로 신을 찾는 모든 신학을 멸시한다. 그것은 신의 망상을 낳을 뿐이기 때문이다. 신의 개념을 없이하는 것, 기성종교를 물리치는 것, 기성종교의 신을 무시하는 것, 이것이 릴케의 결의였다. 사람들이 너무 쉽게 고행을 중단하고 기성종교에 모여드는 것을 릴케는 얼마나 불쾌하게 생각했는지 모른다. 기성종교에서 벗어나는 것, 출가, 그리고 고독하게 나 혼자만의 길을 걷는 것이 절대로 중요했다. 생산적으로 신에 종사하지 않고 신을 주어진 것으로 받아들이고 공명한다는 것은 있을 수 없는 일이다.

그는 공동의 신과 중개자의 신부를 부정한다. 그는 죽기 한 달 전에 당부하기도 하였다. 자기가 임종에 가까워 혼미 상태에 빠질지도 모르지만 그때 혹시라도 신부나 종교인들을 불러서는 안 된다고 엄중히 경고하였다. 신과의 만남은 직접적이지 절대 중간의 소개자가 필요 없다는 것이 그의 굳은 신념이었다.

릴케에게 있어서는 이 세상이 제단이었다. 기성교회가 아니라 이 우주가 이 현실이 그대로 교회였다. 인간은 이 현실 속에서 실존이 되는 것이다. 고난을 통해서 실존이 된다. 십자가의 길만이 실존의 길이다. 그런 의미에서 그는 그리스도와는 친구요, 그리스도교와는 원수였다.

현실에 대해서 눈을 돌리게 하는 것은 허위다. 현실을 떠나서 신과 만나려는 것은 거짓이다. 실존은 현실 속에 있다. 세계내 존재다. 세계를 떠나서 실존은 없다. 바람을 떠나서 새가 없고 물을 떠나서 고기는 없다. 고기는 물속에서만 자란다. 현실 속에서만 실존은 성숙해간다.

24세의 예술가에게 있어서 신은 최후의 가장 깊은 실현이다. 경건한 사람들이 신이 있다고 하고 근심걱정에 쌓인 사람들이 신이 있다고 할 때 예술가는 웃으면서 신은 아직 있지 않다고 한다. 신은 미래의 신이다. 예술가의 신앙은 신앙이상의 신앙이다.

왜냐하면 예술가는 자기 자신을 건설해 가기 때문이다. 릴케에게 있어서 예술가란 신의 창조다. 그것이 예술가의 의무다. 릴케가 가톨릭 신앙을 버린 것은 15세 유년학교 시절이라고 말하고 있다. 그는 개념적 신앙을 버리고 삶의 신앙으로 들어간 것이다. 그에게 있어서는 작품의 창조가 그대로 신에 대한 기도였다. 사는 것이 그대로 기도다.

『말테의 수기』 마지막에 탕자는 신에게 접근하는 너무나 격렬한 일 때문에 거의 신을 잊었다고 한다. 실존이 되는 것이 그의 일이다. 신 앞에 단독자가 되는 것이 그의 일이다. 릴케는 친구에게 이렇게 말했다.

"나는 기도한다. 누구에게? 그것은 말할 수 없다. 기도란 갑자기 점화點火된 우리의 본질이 타오르는 목적 없는 방사放射다. 그것은 어딜 가는 것이 아니라 우주를 꿰뚫는 우리들의 여러 가지 동경의 방사선이다. 아침마다 나는 기도하기 전에 신이 있을까 하고 묻는 저 욕심꾸러기들과 내가 얼마나 떨어져 있는지 모른다. 만일 신이 없다면 아니 진짜 신이 없다면 어떻다는 거야. 나의 기도로 신은 창조될 것이다. 기도는 높이 진동하여 창조자체가 될 것이다. 기도가 지시하는 신이 없다면 더 좋을 것이다. 신은 새롭게 창조되기 때문이다. 신은 더욱더 새로워질 것이다."

릴케는 지금까지 신에게 도달하는 길은 너무도 오랫동안 아무도 걸어가지 않았기 때문에 그 길은 거의 보이지 않게 되었다고 한다. 신은 정말 고독한 분이다. 아무도 찾지 않기 때문이다.

신은 누구에게도 잡히지 않는다. 신은 신의 것이지 아무의 것도 아니다. 신을 만날 수 있는 자는 신처럼 고독한 자 뿐이다. 고독해지는 것이 신을 만나는 유일한 길이다. 신은 기독교 속에 있지 않고 기독교 밖에 있다. 시인은 고독을 통해서 신을 느끼고 있다. 시인은 신을 느끼지만 신은 시인 밖에 서 있다. 이것이 말테의 신이다.

사랑

릴케의 사랑은 실존적인 사랑이다. 주체와 주체의 사랑이다. 주체의 내용이 자유이기 때문에 자유가 절대 구속되지 않는 정신적 사랑이다. 그것은 절대 육체적일 수 없고 객체적일 수 없다. 사랑이 객체화하는 순간 사랑은 타락하고 객체와 객체의 소유관계가 된다. 소유관계는 물건과 물건의 관계요, 그것은 인간과 인간의 관계는 아니다. 세상 사람들은 상대를 소유함을 사랑이라고 생각한다. 그러나 그것은 노예관계지 자유의 관계는 아니다. 자유는 주체와 주체와의 관계이며 주체가 객관화하지 않을 때만 실존이 가능하다. 주체와 주체의 관계가 존재관계다.

예술의 세계란 창조의 세계요, 창조의 세계는 자유의 세계요, 그것은 객체까지도 주체화하는 세계다. 현실계를 실재계로 변화시켜 소가 말하고 나무가 말하고 인형이 말하는 일체가 주체가 되는 것이 예술의 세계다. 예술가는 일체 예술사물을 객체화하지 않는다. 예술가는 현실의 어떤 대상도 주체나 객체관계를 맺지 않는다. 예술의 세계는 일체를 꿰뚫어 보는 직관의 세계다. 직지인심直指人心이다. 그 사이에 아무것도 걸리는 것이 없다. 만일 그 사이에 걸리는 것이 있다면 그것은 객체화요 예술이 아니다.

나체를 놓고 미를 보면 그것은 주체관계지만 감정이 흔들리면 그것은 타락이요 객체화로 예술이 아니다. 객체를 주체화 할 수 있는 주체만이 예술을 가능케 한다.

예술의 세계는 사제관계와 같다. 그 가운데는 정신과 정신, 진리와 진리만이 있지 그밖에 아무것도 없다. 어린애 눈동자처럼 얼마든지 쳐다보아도 눈 하나 깜빡 안하는 순진이 예술의 세계다. 서로 들여다보지 못하고 얼굴이 붉어진다든가 눈을 돌린다든가 하면 벌써 주체는 아니다. 주체와 주체의 만남은 형이상학적 만남이다. 영과 영의 만남이지 육과 육의 만남이 아니다. 주체의 만남은 고독과 고독의 만남이다. 상대방을 직시할 수 있는 눈, 그것이 주체의 눈이다. 주체와 주체의 만남은 인관관계라기 보다는 존재관계다. 영과 영의 만남이다. 영의 나타남을 자연이라고 하면 예술가의 눈은 자연과 자연의 만남이다. 소가 소를 보고 산이 산을 본다. 별의 빛처럼 순진한 자유다.

릴케는, 사랑은 육체와는 아무 상관이 없다고 말한다. 가장 순수한 사랑을 그는 막달라 마리아에게서 본다. 예수가 죽은 후에 참사랑은 성립된다. 그것이 열려진 마음의 공간이다. 정욕과 사랑은 아무관계도 없다. 사랑은 서로 떨어지는 것이다. 사랑은 가지는 것이 아니라 있는 것이다. 그래야 서로 주체가 유지된다. 키에르케고르가 레기네와의 사랑 때문에 파혼하듯이 릴케도 주체와 주체 사이에는 공간이 필요하다. 공간 속에만 자유가 있기 때문이다.

릴케에게 있어서 훌륭한 결혼이란 서로 상대방의 고독을 지켜주고 서로 신뢰와 존경을 입증하는 일이다. 만일 두 사람이 서로 접근하기 위해서 자기 자신을 내버린다면 그들은 벌써 설 자리가 없고 그들이 같이 지내는 것은 끝없는 타락에 빠져버린다.

릴케에게 있어서 사랑처럼 귀한 것은 없다. 왜냐하면 사랑처럼 어려운 것은 없기 때문이다. 인간이 인간을 사랑한다는 것은 인간에게 부과된 가장 어려운 것이다. 사랑은 배워야 한다. 배우는 데는 오랜 고독이 필요하다. 사랑은 주체를 객체화하는 것이 아니다. 객체를 주체화하는 일이다.

사랑처럼 위험한 것은 없다. 사랑하는 자들이 자기를 이기고 사랑할 수 있는 존재가 되어야 한다. 사랑은 대상을 주체화해야 한다. 객체를 주체로 바꾸는 일, 현실계의 대상을 실재계의 존재로 완전히 바꾸어 치우는 것 그것이 사랑의 비밀이다. 사랑은 존재하지 소유하는 것이 아니다. 실재계에 있어서는 일체가 주체적인 존재자로서만 존재한다. 존재가 열려지고 존재자는 존재한다. 열려진 세계 속에 존재하는 존재자, 마치 별처럼 빛나는 존재자가 실재계의 존재다.

릴케는 이런 사랑을 마음의 사랑이라고 했다. 열려진 사랑이요 공공연한 사랑이다. 사랑은 순수한 행위다. 그것은 예술적 행위나 다를 바 없다. 릴케 부부는 결혼 후 곧 별거하였다. 서로 상대방을 객체화하지 않기 위해서 서로 별거한 것이다. 부인은 남편을 자기의 선생 로댕에게로 보냈다. 그들은 서로 고독할 때에만 실재적 사랑이 가능함을 서로 믿었기 때문이다. 그것은 의식의 세계가 아니다. 순수행위의 자연 세계와 본성의 세계다. 그것은 열려진 세계요 존재에 속하는 세계다.

『말테의 수기』 마지막에 탕자가 가장 무서워하는 것은 인기를 얻는 일이다. 인기를 얻는다는 것은 자기가 객체화가 되는 일이요, 사랑을 받는 상태에 놓이게 될 때 주체는 깨지고 객체로 떨어져 주체적인 사랑의 실현이 불가능해지기 때문이다. 인기는 아무 쓸데도 없다. 주체와 주체의 만남은 말씀의 이해지 인기가 아니다. 그것은 고독한 관계이지 열띤 통합이 아니다. 주체와 주체의 만남은 담담하기가 물과 같다. 사랑은 나를 어떻게 취급하든 그것이 문제가 안 된다.

릴케의 사랑은 대상에 관계없이 운명으로부터 해방된 공간을 새 소리처럼 꿰뚫는다. 사랑은 변신하여 절대주체가 된다. 객체화되지 않는데 사랑은 있다.

릴케는 사후의 삶을 믿고 있었다. 릴케에게 있어서는 죽은 사람도 그 나라에서는 살아 있다. 『말테의 수기』에서도 죽은 크리스티네가 프라에 백작 연회석상에 나타나는 장면이 나온다. 릴케는 직접 어떤 사람이 자기에게 시를 적어 보여준 경험을 가지고 있다. 그는 보이지 않는 세계에 살고 있는 사람을 본 것이다.

릴케는 사망을 문제시하지 않았다. 그것은 자연이요, 누구나 다 죽어가는 것이기 때문이다. 문제는 죽음에 대한 의식이다. 죽음에 대한 의식은 누구나 다 가지고 있다. 그것은 친척이나 친구들의 사망을 만나 더 격화되기도 한다. 그럴 때에 사람은 생에 대한 허무를 느낀다. 죽으면 그만 아닌가. 애써서 일할 필요가 어디 있나. 죽으면 없어지고 마는 것이 아닌가. 사망으로 일체는 무화無化가 되어 버린다. 무가 되어 버리는 것이다.

지금까지 살았던 사람이 죽음과 동시에 유에서 무로 화하여 버린다. 지금까지[過去] 그는 살아 있었다. 그러나 지금부터[未來]는 그는 죽어 없어진다. 그렇게 보면 죽는 순간이란 유가 무로 변하는 하나의 절정이다. 결국 미래는 무요, 과거는 유인데, 현재는 무화의 순간순간이 되어 버린다. 왜 이런 생각을 가지게 되느냐 하면 아직도 내 생각이 육체의 노예가 되어 있기 때문이다.

그런데 정신이 자꾸 커서 육체를 능가하기 시작하면 육체적 시간관이 정신적인 시간관으로 바뀌고 만다. 그것은 과거가 현재와 미래로 흘러가는 시간, 과거는 있었고 미래는 아직 없고 현재는 유가 무로 변하는 이런 시간이 아니라, 과거는 기억으로 남아있고 미래는 희망으로 다가오고 현재는 자각으로 넘치는 새로운 시간관을 가지게 된다. 더욱이 정신에는 죽음이 없다.

있다가 없는 것은 물질이지 마음이나 정신의 세계는 아니다. '있다'와 '없다'와는 아무 상관이 없고, 나고 죽고가 없는 삶이다. 과거는 가고, 미래는 아직 안 온 삶이 아니라 과거와 미래는 현재 속에 포함되어 오늘 하루가 영원이 되고 마는 시간이 정신적 시간이다. 이런 시간관을 가지면 죽음이란 작은 삶에서부터 벗어나는 것이요, 큰 삶으로의 탈바꿈이지 없어지는 것이 아니다. 죽음을 없어지는 것으로 보는 육체적인 생각과 죽음을 탈바꿈으로 보는 정신적인 생각을 릴케는 작은 죽음과 큰 죽음이란 말로 쓰기도 한다. 작은 죽음은 설익은 과일이 떨어지는 것이고, 큰 죽음은 다 익은 과일이 익어서 떨어지는 것이다. 하나는 썩음으로, 하나는 새싹으로 또다시 사는 영원한 삶이다. 영원한 삶은 언제나 현재의 사는 현존이며, 현존에는 과거의 죽음도 없고 미래의 없음도 없다. 그것은 영원한 현존이다.

릴케는 『시도시집』에서 "주여 모든 사람으로 하여금 자기의 죽음을 죽을 수 있도록 하여 주시옵소서." 하고 기도한다. 과거 현재 미래의 시간에 사는 사람은 언제나 작은 죽음을 죽고 있으며 사망은 그것을 더 격화해 준다. 그렇기 때문에 작은 죽음을 격렬한 죽음이라고 한다. 그러나 미래와 과거가 현재 속에 내포되는 사람은 언제나 자기의 죽음을 죽고 있다. 그것은 큰 죽음이요, 아름다운 죽음이다.

릴케에게 있어서 현실의 죽음을 실재의 죽음으로 끌어올리는 것이 예술이다. 예술은 유한을 무한으로 깨뜨려버림으로써 현실적 삶을 실재적 삶으로 바꾸어 버린다. 외부공간을 내부공간으로 바꾸어 버리고 심지어 외부공간을 내부공간으로 포섭하고 만다.

자기의 사망조차도 자기의 아름다운 죽음으로 화해 버린다. 결국 자기의 사망은 자기의 죽음으로 문을 열어준다. 그리하여 자기의 죽음을 통해서 영원한 삶으로 승화해 버린다. 이 때에 비참은 정복淨福이 되고, 과거 현재 미래의 자연적 시간이 미래 과거 현재의 실존적 시간관으로 바뀌는 것이다. 실존에는 커다란 죽음이 있을 뿐이지 작은 죽음은 없다. 실존에는 익어서 떨어지는 죽음이 있지 설익어

떨어지는 죽음은 없다. 존재의 세계로 들어가는 문은 시간관이다. 실존적 시간이 실재의 세계를 열어 헤친다. 그곳에는 일체가 존재자며 죽음은 없다. 릴케의 죽은 자는 내부공간의 실재계에 영원히 실존한다.

릴케의 시詩의 세계는 내부공간의 실재계로서 거기서는 산 자도 죽은 자도 똑같이 사물적 존재자로서 완전한 개성으로 현존한다. 사람은 누구나 죽어간다. 사람은 사망에 대하여 한없는 불안과 허무를 느낀다. 이 죽음을 벗겨주는 이는 아무도 없다. 다만 사람이 할 수 있는 것은 자기의 죽음, 큰 죽음을 죽을 수 있는 것뿐이다. 작은 죽음이 아니라 큰 죽음을 죽을 수 있다. 그러기 위해서는 자기를 본래적인 자기까지 끌어올리는 것이다. 그리하여 작은 죽음을 무르익혀 큰 죽음을 만드는 것이다. 이것이 실존적 죽음이다.

자기의 죽음이 무르익기까지 인간은 죽음을 참아야 한다. 자살은 큰 죽음마저도 작게 만든다. 아무리 죽고 싶어도 아무리 어려워도 인간은 죽음을 견디어내야 한다.

말테에게는 견디어내는 것이 전부다. 죽음의 좌절을 영생의 초월로 바꾸는 길은 견디는 것뿐이다. 견디는 사람만이 확실한 존재로 익어가는 것이다. 릴케의 진혼가에 하나의 죽음이, 자기 자신의 죽음이 훌륭한 일에 의해서 깊어지고 창조된다. 우리는 우리의 죽음을 살고 있기 때문에 죽음은 언제나 우리에게 필요하다.

릴케는 죽음의 필요성마저 강조한다. 릴케에게 있어서 예술적 창작은 자기의 죽음을 죽고 있는 것이다. 자기가 순간순간 죽어가는 것이 예술적 창작이다. 자기가 순간순간 깨져가는 것이 예술적 창작이다. 시인은 예술을 통하여 계속 탈바꿈을 해가며 계속 성숙해 간다.

시는 죽음이다. 시의 창작은 죽어가는 일이다. 무無의 무화無化. 이때의 무는 영원한 무요, 절대무다. 존재의 무요, 무시간적 시간이다. 무시간적 순간이 죽음이요, 시의 창작이다. 죽음은 하나의 변신이요, 창작은 하나의 깨어남이요, 성숙해지는 것이다. 시인에게는 자기의 삶이 있는 동시에 자기의 죽음이 있다. 그것은 순수한 생이요, 순수한 죽음이다. 그것은 사망과는 아무 상관없는 형이상의 삶이요, 형이상의 죽음이다. 그것은 실재계의 삶이요, 실재의 죽음이다. 그것은 애벌레가 나비가 되는 것처럼 하나의 변신이지 무화가 아니다. 존재의 세계에는 변화가 있을 뿐이지 무화는 없다. 무화는 현실계에만 있다. 현실적인 시간, 현실적인 의식에만 무화가 있지 실재적인 시간, 실재적인 의식에는 변화가 있을 뿐이다.

창작은 일체의 현실을 실재로 끌어올린다. 일체의 현실을 실재로 바꾸어 놓는다. 이것이 예술이다. 요술쟁이의 지팡이처럼 가서 닿기만 하면 일체가 주체화된다. 예술의 세계는 주체의 세계다. 주체는 신이다. 예술의 세계는 신의 세계다. 그곳에는 죽음이 있을 수 없다. 신화의 세계는 자유의 세계다. 자유 속에는 단절이 없다. 자유의 나비는 어디에나 날아다닌다. 나비에는 변신이 있지 죽음은 없다. 죽음은 객체화할 때 일어난다. 주체가 주체로 있기만 하면 죽음은 없다. 자유가 있는 동안은 죽음은 없다. 자유가 노예로 전락될 때 죽음이 나타난다. 그때의 죽음은 유가 무가 되고, 과거가 미래가 된다. 그러나 자유의 세계는 언제나 자기를 소유하고 있다. 그곳에는 무가 없고, 죽음이 없다.

주체에는 죽음이 없다. 이 주체를 계속 유지하는 것이 릴케요, 시의 창작이다. 시의 창작은 주체의 재확인이다. 시작을 통해서 자기가 자기 자신으로 집중되고 부정적인 무가 절대적인 무로 탈바꿈을 한다. 그리하여 객체적인 시간이 주체적인 시간으로 변화되어 왕의 권력으로도 몰아낼 수 없었던 죽음의 공포는 사라지고 영원한 기쁨과 축복만이 춤을 추게 된다.

사람은 죽음의 공포를 피하기 위하여 군중 속으로 오락으로 운동으로 도피하기도 하고 술 도박으로 잊으려고도 하지만 공포는 인간의 근본적 심정성根本的 心情性이기 때문에 그것은 도피도 회피도 안 된다. 자기가 아무데를 가도 자기 속에 있는 것은 회피할 수가 없다. 결국 죽음의 본질을 파악하고 그것을 이겨내는 것만이 죽음을 이기는 길이다. 객체화된 자기가 주체화될 때 죽음은 사라지고 만다. 자연적 시간관이 실존적 시간관으로 바뀔 때 인생은 영원히 죽음에서 해방된다. 여기에서 릴케의 생사관을 발견하게 된다.

릴케의 변신變身이란 현실계에 있으면서 실재계를 사는 것이다. 내부공간과 외부공간의 이중구조가 변신이다. 이 순간에 현실적인 시간은 벗어버리고 영원한 시간이 드러난다. 영원한 시간이란 무한한 시간이란 말이 아니다. 무시간적 시간, 전혀 차원이 다른 시간, 영적인 시간, 절대적인 시간, 현실적인 시간과는 상관없는 시간, 영원이 집약된 시간이다. 실재계의 시간은 현실적인 시간과는 다른 시간이다. 현실적인 시간이 정지되고 절대적 시간이 드러난다. 그것은 흘러가지 않고 드러난다. 그래서 존재의 생기生起[Ereignis] 또는 발현사건發顯事件, 혹은 성기性起란 말을 쓴다. 영이 나타나듯이 영원이 시간을 뚫고 나타나는 것이다. 절대적인 시간은 과거가 현재 때문에 사라지고 현재가 미래 때문에 사라지는 것이 없다. 과거도 현재가 되고, 미래도 현재가 되고, 현재도 현재가 되어, 있는 것은 영원한 현재뿐이다. 이런 실재계에서 일어나는 일들을 사건이라고 한다. 이런 사건의 기록을 게쉬히테[原歷史Geschichte]라고 한다.

현실계의 기록을 히스토리[歷史]라고 한다. 히스토리는 현실계의 이야기요, 게쉬히테는 실재계의 이야기다. 게쉬히테는 게쉐헨[生起 Geschechen]된 게쉐니스[事件]를 적은 이야기다. 히스토리의 역사는 유한의 시간에서 일어나는 것이요, 게쉬히테라는 원역사는 영원한 현재에 일어나는[生起Ereignen] 사건담이다. 원역사에서의 과거는 폐물이 아니다. 언제나 살아서 현존한다.

릴케에게 있어서 죽은 이는 죽었다가 살아난 사람이 아니라 언제나 이제 현존하는 현존이다. 죽은 이나 산 자나 모두 실재계에 있는 한 현존이요 주체다. 그러나 실재계에서 현실계로 돌아오면 다시 객체가 된다. 이런 실재계에 태어나는 것을 근본경험이라고 한다. 릴케가 근본경험을 한 것은 37세 때다. 그는 38세에 이것을 「체험」이라는 글로 적어 놓았다.

이 글의 주인공이 뜰에 있는 나무에 기대고 서 있었다. 그런데 갑자기 자연 속에 몰입하여 거의 무의식의 직관상태가 되었다. 한참동안 그는 자기의 육체가 하나의 영체인 것처럼 느끼게 되었다. 그는 의식이 있기는 있지만 무의식속에 있는 것이다. 그는 이런 상태에서 어떤 영향을 받게 되었다. 그는 어떤 순수한 전달傳達을 느낄 수가 있었다. 이 전달에 의하여 그의 속에 말할 수 없는 완전하고 지속적인 마음의 상태가 드러나게 되었다. 그는 자기 속에 일어난 사건을 자기에게 이렇게 설명했다.

"나는 자연의 배후에 나가버렸다." 그는 주위를 돌아보았다. 모든 것이 웃고 있었다. 일체 가려진 것이 없다. 말하자면 모든 것이 멀어진 것 같기도 하지만 더 진실하게 느껴졌다. 그것은 열려진 세계로서 앞에 있는 세계가 아니다. 그러나 이 상태는 불현듯 사라지고 다시 옛 세계가 되었다. 이때 릴케는 초의식의 세계에서 살고 있는 것이다. 자기가 쓰기는 쓰지만 자기가 쓰는 것이 아니라 무엇이 쓰고 있는 것이다. 이것을 릴케는 내부공간이라 하여 이런 내부공간을 시적으로 창작하려고 애쓰는 것이 릴케의 시 짓기라고 할 수 있다. 그는 내부공간에서 완전히 영원한 현존이 되는 것이다. 이러한 현존이 되는 것이 변신이다. 이러한 내부공간으로의 변화를 변신이라고 한다.

릴케는 자연실재, 별이나 나무나 새들을 자기의 내면공간에서 자라게 하고 빛나게 하고 날게 함으로써 마치 헤겔의 의식내재화처럼 직접적인 소외된 상태에서, 내재적인 변모된 세계내면공간으로의 내행內行을 기도하고 있다. 여기에서는 자연과 정신이 보이는 자와 보는 자의 관계가 아니고 같은 하나의 존재생명으로서, 시간을 초월해서 하나의 동시적 공간성 공재同時的 空間性 共在의 존재로서 시인의 시적 세계상 형성의 특이성이 지적된다고 생각된다.

시인은 언제나 변신을 통해서 실재계에 살려고 한다. 변신의 경험을 말테는 이렇게 기록한다.

"말테가 아버지와 같이 프라에 백작 집에 있을 때 그 집에 들어가니 말테는 녹슨 것처럼 노곤해지며 완전히 의지도 사려도 욕망도 저항도 상실되고 자기가 텅 빈 것처럼 느껴졌다. 마치 배 멀미처럼 아버지 무릎에 엎드려 겨우 자기를 확증할 수 있었다. 여기서는 상상할 수 있는 표상작용은 일체 없어지고, 의식의 활동은 멎어버리고, 시간의 흐름도 멎어버린다. 이때에 과거와 미래는 모두 현재가 되어버린다. 이때에 영원은 흘러가는 시간의 영원이 아니라 무의식에서의 영원이다. 그것은 무시간적 영원이요, 내부공간의 영원이다. 날들이 현저하게 나에게서 떨어져 나가고 모든 시간은 변해버린다."

릴케는 이집트에서 하늘과 별들과 사막과 스핑크스를 보는 순간 그 얼굴은 우리가 보통 만나는 얼굴과는 같지 않았다. 수천 년 동안 해에 타고 바람에 씻기고 별이 떨어지고 사막이 불타는 속에서 스핑크스의 얼굴은 무엇인가 직시하는 모습이었다. 그 얼굴은 생사고뇌를 훨씬 넘어서 멀리 성좌까지도 넘어서 우주전체가 하나의 얼굴인 양 보이기 시작한다. 이때의 우주공간은 내부공간으로 바뀌기 시작한다.

말테는 자기의 외조부 프라에 백작의 피를 이어 받았는지도 모른다. 그는 변신가능한 고독한 인물이었다. 그는 고독한 생을 공동 생 속에 해소할 것을 원하지 않았다. 그는 고독하고 주체적인 삶을 살아가고 있었다. 그는 자기의 삶을 가지고 있었다.

말테의 이모 아페로네도 자기의 삶을 가지고 있었다. 하루 일이 끝나고 피곤한 몸으로 자기의 방으로 돌아온 그녀는 고독 속에서 창을 느낀다. 고독한 별이 빛나고 있다. 그 순간 그녀는 이 창이 실재계의 통로임을 느낀다.

저것은 나의 창, 지금 나는 무의식 속에 깨어난다. 둥둥 뜨는 것처럼 나는 느낀다. 나는 어디까지 가는 것일까. 밤은 어디서부터 시작된 것일까. 나는 지금 나를 둘러싼 모든 것과 같이 있다.

수정처럼 깊이 꿰뚫어 보이고 죽은 듯이 고요한 정적 속에 나는 일체와 같이 살고 있는 것이다. 나는 저기 별들까지도 내 속에서 빛나게 한다. 그녀는 외부에 있으면서 내부 세계를 살고 있다. 나는 갇힌 사람처럼 꼼짝도 못하지만 별은 한없이 자유롭다. 별은 비춰주는 대상이 없다. 별은 스스로 빛나고 있다. 상대화할 수 없는 절대 행위, 순수행위. 이 순수행위에서만 참 자유는 얻어진다. 마치 샘물처럼 그는 스스로 솟구치고 있는 것뿐이다. 그것은 유한에 대한 무한이 아니라 절대적 무한이다. 영원의 집약이다. 존재의 초월은 고독이라는 실존의 창을 통해서만 가능하다. 고독하지만 비현실의 실재계를 경험할 수 있다. 그것은 집을 떠난 길손처럼 빈곤하고 비참할지도 모른다. 그러나 그곳에서는 별의 자유는 빛나는 것이다.

고독만이 변신 가능한 상태다. 변신은 마르테의 테메토리우스에서처럼 아무의 아들도 아니라고 할 때에 그는 일체가 될 수 있다. 아무의 아들이 아닐 때 그는 빈곤하고 비참할지도 모른다. 그러나 그때 그는 변신이 가능하다. 연극에 있어서 배우가 정말 배역 인물로 변신하면 배우 자체는 현실계에서 없어지고 배역의 인물만이 비현실적인 연극의 실재계에 드러난다. 배우는 배역으로 변신할 수는 있지만 자기 자신으로 변신할 수는 없다.

릴케의 예술은 사물을 실재계에 현상케 한다. 사물은 예술사물이 되어 시 속에 존재하게 된다. 이러한 변신은 연극의 세계에서도 일어난다. 릴케는 이태리의 유명한 여배우 도우제의 예를 들고 있다. 그는 배역이 되고 만다. 그녀는 배역을 흉내 내는 것이 아니다. 그는 자기 속에 배역의 인물을 창조하고 그 인물로 변신하는 것이다. 관객은 그것을 모른다. 도우제는 껍데기는 배우지만 속은 예술가였다. 그는 고독하였다. 아무도 그를 알 수가 없다. 그는 절대 고독에 빠져 있고 싶었다. 그것은 황홀한 순간이었다. 그러나 관객의 눈초리가 날아들자 그녀는 다시 배우로 깨어나야 했다. 다만 변신한 순간만이 배우 자신은 없어진다.

햄릿이 배우에 의하여 실재화 된 즉, 배우는 없어지고 오직 햄릿만이 실재한다. 이 때에 보이지 않던 햄릿은 구원을 받는다. 이러한 변신을 도우제는 언제나 원하고 있는 것이다. 정말 예술이 예술의 극치에 도달하면 그 때 예술의 세계가 열려진다. 그것은 공간 속에 고요히 지속되는 세계다. 일체가 존재자가 되었다. 이것을 변신이라고 한다.

즉물성

출가란 산에 살던 늑대가 사람에게 잡히어 개가 되었다가 다시 사람의 울타리를 벗어나 늑대로 돌아가는 것을 출가라고 한다. 자유가 속박이 되었다가 다시 자유로 돌아가는 것이다. 본래적 자아가 비본래적 자아로 되었다가, 다시 본래적 자아로 되돌아가는 것이다. 주체가 객체가 되었다가 다시 주체로 되는 것이다. 왕이 거지가 되었다가 다시 왕이 되는 것이다. 현실적인 세계에서 실재적인 세계, 닫힌 세계에서 열린 세계로 옮겨가는 것이다. 역사적인 생에서 비역사적인 삶으로 옮아가는 것이다.

릴케는 비역사적 삶을 다른 삶이라고 한다. 생물이나 동물이나 나무처럼 아무데도 걸리지 않는 무관심의 삶이다. 바람이 나뭇가지를 스쳐갈 때 바람도 주체요, 나무도 주체지 그 가운데는 일체 객체화나 노예화가 허락되지 않는다.

말테는 누구를 사랑하지도 않고 누구의 사랑도 받지 않기 위해서 길을 떠난다. 집을 떠난 말테에게 위험과 비참이 따른다. 그러나 그 덕에 말테는 자유와 주체를 회복한다. 길을 가는 행의 세계에서만 의식과 애정이 끊어진다. 그것은 아무 목적이 없는 순수행위 뿐이다. 이러한 길가에서 너는 모든 관습에서 멀어져야 한다. 네가 지금까지 버릇처럼 되어 온 남을 돌보는 버릇도 끊어버려야 한다. 네가 지금까지 의지한 모든 거짓을 벗어버릴 만큼 성숙해졌을 때 너는 이제 너 자신의 출발점에 있는 것이다. 그리하여 네가 일체를 버리고 내던졌을 때 생의 즐거움과 소유의 행복과 명예의 고귀함보다도 더 소중하게 되는 것이다.

어디로 정처 없이 멀리 핏줄이 매여지지 않는 곳으로 떠나는 것이다. 아무도 나에게 눈길 돌리지 않는 무관심의 땅, 일체의 인연이 끊어진 땅, 그곳이 실재계요, 주체의 세계요, 그것은 애정이 끊어진, 의식이 끊어진 행의 세계요, 주체의 세계다. 마음이 없는 세계다. 그것은 단독자의 세계. 단독자의 신은 군중의 신이 아니다. 그것은 아브라함의 하나님, 이삭의 하나님, 야곱의 하나님이지 군중의 신, 바알이 아니다.

단독자는 언제나 예외자다. 그는 집단의 한사람이 아니다. 그는 평준화된 공동존재가 아니다. 그는 영원한 단독자다. 이런 사람에게는 과거와 미래는 단절되어 있다. 이런 사람에게는 영원한 현재가 있을 뿐이다. 이런 사람은 하루를 살면 족하다. 아침에 도를 들으면 저녁에 죽어도 좋다. 길 위에 사는 사람에게는 오늘이나 내일이나 다를 것이 없다. 언제나 같은 길이요, 같은 하루다. 영원한 존재는 하루살이가 하루 속에 영원히 들어가 있기에 이런 사람은 현재를 살고 있는 것뿐이다.

이런 삶의 시작이 결의決意요, 이런 삶의 끝이 해탈解脫이다. 결의와 해탈은 같은 말이다. 이들의 시간은 흘러가지 않는다. 영원히 흘러가지 않는 고정적 시간이다. 그러나 근원적인 과거는 되풀이 될 것을 기대한다. 근원적인 과거란 본래적인 자아다. 본래적인 과거는 다시 회복해야 한다.

에덴동산은 다시 회복되어 오늘의 동산이 되어야 한다. 과거의 에덴은 회복되고 미래의 하늘나라는 오늘이 되어야 한다. 과거와 미래는 현재 속에 포함한다. 근원적인 과거와 근원적인 미래가 현재 속에 들어와서 근원적인 현재가 되는 것이다. 이런 의미에서 역사는 그것이 과거 사실의 학습이 아니요, 현재의 삶의 의미를 부여하는 근원적 사실이 되어야 한다. 역사[Historie]가 아니라 역운歷運[Geschick]이 되어야 한다.

역사는 과거의 기념비가 아니요, 창조적 생의 자기 형성이다. 역사를 통해서 인간이 어떻게 주체적으로 살았는가를 보고 오늘의 역사적 현실에서 우리가 어떻게 주체적으로 살 것인지를 결의케 하는 것이다. 이런 관점에서 현재의 역사적 삶을 살펴보면 "현재의 문명은 인간을 주체적이게 하느냐?" 하고 물을 때 그것은 그 반대임을 알 수 있다. 인간을 기계로 만들고, 인간을 노예로 만들고, 인간을 소외하고, 인간을 권태와 허무와 절망으로 몰아넣는다. 모든 사람이 죽어가고 있다. 산 사람은 아무도 없다. 이것이 현대의 문명이다. 현대 문명 속에서 주체성을 상실한 인간은 일체를 상실한 것이다.

릴케의 『보르프스베데』 서문에 "우리는 삶이 아닌 삶을, 우리와는 관계도 없는 삶을, 우리에게는 눈짓도 안하는 삶을 살고 있다." 라고 말한다. 내가 찾는 삶은 다른 삶이다. 작은 사물의 삶, 동물의 삶, 넓은 평원의 삶, 그것은 역사적 삶이 아니다.

비현실적인 주체적 삶이다. 역사적 삶에서 인간이 느끼는 것은 허무뿐이다. 피곤뿐이다. 권태뿐이다. 아무 가치 없는 삶을 살고 있다. 사람은 더 이상 더 삶에 매여 있을 수가 없다. 이 삶에서 탈출하는 그것을 출가出家라고 한다.

아무도 보호하지 않는 삶을 긍정하기 위해서 말테는 28세에 집을 떠났다. 그것은 한없는 모험이다. 위험과 비참이 뒤따른다. 그러나 자유와 주체는 살아 나온다. 그것이 열려진 세계요, 존재의 세계다. 오디세이는 견딜 수 없는 공포를 만들기 위하여 길을 떠나는 것이다. 이 길을 가다가 다시 되돌아가는 사람이 얼마나 많은가. 그러나 말테는 집으로 돌아가지 않는다. 그리고 길가에 쓰러진다. 이것이 말테의 몰락이다. 그것이 또한 릴케의 몰락이기도 하다.

릴케는 말테를 실존으로서 죽게 한다. 자유로운 탐구자로 쓰러지는 것이다. 행인으로 죽어가는 것이다. 보살로 죽어간다. 그러나 말테는 작품 속에 탕자의 비유를 살려 탕자를 실존으로 끝내지 않고 존재가 되게 한다. 바람과 나무처럼 모든 인연을 끊고 완전한 고독자가 되어서 일체의 무관심한 존재가 된다. 탕자는 좇아오는 강아지도 되돌려 보낸다. 자기를 다시 의식계로 현실계로 끌어들일 유혹을 피하기 위해서다. 탕자는 실재계의 현장으로서 자연으로 간다.

그의 소원은 자기 마음의 성실한 무관심이다. 일체의 의식이 침투하지 못하는 무의식의 세계다. 무시간, 무공간, 무인간의 세계다. 자기 충족적인, 자기 완결적인, 표상적 대상화가 거부된, 아무도 사랑하지 않고 아무에게도 사랑받지 않는, 아무도 생각하지 않고 아무에게도 생각되지 않는 무관심의 세계다. 그는 이제 누구의 아들도 아니다. 그는 이제 얼을 가지고 사는 정신이다. 사랑을 받는다는 노예의 상태에 아무도 두지 않기 위하여 그는 아무도 사랑하지 않기로 결심하였다. 상대가 없어지고 절대가 된다. 의식이 없어지고 행위가 된다.

순수행위의 세계, 그것이 주체의 세계다. 나무와 바람처럼 아무도 사랑하지 않는 무관심의 세계, 객체화되지 않는 세계, 주체의 세계, 그것이 탕자의 세계다. 의식의 세계, 사랑의 세계, 그것은 소유의 세계다. 일체의 소유를 거부한 세계, 내 것이란 아무것도 없는 세계, 상대방을 객체화하지 않고 주체화하는 세계, 그것이 실재의 세계다.

말테는 탕자를 쓰레기 속에서 살게 한다. 그러나 끝에 가서 말테는 탕자를 넓은 광야의 양치기로 드러낸다. 탕자는 넓은 초원을 끝없이 걸어가고 있다. 탕자는 비참과 빈곤의 밑바닥에서 일체를 잃어버리고 이제 절대적 고독을 확보하게 되었다. 무소유를 통해서 그는 상대적 인식을 떠나서 절대적 직관을 획득하게 되었다. 의식의 표상적 대상화는 없어졌다. 유한은 떠나가고 무한이 된 것이다. 객체화가 없어지고 주체화가 된 것이다. 육체가 떠나고 영혼이 된 것이다. 탕자가 예술사물로서 실재계의 존재가 되었다.

『보르프스베데』의 서문에서 릴케는 밀레(Jean-François Millet, 1814-1875)의 그림을 설명하면서 양치는 목자는 나무처럼 고요하게 서 있다. 광야 한복판에 혼자 곧게 서 있다. 그는 꼼짝도 안한다. 그는 양떼들 가운데 장님처럼 서 있다. 양들이 잘 아는 하나의 자연물처럼 그의 옷은 대지처럼 무겁고 돌처럼 바람에 갈린다. 그는 자기의 특별한 삶을 가지고 있지 않다. 그의 삶은 푸른 들판과 같이, 푸른 하늘과 같이, 그를 둘러싼 돌들과 같이 있는 그대로의 삶이다.

이제 탕자는 넓게 열린 존재의 세계에서 존재하는 것만이 삶의 전부다. 그 속에는 진리가 있을 뿐 일체가 없다. 그는 실존을 이기고 존재가 된 것이다. 그에게는 이제 순수가 있을 뿐이다. 참만고일성순參萬古一成純이다. 순수한 쾌감, 법열, 순수한 고통, 고난이 있을 뿐이다. 존재의 뿌리로부터는 겨울을 이기고 풍요한 결실의 환희의 식물이 싹트기 시작한다. 탕자는 식물처럼 다시 싹트는 순수행위의 인간이 되었다. 식물이 될 수 있는 인간이 된 것이다. 그것은 무엇이나 될 수 있는 영이다. 이 영의 뿌리가 신이다.

탕자는 신을 다시 회복한 것이다. 탕자는 어린시절을 회복한다. 과거는 다시 회복되었다. 과거는 불사조처럼 다시 현재가 되었다. 어린시절이 다시 회복된다. 어린애 같지 않으면 다시 천국에는 들어갈 수가 없다. 탕자는 다시 어린이가 되었다. 과거가 현재가 되고, 미래가 현재가 되었다. 그는 하루살이가 된 것이다.

그는 실재계에 속하게 되었다. 그리고 그는 다시 현실계로 돌아간다. 집에 돌아가 보니 늙은 개가 짖기 시작하고 문이란 문에는 모든 얼굴이 나타난다. 다 늙어빠진 창백한 얼굴이 떠오른다. 용서냐 사랑이냐. 그런데 탕자에게는 이미 용서도 사랑도 쓸데없게 되었다. 그는 일체의 사랑을 잊은 것이다. 탕자는 "이제부터는 절대 저를 사랑하면 안 됩니다."라는 한마디를 외치며 아버지 발 밑에 몸을 던졌다.

죄의 용서를 비는 줄 안 아버지는 물론 용서했다. 이제 탕자를 이해할 수 있는 사람은 아무도 없다. 계란이 닭을 알 이유가 없다. 탕자는 이 몰이해에 안도의 숨을 내쉬었다. 그 후 탕자는 병아리를 몰고 다니는 어미닭처럼 양을 모는 양치기로 존재의 세계, 열려진 대평원을 한없이 걸어간다. 이것이 인간의 본래적인 자아다. 이것이

릴케 225

영이다. 무한이다. 인간은 유한에서 살 수가 없다. 유한에 갇혔을 때 객체적 삶이 되고 주체적 삶을 상실하고 인간 존재의 근거가 무의 심연에 임박하게 되는 것이다.

말테는 마음속에서부터 자신이 무라고 외친다. 그러나 이 무는 생각한다. 이 생각은 인간의 원점에서 하는 생각이다. 이것이 응무소주이생기심應無所住而生其心이다. 무에서 생각하는 것이다. 집을 나와서 생각하는 것이다. 어디로 갈까. 산으로 가자. 집 없는 산으로 가자. 거기서 동물들과 같이 사는 것이다. 아무런 애착 없이 그리고 아무런 공포 없이 그리고 불안 없이. 죽으면 죽고 살면 산다. 집을 떠난 영혼은 벌써 육체도 떠난 영혼이다. 영이 되어, 무가 되어 다시 생각하는 것이다. 이제부터는 자유만을, 주체만을 생각한다. 일체의 관심, 인연을 끊어버리고 풀뿌리와 시냇물에 목숨을 이어가면서 탕자는 마지막에 가벼운 몸이 되어 날아갈 듯 대지를 걸어가게 된다. 무가 없어지고 존재의 열림이 있을 뿐이다.

릴케는 개를 노래하기 위해서는 개가 되어야 한다고 말한다. 또한 사람이 개가 되기 전에는 개를 그릴 수가 없다. 개가 되기 위해서는 사람이 되어야 한다. 사람이 사람이 될 때 개는 개가 되고, 사람이 사람이 될 때 사람은 또 개가 될 수가 있다. 그림은 사람이 그리는 것이고, 조각은 사람이 조각한다. 예술의 문제는 미의 문제가 아니라 존재의 문제요, 그것은 인간자체의 문제다. 릴케는 예술을 해설이라고 생각하지 않고 존재라고 생각했다. 존재만이 존재자를 창조할 수 있기 때문이다.

예술은 창조이지 판단이 아니다. 아름다운 것만 그리는 것이 아니다. 추한 것도 그린다. 릴케는 그것을 세잔에게 배웠다. 그리고 예술은 자연의 모방이다. 그것을 릴케는 로댕에게 배운다. 예술은 예술사물을 창조하는 것이다. 그러기 위해서 예술가는 존재가 되어야 한다.

태초에 하나님이 흙으로 사람을 만들고 혼을 불어 넣듯이 예술가는 예술사물에 존재를 불어 넣어 주는 것이다. 무엇이라고 하는 혼을 불어 넣어 주면 살아난 예술은 삶이 문제지 아름다움이 문제가 아니다. 아름다움을 꿰뚫음으로 예술작품을 살리는 일이다. 그러기 위해서는 예술가는 혼을 가져야 한다. 생명을 가져야 한다. 존재를 가져야 한다. 존재자가 되어야 한다. 존재자가 되기 위하여 한없는 실존의 수련을 쌓아야 한다.
　릴케는 실존적인 시인이다. 그것을 그는 로댕과 세잔을 통해서 알게 되는 것이다. 산을 보고 산을 아름답다고 판단하는 것이 예술이 아니다. 판단을 넘어서서 산을 사랑하고 산에 감격하고 산과 하나가 되어 산이 된 사람이 산을 있게 할 수 있다. 그것은 해석을 초월한 실재계요, 현상배후의 절대세계다. 이것이 예술의 세계다. 그곳에서는 일체가 주체다. 산도 주체요, 사람도 주체요, 일체가 존재자와 아무것도 객체화되지 않았으며 보는 이도, 보인 이도, 해석하는 이도, 해석되는 이도, 느끼는 이도, 느껴질 이도 없다. 있다면 혼을 불어넣는 창조만이 있을 뿐이다.
　행行, 행만이 있다. 태초에 행이 있었다. 행이 하나님과 같이 있었다. 행이 곧 하나님이다. 하나님이 되어 우주를 창조하듯이 행이 되어 예술을 창조해 가는 것이다. 산을 그릴 때는 산이 되고 개를 그릴 때는 개가 된다. 무엇으로나 변신이 될 수 있는 영, 그것이 예술가의 혼이다.
　릴케는 세잔의 초상화를 들여다보면서 "보통 사람들이 물에 빠져 이미 볼 수 없게 된 가냘픈 시력과는 달리 눈 한번 깜짝 안하고 빤히 계속 들여다 볼 수 있는 동물의 깬 눈이 세잔의 눈이다. 세잔의 꿰뚫어 볼 수 있는 즉물성卽物性이 얼마나 위대한지 그것은 도저히 돈으로 살 수 없는 것이며 자기의 표정을 설명하거나 자기의 시력을 뽐내는 아무것도 없고 거저 있는 대로의 겸허한 객관성을 가지고 자기 자신을 있는 그대로 그려간다는 사실이 눈물겹기도 하다. 마치 거울 속에 비친 개를 보고 개가 그려가고 있는 것이다."라고 평했다.

릴케가 24세 때 일기에 "내가 있는 것이 아니고 그것이 있다."라고 적힌 데가 있다. 그것이 그것을 그리는데 해석이 끊어진 무해석의 즉물의 절대계가 전개된다. 그것이 된다는 것은 쉬운 일이 아니다.

로댕은 "예술가는 신의 원시의 자연으로 돌아가야 한다."라고 말하였다. 자연이 되기 전에는 자연을 그릴 수가 없다. 능산적 자연이 되어 소산적 자연을 창조해 가는 것이다. 이것이 얼마나 어려운 것인지 릴케는 로댕이 산에 가서 자연을 그리려고 할 때에 살아 있는 갖가지의 변화, 쭉쭉 뻗은 나무, 자욱하게 낀 안개, 수없이 일어나는 사건들의 움직임을 놓치고 마는 것을 보았다. 로댕이 그것을 볼 때에는 그것들의 일부가 되어 그것들에 의하여 인정되고 받아지고 녹여지고 자연이 되고 말지만 일단 그것을 그리려고 하면 마치 사냥꾼처럼 그것과 대립하게 된다고 안타까워한다. 볼 때에는 산이 되는데 그리려면 사람이 되어버리는, 주체가 객체로 타락하는 그 어려움을 로댕은 겪고 있는 것이다.

'어떻게 하면 산이 되어 산을 그릴 수가 있을까?' 하는 문제가 예술의 가장 큰 문제다. 어떻게 하면 흘러가는 시간을 흘러가지 않는 시간으로 바꾸어 놓을 수 있을까. 어떻게 하면 과거를 현재화하느냐. 어떻게 하면 역사 히스토리를 원역사 게시히테로 만드는가. 요는 어떻게 흙에도 혼을 불어 넣을 수 있는가. 이것이 문제다.

세상에는 구슬이 얼마든지 있다. 없는 것은 실이 없는 것뿐이다. 어떻게 실을 구하는 것일까. 그것을 릴케는 로댕에게 배웠다. 그것은 예술과 생활의 일치라는 것이다. 완전하고 자기완결적인 예술작품을 창조하기 위해서는 예술가가 완전하고 자기완결적인 존재자가 되어야 한다는 것이다. 완전한 사람이 아니고는 완전한 예술품을 창조할 수 없다. 산이 되는 일이다. 산을 끝까지 그릴 수 있는 산이 되는 것이다. 객체로 타락하지 않는 주체가 되는 일이다. 그것은 하루 이틀에 되는 것이 아니다. 끝없는 자기초월을 통해서 무르익어 가는 것이다.

릴케는 『말테의 수기』에서 말테도 그것을 완성시키지 못한 것을 인정한다. 그것은 릴케 자신의 미완성의 고백이기도 하다. 그러나 세잔은 그것을 완성한다. 말테가 끝나는 곳에 세잔이 시작된다고 그는 적어 놓았다.

릴케는 로댕의 체험을 그것은 보통사람들이 붙잡은 그것과는 전혀 다른 것이라고 말한다. 그것은 다칠 수 없는 신성한 것이며 시대를 초월하여 시대 속에 사는 투시자透視者의 얼굴처럼 고독하고 이상하게 나타나는 것이다. 그것은 공간의 고요한 지속持續과 한없는 큰 법칙 속에 들어 있는 것이다. 그것은 무슨 규율이나 의미가 있는 것이 아니라 거저 단순한 존재로부터 태어날 고귀한 것이다.

릴케는 예술사물 예술적 존재자의 고귀함은 단순한 거저 여기에 있다고 하는 현존現存이 전부다. 그것은 도구처럼 목적이나 의미가 아니다. 산처럼 자기완결自己完結적으로 독립해 있는 사물, 존재적 존재일 뿐이다. 예술사물은 순전히 사물존재처럼 자기 자신으로 있는 것뿐이다. 작품은 작가와는 아무 상관이 없다. 작품은 자립해 있다. 그것이 진짜 작품이다.

릴케는 단테의 꿈의 모습을 제작한 로댕에 대해서 하나하나의 사물존재의 고요한 구제, 즉 혼을 불어 넣었다고 한다. 사물에 혼을 넣어줄 때 사물은 독립한 예술사물이 된다. 그리하여 그것은 공간의 고요한 지속 즉 실재계 속에 놓이게 된다. 예술사물은 완전히 자기 자신에 종사하는 존재방식 즉 산 물건이 되는 것이다. 예술가는 예술을 창작할 때 예술가도 하나의 그것이 된다. 예술은 고독자나 개별자에 있어서 자기 자신을 채워가는 수단이다.

예술은 자유의 길이다. 예술가는 자기 자신을 위해 창작한다. 예술가가 지켜야 할 것이 있으면 그것은 고독뿐이다. 예술은 높이 하늘을 날아 민중을 넘어서 고독자로부터 고독자를 찾아간다. 예술은 아름다운 것을 찾는 것이 아니다. 일체를 아름답게 하는 것이다. 세대를 남김없이 장엄하게 변케 하는 변신, 그것이 예술이다. 예술이 사물에 부딪치는 그 감격은 대상인 사물의 미추를 구별할 틈이 없이 강렬하게 빛나는 것이다. 다만 존재를 증명하는 것, 있기만을 원하는 것, 다만 천사가 있을 뿐이다.

예술은 실재계에 존재하는 것이다. 그곳에는 해석이나 가치판단은 필요 없고 다만 절대가 있을 뿐이다. 말씀도 절대고, 사물자체가 말하는 순수한 말, 그것이 시다. 예술가가 창조한 예술사물은 미를 추구한 결과가 아니고 자연사물처럼 하나의 돌처럼 무명의 존재자로서 실재계에 존재하는 유일한 진실 존재자다. 그것은 이름도 없고, 빛도 없고, 거저 있는 것뿐이다.

릴케의 예술론은 고전적 미학이 찾던 미의식의 미의 탐구가 아니고 자기 완결적인 예술사물의 창조가 예술의 전부다. 릴케는 이것을 로댕에게 배운다. 로댕은 형상조작가가 아니라 사물조각가다. 그래서 릴케도 형상시인이 아니라 사물시인이 된다. 사물이 되어 사물을 읊는 것이다. 우리들이 보는 인간적인 것, 동물적인 것으로부터 사멸하지 않는 것, 영원한 것, 가장 고귀한 것, 다시 말해서 사물을 만들고자 한다. 미를 창조하는 것이 아니라 사물을 창조하는 것, 이것이 로댕의 예술의 전부라고 릴케는 고백하고 있다.

릴케는 로댕으로부터 보는 법을 배웠다고『말테의 수기』에 거듭 말하고 있다. 대상을 주체화하는 직관력 즉물적 직시卽物的 直視를 얻은 것이다. 그것은 배우는 것이 아니다. 로댕도 체득하고 릴케도 체득하였던 것이다. 그것은 릴케 속에 있던 것이 로댕에게 자극되어 살아나온 것뿐이다.

인류는 누구나 다 직관력을 가지고 있다. 인간은 누구나 영이다. 영은 직관력을 가지고 있다. 인류의 본래적인 영성이 다시 살아난 것뿐이다. 그것은 배우는 세대가 아니라 깨치는 세대다. 그것은 더하는 세대가 아니라 빼는 세대다. 그것은 자기부정의 고행의 세대요, 실존적 행의 세대다. 사는 것이다. 생활이 문제다.

생활과 유리된 예술은 예술이 아니다. 그것은 창작이 아니라 모방이요 흉내다. 예술과 생활의 일치, 예술과 인격과의 일치, 이것이 릴케가 로댕에게서 배운 것이다. 삶을 무시하고 생명은 없다. 흙에 생기를 불어 넣어주는 것은 생명뿐이다. 실이 있어야 한다. 실만 있으면 구슬은 얼마든지 있다. 구슬은 모아 놓는 것이 아니다. 구슬을 실로 꿰놓는 것이 예술이다.

릴케는 이 사실을 무엇이라고 표현할 수가 없었다. 그는 로댕을 만난 후 아내에게 "글쎄, 그것을 무어라고 말하면 좋을까. 하여튼 말할 수는 없지만 알고는 있는 것인데, 전체라고 할까. 껍데기는 아니고 껍데기를 껍데기이게 하는 것, 그것은 전체의 법칙이며 관계가 된다. 그것을 로댕은 루모도 체體라고 하더군. 로댕은 모든 만물에서 모도 체를 끄집어내어 그것을 배운 후에 그것을 독립된 것, 즉 예술작품으로 조각하더군. 팔이건 다리건 몸이건 무엇이든 하나만 가지고도 전체를 나타내는 거야. 왜냐하면 로댕은 팔이나 다리나 몸통이나 그것이 문제가 아니기 때문이지. 그것은 하나의 소재에 불과해. 그에게는 체體만이, 자기 완결된 어떤 의미로 완성된 체만을 생각하고 있는 거야. 최고의 의미로서 조각가란 색채나 윤곽이나 그런 것을 보고 배우는 것이 아니고 조각을 조각이게 하는 것 즉 전체를 보고 배우는 거야.

로댕은 그것을 찾았어. 수많은 사물이 그것을 로댕에게 제공한 것이지. 특히 나체가 로댕을 그것으로 바꾸어 놓은 거야. 모든 것을 체를 가지고 자기의 것으로 표현한 거야. 그것만 가지고 무엇이든 익혀가는 거야. 내가 배워야 할 첫째 것은 로댕이 자기 예술의 새로운 근본요소를 발견한 그것이고 그리고 둘째는 자기의 전부를 이 요소를 가지고 표현하는 외에는 아무것도 자기의 생활에서 구하지 않는 것"이라고 이야기했다.

릴케는 로댕을 만나 로댕의 비밀을 눈치 챈 것이다. 도적은 도적을 안다. 릴케는 로댕이 실오라기 하나를 가지고 일체를 자기 자신까지도 꿰고 있는 것을 발견하고 놀란 것이다.

릴케는 『로댕 비평』에서 이 순간 그는 자기 예술의 근본요소를 발견한 것이다. 다시 말해서 자기 세계의 생명을 발견한 것이다. 그것은 체라는 것으로 아무리 큰 것이건 작은 것이건 무엇이나 이것으로 만들어졌다. 그것의 발견으로 로댕 독자獨自의 일이 시작된다. 과거의 조각의 인술적인 개념은 로댕에게는 필요 없게 되었다. 로댕의 눈이 뜬 것이다.

예술의 세계

예술의 세계는 절대의 세계요, 존재의 세계다. 그것은 거저 있는 세계지 인간과 아무 상관이 없다. 예술가는 예술품을 창조한 순간 예술품이 싫어진다. 그것은 이미 자기 것이 아니며 그것은 앞으로 혼자 살아가게 될 것이다. 거북이가 자기 새끼들에게 아무런 관심이 없는 것이나 마찬가지다. 그것은 햇빛과 바다와 바위와 모래에 거저 내맡겨져 있는 것뿐이다. 작품은 작가에게서 완전히 해방되어 스스로 서서 제 발로 걸어간다. 그것은 자기도 충족되어 있고 그것은 아무의 소유도 아니요, 거저 있는 것뿐이다.

하이데거는 예술작품의 근원에서 고호의 그림을 존재론적으로 설명한다. 농부의 구두는 도구의 하나다. 그러나 그 자체는 자족하기 때문에 하나의 사물이다. 작은 돌이 자연에서 떨어져 나온 것처럼 그것은 하나의 사물이다. 도구는 사람의 손으로 만들어진다는 점에서 예술작품과 비슷하지만 그러나 예술작품에는 자기충족이 있다.

릴케가 예술작품을 자기 충족적, 자기 완결적 사물이라고 하는 것은 작품은 작가를 떠날 때에 완전한 작품이 되기 때문이다. 위대한 작가는 언제나 자기 작품에 무관심하다. 위대한 작품은 자기의 것이면서 자기 것이 아니기 때문이다. 위대한 작품의 출현은 창조하는 자기가 부정되는 것이다. 정말 위대한 작품은 자기가 쓰기는 썼지만 자기가 쓴 것이 아니다. 그것은 신이 쓴 것이다. 그것은 신의 출현이다. 실재계가 현상계에 출현한 것이다. 작가는 다만 그 계기가 된 것뿐이다. 이것이 예술가의 책무다. 보이지 않는 세계를 보이게 하는 것, 신이 드러나게 하는 이것이 예술가의 일이요, 그것이 진리다.

진리[aletheia]란 희랍말로 감추어졌던 것[letheia]이 드러난다[a]는 의미다. 실재의 세계는 현실의 세계에서 언제나 숨겨져 있다. 그러나 예술가는 숨겨져 있는 세계를 꿰뚫어 본다. 그것이 예술가의 눈이다. 꿰뚫어 볼 뿐만 아니라 그것을 현실 세계에 나타나게 한다. 그것이 현실이다. 시는 실재계를 나타나게 하는 말씀이다. 그것은 자연처럼 영원한 말씀이다. 천지가 없어져도 없어지지 않는 말씀이다.

시인은 인간적인 감정적인 일체를 제거해 버리고 순수한 말씀으로 실재를 드러낸다. 시인은 천사의 말을 사용하여 시를 쓸 뿐만 아니라 시인 자신이 말씀 자체로 변신해야 한다. 말씀은 존재다. 말씀은 살아서 움직이는 존재다. 예술작품은 그 자체가 목적이요 그밖에 아무것에도 매이지 않는다. 그것은 자신의 존엄과 자신의 궤도를 가지고 자신의 법칙에 의하여 별처럼 돌아갈 뿐이다. 그것은 일상세계와는 아무 상관이 없다. 그것은 고독한 일생이요, 언제나 박해를 당하고 일상적인 항목과도 아무 상관이 없다. 그것은 예술 작가의 고독하고 비참한 운명과 마찬가지다.

인간은 사물을 도구로 변하게 하지만 예술가는 도구를 사물로 만든다. 현실은 실재가 아니다. 그것은 가면이다. 예술가는 이 가면을 벗기고 상像을 깨뜨려버리고 세계를 직관하여 현실배후에 실재의 얼굴을 드러내게 한다. 그것은 주관 객관을 넘어선 예술사물이다. 예술사물은 대상을 넘어서 비상한 진전을 한다. 자연 속에서 일체를 넘어서서 존재하려는 희망의 높은 실현이다. 예술작품은 실재계 즉 존재를 개시하고 우리는 작품을 통해서 실재계에 접촉된다.

예술작품은 현실계를 서술한다든가 설명한다든가 이야기하는 것이 아니고 실재계의 사건을 표현하여 실재계를 열어 보인다. 예술가는 이 예술사물을 실재계 속에 창조하고 실재계를 개시한다. 실재계야말로 예술작품의 근원이다.

하이데거는 예술작품은 그 나름의 방식대로 존재자의 존재를 개시한다고 한다. 이 개시開示는 즉 존재자의 진리는 작품 속에 나타난다. 예술작품에 있어서 존재자의 진리는 작품 속에 정착된 것이다. 야스퍼스는 "위대한 예술은 형이상학 예술로서 예술의 눈을 통해서 존재자체를 드러내는 형이상학적 예술이다."라고 말한다. 릴케는 예술을 통하여 잃었던 고향을 회복하듯이 실재계를 회복하는 것이다. 예술사물을 통해서 우리들은 실재계를 들여다 볼 수 있다. 요컨대 예술사물이 비현실의 실재계인 공간 속에서 자립성을 획득하고 존재가 드러났을 때 미가 발견된다. 미의 본질은 결과가 아니고 존재다. 사람은 미를 창조할 수는 없다. 미를 창조할 수 있다고 생각하는 것은 인간의 망상이다.

사람에게는 한 때 사물이 생의 한복판으로 밀려들어올 때가 있다. 그것은 한없는 간절과 절망적인 엄숙함으로 독특하게 습격해 들어온다. 이 순간이 사물과의 절대적 만남이다. 이 순간에 사물은 현실계를 넘어서 실재계에 자리 잡게 된다. 이 순간에 사람은 미를 보게 된다. 사람은 미를 알 수는 없다. 사람은 미를 느끼는 것뿐이다. 사물은 절대 사물이 되기를 간절히 바라고 있다. 사물도 끝없는 한탄으로 구원되기를 바라고 있다. 사물은 구원받고 싶은 욕망을 가냘픈 인간에게 소망을 걸고 있다. 이 같은 사물의 소망을 이루어 주는 것이 예술가들이다.

예술가는 자기의 절대 체험을 통하여 사물을 실재계에 자리 잡게 한다. 이 때에 예술사물은 모든 우연에서 벗어나서 일체의 애매에서 벗어나고 시간에서 벗어나서 하나의 공간이 주어지고 영속적인 것이 되고 영원한 것이 된다. 이리하여 예술사물은 실재계에서 자립할 수 있는 자기 완결적인 자기 충족적인 완전한 것이 된다. 예술사물은 예술가를 떠나서 사물 사이에 끼어들어 그것은 고대의 스핑크스처럼 별과 같이 한없는 너그러움을 가지게 된다. 고요하고 위엄 있게 우주적 실재가 된다.

이런 예술사물은 예술가의 깊은 체험을 통해서 일어난다. 예술가의 체험 속에서 목적성, 유용성, 도구성, 인위성 등의 일체가 사라질 때 예술사물은 인간적인 인습에서 벗어나 사물의 특징인 완전에 자기 자신이 따르게 된다. 이러한 예술사물은 완전하여 일점일획도 더할 것도 덜할 것도 없다. 완전한 것뿐이다. 외부에서 무엇을 바랄 것도 기대할 것도 없다. 외부와는 아무관계가 없어진다. 자기 완전이 있을 뿐이다.

　예술가는 보이는 세계를 꿰뚫고 보이지 않는 세계를 들여다보고 그것을 다시 보이는 세계에다 끄집어내어 자연사물 속에서 예술사물로서 영원히 빛나게 한다. 그것은 인간의 의식과는 관계가 없다. 인간이 생각해 낸 것도, 창조한 것도 아니다. 그것은 신의 창조다. 그것은 도구성이 결여되어 있다. 그것은 자기 스스로의 사물존재로서 자기존재의 힘으로 움직이고 있다.

　마치 소가 움직이듯이 예술사물은 자기 스스로의 힘으로 움직인다. 예술사물을 구체적으로는 도구존재의 세계 속에 있으면서 그것 자체는 사물존재의 세계, 즉 비현실적인 실재계에 있다. 예술사물은 우리에게 비현실적인 존재를 열어 보여준다. 그것은 想像의 세계, 인간의 상상에 의하여 제작된 표상의 세계가 아니다. 예술은 생의 세계가 아니다. 그것은 가면이 아니다. 그것은 존재다. 진짜 존재의 얼굴이다.

　예술작품은 인간의 판단을 벗어난다. 인간의 판단처럼 예술사물에 위험한 것은 없다. 그것은 인간의 모든 관념을 벗어난다. 그것은 인간으로 하여금 생각하게 하는 것이 아니다. 그것은 인간을 깨게 하고 인간을 명하여 행하게 한다. 그것은 하나의 빛이요 힘이다. 그것은 인간을 실재의 세계에서 깨어나고 실재의 세계에서 살게 만들어 준다. 그것은 인간의 생각과 사려를 허락하지 않는다. 그것은 마치 본능처럼 인간에 작용하는 것이다. 예술작품은 산이나 나무나 돌처럼 인간의 상상이나 판단이나 개념을 허락하지 않는다. 그것은 산처럼 살아 있어서 모든 사람의 직관에 혼자 웃고 있는 것뿐이다.

　예술가는 이 산과 같이 웃을 수 있는 사람이다. 그때는 산도 주체가 되고 예술가도 주체가 된다. 이것이 진리와 같이 기뻐하는 것이다. 예술의 세계는 산 세계다. 그것은 실재의 세계요, 주체의 세계요, 생명의 세계요, 진리의 세계다. 그곳에는 한없는 기쁨이 넘치고 있다. 모든 사물이 미소를 짓고 있다. 거기는 주인도 노예도 없다. 주체의 세계다. 거기는 아무것도 막는 것이 없다. 무한한 자유만이 넘치는 세계다. 그것은 열려진 세계다. 그곳은 존재가 빛나는 세계요, 존재가 드러나는 세계요, 존재의 진리만이 나타나는 세계다. 그 곳은 시간의 한계도 없다. 무한한 지속만이 있는 영원한 세계다.

릴케는 이런 세계를 처음으로 러시아에서 발견한다. 무한한 하늘, 무한한 땅, 무한한 강물, 무엇보다도 하늘이 넓었다. 지금까지 보아 온 땅이나 강이나 세계는 모두 소꿉장난이다. 그러나 여기서 일체가 그대로 존재한다. 마치 천지창조의 아침처럼 일체가 신선하게 살아 있다. 그것은 순수하게 본래적인 모습이다. 그곳에 사는 사람은 아무런 허식도 없이 대자연과 어울려 살아가고 있다. 산도 강도 바람도 물도 그리고 나무도 꽃도 짐승도 개도 그리고 이곳에 사는 사람마저도 어린애처럼 대자연에 어울려 살고 있다. 순수하게 본래적으로 자기 완결적으로 주체객체의 상대관계에 매이지 않고 순수하게 주체적으로 살아가고 있다. 시간도 없고 공간도 없이 영원하고 무한하게 사물세계가 있을 뿐이다.

사물세계, 그것은 진리의 세계요, 자유의 세계다. 인간의 의식적인 일체가 접근하지 못하는 세계다. 그것은 동물의 눈처럼 일체를 제거하는 눈빛을 가지고 있다. 일상적인 것의 포기, 그것이 영원한 별의 세계다. 그곳은 유희와 춤의 세계다. 산은 이미 도구가 아니다. 산은 그대로 산이다. 아무와도 관계없는 스스로 자족한 존재다. 산은 아무도 속이지 않는, 있는 대로 있는 것뿐이다.

그러나 인간 세계는 너무도 혼란하다. 거짓과 갈등으로 가득 차 있다. 일체가 관계의 세계요, 인연의 세계다. 이런데 빠져들면 마치 거미줄에 걸린 벌레처럼 무서운 거미의 독침만이 기다리고 있을 뿐이다. 인간은 이런 감옥에서 벗어나기를 바란다. 이때 인간을 구원하는 사람이 시인이다. 시인이란 사람들이 일상성에 매몰되어 놀람을 상실하고 생물의 동경과 고뇌의 근원성에 맹목적이 되었을 때 예언자처럼 눈을 먼 신화적 우주발생으로부터 종말적 숙명한계까지 투시하여 주목할 수 있게 하는 고독자요 예외자다.

시인들은 성인보다도 더 깊이, 더 높이, 더 진실 되게 현실의 무서운 심연을 폭로하고 산 영원을 있는 그대로 보여 준다. 우리들의 일상체계는 주관에 의하여 왜곡된 삐뚤어진 세계다. 그것은 공동목적에 의하여 적당하게 가감된 평균치의 세계다. 그것은 일상적인 인습에 의지하여 체계화된 굳은 화석처럼 굳어져 버린 죽은 세계다. 그곳에는 기쁨도 자유도 없다. 있다면 체계와 법칙이 지배하는 허구가 있을 뿐이다.

그것은 그림자의 세계다. 인간의 편견으로 만들어진 상상의 세계다. 그것은 추상적 개념으로 정리된 체계의 무덤이다. 그곳에는 생명은 오래 전에 빠져나가고 도깨비들만이 어둠 속에 뛰어 다니는 죽음의 세계다. 조금이라도 이 세계를 의심하는 자를 그들은 용납하지 않는다. 박해와 비난이 그들을 몰아낸다.

시인은 영원히 고독하다. 그는 영원한 예외자다. 그가 사실을 알려주면 줄수록 그것은 지옥에 대한 무서운 공격으로 그들은 그 말에 견딜 수가 없다. 그들은 그를 실재의 세계로 내어 쫓는다. 그것이 죽음이라는 것이다. 실재의 세계는 관계의 세계가 아니다. 무엇을 위하여 있는 세계가 아니다. 산이 있듯이 자유롭게 있는 것뿐이다. 이 세계에 들어가는 길은 변신뿐이다. 주체성의 회복뿐이다. 주체성의 회복, 그것을 가리켜 진리를 깨달았다고 한다. 진리를 깨달은 사람, 그가 주체이기 때문이다. 주체는 죽는 것도 나는 것도 아니다. 주체는 자유롭고 기쁠 뿐이다.

이 모순을 기쁘게 받아들여 죽어 간 사람이 릴케다. 영광의 절정에서 죽음의 몰락으로, 이것이 제물의 운명이 아니었던가. 순수한 모순, 그것은 시인의 법열과 시인의 고뇌가 겹친 것이다. 진주 속에 모래가 들어 있듯이 언제나 순수한 의식 속에는 순수한 존재가 도사리고 있는 것이다. 아름다운 뱀에 독이 있듯이 화려한 장미에 가시가 있다. 현존은 괴리된 두 극이다. 의식이 존재 속에 꽃을 피우고 존재가 의식 속에 가시를 내놓는다. 꽃에는 가시가 필요하고 가시에는 꽃이 필요하다. 붓에 칼이 필요하고 칼에 붓이 필요하다. 이 둘은 모순인 채 그대로 받아 들여져야 한다. 어느 것 하나라도 거부되어서는 안 된다.

　릴케는 세계 공간 속에는 오르페우스의 두 가지 극단이 동시에 존재한다. 죽은 사람들의 나라에 관한 지식을 모든 산 사람들에게 전달하는 고차원적인 각자인 면과 동시에 음악으로써, 미로써 만물 속에서 노래 부르는 편재자요, 눈에 보이지 않는 존재의 척도로서 질서이기도 하다. 그는 미의 꽃과 동시에 죽음의 가시를 가진 시인이다. 노래 부르는 오르페우스인 동시에 죽음을 알려주는 오르페우스에게는 언제나 장미가 바쳐진다. 장미야말로 오르페우스의 꽃이다.

　장미의 꽃과 더불어 아름다움이 무르익고 아름다움이 무르익을 때 장미는 시들어 간다. 장미는 달처럼 솟아올랐다가 달처럼 사라진다. 풍요 속에는 벌써 허무가 깃들이고 삶 속에는 죽음이 깃들이고 장미 속에는 벌써 가시가 날카롭다. 모순, 순수한 모순, 생이 곧 죽음이요, 죽음이 곧 생이다. 이 모순을 그대로 받아들여야 한다. 그러기 위해서는 내가 존재자가 되어야 한다. 그것이 존재자의 모습이 되기 때문이다. 사람은 장미다. 이것을 기쁘게 받아들여야 한다. 그러기 위해서는 고뇌를 참고 견디어야 한다.

　이것이 실존이다. 존재자가 되기까지 실존이 되어야 한다. 그리하여 순수 속에 도사리고 있는 불순을 제거해야 한다. 금광이 순금이 되기 위하여 용광로에서 견디어 내듯이 오랜 고뇌를 견디어낼 때 인간은 순수한 장미로 피어날 수 있다. 그리하여 모순을 그대로 받아들일 수 있다. 기쁨의 눈물과 아픔의 웃음을 동시에 이겨낼 수가 있다. 장미, 아아, 순수한 모순, 기쁨. 인간은 장미가 될 때 인간도 기쁨이 된다. 그러나 동시에 아픔도 된다. 너무 아파서 기절하여 깊은 잠이 들었는지도 모른다. 이렇게 많은 꽃잎 속에 누구의 것도 아닌 잠을 가시에 찔려 깨어난 장미가 너무 아파서 다시 기절하여 잠이 들었다고나 할까.

언젠가 릴케는 이런 시를 지은 일이 있다.

"그리고 이 하나의 꽃잎이 눈꺼풀처럼 열려있는 밑에는 아직 수많은 꽃잎이 닫혀진 눈꺼풀처럼 겹쳐져 있고 그것이 열 겹, 스무 겹으로 잠들어 있다. 마치 속으로 보는 힘을 부드럽게 할 필요가 있는 것처럼 닫혀져 있다."

릴케는 언제나 닫혀진 장미의 아름다움을 찬양하고 있다. 닫혀진 아름다움과 닫혀진 빛, 잠 속의 깸, 고뇌 속의 기쁨, 장미, 아아, 순수한 모순, 기쁨, 그 기쁨은 어떤 기쁨인가. 이렇게 많은 꽃잎 속에 누구의 것도 아닌 잠으로서의 기쁨, 잠 속의 깸의 기쁨, 잠 속의 꿈의 기쁨. 인생은 자연이란 잠 속에 피어난 하나의 꿈인지도 모른다. 자연은 한없는 깊은 잠을 자고 있다. 그 속에서 훨훨 나는 꿈이 인생이 아닐까. 평원에 피어난 한 송이 꽃, 그것이 얼마나 가냘픈 운명이냐. 그러나 그것이 인생이 아닌가. 잠든 장미꽃, 절반 자고 절반 깨있는 미인의 얼굴처럼 장미는 어떤 잎은 깨고 어떤 잎은 잔다.

순수한 모순, 핀 것도 아니고 안 핀 것도 아니고 피어나는 장미의 생적 충동 속에 순수한 모순은 완전히 조화되어 있다. 그것은 이것인가 저것인가의 비극적인 긴장과 깊이 잠든 아름다운 평화가 완전히 통일되어 시적 실존은 하나의 신적 법열로 승화되고 존재는 의식 속에, 의식은 존재 속에 내포된 채 모순으로 긴장된 현존재 속에 아무 저항 없이 깊이 침투되어 있다. 그리하여 이 세상은 밝으면서 동시에 어둡고, 움직이며 동시에 움직이지 않으며, 일체에 연결되면서 동시에 아무것에도 연결되지 않았다는 것을 그대로 받아들이고 있는 것이다.

릴케는 인생이 괴로운 인생임을 모르는 바 아니다. 그러나 인생이 우주에 피어난 한 송이 꽃임을 생각할 때 인생은 한없이 고귀한 것이다. 그는 인생을 이렇게 노래 부른다. 기념할 돌을 세우지 말라. 오직 해마다 장미는 그를 위해 꽃피웠다고. 왜냐하면 그것이 오르페우스니까. 이것저것 존재 속에 그의 변형이니까. 우리는 마음을 애태워 다른 이름을 찾지 않는다. 노래하는 이가 있으면 그것은 언제나 오르페우스이다. 그는 왔다가는 어느덧 떠나간다. 가끔 그가 장미의 수반 속에 며칠 동안을 묵어간다면 그것만 해도 대단하지 않은가. 아아, 알아주어야 한다.

그는 사라져가지 않으면 안 된다. 비록 그에게도 그 자신이 사라지는 것이 불안하게 느껴질지라도 그의 말씀이 이 지상의 존재를 능가할 때에 그는 벌써 저승에 있다. 그대들이 좇아갈 수 없는 곳에 거문고의 창살도 그의 손을 막을 수는 없다. 그는 다만 좇아가고 있을 뿐이다. 걷기도 하고 건너뛰기도 하면서 오르페우스는 이제 운명을 따라 걷기도 하고 뛰기도 한다. 운명의 세계는 가혹한 세계다. 그러나 그것은 아름다운 세계다. 꽃은 피고 꽃은 진다. 그것이 아무리 가혹하지만 그것은 한없이 아름답다.

인생, 그것은 꽃 한 송이이다. 그것이 아무리 가혹하지만 그것은 한없이 아름답다. 장미, 아아, 순수한 모든 기쁨. 이렇게 많은 눈썹 밑에 누구의 것도 아닌 잠, 인생은 기쁨이며 동시에 잠이다. 인생은 삶이며 동시에 죽음이다. 인생, 그것은 순수한 모순이다.

　시인은 존재와 의식의 궁극적 모순 현존의 분열을 밝히 보여 주면서 그것을 찬양하고 그것을 긍정하는 지고의 의식과 동의同意를 가지고 존재 속에 편입되는 존재방식을 표현하는 것이다. 법열과 순종, 이것이 위대와 비참, 영광과 고뇌를 동시에 안은 신인의 임무다. 그렇다면 말해다오. 어떻게 사람이 그 좁은 거문고를 통해서 신을 쫓아갈 수 있는 것일까. 사람의 마음은 찢겨진 분열이다. 두 가지 마음의 길이 교차하는 곳에 아폴로의 신전은 서 있지 않다. 그대가 가르치는 노래는 욕망이 아니다. 결국 도달될 사람도 아니다. 노래란 현존재다. 신에게는 그것은 무엇보다도 쉽다. 그런데 우리는 언제 존재하는가. 언제 신은 우리들의 존재를 대지와 별들로 향하게 할 것인가.

　젊은이여, 그것은 존재하고 있는 것이 아니다. 사랑한다는 것은 비록 그 때에 소리가 입을 넘칠지라도 잊으라. 그대가 노래 부른 것을. 그것은 흘러간다. 정말 노래 부른다는 것은 그것은 전혀 다른 기운이다. 그것은 아무것도 바라는 것이 없는 입김, 그것은 신속에서 불어가는 바람뿐이다.

　릴케에 있어서 시, 그것은 아무것도 바라지 않는 바람자체다. 바람 없는 바람, 목적 없는 목적이 미인 것처럼 바람 없는 바람, 소망 없는 소망, 그것이 시다. 기도 없는 기도, 그것이 신앙이요, 삶 없는 삶, 그것이 영생이듯이 바람 없는 바람, 그것이 시다. 그것은 순수한 모순이다. 순수 없는 순수. 복잡한 것 같은데 순수하고, 어두운 것 같은데 밝고, 아무것도 모르는 것 같은데 다 알고, 이름 없는 것 같은데 이름이 있고, 없이 있을 이것이 존재다. 그것은 마치 허공처럼 한없이 큰 존재다. 그것은 영처럼 한없이 아는 존재다. 자는 것처럼 깨어 있는 장미, 그것은 순수한 모순이다. 아픔 속의 기쁨, 그것은 순수한 모순이다.

시는 하나의 현존재, 그것은 운명에 따라 불어가는 하나의 바람이다. 그것은 보일 듯이 나뭇가지를 스치며 지나가는 하나의 바람이다. 없이 있는 바람, 아무것도 바라는 것 없이 마음대로 돌아다니는 바람, 바람은 아무 바람 없기에 가장 자유로우며 시인도 욕심이 없기에 가장 자유로운 존재다. 그러나 그 자유는 운명에 따르는 자유, 제 마음대로 부는 자가 아니다. 시인은 자기가 시를 짓는 것이 아니다. 시가 시를 짓는다. 자기는 시가 짓는 시를 적어갈 뿐이다.

릴케도 『두이노의 비가』를 얼마나 지으려고 애를 썼는지 모른다. 그러나 시가 시를 짓기까지 그는 10년을 기다리며 좇아다녀야 했다. 시인이 시를 짓는 것이 아니다. 시가 시를 짓는 것이다. 그것은 순수한 모순이다. 그러나 그것이 시다. 지음 없이 지음, 그것이 시다. 누가 보아달라고 피는 것이 아니다. 아무 목적 없이 피기에 그것은 그대로 아름답다. 미는 존재가 드러날 때 그것이 미다. 미는 창조되는 것이 아니다. 아무도 미를 창조할 수가 없다. 미는 존재가 드러날 때 미다. 까닭 없이 필 때 미다. 저절로 아무 바람 없이 필 때 그것이 미다. 목적 없는 합목적성, 그것이 미다.

시도 마찬가지다. 내가 시를 짓고 있을 때는 시는 시가 아니다. 시가 시를 짓고 있을 때 그것이 시다. 시가 시를 짓는다. 그것이 있고 있을 존재다. 그것이 자연이다. 저절로다. 저가 저를 피우고 있다. 그것이 장미다. 그것은 순수한 모순이다.

톨스토이

Tolstoi, Lev Nikolaevich 1828-1910

톨스토이

Tolstoi, Lev Nikolaevich 1828-1910

생애

톨스토이는 나이 70세에 그의 아내에게 이런 편지를 썼다.
"사랑하는 소피아여, 나는 오래전부터 나의 생활과 신념과의 부조화에 고민하고 있소. 나는 억지로 당신들의 생활이나 습관을 바꾸게 할 수는 없소. 당신들과 헤어져 버리는 것도 지금까지는 더욱 더 되지 않았소. 헤어져 버리면 아직 어린애들을 조금만이라도 감화해 줄 수가 없을 것이오. 거기다 당신들을 깊이 슬프게 만들 것이라고 생각했기 때문이었소.
그러나 나는 이제 지난 16년 동안에 해 내려온 것 같은 그런 생활을 계속할 수는 없소. 그동안 나는 당신들과 다투거나 당신들을 화나게 하거나 혹은 내 둘레에 있어서 거의 습관화된 여러 가지 경향이나 유혹에 굴복해 왔소. 그러나 지금에서야 나는 오래 전부터 내가 하고자 생각하고 있던 일을 하려고 결심했소. 그것은 집을 나가는 일이요. 인도 사람은 나이 60이 되면 숲속으로 가버리거니와 그와 마찬가지로 종교를 가진 노인은 누구나 만년을 농담이니 화투치기니 영화니 공치기 등이 아니고 신에게 바치고 싶다고 생각하는 것이요.

　나이 70이 된 나도 마찬가지로 마음속으로부터 평정과 고독을 찾고 있으며 또 설사 완전한 조화는 바랄 수 없다 하더라도 적어도 내 온 생애와 내 양심과의 이 심한 부조화로부터 빠져 나가고 싶소. 만일 내가 버젓이 집을 나가면 모두들 나에게 매달려 애원을 하거나 반대를 하여 내 마음이 꺾이면, 실행하지 않으면 안 될 내 결심도 실행하지 못하고 말게 될 것만 같소. 그러니까 설사 나의 행동이 당신을 괴롭히더라도 부디 나를 용서하오. 그리고 특히 당신은 내가 나간 후에도 나를 찾지 말고 나를 나쁘게 생각지 말며 나를 비난하지 말아 주오. 내가 당신과 헤어지는 것은 결코 당신에게 불만이 있었기 때문은 아니오.

　나는 당신이 나와 같이 사는 것이 불가능했다는 걸 알고 있소. 나와 똑같이 보고 생각하는 것은 당신으로서는 할 수 없을 것이오. 그렇기 때문에 당신은 자기 생활을 바꾸지 못했고, 또 당신이 모르는 일에 대해서 희생을 할 수가 없었던 것이오. 그러나 나는 조금도 당신을 나무라지는 않소. 오히려 두 사람의 긴 35년 동안의 공동생활을 사랑과 감사를 갖고 생각하는 것이오.

　특히 당신은 자기 사명이라 생각한 것을 당신의 그 어머니다운 성질로써, 용기와 헌신으로써 용감히 견디어 낸 것을 감사하게 생각하오. 당신은 나에게 세상에서 당신이 할 수 있는 모든 것을 바쳐 주었소. 당신은 진정한 어머니의 사랑으로써 커다란 희생을 바쳤소.

　그러나 우리 생활의 마지막 기간, 즉 지난 15년 전부터 두 사람의 길이 그만 달라지고 말았소. 나는 자신이 나빴다고 생각하지 않을 수 없소. 그러나 설사 내가 변해 버렸다 하더라도 그것은 결코 나 때문도 아니고 또 세상 때문도 아니고 오직 내가 그렇게 되지 않을래야 않을 수 없었기 때문이오. 나는 당신이 나의 뒤를 따라오지 않았음을 책망하지는 않소. 도리어 나는 당신에게 감사를 하고 있소. 나는 당신이 준 것을 영원히 사랑으로서 기억하고 있을 것이오. 영원히 안녕. 사랑하는 소피아여. 나는 당신을 사랑하고 있소."

톨스토이는 이 편지를 쓰고도 13년을 떠나지 못했다. 그러다가 83세가 되던 1910년 10월 28일 죽기 열흘 전에야 겨우 집을 떠난 것이다. 편지는 또 한번 써졌다.

"내가 집 떠남은 당신을 슬프게 할 것이오. 그것을 생각하면 안됐지만 이렇게 할 수밖에 없다는 것을 그대는 이해하고 믿어주기 바라오. 집안에서의 내 입장은 드디어 지탱할 수가 없게 되었소. 그 외에 무엇이라고 해도 내가 생활해 온 지금까지의 사치한 환경 속에서 이 이상 더 살아갈 수는 없는 일이오. 그래서 나이 많은 늙은이들이 잘하는 식으로 나도 떠나가려오.

그들은 자기 생애의 최후의 몇 날을 고독과 평안 속에서 보내기 위하여 세속 생활에서 떠나는 것이니 제발 이 일을 이해해 주기 바라오. 그리고 비록 내가 사는 곳을 알았다고 해도 나 있는 곳엔 오지 말기를 바라오. 만일 그대가 나를 뒤쫓게 되면 당신의 입장이나 나의 입장이 더욱 나쁘게 될 것이고 그렇게 되어도 내 결심은 변하지 않을 것이오.

나와 같이 지내온 그대의 성실한 48년의 생활에 대하여 나는 당신에게 감사하고 있소. 그리고 당신이 나에게 저질렀을지도 모르는 모든 죄과를 진심으로 용서해 주는 것처럼 그대도 내가 당신에게 저지른 모든 잘못을 용서해 주기 바라오. 내가 떠난 후 당신에게 주어질 새로운 생을 받아들이고 이 이상 나에게 화를 내지 말기를 바라오. 만일 내게 무엇이든 꼭 알려야 할 것이 있다면 딸 사샤에게 전해 주시오. 그애는 나의 거처를 알고 있으며 필요한 것은 무엇이나 내게 들려 줄 것이오. 그러나 내가 어디 있는지는 당신에게 말하지 않을 것이오. 왜냐하면 그애는 누구에게도 그것을 말하지 않겠다고 나에게 약속했기 때문이라오."

이 편지를 보고 소피아 안드레예브나는 뜰 앞에 있는 연못에 몸을 던졌다. 물론 구출은 되었지만 비관, 격분, 자기 연민 등으로 그녀는 오랫동안 자기를 가눌 수가 없었다.

톨스토이도 집은 나왔지만 아무런 목적도 아무런 방향도 없었다. 걸어 나오기는 제 발로 걸어 나왔지만 정신적으로는 아내에게 쫓기어 나온 것이다. 그는 의미 있는 출가出家라기 보다도 참을 수 없는 격분으로 가출家出한 것이다.

톨스토이 부처의 불화는 너무도 깊었다. 소피아의 톨스토이에 대한 무례는 9월에 이미 한도를 넘고 있었다. 9월 10일 톨스토이 일기에는

"오전 중 나는 이렇게 생각했다. 이 이상 더 참을 수는 없다. 그녀로부터 떠나야 한다. 그녀와 같이 있어서는 삶이란 없다. 그녀에게도 말했지만 있는 것은 고통뿐이다. 저녁 때 그녀는 공원으로 뛰어나가 울고불고 하는 소동이 벌어졌다. 그녀는 크게 외쳤다. '저 자식은 짐승이다. 살인자다. 그놈의 얼굴은 보기도 싫다.' 라고 하며 울부짖었다. 나는 금방이라도 뛰어나가고 싶었다. 마차를 타고 곧 나갈까."

이런 날이 매일 계속됐다. 그래서 톨스토이는 가출한 것이다. 무슨 사상 때문이 아니다. 결혼 생활의 악몽에서 자기를 해방하기 위해서다.

그래서 10월 28일 미명에 집을 빠져나간 것이다. 정거장에서 30분을 기다리는 동안 그녀가 나타날 것만 같았다. 기차를 타고 정거장을 떠난 후에야 불안은 사라졌다. 그리고 도리어 그녀를 동정하는 생각도 들게 되었다. 그러나 자기가 잘했다는 생각은 의심할 여지가

없었다. 비록 그가 교회에서는 파문되었지만 그가 갈 곳은 수도원 밖에 없었다. 오프치나 수도원에서 하룻밤을 자고 그 다음날 샤말디노 수도원에 가서 수녀가 된 동생 마리아를 만났다. 그는 그 후 외국으로 나갈 것인가, 시베리아로 갈 것인가 망설이다가 우랄로 가는 차에 몸을 실었다.

삼등차에서 그는 감기에 걸리고 드디어 폐렴이 되어 기차를 내려 아스차포보 역장실 침대에 누워 죽음을 기다리고 있었다. 그는 죽음이 가까워지자 자리 위에서 울었다. 자기를 위해서가 아니라 불행한 사람들을 위해서 운 것이다. 그리고 흐느끼면서 이렇게 말했다.

"이 지방에는 고통을 받고 있는 사람이 몇 백만이나 있다. 그런데 어째서 너희들은 모두 나 한 사람만을 위해서 걱정하고 있는가."

그는 그 후에 깊은 혼수에 빠졌다. 그의 유해는 야스나야 폴야나의 농민에 의하여 10세 때 죽은 형 니콜라이 옆에 묻혔다.

톨스토이는 여러 가지 결점을 많이 가지고 있었지만 그 모든 것을 감출 만큼 위대하였던 것은 그의 성실성이다. 그는 네폴류도프의 입을 빌려서 "왜 내가 당신을 누구보다도 좋아하는지 아십니까. 당신은 놀랄만한 드문 성질을 하나 가지고 있습니다. 그것은 정직입니다."라고 말하고 있다. 이 정직 때문에 그는 자기를 돌아 볼 수 있었다. 의지박약, 자기기만, 신경질, 열등의식, 우울증, 정신착란, 모방벽, 변덕, 무반성, 이런 것들에 시달렸다.

원숭이 비슷하게 흉하게 생긴 용모, 길다랗고 음침한 동물적인 얼굴, 짧다란 머리칼, 모양이 고르지 못한 이마, 사람을 사납게 쏘아보는 어두운 구멍에 파묻힌 눈, 큰 코, 두꺼운 입술은 불쑥 나오고 귀가 커 보기 흉한 용모 때문에 어렸을 적부터 무서운 절망에 빠져 있었다.

톨스토이는 젊었을 때뿐만 아니라 한평생을 통해서 모순과 갈등에 빠져 있었다. 마치 극단적인 다른 성격의 사람들이 한 방에서 살고 있는 듯했다.

"나는 추남이다. 지저분하고 사교적으로 세련되어 있지 않다. 나는 신경질적이고 다른 사람과 어울리기 어려운 사나이다. 건방지고 어린애처럼 편협하고 수줍어한다. 나는 무식한 사람이나 매한가지다. 내가 아는 것은 내가 혼자서 조금씩 연관도 없고 맥락도 없이 이럭저럭 기억한 것으로서 크게 값있는 것은 못된다. 나는 또한 모든 성격파산자처럼 품행이 나쁘고, 결단력이 약하고 불안정한 상태다. 어리석게도 과대망상이 강하고 발끈 화를 잘 낸다. 나에게는 용기가 없다. 내 생활에는 일관성이 없다. 그리고 나는 태만하다. 나의 태만은 걷잡을 수 없는 습관이 되어 나는 남의 호의를 좋아한다. 남의 호의를 받지 못할 때에는 나는 버렸다. 자기가 싫어지고 어떻게 해서라도 거기에 매어 달리고자 한다. 그런데 나도 한번 좋은 사람이 되겠다고 생각하는 이상으로 내가 사랑하는 것이 있다. 그것은 명성이다."

톨스토이는 러시아 귀족의 아들로 태어났다. 모스크바 남쪽 밝은 숲 속의 터라는 뜻의 야스나야 폴야나 저택에는 30명의 하인과 많은 농노들이 대지주의 생활을 도와주고 있었다. 이 땅은 어머니가 시집올 때 가져온 땅이다.

어머니는 돈 많은 공작의 외딸로 톨스토이 아버지보다 5살이 위였고 5개 국어를 구사하는 교양 있는 여성이었다. 그러나 아들 넷, 딸 하나를 낳고 톨스토이가 두 살 때 죽어버렸다. 종교심이 강하고 섬세한 여인이었다고 한다. "아아, 만일 내가 괴로울 때에 저 미소를 조금이라도 볼 수 있었다면 슬픔이란 것이 무엇인지를 모르련만." 이것이 톨스토이의 한이었다.

다행이도 타차냐 부인이 어머니의 뒤를 이어 정성껏 돌보아 주었다. 그녀는 아버지와 어머니가 결혼하기 전에 아버지를 열렬히 사랑한 여자였다. 그녀는 나에게 사랑한다는 정신상의 기쁨을 일깨워 주었다. 그녀의 말로 가르쳐 준 것이 아니라 그녀의 전존재를 가지고 사랑의 싹을 내 마음에 심어준 것이다. 타챠냐는 『전쟁과 평화』에서 소녀로 그려진다.

아버지도 톨스토이가 9세 때 세상을 떠났다. 친절한 사람이었으나 음침하고 남을 비꼬기 잘하고 혼자 자기의 영지에서 살기를 좋아했다. 아버지의 죽음은 생후 처음으로 현실적 고통을 느끼게 하였고 넋을 절망으로 가득 차게 했다.

교육은 가정교사에게 맡겨졌다. 독일인 교사와는 친하게 지냈으나 프랑스인 교사는 너무도 거칠었다. 증오와 격분이 자라기 시작했다. 10세 때에는 모스크바로 가서 살았고, 16세에 카잔으로 이사하여 대학 갈 준비를 하였다. 17세에 카잔 대학의 입시에 떨어져 한 해를 더 보내고 18세엔 대학생이 되어 동양어학을 공부하고 법학 공부를 하다가 싫증이 나서 20세에 학교를 집어치우고 야스나야로 돌아왔다.

그때 그는 루소(Jean Jacques Rousseau, 1712-1778)에 도취해 있었다. 루소와 더불어 그는 자연을 사랑하고 인간사회에 대하여 격분하였다. 그는 스탕달(Stendhal, 1783-1842), 디킨즈(Charles John Huffam Dickens, 1812-1870), 푸쉬킨, 고골리, 투르게네프(Ivan Sergeevich Turgenev, 1818-1883), 몽테스큐(Baron de la Brede et de Montesquieu, 1689-1755)를 읽었다. 그러나 21세에 다시 모스크바로 가서 방탕한 생활에 빠졌다. 그는 자기의 정욕을 누를 수가 없었다. 그는 다시 야스나야로 돌아와서 농민을 위해 자기를 바치고자 했다. 농민들의 인내심, 운명에 대한 체념, 부정에 대한 관용, 가정에 대한 집념, 과거에 대한 애착은 대단한 것이었다. 톨스토이도 그들 가운데 한 사람이 되려고 하였다. 그러나 그들의 귀족에 대한 시기심은 조소, 냉담, 무관심, 배은으로 변하여 그의 노력은 모두 허사가 되었다. 남은 것은 부채뿐이다. 그가 살 길은 고향을 떠나는 것이었다. 그는 형이 사관으로 있는 코카서스로 도망쳤다. 그는 고요한 산중에서 이런 일기를 썼다.

"어젯밤은 잠을 잘 자지 못하였다. 나는 신에게 기도를 드리기 시작했다. 기도를 하는 동안에 느낀 즐거운 기분은 도저히 글로 나타낼 수가 없다. 늘 하는 기도를 드리고 나서도 오래도록 그대로 앉아 있었다. 나는 무엇인가 위대한 것, 무엇인가 퍽 아름다운 것을 찾고 있었다. 그것이 무엇이라고 할 수가 없다. 나는 무한한 존재자에게 자기가 합류되길 바랬으며 나의 잘못을 용서해 주길 그 존재자에게 소원했었다. 아니 소원한 것뿐만 아니라 그 존재자가 나에게 행복한 때를 주신 것은 이미 나를 용서해 주고 있는 거라고 느끼기까지 하였다. 나는 소원하는 것과 동시에 나에게는 소원할 것이 없다는 것을 느끼고 있었던 것이다. 나는 존재자에게 감사드리고 있었으나, 그것은 말로서도 아니고 사고에 의해서도 아니었다.

그러나 한 시간쯤 지났으리라고 생각될 무렵 나는 악마의 목소리에 귀를 기울였다. 나는 명예와 여자를 꿈꾸며 잠들어 버렸다. 그러나 그런 것은 아무래도 좋다. 나는 신에게 이 행복한 때를 감사하며 나에게 나의 존재가 극히 미약하다는 것과 위대하다는 것을 보여준 데 대해 또한 감사한다. 나는 기도드리고 싶으나 그것이 안 된다. 이해하고 싶으나 무리해서까지 하고 싶지는 않다. 나는 거룩한 그대 뜻에 나 자신을 맡긴다."

그는 큰 어머니 타차냐에게 말했다.

"코카사스로 가려는 그런 쓸데없는 생각조차 나에게 그것이 하늘로부터 주어진 것 같은 생각이 듭니다. 신의 손이 나를 이끈 것입니다. 나는 언제나 신에게 그 일을 감사하고 있습니다. 나는 여기에

와서 자기가 한층 훌륭해졌다고 느끼고 있습니다. 어떤 일이 일어나더라도 모든 것이 나에게 도움이 되리라고 굳게 믿게 되었습니다. 왜냐하면 그것을 일으키려 한 것이 신 자신이기 때문입니다."

테렉 강변 코사크 마을 스타로그라드 후스가야에 숙박하는 동안 그는 순수한 야생인과 같이 지낼 수가 있었다. 그것은 지금까지 보아 온 사회적 계층과는 전혀 다른 사람들이다.

그의 소설 『코사크(The Cossacks)』에서 에피시카는 지금은 철저하게 선악의 피안에서 살고 있는 노인이다. 옛날에는 난폭한 무사요, 말 도적이요, 여자들을 괴롭히는 악명 높은 사나이였다. 그러나 지금 그는 정말 훌륭한 사람으로 앞으로 얼마 남지 않은 삶을 힘차게 살아가고 있다. 그는 열광적인 사냥꾼일 뿐만 아니라 자연의 예지를 인생에서 끄집어 낼 수 있는 철인이기도 하다. 그의 단순한 생활은 그에게 무척 매력적이었다.

그는 코사크의 여인과 결혼할 생각을 했다. 그는 장교시험에 합격하여 25세에 사관후보생으로 입대 토벌작전에 참가하여 용감하게 싸워 공을 세웠다. 그는 한가한 틈을 타서 자기의 어린시절을 쓰고 자기의 농촌경험을 살리어 『지주의 아침』을 썼다.

자작나무 아래서 키가 작다란 노인이 두 손을 벌린 채 눈을 하늘로 보내고 있으며 햇빛에 반짝이는 그 대머리 둘레에서는 꿀벌들이 날아다니며 그의 관을 이루고 있다. 그는 계속하여 코카사스 이야기도 썼다. 도대체 인간이 이 아름다운 벌처럼 별들이 반짝이는 광대한 하늘 아래서 즐거운 생활을 영위할 수 없다는 일이 있을 수 있을까. 이런 하늘에서 사악이라든가 복수라든가 자기와 똑같은 인간을 죽이려드는 노여운 감정이라든가를 가질 수 있다는 점이 이상하다. 인간의 마음속에 깃든 모든 나쁜 것도 미와 선과의 직접적인 표현인 이 자연과 접촉하면 꺼져버려야 마땅할 것이다.

그는 청춘의 정열을 쏟아 아름다운 소설 『코사크』를 썼다. 야생식물이니 무수한 짐승이니 산새니 벌레 떼니 더운 공기니 푸른 덤불이니 자기를 쓸어 넣고 있는 이 소용돌이치는 생명 속에서 나도 그들처럼 살다가 죽어갈 것이다. 그리고 내 위에 풀이 나게 될 것이다. 그러나 까닭모를 기쁨이 복받쳐 오른다. 나는 사랑한다. 진심으로 사랑한다. 누구를 사랑하는가. 그것은 잘 알 수가 없다.

26세에 터키에서 전쟁이 일어나 크리미아 전투에 가담하였다. 27세에 세바스토포리 요새에 도착, 28세 봄에는 죽음의 위험 속에 살게 되었다. 그는 종교적인 깊이로 끌려 들어갔다.

3월 5일 일기에 보면 "나는 하나의 위대한 사상에 도달하였다. 그 사상의 실현을 위해서라면 자기의 일생을 바쳐도 좋다고 생각할 정도이다. 그 사상이란 새로운 하나의 종교의 창시이다. 달이 밝은 하늘 속에 걸려 공간을 가득 채웠다. 연못의 아름다움이 더욱 반짝이고 그림자는 더욱 짙어지고 빛은 더욱 투명해졌다. 나는 인간적 욕망으로 이미 더럽혀져 있긴 하지만 무한한 사랑의 힘을 가졌고 나와 자연, 나와 달이 이제야 하나가 되어 있는 것 같이 생각되었다."라고 쓰고 있다.

톨스토이 대위는 세바스토포리 요색지의 모습을 27세 겨울, 28세 봄, 그리고 28세 여름의 세 권으로 출판했다. 처음에 이 책이 나왔을 때 러시아 황후는 울었고 황제는 감탄해 그것을 프랑스말로 번역케 하였다. 그것은 하나의 숭고한 서사시요 조국애의 찬양이었다. 그러나 포대는 함락되고 군대는 거리에서 떠났다. 병정들은 모두 버려두고 가는 세바스토포리를 보면서 말할 수 없는 고민을 느끼며 한숨짓고 적을 향하여 주먹을 불끈 쥐었다.

29세에 그는 제대하였다. 작가로서의 명예와 세바스토포리의 영웅으로서 그는 돌아왔다. 세바스토포리의 여러 장면을 읽고 울면서

만세를 부른 투르게네프는 진심으로 악수의 손을 톨스토이에게 내밀었다.

30세에 그는 프랑스, 스위스, 독일을 돌면서 문명국을 경험하려 하였다. 그러나 그들에게는 문명이 선이요, 야만이 악이다. 무엇이 문명이며 무엇이 야만인가. 그것을 나에게 정의 내려 주는 자는 없을 것이다. 선과 악이 공존해 있지 않는 것 같은 데가 있을 수 있을 것인가. 우리의 마음속에서 우리를 잘못되지 않게 인도해 주는 것이 오직 하나 있다. 그것은 우리가 서로 가까이 접근하도록 나직한 목소리로 우리에게 가르쳐 주는 우주의 정령이다.

그는 유럽에서 돌아와서 알렉산더 큰 어머니에게 이런 편지를 썼다. "끊임없는 불안, 고통, 투쟁, 결핍, 이것은 잠깐이라도 떠날 수 없는 필연적 조건이다. 행복이란 사랑에 기인한 성실한 불안과 투쟁과 수고, 그것뿐이다. 행복이란 사실 어리석은 것이다. 행복이 아니라 선이다. 자기애에 근거한 불성실한 불안은 불행한 것이다. 이것이 최근 내 속에 일어난 인생관의 변화요 간결한 확신입니다. 온건하게 실수 없이 후회 없고, 혼란 없이 조용하게 서둘지 말고, 순조롭게 최선의 결과를 얻기 위해서 자기의 일을 할 수 있는 행복하고도 정결한 작은 세계를 만들어 가는 것이 내가 할 일이라고 생각합니다."

이리하여 톨스토이는 또 다시 자기의 영토에서 사는 농민을 교육시키는 학교를 시작하였다. 농노의 자제를 자기 집에서 교육하는 일이다. 나는 내 일을 얼마나 사랑하고 있는지 내가 이 일을 얼마나 기분 좋게 느끼고 있는지 말로 다 할 수가 없다고 편지에 쓰기도 하였다.

그는 교육시찰을 위하여 33세에 다시 유럽으로 갔다. 독일, 프랑스, 영국, 이태리로 가서 학교를 보고 선생들을 많이 만나보았다. 그러나 그 결과는 환멸이었다. 그는 야스나야 폴야나에 다시 돌아와서 대학을 세웠다. 그리고 개인잡지 『야스나야 폴야나』를 간행하였다.

그 후 토지의 5분의 1이 농민의 것이 되었다. 그로 말미암아 지주와 농민사이의 많은 문제가 일어났다. 그는 자기 군의 농민 중재재판소 요원이 되어 농민의 이익을 지켜주었다. 그 동안에도 그는 6편의 소설을 썼다. 그 가운데서도 세 가지, 죽음과 가정의 행복은 그의 관심이 어디 있는가를 말해 준다. 그가 죽음에 깊은 관심을 가지게 된 것은 그가 제일 사랑하는 맏형이 결핵으로 죽었고 그리고 파리에서 단두대에 사라지는 처형을 직접 목격했기 때문이다. 둘 다 참혹한 죽음이었다. 죽음처럼 나쁜 것이 없다고 형이 말했지만 그것이 사실이다.

사람은 생에 취해 있을 때에만 살 수가 있다. 그러나 술이 깨자마자 일체가 거짓인 것을 알게 된다. 나는 지금 낮이건 밤이건 죽음이 다가오고 있다는 것을 알 수가 있다. 죽음만이 사실이요 그 밖의 것은 모두 허위다.

그 당시에 또 하나의 관심은 결혼에 있었다. 발레랴와의 사귐도 식어가고 아크시냐와의 불륜의 관계도 괴로웠다. 그는 어떻게 해서든지 상류계급의 귀족처녀와 결혼해야 한다고 생각했기 때문이다. 학교사업과 중재사업에 지쳐 그는 병상에 눕게 되었다.

그 후는 사마라 초원에서 마유馬乳요법을 받기 위하여 사마라 초원으로 가는 길에 어려서 같이 자란 지주의 딸 류보퓌를 모스크바에서 만나게 되었다. 그의 남편은 시민계급의 의사였다. 그녀에게는 딸 셋이 있어 맏딸은 톨스토이에게 퍽 호의를 보냈다. 그러나 톨스토이는 둘째 딸 소피아에게 마음이 끌렸다. 그때 그녀는 17세의 순진한 소녀였다. 그러나 톨스토이는 농민의 아내를 통하여 사생아까지 가지고 있는 34세의 늙은 총각이다.

톨스토이는 더러운 자기 생명과 티 없는 고운 젊은 처녀의 생명과 결부시킬 권리는 없다고 생각했지만, 이렇게 사랑에 빠지리라고는 생각할 수도 없게 그는 사랑에 빠지고 만 것이다. 그는 자기의 과거를 일체 고백하고 그녀에게 구혼하였다. 그런데 의외로 이 구혼은 수락되어 35세에 결혼이 성립되어 소피아는 백작부인이 된 것이다. 결혼 후에도 여러 가지 어려운 문제가 있었지만 15년이란 세월은 톨스토이 자신도 과분한 행복이라고 하리만큼 행복한 생활을 보냈다. 소피아도 톨스토이의 부분적인 결점을 대담하게 묵인하고 전체적으로 용납하는 성실을 보였다.

	그녀는 남편을 도와 농장수입을 늘리고 그의 작품을 필사하였다. 어떤 때는 인쇄에 회부되기까지 7번에서 10번이나 다시 써야 할 때도 있었다. 그러나 그녀는 기쁘게 그것을 해냈다. 나중에는 그것이 가장 보람 있는 사명이라고까지 느끼게 되었다. 톨스토이는 아내의 도움으로 장편을 계획하게 되었다. 6년의 세월을 소비하여 42세에 『전쟁과 평화』를 끝내게 된다.

전쟁과 평화

	『전쟁과 평화』는 19세기 세계가 낳은 최대의 서사시다. 역사상의 한 시대 전체와 민족의 이동과 국민간의 전쟁과 갱생, 그 속에 참된 영웅은 민중이다. 그리고 민중의 배후에는 신이 있다. 눈에 보이지 않는 힘, 넋을 인도하는 무한한 입김이 있다. 이 서사시 속에는 수많은 개인의 운명과 민족의 운명이 뒤섞여 있다. 톨스토이는 그들의 모습을 독자 앞에 생생하게 부각시켜 마치 같이 오래 산 것 같은 인상을 준다.

프랑스군의 침입과 모스크바 후퇴가 있는가 하면 지방 농민의 평화로운 일상생활이 펼쳐져 있다. 귀족의 부패, 관리의 교활에 맞추어 농민들의 인내와 국민들의 상식이 그려진다. 아무리 사건이 충격적으로 진행되어도 인간성의 핵심은 변함없이 흘러가고 있다.

형이하의 세계에 대한 톨스토이의 너그러운 환희는 최고 수준에 도달하고 있다. 독재자는 역사적 세력 관계에 있어서 인형극에 나오는 허수아비에 불과하다. 눈으로 차마 볼 수 없는 지상의 천박한 것들을 위대한 하늘이 위에서 내려다보고 있다.

러시아 민중의 넋과 운명에 대한 그 복종심은 무한하다. 위기와 패잔과 임종의 고뇌를 통해 이 소설에서 두 사람의 중심인물인 피에르와 안드레이는 사랑과 신앙에 의존하여 정신의 구제와 신비적인 기쁨에 도달한다. 그 사랑과 신앙은 살아있는 신을 나타나게 한다.

『전쟁과 평화』의 가장 큰 매력은 그 마음의 젊음에 있다. 이처럼 유년과 소년의 혼이 가득 차 있는 작품은 없다. 하나하나의 혼은 음악이다. 샘물과 같이 맑고 포근하게 감싸주는 음악이 전체를 감싸고 있다.

『전쟁과 평화』로 지친 몸을 치료하기 위하여 톨스토이는 가족들과 같이 사마라 초원으로 갔다. 유목민의 소박한 마음이 그의 마음에 들었기 때문이다. 고향에 돌아온 톨스토이는 다시 교육사업과 농지경영에 힘을 기울였다. 어린이들을 위하여 『초등독본』을 썼고 지금까지 묵혔던 땅에는 많은 나무를 심었다. 그는 『전쟁과 평화』에서 인간 사회 역사에 대한 자기 나름대로의 해답을 가져보았고 이제 실지로 자기의 작은 농장 속에서 인생을 경험해 보고 있는 것이다.

그러나 46세에서 59세에 이르는 긴 세월을 그는 다시 인생의 가장 핵심적인 문제와 부딪치게 된다. 그것은 사랑과 도덕이라는 것이다. 여기서도 소피아는 키티의 모델이 된다. 아내의 도움이 없었으면 도저히 있을 수 없는 일이다. 그는 15년의 안정된 가정생활 속에서 『전쟁과 평화』, 『안나 카레니나』라는 장편을 써내게 된다.

『안나 카레니나』는 사랑과 도덕의 한 폭의 그림이다. 사랑을 대표하는 안나와, 도덕을 대표하는 키티. 안나는 형식적인 사랑에서 진실한 사랑의 불이 붙었을 때 사회는 그들을 유죄로 몰아넣는다. 그러나 높은 차원에서는 죄라고 할 수가 없다. '복수는 나에게 있다. 내가 갚으리라' 하는 성구는 두 세계의 차이를 말하고 있다.

사랑은 광기를 지니고 있다. 순진한 안나도 사랑의 광기의 무서운 매력을 가지게 된다. 안나의 얼굴을 빛나게 한 것은 무서운 빛이다. 안나 곁으로 가는 자는 악마의 공포와 매력을 느끼지 않을 수 없다. 안나 자신도 자기가 자기 뜻대로 되지 않는 것을 잘 알고 있었다. 결국은 열차바퀴 아래로 자기 몸을 던져버리는 비극으로 끝나게 된다.

여기에 비해서 시골 귀족 레빈은 키티와 합법적으로 결혼하고 그의 도덕적인 생활은 자연과 더불어 건강하고 진실하고 선량하다. 처음에는 개인적인 진보와 번영을 기반으로 하였으나 나중에는 자기를 위해 살지 않고 신을 위해 사는 사람에게만 광명이 있는 것을 알게 된다. 순수한 농민의 신앙을 통해서 이성과 심정의 대립을 본다. 이성은 나에게 아무것도 가르쳐 주지 않았다. 내가 알고 있는 것은 모두 심정에 의해 받게 되고 계시된 것이다. 심정만을 의지하고 있는 한 농민의 말이 그를 다시 신 앞으로 데려간다. 어떠한 신인가. 그것을 그는 알려고도 하지 않는다. 레빈은 그 때부터 톨스토이가 오랫동안 그랬듯이 교회에 대해 겸양하고 교의에 대해 아무런 반항도 하지 않았다. 푸른 하늘의 환상이나 별들의 눈에 보이는 운행에도 진리가 있다.

도스토예프스키는 작가의 일기에 『안나 카레니나』의 가치를 열광적으로 인정하고 유럽문학 중에서는 이를 따를 것이 아무것도 없다

고 하였다. 『전쟁과 평화』, 『안나 카레니나』를 쓴 톨스토이는 일종
의 허탈 상태에 빠져버렸다. 모든 긍정적인 것을 부정하고 결코 누
그러질 수 없는 영원한 절망과 그리고 누구도 이렇게 확실히 맛볼
수 없는 고독으로 인하여 심각한 허무에 빠진 것이다.

"나에게 인생의 목적은 존재하지 않는다. 그것만 있으면 살 수
있는 아무것도 나는 가지지 못했다. 나는 나의 행동에 아무런 합리
적 이유를 붙일 수 없고 인생 전체에 대해서도 어떤 의미를 붙일
수 없다."

사람은 생에 취해 있을 때에는 살 수가 있다. 그러나 취기가 사라
지면 모든 것이 속임수였다는 것, 그것도 어리석기 짝이 없는 속임
수였다는 것을 곧 알게 되는 것이다. 이것은 정말 무서운 것이다.
나는 이 공포에서 해방되기 위하여 자살하려고까지 생각했다. 나는
이 몇 해 동안을 공포와 혐오와 고통 없이는 회상할 수가 없다. 나
는 전쟁에서 사람을 죽이고 또 죽이기 위해서 결투를 내걸었다. 도
박으로 많은 돈을 잃고 농민들의 피땀으로 살아왔고 그리고 농민들
에게 형벌을 주었다. 방탕한 생활을 하고 사람을 속였다. 거짓말, 강
탈, 방탕, 간통, 주정, 격분, 살인, 내가 범하지 않은 범죄가 하나라
도 있는가. 그런데도 사람들은 나를 칭찬하고, 나를 도덕적이라고
하고, 나를 작가라고 한다. 허영과 이욕과 교만이 나다.

톨스토이는 자기와 같은 사람들이 살고 있는 귀족세계에서 눈을
돌려 민중의 세계를 바라보았다. 몇 천 명 가운데 한 사람도 믿음을
가진 사람이 없는 귀족사회와는 정반대로 민중 속에는 불신자란 몇
천 명 속에 하나도 없는 것이다. 우리들의 의지는 그것이 아무리 확
실할지라도 인생의 의미를 우리들에게 주지 않았다.

그러나 건강한 생활을 보내고 있는 전 인류는 인생의 의미를 의심
하지도 않는다. 톨스토이는 글 쓰던 펜을 내던지고 열심히 신학과

복음 연구에 몰두하였다. 그러나 결국 그가 가 닿은 곳은 우리에게 있어서 범할 수 없는 지도자는 한 분, 그것은 오직 한 분뿐이었다. 그것은 우주의 영이다. 우주의 영은 우리 모두와 각 개인 개인에게 침투하고 각 사람에 대해서 있어야 할 것을 구하도록 설득한다. 나무에 대해서는 태양을 향하여 성장할 것을 명하고, 꽃에 대해서는 가을에 씨를 뿌릴 것을 명하고, 우리에게 대해서도 무의식적으로 서로 하나가 될 것을 명하신다.

톨스토이는 그리스도를 전 인류의 과거 현재 미래와 연결되는 보편적 생명이라고 본다. 개인적 생명에 어떤 의미가 부여된다고 해도 인류에 봉사하기 위한 자기 포기에 근거하지 않는 한 그것은 이성과 접촉하는 순간 부서져 버리는 미망이다. 나의 개인적 생명은 멸망하지만 전 세계의 생명은 아버지이신 하나님의 뜻에 따라 멸망하지 않는다는 것은 의심할 수 없다. 그는 우주의 통일과 우주의 사랑을 도덕적으로 결부시키기 위해 화내서는 안 된다, 간음해서는 안 된다, 맹세해서는 안 된다, 폭력으로 악에 대항해서는 안 된다, 사람에게 원수가 되어서는 안 된다고 강조한다. 그의 유토피아는 전 인류를 계급도 지위도 없는 하나의 공동체로 보고 그것은 사랑으로 결부되고 그것은 양심과 신의 율법에 따라 결부된 것이다. 거기는 완전한 평등이 있고 어떤 조직도 차별도 없다.

모든 인간은 밭을 갈아야 한다. 사유재산은 폐지되어야 하며 정부나 국가는 없어져야 한다. 착취하는 문명은 없어져야 한다. 문명은 민중의 문명이어야 한다. 그것은 이성의 문명이 아니라 신앙의 문명이다. 민중은 이성을 의지하고 살고 있는 것이 아니라 신앙에 의지하여 살고 있다.

신앙이란 생활의 힘이다. 사람은 신앙 없이는 생활해 나가지를 못한다. 종교사상은 아득히 먼 옛날에 완성되어 있었던 것이다. 신앙만이 인생이란 수수께끼에 대해 해답을 줄 수 있다. 신앙만이 인류의 가장 깊은 지혜를 포함하고 있다. 자기 생활과 신앙과를 일치시키고 있는 것은 소박한 사람들뿐이다.

이른 봄 어느 날 나는 홀로 숲속에 주저앉아 속삭이는 소리에 귀를 기울이고 있었다. 그리고 최근 2, 3년 동안 끝없는 번민, 신의 모색, 기쁨으로부터 절망으로, 끊임없는 격변, 이런 일들을 생각하고 있었다. 그러다가 문득 신을 믿고 있지 않는 것은 살아있는 것이 아니라는 것을 알게 되었다. 신을 생각함으로써 생명의 기꺼운 물결이 내 마음 속에 일어나게 되었다. 주위의 모든 것이 활기를 띠고 모든 것이 의미를 가지게 되었다.

그러나 한번 신을 믿지 않게 되면 갑자기 생활이 정지되어 버리는 것을 느끼게 되었다. 그렇다면 인간은 무엇을 더 모색하고 있는가 하고 하나의 목소리가 내 마음 속에 들려왔다. 그 소리는 그것이 없이는 사람이 살 수 없는 그 분의 소리인 것이다. 신을 안다는 것과 산다는 것, 이 둘은 같은 것이다. 신이란 곧 삶이다. 그날부터 나는 두 번 다시 결코 그 광명을 잃지 않았다.

나는 신을 믿는다. 그 신은 나에게는 성령이요 사랑이요 만물의 원리다. 나는 내가 신의 내부에 있는 것과 마찬가지로 신도 나의 내부에 있다고 믿는다. 나는 신의 의지가 인간 그리스도의 교리 속에 가장 분명히 나타나 있다고 믿는다. 나는 인간의 참된 행복이란 신의 의지를 완성하는데 있다고 믿는다. 신의 의지란 만인이 동포를 사랑하고 자기를 위해서 타인이 이렇게 행동해 주었으면 하고 생각하는 것을 타인에 대해서 항상 그렇게 내가 행동하는 일이라 믿는다.

참회를 통해서 개인적인 신앙의 문제를 해결한 톨스토이는 55세에 어린이 8명을 데리고 모스크바로 가야만 했다. 그것은 어린이 교육을 위해서 어쩔 수 없는 일이었다. 모스크바에 집 한 채를 사고 겨울이면 언제나 모스크바에 와서 살았다. 그것이 15년간 계속된다.

모스크바에 와서 그는 처음으로 대도회지의 빈민굴을 보게 되었다. 문명이 빚어낸 깊은 상처에 그는 아연실색하지 않을 수 없었다. 그는 흐느껴 울었다. 이런 일이 있어서는 절대 안 된다. 그는 수개월 동안 격렬한 절망에 빠져 있었다. 그리고 이 비참한 꼴을 본 이상 어떤 희생을 치러서라도 그것을 제거하지 않으면 안 된다고 생각했다. 그는 이런 비극의 원인을 이렇게 보았다.

첫째 부유층, 둘째 국가, 그리고 교회와 학문, 예술, 이 모든 것이 백성들을 착취하고 있다. 이에 대한 해결책은 이 모든 것을 버리는 것이다.

57세에 그는 출가할 결심을 한다. 59세에 『그러면 우리는 무엇을 할 것인가』를 출판하여 문명의 죄악과 허위를 향하여 선전포고를 한 것이다. 이 싸움의 제일 첫째 탄환은 톨스토이 자신이었으며 둘째 탄환은 아내였다. 이상주의 톨스토이와 현실주의 소피아 간에는 하늘과 땅처럼 금이 갈리기 시작했다. 부인은 그만한 지능의 힘이 나무를 벤다든가 사모와르를 끓인다든가 장화를 깁는다든가 하는 일에 소비되는 것을 보고 슬퍼하지 않을 수가 없었다. 톨스토이는 내가 얼마나 고민하고 있는지, 또 참으로 나라는 사람이 얼마나 주위 사람들에게 경멸당하고 있는지 그것을 당신은 상상조차 할 수 없을 것이라고 아내를 권면한다.

투르게네프는 임종시에 톨스토이에게 "러시아 국토에서 가장 위대한 작가인 벗이여, 문학으로 되돌아가라."라고 간절히 부탁했다. 그 후에 톨스토이는 어떤 한 계급을 위한 예술이 아니라 만인을 위한 예술을 생각하기 시작했다. 예술은 폭력을 제거하지 않으면 안 된다. 예술의 사명이란 신의 왕국, 즉 사랑의 왕국을 출현시키는 것이다. 그는 59세에 『이반 일리치의 죽음』, 『통속적 이야기』, 『민화』,

『어둠의 힘』, 『크로이체르 소나타』, 『부활』등을 썼다. 이들 민화에는 단순하고 맑고 뭐라고 말할 수 없는 선량한 기질과 자연스럽게 화면에 비치는 저 초인적인 빛이 있다.

『이반의 죽음』은 유산계급에 속해 기계처럼 살다가 죽을 때에야 인생이 허위임을 안 한 인간을 그리고 있다.

『크로이체르 소나타』는 정욕에 대한 뿌리 깊은 공포를 묘사하며 기독교의 이상은 결혼이 아님을 묘사했다. 기독교적인 결혼이란 있을 수 없다. 기독교의 견지에서 말하는 결혼은 진보의 요소가 아니라 타락의 요소다. 연애 및 그 앞뒤에 있는 것은 인류의 참된 이상에 대한 장애이다. 이런 생각은 그 아내와의 관계를 더욱 멀어지게 하였다. 『소나타』를 쓰고 나서 그는 『부활』을 쓰기 시작했다. 그때 그의 나이는 62세였다.

『부활』은 그로부터 10년 후인 72세 때 완성된다. 그동안 그는 하나의 전도자로서 활약하게 된다. 『부활』의 주인공 카츄샤는 밤의 광란이 끝나면 오전 중 꼼짝도 못하고 잔다. 오후 3시나 4시가 되어서야 겨우 더러운 침상에서 부시시 일어나 내키지 않는 모습으로 차를 마시고 잠옷을 입은 채 이 방 저 방을 걸어 다니며 커튼 사이로 졸린 눈으로 창밖을 내다보며 다른 여인과 입씨름을 한다.

그 후에 세수하고 화장을 하고 머리와 몸에 향수를 뿌리고는 옷을 입기 시작한다. 옷을 입으면서 벌써 주인 마담과 말다툼을 하고 거울에 비친 자기의 모습이 황홀한 듯 화장을 보태며 눈썹을 그린다. 그리고는 기름진 단 음식을 먹고 그것이 끝나면 신체의 태반이 들여다보이는 비단 옷을 몸에 걸치고 화려하게 장식하고는 눈부신 홀로 걸어 나간다. 한참 있으면 손님들이 모여든다. 음악과 춤이 시작된다. 그리고 이 여인의 상대는 늙은이, 젊은이, 중년층 쓰레기들, 맥 빠진 늙은이, 홀아비, 바람잡이, 장사꾼, 월급쟁이, 아르메니아 사람,

유태인, 타타르족, 부자, 가난뱅이, 병신, 힘내기 잘 하는 사람, 주정뱅이, 맹꽁이, 깡패, 겁쟁이, 군인, 문관, 대학생, 중학생, 각계각층, 연령이 다르고 성격이 다른 남자들이다.

떠들고 악담하고 싸우고 노래 부르고 담배 태우고 술 마시고 이리하여 저녁때부터 새벽까지 계속된다. 한순간도 쉴 새 없이 아침까지 계속된 후 또 다시 고단한 잠이 든다. 그리고 주말이 되면 경찰에 가서 정부에서 파견된 의사에게 어떤 때는 엄하게, 어떤 때는 희롱조로 예의도 수치심도 완전히 내버린 이 여인들은 검진을 끝낸다. 그들은 또다시 지나간 한 주간에 치른 범죄를 다시 반복해도 된다는 국가의 허가를 받는다. 이리하여 또다시 같은 한주간이 계속된다. 매일 밤 여름이나 겨울이나 평일이나 주일이나 그런 것은 아랑곳없이 같은 일이 전개된다.

톨스토이의 진실은 더욱 드러난다. 혼을 꿰뚫어보는 톨스토이의 날카로운 눈초리는 어떤 사람의 혼속에도 신이 깃들어 있는 것을 찾아내는데 실패하지 않는다.

이 책이 출판될 때는 550여 곳이 삭제를 당했다. 러시아 정교를 힐난하는 내용 때문에 그는 2년 후에 파문당했다. 이 소설에 집약된 도덕적, 사회적 격분은 그 시대에 많은 동조를 불러 일으켰다. 톨스토이는 어느새 백작의 신분으로 자기의 재산을 내던져서 자기의 생활을 간소화하여 농부나 원시기독교도 같은 성자의 생활을 한다는 소문이 퍼지기 시작했다. 그는 인류의 교사요, 시대의 양심이 되어 그의 저서는 세계어로 번역되고 그를 찾아오는 사람은 세계에서 헤아릴 수 없이 많았다.

시인 릴케도 두 번이나 찾아왔고 의사 마코비키는 그의 시의가 되고 말았다. 황제도 이제는 톨스토이를 다칠 수가 없게 되었다. 톨스토이 추종자들에게는 그렇게 박해를 가하면서 톨스토이만은 경찰에서도 어떻게 하지 못했다. 그가 54세에 러시아를 휩쓴 기근 때 그는 리야잔 지방에 내려가 많은 급식소를 개설하여 매일 1만 6천 명에게 식사를 제공하여 세계적인 동정을 불러 일으켰다. 톨스토이는 어느덧 신화의 인물이 되고 만 것이다. 러일전쟁이 일어났을 때도 톨스토이는 정면으로 반대하고 반성하라는 글을 썼다.

지금 러시아 사회의 태만한 상층계급에 걸려있는 부자연스럽고, 열병적이고, 성급한, 불건강한 흥분상태는 모두 그들이 저지르고 있는 범죄적인 것의 은폐 이외에 아무것도 아니다. 지배자에 대한 복종과 존경을 말하는 거짓선동, 연설, 자기들의 생명이라도 바친다는 뻔뻔스러움, 나라를 지킨다는 거짓맹세, 잡다한 교회의 기도사와 추악한 우상 없이는 지탱하지 못하는 교회의 기도회, 국가를 부르고 만세를 외치는 시민, 그리고 거짓으로 보도하는 신문뿐이다. 그는 『시대의 종말』과 『러시아 혁명의 의의』를 썼다.

황제 니콜라이 2세에게 토지 국유화의 건의를 제언하여 전제주의에 항의하는 한편 자유주의와 사회주의의 허위를 폭로하였다. 민중은 직접 자기네들의 대표자를 뽑았으니까 정치에 참여하고 있다고 생각하며, 또 그 대표자를 따르고 있으면 자기네들의 의지를 따르고 있고, 따라서 자기네들은 자유라고 생각하고 있으나 그것은 허위다. 한 국민의 집합적인 의지란 있을 수 없고 있다고 해도 대다수의 소리가 그 의지의 표명은 아니다. 그 뽑힌 인간들은 일반의 행복을 목적으로 하지 않고 자기들의 세력을 오래 차지할 목적으로 법률을 정하거나 시정을 행하는 것이다.

톨스토이는 과학적 사회주의에 대해서 날카로운 비판을 가한다. 과학자들은 무엇이나 모두 안다고 스스로 생각하며 몇 개의 조그만 분파로 갈려 인간을 결합하는 종교를 버리고 있으며 사회주의는 인간의 가장 저급한 욕구를 만족시킬 것을 목적으로 하고 있다. 그들의 마음 속에는 사랑이 없다. 자기들이 증오하는 사람의 만족을 그들도 욕구하고 있는 것뿐이다.

톨스토이가 생각하는 혁명은 2천년 전부터 기독교 세계에 준비되어 있었던 것이다. 참된 기독교란 인간의 평등한 기초이며 이성의 혜택을 받은 인류가 갈망하는 참된 자유의 기초다. 이웃을 자기와 같이 사랑하는 사회가 실현될 것을 그는 빌어마지 않았다.

그때 러시아에는 코카사스의 토우보울 교도나 그리아 지방의 성조지 파 등이 나라의 권력에 대해서 불복종 운동을 전개하고 있었다. 그들은 사랑으로 권력과 싸워 새로운 세계를 창조하는 노력을 전개하고 있었다. 잔혹한 압박으로부터 사람들을 해방하는 혁명이 러시아에서 시작되지 않으면 안 된다. 그것은 벌써 시작되고 있다. 톨스토이는 러시아 국민처럼 혁명의 선구가 될 백성은 없다고 생각하였다. 그것은 현실적으로 러시아처럼 농노가 많은 나라도 없고 러시아처럼 기독교가 가장 깊이 침투해 있는 백성도 없다고 생각했기 때문이다. 앞으로의 혁명은 그리스도의 사랑에 입각한 혁명만이 성공할 수 있다고 그는 확신했다.

『부활』이 완성된 후 러시아 아카데미의 명예 회원이 되고 노벨상 수상이 결정되었지만 톨스토이는 대중과 함께 받을 수 없는 상을 혼자만 받을 수 없어 거절하고 말았다. 그 후 러시아 정교회는 그를 파문하고 말았다. 그것은 톨스토이가 무서운 혁명사상을 가지고 있기 때문이다. 파문을 당한 톨스토이는 내가 평화와 기쁨 속에 살아 있고 또 평화와 기쁨 속에서 죽음을 향해 걸어 갈 수 있는 것은 나의 신앙 덕택이라고 하였다.

파문당한 톨스토이를 진정으로 따르는 사람도 많았다. 그는 그들에게 "신으로 가까이 가는 일은 한 사람이 아니고서는 안 됩니다. 나는 이 세상을 큰 교회라고 생각합니다. 거기엔 한가운데에 광명이 하늘에서 비치고 있습니다. 모두가 모인다면 그 광명 밑으로 가야 할 것입니다. 우리는 서로 다른 여러 지방에서 와, 거기서 생각지도 않았던 사람들과 자리를 같이 합니다. 거기에 기쁨이 있는 것입니다." 하고 외쳤다.

많은 사람들이 톨스토이를 성자처럼 떠받들기 시작했다. 톨스토이는 "나는 성인이 아닙니다. 또 성인인 척 한 일도 없습니다. 나는 질질 끌려가기가 일쑤요, 자기가 생각한 것이나 느낀 것을 때에 따라서는 전혀 말하지 않는 그런 인간입니다. 그걸 말하지 않는 것은 말하기 싫어서가 아니라 말할 수 없기 때문이요, 또 때에 따라서는 과장하거나 잘못 말하거나 하는 일이 있기 때문입니다. 나의 행동을 보면 그것보다 더욱 나쁩니다. 나는 정말 약한 인간으로서 악덕의 습관을 가지고 있으며 진리의 신을 섬기려 하면서 언제나 비틀거리고 있습니다. 만일 남이 나를 결코 잘못하는 일이 없는 인간이라고 생각하고 있다면 내가 저지르는 과실은 모조리 거짓이나 위선으로 보일 것임에 틀림이 없습니다. 만일 나를 약한 인간이라고 생각해준다면 나는 사실 그대로의 모습을 나타내게 됩니다. 그 나란 가엾은 것이긴 하지만 진지하고 착한 인간으로 또 신의 올바른 봉사자가 되려고 언제나 진심으로 희망해 왔으며 지금도 희망하고 있는 인간입니다."

톨스토이의 믿음이 깊어 가면 갈수록 톨스토이는 그 당시의 우상에 대하여 더욱 치열한 싸움을 하지 않을 수 없었다. 그것은 종교, 국가, 과학, 예술, 자유주의, 사회주의, 민중교육, 자선, 평화주의 등 일체의 위선에 대해서 그는 무섭게 싸웠다. 그는 어느 교회에도 소속하지 않았다. 그는 일생동안 영구히 멀리 있는 이상을 향해 걸어나가려는 자유스런 기독교의 순례자가 된 것이다. 이로 말미암아 그에게는 하나의 커다란 슬픔이 뒤따르게 된다. 그것은 그의 가족과의 이별이다. 그는 그의 아내와 자녀들에게 그의 신앙을 전해 줄 수가 없었다.

　나는 남편과 아내는 하나라고 하는 것을 온몸으로 느끼고 있다. 나에게 인생의 괴로움을 때때로 극복해 주는 저 종교심을 조금이라도 아내에게 권할 수 있기를 진심으로 바라고 있다. 이 마음이 내가 아닌 신에 의해 전해지기를 바라고 있다고 그는 적어 놓았다. 아들은 모두 어머니 편이었다. 딸들이 다소 동정을 하고 있었고, 그 가운데서도 마리아가 그를 좋아했으나 일찍 죽었다. 톨스토이는 집안에서 언제나 고립을 면하지 못했다. 그는 유년 시대를 추억하는 글과 셰익스피어를 비판하는 글을 썼고, 80세 생일날은 세계적인 행사가 되고 말았다. 이 해에 그는 사형 폐지를 주장하고 83세에 유언서를 작성하고 집을 나갔다. 그것이 영원한 출발이 된 것이다.

괴 테

Goethe, Johann Wolfgang von 1749-1832

괴 테

Goethe, Johann Wolfgang von 1749-1832

　괴테의 특징은 그가 그의 유고 속에 기록한 대로 대상을 꿰뚫어 보는 눈이다. 그 대상이 자기 힘 안에 들어올 수 있을 때에는 곧 잡아먹어 치우는 일이다. 그것은 책에 대해서나 사람에 대해서나 사회에 대해서나 모두 마찬가지다. 특히 여자의 관계에 있어서 독특하다. 여자에 대한 민감성은 괴테의 특이한 점이며 여자에 대한 사랑의 불길은 평생 꺼지지 않았다. 여자를 통해서 자기가 불이 되고 시를 통해서 자기가 빛이 되는 과정이 괴테의 생애라고 할 수 있다.
　무엇이나 잡아먹고 그것에 그치는 것이 아니라 그것을 자기 살로 만들어 가는 이중 작업이다. 어떤 사건이건 그것에 부딪쳐 울고 웃고 마는 것이 아니라 그것을 예술적으로 승화하여 인간의 가치를 확대해 가는 것이다. 벌레가 고치가 되고 마는 것이 아니라 고치가 다시 나비로 승화하여 가는 것이 괴테의 위대한 점이다.
　괴테의 자서전이 시와 진실로 그치는 것이 아니라 그것이 다시 파우스트로 형상화 하는데 괴테의 위대한 점이 있다. 밥을 먹는 것으로 그치는 것이 아니라 그것을 재구성하여 새로운 예술로 창조해 내는 자기 창조를 우리는 괴테에게서 볼 수가 있다. 괴테의 수없이 많은 여자관계는 그것만으로 볼 때에는 인간의 빈축을 사지 않을 수 없다.

그러나 사랑을 통하여 일체를 성화聖化하는 그의 예술성은 만인의 찬양을 금하지 못하는 것이다. 진흙에 피어난 한 송이 연꽃처럼 모든 것을 예술로 바꾸어 놓는 그의 예술성은 시성詩聖 괴테라고 하지 않을 수 없이 고귀한 일이다. 간단히 괴테의 생애를 적어본다.

그는 1749년 8월 28일 프랑크푸르트에서 태어났다. 아버지는 법학도요, 어머니는 시장의 딸이었다. 그는 아버지로부터 건강한 체격을, 어머니로부터 쾌활한 말솜씨를 물려받았다고 하지만 그때 아버지는 40세, 어머니는 18세였다. 아버지는 괴테가 33세 때 세상을 떠났지만 어머니는 그 후 30년이나 더 살았다. 여섯 남매 중에서 괴테와 여동생 코르넬리아가 남았지만 그녀도 27세에 일찍 죽었다.

괴테의 교육은 가정교사들에 의하여 이루어졌다. 희랍어, 라틴어, 불어, 영어, 이태리어, 히브리말까지 배웠으며 10세 때에는 벌써 이솝(Aesop, 620-560 B.C.), 호메로스, 베르길리우스(Virgil), 오비디우스, 『아라비안나이트』, 『로빈슨 쿠루소의 모험』, 『파우스트 박사』, 그 밖에 신구약성서를 열심히 읽었다.

어렸을 때 가장 인상 깊었던 일은 6세 때 일어난 리스본 지진과 7세 때 일어난 프러시아와 오스트리아의 7년 전쟁이다. 괴테가 10세 때 프랑크푸르트는 오스트리아와 동맹을 맺었던 프랑스에 점령되어 괴테의 집에도 프랑스의 백작이 점거하여 있었는데 그는 그림 솜씨가 대단하여 괴테에게 많은 도움을 주었고 프랑크푸르트에는 프랑스 극단이 공연을 가져 그 때마다 라신느(Racine)나 몰리에르(Molière, 1622-1673)의 작품을 관람할 수 있는 기회를 가졌다.

그는 프랑스 예술에 도취되어 프랑스는 적이지만 미워할 수가 없다는 그의 세계주의가 싹트기 시작한다. 그는 어려서부터 시를 지어 8세에는 완벽에 가까운 시를 지었다고 한다. 괴테가 대학에 간 것이 16세, 그는 법률가가 되기 위하여 대학에 갔다. 집을 떠나 라이프치히의 생활은 자유로웠다.

17세에 그는 처음으로 안나 카타리나라는 하숙집 딸을 사랑하여 『바람맞은 사랑』이라는 희곡을 썼다. 그는 이 때의 기분을 이렇게 표시한다.

"이리하여 나의 생애를 통하여 그칠 수 없는 버릇이 이루어졌다. 기쁠 때나 괴로울 때나 무엇이건 그것을 시로 고쳐가는 일이다. 그리하여 내 마음을 가라앉히는 것이다. 이런 버릇은 극단으로부터 흔들리는 나 같은 사람에게는 필요 불가결한 것이다."

19세에 그는 각혈을 하여 쓰러졌다. 그는 집으로 돌아와 일년 반 가량 정양을 하였다. 그 때 수녀 클레텐베르크의 종교적 감화는 그의 일생을 지배하게 되었다. 그녀는 헤룬호드의 모라비안 교도였으며 신비주의의 경건파였다. 그녀의 영향으로 그는 범신론적인 스피노자로 기울어진다. 신즉자연神卽自然의 사상은 그의 철학의 핵심을 이루게 된다.

21세에 그는 다시 공부를 끝내기 위하여 스트라스브르크로 갔다. 그는 거기서 뮨스타 성당의 독일건축에 관심을 모았다. 그 인상이 수천의 조화된 개체로 성립되어 그 인상을 즐기면서도 그것을 인식할 수는 없었다.

나는 얼마나 여러 번 이 건축을 찾았던가. 모든 측면에서, 모든 거리에서, 모든 광선속에서, 이 건물의 존엄과 장엄함을 보기 위해서, 나는 얼마나 많이 이 건축물을 찾아왔던가. 그리하여 나의 민족의 작품이 이렇게도 숭고하고 고상함에 다만 머리를 숙일 수밖에 없다고 생각할 때는 내 정신은 도리어 괴로운 것이었다.

사물의 물질을 인식하려는 괴테의 진지함은 건축뿐만이 아니었다. 법률, 의학, 역사, 철학, 신학, 자연과학 등 광범위하였다. 소크라테스(Socrates, 470-399 B.C.), 플라톤(Plato, 427?-347 B.C.), 파라셀수스, 토마스 아켐피스, 유스티니아누스, 루소, 멘델스존 등을 깊이 파고들었다. 나는 허무가 되어서는 안 된다. 전일全一이 되어야 한다는 그의 전일사상은 이때부터 시작되는 것이다. 사람은 언제나 정체되지 않기 위해서 자기를 변화시키고 혁신하여 날마다 젊어지지 않으면 안 된다.

그는 운동하고 공부하고 연구해 갔다. 이때에 무엇보다도 그의 위대한 수확은 헤르더(Johann Gotitried Herder, 1774-1803)와의 만남이었다. 그의 질문과 대답은 언제나 중요했고 순간순간 괴테의 생각을 새롭게 하였다. 그는 이미 단편『비련의 술』등으로 유명한 사람이었다. 이런 정신 속에서 내가 무엇을 생각했으며 내가 어떻게 발효해 갔는지 도저히 표현할 수가 없다. 다만 그의 노력이 얼마나 큰 영향을 미쳤는지 나는 후에야 알 수 있게 되었다고 괴테는 말한다. 헤르더는 그에게 셰익스피어의 무한한 감격을 안겨 주었으며 오시안(Ossian)과 핀다로스[Pindar]의 가치를 알려주고 시적 형성력의 최고의 원천이라고 생각되는 민중의 문학에 대하여 눈을 뜨게 하여 주었다.

또 한 가지 특기할 만한 사건은 괴테의 일생에 가장 순수한 사랑을 느꼈다는 것이다. 이 사랑은 『파우스트』 1부에 그레트헨 비극의 원체험일 것이라고 생각된다. 스트라스브르크에서 멀지 않은 제젠하이브라는 시골 목사의 딸 프리데리케와의 첫사랑이다. 이 사랑을 통해서 괴테의 유명한「들장미」가 나오고「오월의 노래」,「만났다 헤어짐」이라는 시가 완성된다. 법학석사가 되어 22세에 프랑크푸르트로 돌아온 후에 그녀의 편지는 그의 마음을 잡아 찢는 것 같았다.

변호사 괴테는 아버지의 기대와는 달리 셰익스피어의 작품을 연구함으로써 더 높고, 더 자유롭게, 더 진실 되게 문학적인 세계관과 정신을 길러갔다. 셰익스피어의 말들을 쓰며 자기의 뼈 속까지 스며드는 환골탈퇴換骨脫退의 정진을 거듭하여 〈슈투름 운트 드랑〉이라는 독일 문예운동의 새로운 문학작품인『괴츠 폰 베르리힝겐』을 쓰기 시작하게 된다. 나의 온 정신은 독일의 가장 고귀한 정신의, 한 사람의 전기를 희곡화하는 것이다. 그것을 위하여 나는 호메로스도, 셰익스피어도 완전히 잊을 정도다. 이리하여 자기의 마음속에 느끼는 모든 것을 대상 속에 투입하여 그것을 붙잡고 살려내는 것이다. 이것이 〈슈투름 운트 드랑(Sturm und Drang)〉의 대표적 인물 괴츠 폰 베르리힝겐(Götz von Berlichingen)의 인간상이다.

  23세에 괴테는 판사 시보로 베츨라르 고등법원으로 가게 된다. 거기서 사귄 케스트너의 약혼자 샤롯테와의 우정은 애정으로 바뀌어 세 사람의 관계는 거북해지지만 케스트너와 샤롯테는 괴테에게 알리지 않고 결혼식을 올릴 수 있었다. 이 때 괴테의 친구 예루살렘이 친구의 부인을 사랑하다가 자살하였다. 친구의 자살은 정말 남의 일 같지 않았다. 혼자 고민하던 괴테는 자기의 심정을『젊은 베르테르의 슬픔』이라는 작품으로 완성할 수 있었다.

  한 달 안에 써버린 작품이지만 25세 때 출판되었을 때는 대단한 인기였다. 채워질 수 없는 정열에 시달리면서 외부적인 세계에 자극을 받지 못하고 타성적인 시민생활을 벗어나지 못하고 망상에 우는 병든 젊은이들의 시대적인 분위기를 잘 그려냈기 때문이다. 개체와 전체의 갈등과 충돌이 얼마나 많은 사람을 파멸로 이끌어 가는지를 표현한 것이다. 24세의 괴테는 독일에서 가장 잘 알려진 작가가 되었다.『젊은 베르테르의 슬픔』을 나폴레옹도 일곱 번을 읽을 정도로 세계적인 명성을 올리게 되었다.

하인젠의 표현을 빌리자면 그는 머리꼭대기에서 발끝까지 천재라는 찬사를 받게 되었다. 나의 시 짓는 재능은 2, 3년 내 한 순간이라도 나를 떠나본 일이 없다. 낮에 본 것이 밤에 꿈으로 나타나고 그것이 아침에는 하나의 형상을 이루게 된다. 나는 아침 일찍 일어나서 그것을 모조리 적어 놓는다. 24세 때부터 26세까지 많은 것을 구상했다. 프로메테우스(Prometheus), 파우스트 그리고 자기의 신앙을 고백하는 목사님의 편지, 영원한 유대인 등.

26세 때 그는 또다시 그의 생애에 있어서 가장 감격적이고 행복했었다는 사랑에 빠져 들어간다. 유명한 릴리 체험이다. 그때 그녀는 16세의 소녀로서 약혼까지 하게 되지만 그러나 결혼에까지 그의 마음은 내어 디딜 수가 없었다.

"떠나야 한다. 구속되다니, 그것은 너무도 어리석다. 나의 모든 힘은 질식될 것이 아닌가. 이런 상태는 나의 혼의 모든 용기를 뽑아버릴 것이다. 나는 갇혀버린다. 그 후에 나의 마음에 무엇이 남을 것인가. 무엇이 발전할 수 있을까. 떠나야 해. 자유로운 세계로."

그는 알프스에 가서 자기의 마음을 달랬다. 그런데 다행하게도 26세에 그는 바이마르 공국의 황태자 초청으로 프랑크푸르트를 떠나게 된다. 황태자의 이름은 칼 아우구스트였다.

"젊은이여, 앞으로 나가야지. 보이지 않는 영의 채찍을 받아 시대의 하늘 말이 우리 운명의 수레를 끌고 달린다. 우리가 할 일은 말고삐를 단단히 잡고 이 돌을 피하고 낭떠러지를 피해가면서 용감하게 달리는 일뿐이다. 아무도 모른다. 어디로 가는 건지."

이리하여 그는 바이마르의 궁정인이 된다. 바이마르는 아우구스트의 어머니가 다스리고 있었다. 7년 전쟁 중에서도 과학과 예술의 꽃을 피운 인구 7천 명의 작은 도시다. 괴테가 26세 때 칼 아우구스트가 지배자가 되었다.

그 때 칼은 18세였다. 그들은 밤을 새워가며 이야기도 하고 같은 소파에서 잠들기도 하였다. 장차 큰 나무가 될 소질을 가졌지만 아직 철들 날은 멀었다. 말을 타고 산에 오르고 불을 피우고 천막을 쳤다. 호기심에 끌려 끝없이 달리노라면 험한 산도 있고 좁은 길도 있다. 뜻하지 않은 사고를 당하기도 하고 쓸데없는 고뇌에 사로잡히기도 했다. 그러나 그의 유능한 성질은 순화되고 최고의 교양을 지니게 되어 그와의 생활은 즐거운 것이었다. 그는 차차 바이마르의 궁중생활에 즐거움을 느끼게 되었다.

그는 27세에 왕의 고문으로 국정에 참가하게 되었다. 29세에 일베 나무 숲 속의 은광과 동광을 개발하는 위원에 위촉되고 30세에는 군사위원, 그리고 도로, 행정, 관개의 수리위원, 33세에는 관방장관, 이렇게 10년의 세월을 공무에 시달리는 괴테가 된다.

그러나 10년을 궁중에 잡아 매어둔 힘은 아우구스트의 우정이라기보다도 유명한 슈타인 부인의 애정이라고 할 수 있을 것이다. 슈타인 부인은 『파우스트』 2부의 헬레네의 모델이 된다.

"말해다오. 운명이 우리에게 무엇을 준비하고 있는지. 어떻게 이렇게 깨끗하게 우리를 매어 놓았을까. 아아! 그대는 지나간 전생에 나의 누나였던가, 나의 아내였던가." 이리하여 1,776통의 사랑의 편지가 날개를 편다. 이때에 그는 『이피게니에』를 쓴다. 순결에 대해 그의 노력이 결정된 것이다. 이피게니에의 거룩한 운명, 순수할 때에만 인간은 명철해지는 법이다. 인간은 자기 자신에 대해서만 순수해질 수 있다. 순수에 대한 노력이 이피게니에의 비극으로, 파우스트의 구상으로, 빌헬름 마이스터, 타소 등으로 나타난다.

그러나 공무는 자꾸 늘어나서 그에게 부과된 일상과업은 잘 때나 깰 때나 그의 냉정한 존재를 요구한다. 그의 존재의 피라밋을 될 수 있는 대로 높이 쌓아 올리자는 욕망은 더욱 무거워지고 잠시라도 잊을 수가 없게 되었다. 그는 게으를 수가 없었다. 괴테는 32세 때 해야 될 일이 너무 많았다. 그러나 하는 동안에 인간은 자기를 드러낼 수 있을 것이다. 그는 지질학, 광물학, 해부학 등을 통해서 35세에는 동물에만 있다고 생각했던 턱 사이 뼈가 인간에게도 있다고 하는 것을 발견하여 다윈(Charles Robert Darwin, 1809-1882)보다 백년 전에 인류의 진화를 암시하기도 했다.

그러나 바이마르 10년은 그의 예술성을 너무도 억압하는 격무의 산적이었다. 그는 칼에게도, 슈타인 부인에게도 알리지 않고 37세에 이태리로 떠나게 된다. 10월 29일 로마에 도착한 후 말했다. "나는 종래 고대세계의 수도에 도달하였다. 나 혼자서 내 눈으로 마음껏 보게 된 것이 다행이다. 나는 일체를 받아들여 대상을 이것저것 분열하는 일을 하지 않는다. 인간이 만들어 놓은 최고의 것을 바라볼 때 완전히 무엇인지를 알게 될 것이다. 나의 혼은 더욱 완성되어 넓은 세계를 볼 수 있게 될 것이다." 그는 로마의 예술품, 연극, 축제 등을 보면서 매일매일 새로운 자아로 재생해 가는 자기 자신을 느끼게 되었다.

"나는 종래 희망의 목표에 도달하였다. 맑은 마음과 냉정한 생활을 회복하게 되었다. 모든 것을 있는 그대로 볼 수 있게 되었다. 나의 마음을 무엇보다도 즐겁게 해주는 것은 나의 정신이 속으로 옹글어 가는 것이다. 기쁘면서도 가라앉은 마음, 나의 생활은 축복으로 넘친다."

그는 38세 여름까지 나폴리를 중심으로 하여 봄베이를 보고 베스비우스 화산에는 세 번이나 올라가고 시실리 섬을 찾아갔다. 그는 여기야말로 일체를 풀 수 있는 열쇠가 있다며 종일 호메로스의 『오뒷세이아』를 생각하면서 옛 희랍문화를 회고하였다.

그는 파레루모의 식물원에서 원형식물이라는 착상을 하기도 하였다. 그는 헬라에게 "나는 식물의 생식과 조직의 신비를 통찰한 듯합니다. 나는 싹눈이 숨어 있는 중심점을 명백하게 발견할 수가 있었습니다. 원형식물은 이 세상의 가장 멋진 피조물이며, 그래서 나는 자연이 부럽기 짝이 없습니다."라고 편지를 보냈다.

남쪽에서 돌아와 일년 더 로마에 묵으면서 수백 장의 그림을 그리고 『에그몬트』를 완성하고 『이피게니에』를 새로 쓰고 『타소』를 쓰고 『로마의 카니발』을 썼다. 박물관, 건축물, 예술가, 예술연구가와 만나고 그는 예술을 볼 수 있는 눈을 가지고 다시 바이마르로 돌아가게 된다.

바이마르에 돌아온 괴테는 옛날 괴테가 아니었다. 칼도 헬라도 슈타인 부인도 그의 안중에는 없었다. 그의 눈에는 다만 공원에서 꽃을 파는 자연 그대로의 23세 난 크리스티네가 있을 뿐이었다. 괴테는 그녀와의 사이에 5명의 어린애를 낳았지만 살아남은 것은 장남 아우구스트뿐이었다.

그는 예나 대학에 파묻혀 식물연구와 동물연구에 몰두하였다. 그는 그 당시에 일어난 프랑스 혁명에까지 진화의 이론을 적용하여 혁명을 반대하였다. 정치도 점진적으로 진화되어야지 일시적 혁명은 그 이상의 반동을 가져온다는 것이다.

그는 프랑스혁명의 친구가 될 수 없었다. 혁명의 좋은 결과보다도 공포가 너무 몸 가까이 느껴지기 때문이다. 하루하루가 그를 화나게 하였다. 혁명이란 국민의 책임이 아니고 정부의 책임이다. 정부가 언제나 공정하게 시대에 맞게 개혁을 해가면 혁명이 나지 않고도 혁명의 결과를 이룩할 수가 있다. 그렇기 위해서는 정부가 눈을 떠야 한다.

프러시아와 오스트리아는 연합해서 프랑스혁명군과 싸우게 된다. 칼 아우구스트가 나가는 바람에 괴테도 전쟁에 참가했지만 괴테는 이미 패전을 예기하고 있었다. 그는 벌써 신성로마제국이 무너지는 소리를 듣고 있었기 때문이다. 연합군의 패전을 바라보면서 오늘이야말로 세계사의 새로운 시대가 열린다고 말했다.

45세에 괴테는 자연과학연구회에서 우연히 쉴러를 만나게 된다. 그는 칸트(Immanuel Kant, 1724-1804) 철학에 깊은 조예를 가지고 있었다. 쉴러를 통해서 괴테는 칸트 철학에 접근하게 된다. 특히 『판단력 비판』은 괴테에게 많은 생각을 북돋아 주었다. 그러나 칸트의 인식론이 그의 전일사상을 뒤집어엎을 수는 없었다. 그는 여전히 스피노자의 사상에 매력을 느꼈다. 다만 미의 파악에 있어서 이해를 넘어 외적 목적을 배격하고 자연과 예술의 내적 목적을 세운다는 칸트의 생각과 스피노자의 사상은 일치하여 괴테의 생각과도 일치함을 발견하고 굉장히 기뻐하였다.

괴테는 아리스토텔레스(Aristoteles, 384-322 B.C.)의 앤테레케이아, 즉 완전태의 사상을 지지하여 라이프니츠(Gottfried Wilhelm Leibniz)의 모나드 사상에 공감을 가지고 수양을 통해서 위대한 완전태가 되기 전에는 영원한 생명을 얻을 수 없다고 생각하였다.

신을 사랑하는 이는 사랑받기를 원하지 않는다. 순진한 사랑, 그것만으로 족했다. 우리는 예술품 자체의 완전을 바랄 뿐 외적인 영향은 문제가 되지 않는다. 무엇을 위해서 하는 것이 아니라 하는 것 자체가 완전한 것이다. 존재와 완전은 하나다. 일체는 필연이요, 예술도 필연의 결과다. 참다운 예술은 우리 속에서 신이 창조하는 자연이다. 그런 의미에서 예술도 필연이다. 자연 속에서 신을 보고, 신속에서 자연을 보는 것이 괴테의 세계관이다.

사람은 온전한 사람이 될수록 더욱 신에 가까워진다. 내가 말할 때 신이 말하고 신이 말할 때 내가 말한다. 내가 자연을 말하는 것이 아니다. 자연이 자연을 말하는 것뿐이다.

스피노자의 신앙은 그리스도의 신앙과 가장 가깝다고 괴테는 생각했다. 스피노자는 신을 가장 높이 믿었고, 그리스도를 가장 깊이 믿었다고 말하고 신과 자연을 분리하는 것이 기독교라면 나는 기독교도가 아니라고 화를 내기도 하였다. 세계와 만유는 하나요, 신적이며 필연적이라는 그의 근본사상은 칸트나 피히테(Johann Gottlieb Fichte)도 어쩔 수가 없었다.

두 시인의 활동은 바이마르의 극장을 생기 있게 하였다. 「마리아 슈투아르트」,「메시나의 신부」,「빌헬름 텔」등이 상연되어 바이마르는 독일 문화의 중심이 되었다. 훔볼트, 피히테, 쉘링, 잔파울, 슐레겔(Schlegel) 형제, 티크, 노발리스(Novalis), 헤겔 등이 쉴러(Friedrich Schiller)와 괴테의 친구들이다. 그러나 그들이 사귄 10년의 우정은 쉴러의 죽음으로 끝을 맺는다.

"나는 나의 절반을 잃어버렸다."고 하면서 한동안 그는 멍하니 앉아 아무것도 할 수 없었다. 그는 쉴러의 종이라는 노래를 불렀다.

"그대의 눈동자가 나에게 얼마나 매력적이었을까. 신비한 그릇, 신탁을 말하는 그대를 내손으로 붙들었다는 것은 얼마나 값있는 것이었던가."

쉴러의 죽음과 더불어 괴테도 자기의 시대가 끝났다고 생각했다. 그 위에 독일은 나폴레옹의 점령 하에 놓이게 되었다. 괴테는 프랑스인을 미워하지 않았다. 나폴레옹의 해방을 도리어 감사하게 생각하고 있었다. 지구상의 최대의 문화국이요, 자기의 교양의 태반을 얻고 있는 국민을 자기는 미워할 수가 없다는 것이다.

괴테는 이웃나라의 행복과 슬픔을 그의 것으로 생각할 수 있는 문화적 심성을 가지고 있었다. 그러나 프랑스군의 약탈로 그의 집에 죽음의 위험이 휩쓸었을 때에는 그도 어쩔 줄 몰랐다. 다행이 크리스티네의 도움으로 겨우 죽음을 면할 수가 있었다. 이 은혜를 갚기 위하여 그는 크리스티네와 정식으로 결혼식을 올린다. 그때 괴테의 나이 57세였다. 성내교회 별실에서 결혼식을 올린 것이다.

괴테는 나폴레옹을 혁명의 수습자, 유럽의 해방자로 생각하였다. 59세 때, 그는 나폴레옹과 만나게 된다. 나폴레옹은 괴테를 "이 사람을 보라." 하고 반가워하였다. 크리스티네와 결혼하고 나서 괴테의 마음은 또다시 젊은 처녀에게 끌린다. 예나 책방주인의 양녀 18세의 뮨헨과의 만남은 『친화력』이라는 시를 내놓게 하였다.

62세에 괴테는 『시와 진실』을 쓰기 시작했다. 63세에는 베토벤과 사귀게 된다. 쉴러가 죽은 후 그는 해마다 비스바덴의 온천을 즐겼다. 거기서 많은 친구들과 사귀며 다시 정신의 고양을 가지게 된다. 65세의 괴테는 프랑크푸르트 은행가 위레마의 아내를 열렬히 사랑하여 『서동시집』을 만들게 된다. 67세에 크리스티네가 죽는다. 그가 할 일은 『빌헬름 마이스터의 편력시대』와 『파우스트』 2부를 끝내는 일이다. 그러나 『파우스트』는 좀처럼 써지지 않았다.

74세에 그는 에커만(Eckermann)을 만나게 된다. 『에커만과의 대화』는 니체까지도 감격한 작품이다. 아들 아우구스트도 법률공부를 마치고 바이마르 국정에 참가하게 되었다. 오데리어와 결혼하여 두 아들과 딸을 낳았다. 그는 손자녀를 퍽 사랑하였다. 74세에 그는 또 한번 결혼신청을 한다. 온천장 여관 주인의 손녀딸 19세난 우루리케다.

그의 가슴의 깨끗한 곳에 영원히 말할 수 없는 수수께끼를 풀어가며 더 높고 더욱 순수하고 알 수 없는 것에 감사하는 마음으로 몸을 바치고 싶은 충동이 샘솟아 오른다. 그러나 결혼까지는 이루어지지 않았다.

77세 때 급격한 세계정세를 내다보고 파나마 운하와 수에즈 운하와 도나우, 라인 운하를 예언하였다. 수에즈는 1869년, 파나마는

1914년, 그리고 도나우와 라인만이 아직 완성을 못 보았다. 70대에 들어가서는 인도문학과 중국문학을 애써서 공부하고 바이런(George Gordon Byron, 1788-1824), 스코트, 칼라일(Thomas Carlyle, 1795-1881), 위고 등과 사귀게 된다.

『파우스트』2부, 『빌헬름 마이스터의 편력시대』, 『프로에미옹 하나와 태초의 말씀』 그리고 『80세의 유언』은 고귀한 것이다. 어떤 것도 무로 돌아가지 않는다. 영원한 것은 모든 것 속에 움직인다. 존재 속에 행복을 느껴야 한다. 존재는 영원한 것이다. 79세에 칼 아우구스트 공이 죽고, 81세에 아들 아우구스트가 죽었다. 이제 괴테의 마음은 『시와 진실』, 『파우스트』 두 가지를 완성하는 데만 전력을 기울였다.

82세에는 31세에 찾아갔던 일메나우에 가서 자기가 벽에 적어 놓았던 시를 읽었다.

"모든 봉우리에 휴식이 있다. 모든 나뭇가지에 흔들리는 산들바람도 들리지 않는다. 새들은 숲속에서 고요하고 얼마 있으면 너도 쉬게 될 것이다." 그의 뺨에 한 줄기 눈물이 흘러내렸다.

48세에 쉴러의 권유로 다시 시작한 『파우스트』 2부가 82세 여름에 완성되었다. 그리고 83세 되는 봄에 그는 죽었다. 자는 것처럼 침대에 누워서. 그의 머리 속에서는 아직도 무엇을 생각하는 듯 올리브 잎으로 월계관을 쓰고 그는 쉴러의 무덤 곁으로 갔다.

위대한 경험과 흔들리지 않는 건전한 이성을 가지고 어떠한 의심의 그림자도 침범할 수 없는 숭고한 정신들이 살고 갔다는 것만으로

써 사람들은 얼마나 다행함을 느끼는지 모른다. 이런 사람들은 인류에게 걸어가야 할 방향을 제시해 준다. 우리들이 더욱 순수해지고 더욱 밝은 경지에 도달하고 더 높고 더 길게 사랑할 수 있도록 그렇게 인류를 이끌어간다. 이런 사람들의 입김은 영원히 사라지지 않는다.

그것들은 모차르트나 베토벤의 음악처럼 바람에 흩어지는 무상한 입김에 불과하지만 그것은 바위보다도 땅보다도 더 영원하다. 트로이는 3천년 전에 무너졌지만 호메로스는 아직도 살아 있으며 괴테도 언제까지나 살아갈 것이다.

괴테의 특징은 창조적인 조형력이다. 아름다운 형상을 만들어 가는 힘이다. 마치 조각가가 돌을 다듬어 그 속에서 비너스를 찾아내는 것처럼 그는 그가 부딪치는 일체를 소재로 하여 그것을 아름다운 형상으로 바꾸어 갔다. 그에게는 본능적으로 그런 소질이 있었는지 모른다. 그는 우연히 부딪친 일체를 운명적인 독특하고 생명적이고 필연적인 형상으로 바꾸어 놓았다. 그에게 주어진 모든 특성을, 그에게 부과된 모든 소질을 생명 있는 모습으로 바꾸어 놓았다. 그는 자기 자신마저도 영원한 작품으로 바꾸어 놓았다. 그것이 『파우스트』라는 것이다.

『파우스트』는 괴테의 자서전이다. 자기를 소재로 하여 예술적인 형상으로 바꾸어 놓은 것이다. 『파우스트』는 괴테의 자기표현이며 동시에 자기 탐구다. 최고의 자기 고백인 동시에 자기 창조다. 자기 발견은 예술의 생명이며 동시에 한없는 기쁨을 안겨준다. 그것은 최고의 예술이기 때문에 가장 순수하며 개성적인 특수성분에 도리어 인류적인 보편성을 지니게 된다.

『파우스트』는 괴테가 자기를 물어가는 과정인 동시에 인간이 무엇인가를 질문하는 과정이기도 하다. 괴테는 자기를 찾아가는 과정에서 자기를 극복하며 성장해간다. 일체의 소재는 예술적인 창조의 용광로 속에서 소재 자체의 존재를 상실하고 생명의 율동과 더불어 순수형상으로 조형되어 간다. 마치 산에서 파내온 광석이 생명의 용광로 속에서 분해되고 용해되어 새로운 형태 모형으로 재구성 되는 것이나 마찬가지다. 이리하여 금관이 나오고 은그릇이 나오고 동상이 나오고 문화의 교향악이 울려 퍼지는 것이다.

80년의 긴 생애를 그는 녹여서 『파우스트』란 극시로 바꾸어 놓은 것이다. 자기를 죽이고 없이하여 쇳물로 만드는 자기 부정의 아픔과 자기를 예술로 바꾸어 놓는 시인의 끈질긴 고투가 괴테의 평생을 이어간다. 60년이란 세월을 걸려서 『파우스트』를 완성한 후에 그는 그것을 굳게 봉인하였다. 이것은 아무도 뜯어보아서는 안 된다. 마치 애벌레가 봉인된 고치 속으로 들어가는 것이나 마찬가지다. 자기가 죽은 후에 이 봉인을 떼어 달라는 부탁이었다. 나비가 되어 날아가기까지는 아무도 건드리지 말라는 것이다.

나의 앞으로의 생애는 더 가짐이다. 앞으로 내가 무엇을 하든지 그것은 나의 근본과는 아무 상관이 없다. 괴테의 근본적인 과제는 자기 소재를 자기 형성으로 바꾸는 일이다. 자기가 자기를 아는 일만이 인간의 가장 근본적인 일이다. 자기를 아는 것과 자기를 형상화하는 일은 같은 일이다. 하나의 생애가 하나의 예술적인 골격을 이루고 살을 붙이고 옷을 입힌다는 일은 맨 처음부터 하나의 의도로 인하여 구성되는 것이 아니라 일상생활에서 끊임없는 동요와 발전의 끊임없는 과정에서 자기를 넘어선 어떤 생명의 통일이 구현되어 간다. 이 생명의 통일로 어떤 것으로도 파괴될 수 없는 금강불괴의 영원한 것으로서 끊임없이 생성 발전하는 것이다.

25세에 『파우스트』를 쓰기 시작하여 82세에 완성하기까지 매일 4시에 깨어 하루에 한 줄도 쓰고 하루에 수십 줄도 쓰고 어떤 때는 단념도 하고 어떤 때는 마음속에 간직하기도 하였다. 25세에 쓰기 시작하여 26세에 원형『파우스트』제1부가 탈고 된다. 15년 후 41세에 단편『파우스트』제1부가 출판되고 쉴러의 권유를 받은 것이 49세, 51세에 다시 제2부를 구상하기 시작하여 57세에 제1부를 완성, 59세에 출판했다. 67세에 제2부의 내용이 준비되어 76세에 제2부를 쓰기 시작하여 82세에 완성을 보게 되고 자기의 손이 가 닿을 수 없을 때 남의 손이 가 닿도록 봉하여 놓았다.

"나는 힘껏 달렸다. 붙잡을 수 있는 것은 무엇이나 붙잡았다. 마음에 안 드는 것은 내던지고 붙잡을 수 없는 것은 달아나게 내버려두었다. 힘을 다하여 그것을 해내고 바라고 달리고 힘껏 평생을 살았다. 처음에는 힘으로 그리고 말년에는 지혜로 그것을 현명하고 신중하게 해낸 것이다."

처음부터 어떤 의도가 있어서 해낸 것이 아니라 돌을 쪼고 있는 도중에 비너스를 발견해 가듯이 괴테는『파우스트』를 써가는 도중에 자기 자신을 발견해 간 것이다. 82세 7월 22일 일기에 "내 일이 끝났다. 원고는 봉인되었다"고 썼다. 그 다음해 봄 3월 22일 83세로 괴테는 갔다. 세상 떠나기 5일 전 그는 훔볼트에게 이런 편지를 썼다.

"사람은 자기가 타고난 소질을 향상시킬 수 있는 사업을 빨리 발견할수록 다행한 사람이다. 인간이 외부로부터 받은 것은 그 사람의 개성을 해칠 수는 없다. 천재란 모든 것을 받아 자기 것으로 바꾸어 놓으면서 자기의 인격을 높여가는 일이다.『파우스트』가 내 마음에 떠오른 지 60년이 되었다. 나는 흥미 있는 장면부터 써가기 시작했다. 나는 나의 특성을 증류시켜 순화하는 것 이상 더 절실한 것은 없다고 생각한다."

82세 7월 20일에 쓴 편지에는 "이제 무거운 돌이 산등을 넘어서 반대방향으로 떨어지고 있다. 그러나 또 하나의 돌이 나의 머리 위에서 내가 쳐들기를 바라고 있다. 마치 하나님은 그런 고통을 인간에게 주셨다는 예언이 이루어지기나 하려는 것처럼."

인간에게는 고통 없이는 순화가 이루어질 수 없다. 만 가지 고통에 참여하여 하나의 순화를 이루는 것이 용광로에 녹여지는 돌이다. 이러한 순화는 고통에 의하여 주어지고 이러한 고생은 올라가는 인생길에서만 주어진다. 고생苦生은 고생高生이다. 올라가는 것, 이것을 진리탐구라고 하든, 하나님을 사랑한다고 하든 무엇이라고 해도 좋다.

파우스트가 우리에게 보여주는 것은 끝없이 올라가려는 욕구다. 인간의 올라가려는 의지를 꺾으려는 것이 악마다. 악마가 인간의 올라가려는 의지를 꺾기 위하여 내어 놓는 것이 부귀영화다. 보통 사람은 부귀영화에 썩어버린다. 그러나 괴테는 부귀영화를 이겨가는 것이다. 그는 자기를 순화함으로써 악마의 유혹을 이겨갈 수 있었다.

악마 메피스토펠레스는 파우스트에게 올라가려는 의지가 꺾어지는 날 파우스트의 혼은 악마가 차지해도 좋으냐고 질문을 던진다.

거기 대하여 파우스트는 자기의 의지가 좌절되는 순간 자기의 영혼을 가져가도 좋다고 대답을 한다. 만일 내가 늘어지게 긴 의자에 팔다리를 내뻗는다면 그것은 나의 끝장일 것이다. 만일 네가 나를 달콤한 말로 속여서 나 자신이 아주 우쭐해진다면 그 때도 나는 끝장이다. 그대가 나를 향락으로 몰아넣어 나를 속일 수가 있다면 그 날이 내가 죽는 날이 되어도 괜찮다. 자, 걸 테면 걸어라. 인생은 부에 태만해지고 귀에 교만해지고 영화에 비만해진다.

탐진치貪嗔痴는 인간을 좀먹는 삼독三毒이다. 인간의 생명은 이 독에 걸려 상록이 슬고 결국은 없어져 버린다. 인간의 비극은 탐진치로 인한 태만怠慢과 교만驕慢과 비만肥滿에서 비롯된다. 그 가운데서도 괴테는 부귀에 태어나서 치정에 끌려 수 없이 쓴 잔을 마신다. 그에 있어서 비극의 씨는 모두 향락에 의한 유혹에 기인한다.

악마 메피스토펠레스의 계획이 적중이나 한 듯 파우스트는 애욕의 생활에 깊이 빠져 들어간다. 그러나 그레트헨의 순진성에 깨어난 그의 진실성은 악마가 두 사람을 죄악의 진흙 속으로 아무리 깊이 끌고 들어가도 그의 순진성은 더욱 하늘 높이 올라가는 것을 막을 길이 없었다.

죄책의 괴로움에 그들의 영혼은 더욱 순화된다. 순진한 사랑에 끌려 그레트헨은 어머니를 죽이고 형을 죽이고 심지어는 아들까지 죽이지만 그러나 그의 영혼은 갈 곳을 방황하지는 않았다. 양심의 가책을 잊게 하기 위하여 악마는 파우스트를 발푸르기스의 음탕한 숲 속으로 끌고 가지만 그러나 그레트헨에 대한 순정은 그를 그녀의 감옥으로 끌어간다. 메피스토펠레스의 '그녀는 끝장났다'는 조롱은 곧 구원받았다는 천상의 소리에 사라져 버린다. 파우스트의 진리탐구의 순정은 애욕 속에서도 말살되지 않고 사랑의 순진한 체험은 도리어 정진으로의 박차를 가속화한다.

인간은 자기도 모를 이상한 운명을 타고 태어났다. 운명이 인간에게 하나의 영혼을 불어 넣어준 것이다. 그것은 사나운 용마처럼 한 순간이라도 정지할 줄 모르는 부단한 정진의 영혼이다. 세상의 환락이 그를 붙잡을 수 있을 것인가. 쾌락 같은 것은 문제도 안 된다. 지적 욕망에서 깨어난 영혼은 어떠한 고통에도 붙잡힐 수는 없다. 인류에게 주어진 모든 운명을 인간은 자기의 내적자아로 체험한다. 인간은 인류의 행복과 고통을 통해서 자아를 인류에게까지 확대하여 간다.

인간은 인류를 포섭함으로써 자기를 신에게로 승화시켜간다. 이리하여 인간은 인류와 더불어 영원한 생명으로 끌어 올려진다. 삶의 밀물과 죽음의 바람 속에서 인생을 위로 아래로 가깝고 멀리 이리저리로 움직여간다. 생과 사, 영원한 바다, 교환의 무역, 타는 목숨, 이러면서 시간의 물거품 속에서 베틀에 올라 앉아 신의 생명의 옷을 짜는 것이 인생이다.

인생은 학문적 지식으로 얻어지는 것이 아니다. 평생 쌓아 올린 학문이 자기에게 아무런 도움이 주지 못하는 무라는 것을 깨달았을 때 파우스트의 가슴은 쪼개질 것처럼 괴로웠다. 인간의 영혼은 이럴 때에 최대의 시련에 놓여진다.

인간은 허무에 직면하여 영원을 찾지 않을 수 없다. 평생 쌓아올린 자기의 과거를 헌신짝처럼 내던지고 참을 찾아가는 인간행로에 구원은 있다. 세계를 가장 깊은 곳에서 종합하고 직관하는 최고의 인식이 필요하다. 그것은 학적 인식이 아니라 신적 인식이다. 이런 인식만이 영혼의 구제와 떠날 수 없는 인식이다. 이러한 인식은 인간의 힘으로는 얻어질 수 없기에 파우스트는 인간이상의 힘을 발하게 된다.

이 때에 나타나는 것이 악마다. 악마는 인간 속에 내재하는 부정의 영이다. 그것은 인간을 태만과 교만과 비만으로 끌어가는 파괴와 분석과 형태의 영이다. 그것은 오성悟性의 영靈으로서 창조의 신에 동참할 수는 없다. 그러나 진실한 인간에게는 이성理性의 영이 있다. 그것은 창조의 샘물을 맛보지 않고는 목이 타서 견딜 수 없는 인간의 근본지성이다. 오성의 우연적인 개체성과 이성의 전체적인 필연성은 악마와 인간 간의 근본적인 대립이다. 악마는 인간을 파괴하고 해체하려고 든다. 그는 인간의 본성을 혼란케 하여 사랑의 빛의 세계를 악과 어두움으로 바꾸어 놓고자 한다.

창조주는 인간에게 천사와 더불어 악마도 허락하신다. 왜냐하면 인간의 활동은 너무도 해이해지기 쉽고 인간은 언제나 절대적 안식을 사랑한다. 그래서 신은 인간에게 사탄을 보내셨다. 그것은 인간을 자극하고 활동시켜 인간을 부지런하게 만든다. 악마야말로 구도정진求道精進하는 인간에게는 언제나 신의 채찍이 되는 것이다. 그것은 위험한 반려이지만 필요한 친구다. 가끔 악마는 인간을 죄악으로 불사르지만 탄 것은 더러운 육이지 영이 아니다. 그의 영은 악마의 유혹과 싸워 더욱 빛나게 된다. 영혼의 순화는 악마의 유혹을 통해서 더욱 순화된다.

인간은 본래 선한 사람도 아니요 깨달은 사람도 아니다. 누구나 진실을 찾아 헤매는 고민하는 사람이다. 인간은 노력하는 동안 언제나 미혹되게 마련이다. 그러나 인간은 어떤 환경 속에서도 자기의 갈 길을 잃을 수는 없다. 그것은 인간 속에 내재하는 이성의 영이 필연적인 직관을 찾아 맑은 세계를 갈망하기 때문이다.

악마가 악을 행하면 행할수록 인간은 더욱 선으로 올라감을 부인할 수가 없다. 그런 의미에서 악마는 인간에게 보내준 하나의 친구다. 이 친구 덕분에 인간은 도리어 패망에서 벗어나 더욱 정진하고 순화되게 된다. 진리를 탐구하는 영혼에게는 일체가 그를 자극하여 더욱 올라가게 할 뿐이다.

『파우스트』 2부에 괴테는 정열에 불타 그레트헨을 불사르는 청년 괴테는 아니다. 육체의 이데아에서 정신의 이데아를, 정신의 이데아에서 미의 이데아를, 미의 이데아에서 이데아의 이데아를 직관하는 성숙한 괴테다. 게르만의 정열이 희랍의 형상으로 승화된 고전적 괴테다. 파우스트와 헬레나의 만남은 이태리 여행을 계기로 희랍조각에 눈이 뜬 현명한 조화로 승화된 괴테다. 그레트헨의 불길에 그슬린 파우스트의 영혼은 헬레나의 사랑으로 정화되어 지극히 높은 순수경에 도달한다. 구름이 되어 그를 싣고 가는 헬레나의 옷은 일체의 비속을 넘어서 괴테를 하늘로 옮겨가는 형상의 세계다. 생명의 본질인 에로스가 개인적인 집착을 넘어서 인류적인 사랑으로 확대되어 가는 그의 성숙을 말하고 있다.

어머니의 나라에서 눈이 떠 순수직관을 얻은 파우스트는 순수 활동의 창조의 세계로 그를 이끌어 간다. 이 대지의 주변이야말로 위대한 실천의 터전에 합당하다. 나는 이제 대담하게 정진할 의욕을 느낀다. 실천만이 전부요 명예 같은 것은 허무하다. 그가 구름을 타고 바라본 바다의 물결은 마치 인간의 정욕처럼 이성의 해안을 좀먹고 있다. 옥토를 사막으로 바꾸는 맹목적인 자연의 세계를 극복하고 인간정신의 이상 세계를 건설해 가야 한다.

황제를 반역하는 무리들과 싸워서 인간 파우스트는 해안 땅을 받아가지고 이 땅을 개간하여 자유인이 사는 자유의 국토를 이룩해 간다. 그것은 끝없는 정진을 통해서 얻어지는 생명과 자유의 세계다. 그는 악마와의 약속도 잊은 듯이 잠깐 멎으라, 그대는 너무도 아름답다. 나의 한 일은 영원히 사라지지 않을 것이다. 이것은 파우스트의 의지가 꺾인 것은 아니다. 파우스트의 육체가 무너진 것뿐이다.

100세의 파우스트는 죽고 악마는 그의 육체를 차지할 뿐 그의 영혼을 소유하지는 못한다. 그가 직관한 아름다움은 현실세계의 아름다움이 아니요 영원한 세계의 아름다움이었기 때문이다. 그것은 올라가고자 하는 의욕을 멈춘 것이 아니라 올라가고자 하는 의욕을 더욱 조장했기 때문이다.

파우스트의 영혼을 천상으로 옮겨가는 천사들은 영계의 거룩한 부분이 죄악에서 구원함을 얻었다. 끝없이 정진하여 지칠 줄 모르는 영혼을 우리는 구원해 간다. 옛날 애정에 불사르던 그레트헨이 파우스트의 영을 영원한 여성, 영광의 어머니로 인도해 간다. 하늘은 지상세계에서 한없이 헤매며 정진한 프로메테우스적인 사나이 파우스트를 그레트헨의 마음 속에 살아 있는 신앙을 통해서 구원해 준다.

괴테는 파우스트를 끝맺기 두 주일 전에 에커만에게 파우스트의 구원을 설명한다. 파우스트의 가슴 속에는 끝까지 정진해 올라가는 순수한 활동이 있고 하늘에는 그를 천상으로 끌어 올리려는 영원한 사랑이 있다. 영계의 고귀한 인간이 악에서부터 구원되었다. 끝없이 정진하여 노력하는 자를 우리는 구원할 수가 있다. 축복받은 사람의 무리가 마음으로부터 그를 환영하였다. 우리는 우리의 힘으로 행복하게 될 뿐만 아니라 우리를 영접하는 신의 은총으로 더욱 행복해진다는 자신들의 신앙과도 일치한다고 괴테는 덧붙였다.

1832년 3월 22일 83세에 괴테도 죽었다. 교회에 나간 일도 없고 기독교적인 의식에 참여하지도 않았다. 그러나 그는 구원의 여성을 찾아 평생을 정진하였다. 에커만이 그의 시체를 보았을 때 마치 자는 사람처럼 그의 얼굴에는 평화와 안정이 감돌고 있었다. 그의 넓은 이마 속에는 아직도 무엇인가를 생각하는 것 같았다. 언제나 배우고 생각하고 써보고 또 배우고 생각하고 써 보는 동안에 그의 자유는 무의식 속에서 그의 타고난 소질과 연결되어 세계를 놀라게 하는 하나의 위대한 통일을 이룩한 것이다.

사람은 죽어도 생각은 끊어질 줄 모른다. 끝없는 생각이 인간을 하늘 높이 끌어 올린다. 인간은 생각을 통해 승화되고 순화되어 영원한 세계로 올라간다는 것이 그의 신앙이다.

그는 젊었을 때 중병을 얻어 한때 깊은 신비주의에 심취해 있었다. 그는 평생 범신론적인 경향을 벗어나지 못하고 스피노자를 몹시 사모하였다. 『빌헬름 마이스터의 수업시대』에 나오는 제6권의 아름다운 영혼의 고백은 자기가 중병일 때 보살펴 준 모라비안 교도였던 클레텐베르크의 신앙을 기념하기 위한 것이다. 그는 헤룬호드에 사는 모라비안 형제들 간의 우정과 신앙에 깊은 감명을 받은 것이다.

그는 자유롭게 생각할 수 있는 넓은 기독교를 사랑하였다. 독단과 편협에 사로잡히지 않은 기독교를 그는 사랑하였다. 관용과 평화를 잊고 싸움과 편견으로 일관된 기독교를 그는 용납할 수 없었다. 나는 기독교회에 반대하는 것도 아니고 부정하는 것도 아니다. 나는 세상 사람이 말하는 그런 기독교도가 아닐 뿐이라고 그는 말한다.

그는 기성종교의 좋은 틀을 지지할 수가 없었다. 동양도 신의 것, 서양도 신의 것, 북극도 남극도 다 신 안에 있다고 그는 노래를 불렀다. 정신문화가 아무리 발전하고 자연 과학이 아무리 그 넓이와 깊이를 더하여 갈지라도 그리고 인간정신이 아무리 확대되어 갈지라도 복음서에 빛나는 기독교의 높이와 도덕적 문화를 인간은 넘어설 수가 없을 것이다. 괴테의 기독교는 온 우주를 싸고도 남는 기독교였다. 그에게 있어서 끝없이 오르고자 하는 영혼을 누구나 구원해 주는 것이 기독교의 신앙이다.

신앙이란 올라가는 것이라고 생각한 것이 괴테의 생각이다. "무엇이나 고귀한 것은 희귀하다"는 스피노자의 말처럼 그는 고귀한 인간정신이 그대로 구원이라고 믿은 것이다. 파우스트의 운명은 진실을 사랑하는 모든 사람의 운명임에 틀림이 없다. 오성의 황야를 헤맬 때도 애정의 바다에 빠졌을 때도 끝없이 오르려는 일관된 인간의 구도정신은 신의 품안에 들지 않을 수가 없을 것이다.

이런 끈질긴 구도자에게는 악마도 그 수련을 돕는 것 밖에 될 것이 없다. 세상의 일체의 갈등과 모순도 파우스트의 순수 형상을 이룩하는데 도움을 줄 뿐이다. 이 세상의 모든 문제는 인간을 영원한 세계로 끌어 올려 주는 손가락의 역할을 다할 뿐이다. 속된 소음도 이러한 영혼에게는 승리의 교향악이 될 것뿐이다.

영원한 정진만이 일시적인 존재를 영원한 생명으로 끌어 올린다. 인간의 정진을 믿는 신의 신뢰는 인간을 의심하는 악마의 회의를 이겨버린다. 인간의 마음 속에 깊이 도사리고 있는 신적인 신뢰와 악마적인 회의는 양극이 되어 파우스트의 장면을 채워 가지만 그것은 모두 파우스트의 진리탐구의 구도력 앞에 승화되어 결국은 파우스트를 천상으로 끌어 올린다.

파우스트의 건국 이야기는 괴테의 바이마르 재상 시대의 체험인지 모른다. 날마다 할 일을 놓고 그는 괴롭지마는 날마다의 봉사를 다해갈 것을 다짐한다.

32세의 그가 친구에게 쓴 편지에 "나의 성격이 나를 여러 가지 활동으로 강요한다. 나는 다만 살기 위해서 어떤 산골 어떤 낙도에라도 찾아가서 일해야 한다. 우리는 오늘의 안정과 성실로서 우리의 힘으로 더 높은 상태로 올라가서 더 값있는 상태에 도달하는 것이 나의 신조요 그것은 현대적인 것이나 영원한 것이나 다 마찬가지이다."라고 썼다. 그는 바이마르 공국을 끌어올리기 위하여 있는 힘을 다한 것이다.

『파우스트』 2부에 헬레나와의 만남은 슈타인 부인과의 만남에서 얻은 착상이 아닌가 한다. 슈타인 부인의 남편은 궁 안에서 마차 관리인이었다. 그 부인은 일곱 명의 자녀를 둔 여인이었다. 궁중생활에 익숙하였고 병이 잦고 애정 없는 결혼 생활 때문에 심한 우울증에 걸린 냉정한 성격의 여인이었다. 괴테보다도 7년 연상인 이 여성에게 그는 1,776통의 편지를 쓰고 11년 동안 이 부인을 천사라고 부르고 마돈나라고 불렀다.

"나는 이 여성에 대한 나의 마음을 윤회로 밖에 설명할 수가 없다. 전생에 나는 그녀의 남편이요 그녀는 내 아내였는지도 모른다. 그때는 나의 존재의 전부를 알고 맑은 심정의 가는 물결로 느끼며 마지막 운명이 무엇이나 꿰뚫어 보듯이 그대는 한눈에 내 마음을 전체로 꿰뚫어 본다. 그리하여 끓어오르는 피와 뛰는 미혹을 한 방울의 이슬로 가라앉힌다. 나는 그대의 천사 같은 팔에 안기어 상한 가슴에 안식을 발견한다. 그대는 마술사처럼 가볍게 안아 나에게 수많은 아름다운 날의 환상을 되살려 주었다. 감사하는 마음으로 그대의 발밑에 무릎을 꿇을 때 솟는 나의 기쁜 행복을 무엇에 비하리. 당신의 가슴에 안겨 나의 심장의 맥박을 느끼고 그대의 눈동자를 보고 내 마음은 상쾌해진다. 그대의 모든 감각은 맑게 개어 꿈틀거리는 나의 피를 가라앉혔다. 나의 의무는 하루하루 나에게는 존귀한 것이 되어 간다. 나는 내 일속에서 위대한 인간처럼 행동하고 싶다. 나에게 있어서 이미 기초는 놓여졌고 나의 존재의 피라미드를 될 수 있는 대로 높이 쌓아 올리고 싶다는 욕망은 무엇보다도 중요하고 한 순간이라도 잊을 수가 없다. 나는 태만할 수가 없다. 나는 나의 탑을 미완성으로 남길 수는 없다. 내가 살아 있는 한 하늘까지 닿기를 바랄 것이다."

『파우스트』 1부의 그레트헨은 프리데리케와의 체험이 모델이 된 것 같다. 21세의 제젠하이브에 사는 브리온 목사의 셋째 딸은 하늘의 별처럼 맑고 깨끗하였다. 그들은 열렬히 사랑하였다. 순진한 사랑이었다. 그러나 대학을 졸업하고 스트라스부르크을 떠나 프랑크푸르트로 돌아오자 그는 프리데리케와 헤어졌다. 이별은 그녀에게 말할 수 없는 아픔을 주었다. 헤어지자는 편지에 대한 프리데리케의 답장은 괴테의 마음을 찢는 듯 했다. 이제야 비로소 그녀의 상처를 알게 되었지만 그것을 보상해 줄 아무런 가능성도 보이지 않는다. 나는 처음으로 죄를 느꼈다. 나는 세상에서 가장 아름다운 마음에 상처를 낸 것이다.

괴테의 문학

괴테는 세계적인 성격과 민족적인 성격을 동시에 갖추었던 사람이다. 『파우스트』에 나타난 행행의 이념이라든지 『빌헬름 마이스터』에 나타난 협동協同의 정신은 게르만 민족의 깊은 종교성을 내포하고 있다. 독일 민족이 이 땅 위에서 사라져도 독일적인 작품으로 세계에 남아 있을 것은 『니베룽겐의 노래』와 괴테의 『파우스트』라고 말하는 사람도 있다.

괴테야말로 독일정신의 밑바닥에 부딪친 사람이며 그는 『파우스트』를 통해서 독일민족의 본질을 드러냈을 뿐만 아니라 독일정신이 어떤 형식으로 변해가든지 간에 그 속에서 영원히 되살아 날 독립정신의 본질을 이미 완전히 드러냈다고 해도 지나친 말은 아닐 것이다.

이처럼 괴테는 깊이 민족의 전통 속에 뿌리를 박고 있으면서 그 가지는 독일적인 한계를 넘어서 세계적인 문화를 형성하고 있다. 셰익스피어나 단테나 괴테는 단순히 어떤 민족이나 국가에 소속됐다기보다도 하나의 세계인이며 인류의 공공한 소유라고 할 수 있다.

괴테는 언제나 문화를 생각할 때에는 그것을 인류전체의 것으로 생각하였다. 일단 세계역사 위에 피어난 꽃은 그 꽃이 어디서 피었든지 간에 그것을 문제로 삼지 않았다. 괴테는 언제나 자기의 지식을 세계로 확대하여 갔다. 영국의 셰익스피어, 프랑스의 루소, 희랍의 호메로스, 유대의 모세, 이탈리아의 단테, 그 밖에 아랍, 인도, 중국문화에 이르기까지 그는 널리 탐색해 들어갔다. 나폴레옹이 독일을 점령하였을 때도 그는 고요히 마르코 폴로(Marco Polo, 1254-1324)의 여행기를 읽으면서 멀리 도덕군자의 나라 중국을 꿈 속에 그리고 있었다.

괴테 속에서는 언제나 민족적인 것과 세계적인 것이 양극으로 모순을 이루고 있었다. 괴테의 혼은 언제나 두 가닥으로 찢어져 괴테처럼 모순에 고민한 사나이도 없다. 그러나 피나는 모순을 괴테처럼 또 잘 감싸준 사람도 없다. 괴테의 쾌활한 성격이 언제나 양극의 조화를 길러 주었다. 괴테의 마음은 언제나 나뭇가지처럼 찢어져 있으면서도 그 뿌리는 언제나 조화된 인격에 뿌리를 박고 있었다. 괴테처럼 시대와 더불어 변한 사람도 없지만 괴테처럼 영원을 지니고 산 사람도 없다. 그는 언제나 변화 속에 불변을 지니고 있었고 또 불변 속에 변화를 지니고 있었다.

그는 겉으로 보기에는 가장 위대한 예외적인 인간처럼 보이면서도 가장 평범한 인간성을 지녔던 사람이다. 그의 높음은 아무리 높아도 사람을 내리누르는 높음이 아니요, 그의 깊이는 아무리 깊다 하여도 인간의 힘을 넘어선 깊이가 아니었다. 젊었을 때에는 젊은이답게 날뛰고 철이 들어서는 어른답게 침착했으며 늙어서는 늙은이답게 고결한 데가 있었다. 그는 언제나 조화를 가지고 살았으며 언제나 인간답게 살았다.

그렇기 때문에 그는 누구에게도 뒤떨어짐이 없는 발전을 가졌다. 이 발전은 결국 커다란 나무의 무성한 잎 모양으로 한없이 풍부한 인상을 인류에게 던져 주었다. 찰나에 뿌리를 박고 모순에 흐느껴 울면서 발전 속에 조화를 찾아 풍성한 보람을 인류에게 안겨 주었다. 마치 모순된 남녀가 발전함으로 조화를 이루다가 마지막에는 사랑으로 전인이 되어 풍성한 삶을 누리는 것이나 마찬가지다. 모순과 조화와 풍성, 이것이 괴테의 전 생애를 특징지어 주는 성품인지도 모른다. 한마디로 말하여 사람다운 사람이다. 젊었을 때는 젊은이답고 늙었을 때는 늙은이다운, 정말 사람다운 사람을 보여준다.

들에 핀 꽃처럼 그에게서는 사특함을 찾아 볼 수 없다. 꽃이 꽃다울 때 꽃은 무한한 하늘을 하늘거린다. 넓은 들에 핀 들꽃이야말로 영원과 하나가 된 생명인지도 모른다. 사람은 사람다울 때 사람의 한계를 넘어선다. 괴테는 언제나 괴테다우면서 괴테의 한계를 넘어서고 있다. 이 점이 만인이 괴테를 사랑하게 되는 비밀인지도 모른다.

영국의 산업혁명, 프랑스의 정치혁명, 독일의 문학혁명이 근세에 일어났던 가장 큰 사건인데 독일의 문학혁명의 기둥은 누구보다도 괴테였다. 그들의 표어는 자유, 우정, 조국이다. 이 시대의 문학운동을 〈슈투름 운트 드랑〉이라고 하는데 거센 파도와 몰아치는 회오리 바람이란 말이다. 보통 한문漢文자로 〈질풍노도疾風怒濤〉라고 하는데 이 운동은 단순한 옛것에 대한 반역도 아니고 강렬한 파괴도 아니고 무질서한 혼돈도 아니다. 그것은 개체의 자유와 전체의 필연을 통일해 보려는 민족정신의 울부짖음이다.

괴테는 셰익스피어의 작품 속에 개체의 자유가 전체의 필연과 규합되는 어떤 한 점을 발견하였다. 모순되는 양극이 하나로 조화된 한 점을 그는 셰익스피어의 인격 속에서 찾아 가진다. 신적 자유와 자연적 필연이 아름답게 조화된 인간, 그것이 천재다. 필연의 극치 속에 자유를 발견하고 자유의 극치 속에 필연을 내포하는 신 없는 자연도 아니고 자연 없는 신도 아닌 신과 자연이 하나가 된 사람, 그것이 천재다.

괴테로 하여금 가장 자연스럽게 사는 것이 가장 신성하게 사는 것이라는 것을 가르쳐 준이는 헤르더이었다. 괴테에 있어서 자연은 죽은 자연이 아니었다. 괴테에 있어서 자연은 하나의 산 자연이었다. 그는 직접 자연과 만나고 자연을 통해서 신을 볼 수가 있었다. 이러한 과정을 가기 위하여 그에게는 깊은 종교적인 침체가 필요했다. 17세의 어린 나이로 작은 파리라고 불리어지던 라이프치히에서 대학생활을 시작한 허영에 찬 탕아는 제멋대로 뛰고 날뛰다가 결국 무절제하고 불규칙한 생활이 그의 신체적 자연을 깨치고 말았다. 일어날 수 없는 중병에 걸려 신음하면서 고향으로 돌아와 우울한 창문 밖의 죽음의 그림자를 더듬었다. 신체는 늙고 나이는 젊고 몸은 죽을병에 들었지만 마음이 더욱 활동하는 요양시대는 괴테에게 내적 반성을 강요하였다.

이때에 괴테에게는 일생 잊을 수 없는 아름다운 얼의 소유자요 어머니의 친구인 클레텐베르크 여사의 감화는 한없이 컸다. 깊은 믿음과 간소한 삶으로 아름다운 얼을 지닌 이 여인은 만물을 안에서부터 어루만져 주고 힘주고 살려주는 하나님의 손길을 괴테로 하여금 느끼게 한다. 괴테는 이 여인의 영향을 통하여 자기 안에서 움직이는 신의 손길을 역력하게 느끼게 되는 것이다. 그리하여 그는 자연을 신의 구현으로 본다. 자연을 산 하나님의 옷으로 본다. 자연을 통해서 인간은 신을 만날 수 있다.

신의 손길을 본 괴테는 다시 그의 젊은 생명을 회복하게 되었다. 무거운 병도 씻은 듯이 없어지고 23세 때 그는 다시 스트라스부르크로 간다. 거기서 그는 자연주의의 철학자 헤르더를 만났다. 괴테의 마음은 진공 속으로 끌려 들어가는 쇳덩어리처럼 헤르더의 마음 속으로 끌려들어갔다. 자연에 뿌리박은 것만이 참된 것이다. 그는 자연의 얼김이 스쳐간 문학작품과, 인간의 기교와 억지로 된 문학작품을 곧 구별할 수가 있었다. 셰익스피어, 호메로스, 성서문학, 민요 등, 신의 영감으로 기록된 자연시는 무엇이나 영원성을 가진 것이었다.

하나의 힘이 자연의 밑바닥에서 솟아나와 필연을 통해서 자유롭게 쏟아져 나온 것이 하늘이요 땅이요 태양이요 꽃이요 사람이다. 하늘과 땅과 사람을 통하여 넘치는 힘, 이것이 사랑이다. 이때에 그는 마음껏 사랑을 노래 부를 수가 있었다. 그의 가슴 속에는 거센 파도처럼 솟구치고 억센 회오리바람처럼 밀려드는 질풍노도의 자연이 있을 뿐이다. 이 자연은 죽은 자연이 아니라 산 자연이다. 법칙적인 자연이 아니라 창조적인 자연이다. 이 자연을 후세에 혁명, 특히 문학혁명이라고 하는 이유는 근세에 들어와 중세의 신관을 벗어나 합리주의에 빠진 계몽사상이 자연을 신이 없는 법칙적인 죽은 자연으로 만들었기 때문이다. 이러한 자연관은 인간도 하나의 기계로 보게 되었다. 아무것도 창조할 수 없는 하나의 인간기계, 이것이 계몽주의가 찾아낸 새로운 인간이었다.

여기에 대하여 인간의 생생함을 다시 찾아내는 것이 괴테의 문학혁명이다. 질풍노도의 문학운동은 창조와 발전과 개성이 없는 죽은 천지에 새로운 영기를 불어넣어 뛰고 나는 생성약동의 세계를 이룩하는 일이었다. 뿌리와 줄기를 잃은 꺾어진 꽃을 버리고 신즉자연神卽自然이란 뿌리와 줄기를 가진 산 문학의 형성이 <슈투름 운트 드랑>이라는 문학혁명인 것이다.

내가 자연에 대하여 이야기하는 것이 아니라 자연이 내 속에서 속삭이고 있다고 말하듯이 괴테의 가슴 속에는 언제나 산 자연이 꿈틀거리고 있었다. 안에서 꿈틀거리는 산 자연을 통해서 그는 밖으로 신성한 문학의 위대한 체제를 건설하고 있었다.

괴테는 많은 작품을 썼다. 자기에게 부딪친 문제를 정리하여 작품을 만들었다. 그리고 그것을 정리하고 있는 동안에 그는 자라서 그 문제로부터 넉넉히 해방될 수 있었다. 그런 의미에서 괴테의 작품은 모두가 자기표현이면서 동시에 자기구원이다. 그의 작품은 괴테를 구원해 주고 동시에 세계를 순화한다. 이것이 괴테가 지닌 문학의 고전성이다.

괴테는 문제가 생길 때마다 붓을 들고 그것을 작품으로 만들어 갔다. 그 동안에 그는 위기를 벗어나고 번뇌와 고민에서 해탈되어 이 세상에 대하여 자기의 죄악을 참회하는 것이었다. 그런 의미에서 괴테의 작품은 위대한 인간의 신앙고백이라고 할 수도 있다. 우리는 그의 고백을 통해서 내가 못 다한 고백을 동시에 하게 되는지도 모른다. 그리하여 나의 마음까지도 개운해지는 순화를 느낀다. 어려운 문제에 부딪쳐 몸부림치면서도 그것을 치밀하게 적어 가는 그의 붓솜씨, 유구한 천지 사이에서 자기 혼자 저주받은 존재라는 것을 뼈저리게 느끼면서도 자기의 현실을 한없이 높은 곳에서 하나도 숨김없이 적어갈 수 있는 그의 섬세성, 그는 고민하는 베르테르를 작품 속에서 죽임으로써 자기 자신을 현실에서 구원해 낼 수가 있었다. 저주받은 베르테르가 죽는 동시에 같은 의식에서 헤매는 괴테도 죽는다. 이리하여 괴테의 의식에서 하나의 의식의 껍데기가 떨어져 나가는 동시에 괴테의 속에서는 새로운 생명이 용솟음쳐 나오는 것이었다.

괴테의 작품에는 언제나 밖으로 뻗어나가는 베르테르적인 것과 안으로 가라앉은 롯테적인 것이 있다. 무한히 넓고 커지려고 하는 정열에 비하여 무한히 깊이 가라앉는 지성의 매듭이 있었다. 마치 봄에 피어나는 꽃과 동시에 가을에 영그는 열매를 가지고 있었다. 감상적인 동경과 애수적인 향수, 이 두 가지가 양극이 되어 여기 괴테의 의지적인 성장이 이루어지는 것이었다.

무한한 확대와 무한한 충실은 그의 희곡 단편 『마호메트와 프로메테우스』에 잘 나타났다고 볼 수도 있다. 절대자인 신 앞에 자기를 잃고 그의 사도가 된 마호메트와 독수리에게 가슴을 쪼이면서도 신을 거역하고 인간을 주장하는 프로메테우스는 언제나 괴테 속에서 싸우고 있었다. 유한의 껍질을 깨뜨리고 무한의 흐름 속에서 녹아버리는, 개체를 떠나 전체가 되려는 인간고유의 높은 동경과 전체의 흐름에 완강히 대항하는 바윗돌처럼 자기의 세계를 개척하여 자기 자신 속에 별천지를 이룩하려는 개체의 세계는 마치 꽃잎처럼 떨어지는 동경의 세계와, 열매처럼 영그는 향수의 세계다. 동경과 향수는 언제나 질풍노도같이 괴테의 가슴을 잡아 찢는 두 가지 혼이다.

괴테는 언제나 내 속에 두 가지 영혼이 살고 있다고 한탄한다. 신神과 자연自然이다. 그러나 이 두 영혼은 언제나 발전하는 생명 속에 하나의 조화를 이루었다.

검은 바위에 부딪치는 물결이 억셀수록 그곳에 아름다운 미의 조화가 어리듯이 물처럼 흐르는 우주적 전체와 바위처럼 억센 인간적 자아는 마치 마호메트와 프로메테우스가 되어 언제나 싸움은 그치지 않았으나 발전하는 괴테의 생명 속에서 그는 두 마디의 계기가 되어 아름다운 조화를 가져다주었다. 터질 듯이 타오르는 힘의 앙양을 느껴 어떤 때는 "내가 영원이다. 그 이유는 나는 존재하기 때문이다."라고 주제 넘는 소리를 하다가도 그 힘이 위로부터 온 것임을 깨닫고 깊이 참회하는 경건주의를 그의 희곡 『에그몬트』나 『타우리스의 이피게네이아』서도 볼 수가 있다.

이와 같은 괴테의 신즉자연의 사상은 벌써 스피노자에 의하여 널리 알려진 사상이었다. 신즉자연을 내적으로 경험한 괴테에게 있어서 스피노자의 철학은 그의 살이 되고 피가 되지 않을 수 없었다. 그는 「스피노자 수고」라는 공책에 이렇게 적어 놓았다.

"무한의 개념은 우리들의 완전한 존재가 유한한 정신의 이해력 밖에 있다는 것을 생각할 수 있을 때에만 가질 수 있다(무한한 전체는 유한한 개체로서는 붙잡을 수 없다. 붙잡을 수 없다는 생각이 개체에게 허락된 최대한 개념이다). 모든 유한은 무한 안에 있다. 그러나 그것은 무한의 부분이 아니다. 무한에 참여해 있다고 해야 할 것이다. 모든 개체는 전체의 현현顯現으로서 전체에 참여되어 있다. 전체는 개체의 수학적 총체가 아니다. 유기적인 생명적 전체다. 그런고로 전체는 부분을 뜻하지 않는다. 각각 제한 속에 있으면서 무한에 참여되어 있다. 유한한 생물은 무한에 참여한다고 하기 보다는 무한을 자기 속에 지니고 있다. 참여한다는 말은 아직 부족하다. 각기 제한 속에 있으면서 각기 특성을 가진 하나하나의 개체 속에 무한히 살아 움직이고 있다. 유한한 개체는 유한한 대로 속에 무한을 안고 있다. 그런고로 자기의 제한을 넘어서 무한은 무한한 대로 잡으려고 하는 것은 도리어 무한을 떠나게 되는 까닭이며 자진하여 제한에 굴복하고 제한 속에서 살아 움직이는 무한으로 깊어짐으로만 사람은 무한을 살 수 있는 것이다."

자연적인 필연 속에서만 신적인 자유를 찾는 괴테는 스피노자에게 얼마나 도취했을까. 이 때부터 그는 무한을 무한 속에서 찾으려고 하지 않고 무한을 유한 속에서 찾게 되었다. 그것이 여기 이제 무한과 영원을 찾는 그의 현실참여다. 쓸데없이 무한을 동경함으로써 무한을 얻을 수는 없다. 역시 대지에 확고하게 발을 붙이고 한정된 인생의 책임 속에서 비로소 무한을 잡으려고 하는 전인全人의 이념이 구체화된다. 이것은 바이마르의 궁중생활이다. 전인이란 전지전능하다는 뜻이 아니라 전지전능을 체념하고 이제 여기를 파고 들어가는 투철한 사람이다. 어디를 파도 물은 나오는 것처럼 자기의 현실을 파헤칠 때 괴테는 언제나 거기에 전체적인 생명이 움직이고 있음을 발견했다.

바이마르 10년의 현실체험의 일체를 버리고 일[하나, 一]에 철하는 전인全人의 모습을 이해하게 된다. 일체를 버리고 지금, 여기, 하나를 철한다고 하는 것은 뒤집어 말하면 흘러가는 이제와 떠나가는 여기에 대하여 아무 집착도 안한다는 말이다.

시간은 시시각각 새로워지고, 여기는 자꾸 익숙해진다. 새로워지는 시간과 더불어 새로워지고, 익어가는 여기와 더불어 익어 가는데 전인으로서의 옹근 삶이 있다. 전인은 이것저것으로 흩어지는 것도 아니고 무엇 하나에 굳어버리는 것도 아니다. 바람 따라 물 따라 새롭게 창조되어 가는 통일된 인간이 옹근 사람이다. 전체를 내안에 포섭하면서 전체를 넘어서는 괴테의 세계는 한마디로 말해서 정진의 일생이었다.

75년 한평생을 통해서 마음 놓고 쉬기는 한 달도 못된다고 탄식하였다.

괴테를 생각할 때 겉으로 보기에는 부유한 가정에서 태어나 천재적인 소질을 가지고 화려한 궁중에서 세상에 부러운 것이라고는 하나도 없을 듯한 잘생긴 괴테의 생활이었지만 하루도 쉴 새 없이 돌아가는 모순의 바퀴가 그를 몰아 정진의 일생을 보내게 만들었다. 그러나 이러한 정진은 아무 마디 없이 자라는 것은 아니다. 비온 후에 죽순이 그저 쑥쑥 나오는 것 같아도 대나무에 마디가 없을 수 없다. 인생에 있어서 가장 큰 마디는 자기가 자기를 보는 매듭이다. 안에 있는 나와 밖에 있는 내가 서로 만나게 되는 것이다.

1786년 12월 2일 그것은 그가 이태리 여행을 떠나 로마에 갔을 때다. 그가 이태리로 간 목적은 물론 고전 예술을 보기 위해서였다. 그리고 고전 예술을 통해서 진정한 인간을 만나보고 싶었다. 괴테의 생각으로는 고전적인 예술을 내놓을 수 있는 사람만이 고전적인 인간이요, 고전적인 인간만이 능히 내적 자연이 외적 자연을 볼 수 있을 것이라고 생각했기 때문이다.

옛날 사람들은 사물이 되어 사물을 보았다[以物觀物]. 자기 속에 필연을 가지고 자연속의 필연을 본 것이다. 자기 속에 우주적인 생명을 느낄 때 인간은 자연 속의 우주적인 생명과 통할 수 있다. 자기 속의 전체를 가지고 남의 속의 전체를 보는 일, 이것이 고전적 예술의 비밀이기도 하다. 괴테는 바이마르 10년의 고행을 통하여 찰나 속에 영원을 사는 전인이 되려고 정진에 정진을 다하였다. 이제 여기라는 제한 속에 있으면서 전체를 살리고 애써왔다. 그것은 자기 속의 일체를 자의恣意, 격정, 편견을 버리고 자기를 순화하여 필연과 일치시켜 가는 과정이다. 이리하여 인간의 마음이 거울처럼 맑아질 때 인간은 사물을 있는 대로 볼 수 있을 뿐만 아니라 사물을 살리고 나도 살아난다.

이러한 심경으로 창작된 예술을 보기 위하여 괴테는 이태리로 갔던 것이다. 과연 그 앞에 나타난 고전예술은 그것이 인간의 예술인 동시에 자연적 예술로서 자연법칙에 따라 창조된 진실 그것이었다. 괴테는 거기에서 일체의 자의와 허망이 무너지고 필연과 신을 볼 수가 있었다. 이태리를 여행하면서 괴테는 자기 속에 있는 일체를 밖에서 본 듯한 기분이었다.

그의 눈은 한없이 맑아져 존재 속에 생성을, 잡다 속에 통일을, 현실 속에 이념을 붙잡을 수 있는 비범한 눈빛을 가지게 되었다. 그의 눈은 미진 속에 무한을 보고 찰나 속에 영원을 보는 것 같았다. 그는 생성 속에 항상을 볼 수 있었고 무한을 화육化肉할 수가 있었다. 고전예술 속에서 고전 정신을 붙잡을 수 있는 괴테는 다시 고향으로 돌아와 6년 동안이나 깊은 침잠 속에 빠져 있었다. 이탈리아 여행이 그에게 지나친 피로를 주었는지도 모른다. 그는 깊은 잠 속에서 거의 세상과 인연을 끊고 6년을 보낸다.

그러나 운명은 그를 가만두지 않았다. 그에게 쉴러가 찾아온 것이다. 이때 괴테는 46세, 쉴러는 36세였다. 그러나 보는 사람 괴테는, 생각하는 사람 쉴러 없이는 참으로 볼 수 있는 사람이 될 수 없었다. 쉴러를 통해서 그는 칸트를 알게 되고 칸트의 판단력 비판은 그의 생애를 무엇보다도 즐거운 한 때로 만들어 주었다. 눈으로 보았던 고전예술은 철학적 사색을 통해서 완전히 자기 것이 되었다. 그리하여 괴테 속에는 새로운 고전적인 창조력이 살아나기 시작했다. 『파우스트』를 비롯하여 『빌헬름 마이스터』, 기타 거편웅작이 나무에 무르익는 열매처럼 괴테의 고전주의는 완성된다.

괴테는 자연을 현실적인 것과 이념적인 것의 통일로 생각하고 인간은 정신과 자연의 통일로 보았다. 이념은 현실을 초월하는 동시에 내재해 있다. 아무리 높은 이념이라 할지라도 현실을 떠나서 나타날 수 없고 아무리 낮은 현상이라도 이념을 상징하지 않는 현실은 없다. 이념과 현상은 대립한 채 깊이 통일되어 있다. 이러한 이념과 현상의 관계는 인간에 있어서는 정신과 자연의 관계로 나타난다. 자연 세계의 필연을 정신세계의 필연으로 받아들이고 정신의 영원한 맥박을 육체의 순간적인 맥박에서 체득하려고 한다. 이리하여 영원한 우주의 높이는 순간적인 인간의 깊이 속에 파악되어 괴테의 작품은 하나하나가 영원에 빛나는 별처럼 반짝인다.

괴테는 무수한 작품을 썼다. 쓰면서 괴테는 영글어 갔다. 괴테가 영글어 가는 것만큼 작품도 영글어 간다. 괴테는 작품을 통하여 자기가 발전하고, 자기의 발전을 통하여 시대를 발전시키고, 시대의 발전을 따라 작품이 발전되어 간다. 이리하여 작품은 넓어가고, 시대는 깊어가고, 인간은 높아간다.

괴테는 말년에는 작품의 세계를 동양에까지 뻗치려고 하였다. 그는 동양의 지혜를 그려마지 않는다. 동양의 담담한 철인의 모습이 그의 마음에 들었기 때문이다. 괴테는 동양을 통해서 깊이 서양을 구원하고자 한다. 생각하는 인간이 가질 수 있는 가장 아름다운 행복이란 찾을 것을 다 찾은 후에는 찾을 수 없는 것을 고요하게 그리워하는 일이다. 동양의 철인들은 일체를 찾은 후에는 일체를 체념하고 고요하게 찾을 수 없는 것을 그리워한다.

그러나 이러한 체념이 있는 곳에는 반드시 영원을 상징하는 행이 따르게 마련이다. 이러한 행이 있는 곳은 언제나 참이 뒤따르고 있다[隨處爲主 立處皆眞]. 이러한 참의 세계가 괴테의 이상사회인 협동사회(게마인샤프트)다.

그가 바라는 독일은 우주를 상징하는 독일이었다. 역사란 신성에 의하여 인간에게 주어진 영원한 생성의 이념이다. 이러한 이념이 주어지는 까닭은 신에 있어서 하나를 인간으로 하여금 민족을 통하여 실현시키기 위해서다. 헤르더는 민족의 역사를 신의 특수한 실현으로 보았다. 신의 영광을 드러내는 것이 민족의 사명이다. 이러한 헤르더의 사상은 괴테의 작품을 통해서 실현되기 시작하였다. 여기서 독일민족의 자각이 눈을 뜨고 영원과 무한은 독일 사람의 피, 살과 흙을 통해서 그의 구체성을 이루어 가게 된다.

괴테의 작품은 독일적이면서 세계문화의 최고봉을 그려가고 있는 동시에 인간성의 깊은 순화를 이루어가고 있다. 이것이 독일 고전문화가 세계에 끼친 공적인지도 모른다. 사람들은 『파우스트』를 손에 들자 그 짙은 독일색에 놀랄 뿐만 아니라 그보다도 더욱 독일을 넘어선 순수한 인간성에 깊은 감탄을 품는다. 그러나 이 감탄 뒤에는 또다시 인간성을 넘어서는 높은 우주성에 깊이 머리를 숙이게 된다. 이리하여 누구나 민족일 수 있고 민족이면서 우주인이 될 수 있는 교양을 길러 준다.

우주적 높이를 가지면서 독일에 뿌리를 박고, 독일의 특성을 살리면서 세계적 상징을 듬뿍 담은 『파우스트』같은 작품은 만인의 책이면서 동시에 누구의 책도 아니라고 할 수 있다.

칼라일

Carlyle, Thomas 1795-1881

칼라일
Carlyle, Thomas 1795-1881

　칼라일은 거짓이나 위선이나 타성에 끌리기를 싫어했다. 그는 참을 찾았다. 그리고 그것을 본 사람이다. 그에게는 사람의 마음을 꿰뚫어 보는 힘이 있었다. 그의 눈빛은 가끔 시인처럼 산문보다도 더 깊은 진리를 볼 수 있었다. 그는 그 시대의 가장 환영받던 공리주의에 반발하며 정면으로 도전하였다. 결국 세계는 그가 옳았다는 것을 알게 된다. 그리고 그는 위대한 민주주의의 스승이 되었다. 언제나 민주주의로 하여금 그것이 품고 있는 약점을 깨닫게 하는데 성공했기 때문이다.

　그는 "내가 이 세상에서 가진 것이 감자 두 알과 생각 하나라면 감자 하나는 종이와 펜을 위해 바꾸고 나머지 하나는 먹으면서 나의 생각을 기록하는 것이 나의 사명이다."라고 말한다.

　그는 사람의 심장을 뚫어보는 듯한 밝은 통찰력과 어떤 비난과 박해에도 굴하지 않는 강한 의지와 영원을 사모하는 무한한 심정을 가지고 사막에서 들어온 예언자처럼 암흑과 무질서 속에서 밝게 타오르는 하나의 횃불로서 인간의 의무를 밝히고 노동을 통하여 광막한 지구표면에 아름다운 서사시를 쓰라고 외친 사람이다.

칼라일이 가장 도취했던 사람은 괴테다. "괴테가 아니었다면 나는 지금 살아있지 못할 것이다."라고 그는 말한다.

칼라일 사상은 칸트의 선험철학이다. 그는 언제나 현실을 움직이기 위하여 현실 이상의 것을 자기의 입장으로 삼는다. 그는 마치 예언자처럼 현실을 파헤치고 공연한 비밀을 끄집어내어 민중 앞에 내던진다.

왕의 목을 잘랐다고 해서 오랫동안 역적으로 몰려 그의 이름을 부르기조차 꺼려하던 올리버 크롬웰(Oliver Cromwell, 1599-1658)을 끄집어내어 그의 편지를 찬하여 그의 심정을 보여줌으로써, 그의 시체마저 또다시 처형됐던 크롬웰로 하여금 누구보다도 민중을 사랑하고 의를 부르짖은 가장 애국적인 지도자로서 그의 동상을 대영제국 의사당 앞에 세우도록 한 사람이다.

프랑스의 민권운동인 프랑스 혁명사를 그보다 더 공정하고 현명하게 기록한 사람은 많을 것이다. 그러나 혁명자체의 분노, 용기, 과감, 처참을 칼라일 이상으로 그릴 사람은 아무도 없을 것이다. 기분 나쁠 만큼 그의 심리적인 통찰은 하나의 논증이라기보다는 하나의 계시라고 하는 편이 나을지도 모른다. 그에게는 박진迫眞하는 힘이 있었다.

그는 수많은 사람을 그려내는데 아무리 하찮게 죽어간 사람이라도 그의 손에만 걸려들면 마치 살아서 눈앞에 뛰는 것처럼 생기를 불러일으킨다. 프리드리히 대왕만 해도 그 구조나 역사적인 부각에 있어서 그보다 더 정확하게 그린 사람은 많을 것이다. 그러나 칼라일처럼 근대독일의 대왕의 모습을, 움직이는 정신의 잊을 수 없는 인상으로서, 그렇게 약동적으로 그릴 수는 없을 것이다. 한동안 이 책은 독일 참모본부의 교재로 쓰이기도 했다.

그에게는 언제나 민중을 깨우치기 위한 애정이 마치 둑을 터뜨리고 나오는 강물처럼 그의 작품에 넘쳐 나온다. 타조처럼 머리만을 풀 속에 집어넣고 숨은 줄로 생각하는 민중에게 각성의 채찍을 아끼지 않는다. 그의 사상은 사상이라기보다는 분리되지 않은 고민과 오뇌의 극치에서 터져 나오는 하나의 절규라고 하는 것이 좋을 것이다.

　그는 분열된 논증보다는 직관적인 계시에 더욱 진리성을 인정한 사람이다. 공리주의적 기계론에 짓밟힌 인생들을 구원하기 위해서 윤리적인 이상주의를 들고 나오는 칼라일의 심정을 우리는 이해할 수 있다.

　시간 공간은 실재가 아니고 직관의 형식이며 시간 공간 안에 하나님이 계신 것이 아니라 하나님 안에 시간 공간이 있다고 하는 칸트의 『순수이성비판』과, 자아의 자유로운 실현을 실제생활로 보여주고 세계를 생명 있는 산 유기체로 보아 자연을 산 하나님의 의복이라고 노래 부르는 괴테의 『파우스트』를 그는 무엇보다도 사랑했다. 시적인 날개로 하늘 높이 올라 철학적인 안목으로 사물을 직관하여 인생으로 하여금 이 땅위에서 창조의 기쁨을 맛보게 하자는데 그의 끓어오르는 정열이 쏟아진다. 이것이 영원한 부정에서 영원한 무관심을 거쳐서 영원한 긍정으로 도달하는 그의 체험이다. 젊은 시절의 모든 고뇌와 초조와 격분과 모순은 행복에 대한 갈애가 그 근원이었다.

　사람은 마치 행복할 수 있는 운명을 타고 나온 것처럼 생각한다. 이것이 사회의 구석구석에 침투되어 공리주의가 마치 진리인 것처럼 오해를 한다. 그러나 철이 든 칼라일은 행복이 인생의 최고의 가치가 아닌 것을 알게 된다. 그는 위대한 역사의 개인의 사업이 자기의 행복을 찾는데서 이루어진 예를 보지 못한다. 한번 행복을 이상으로 하는 인생관이 사람의 가슴을 파고들면 마치 더운 바람이 휘몰아치는 모래사막같이 거기는 어떠한 지혜의 초목과 사랑의 강물이 흘러나지 못한다. 가치는 역시 행복에 있는 것이 아니라 차원 높은 축복에 있다. 여기에 이성의 자유와 사랑의 실천이 푸른 풀밭과 풍성한 열매를 약속한다. 인간의 노력은 사랑 가운데서 이루어져야 한다. 인간의 노력이 미움 가운데서 이루어질 때 그곳은 해골이요 성난 독수리만이 창공을 배회한다. 인생은 휴식이 아니다. 인생은 앉았던 자리를 박차고 활동의 생활로 나아가야 한다.

"너의 생명을 활동의 활동으로 불사르라."고 읊은 괴테와 "인간을 목적으로 대하지 수단으로 대하지 말라."는 칸트는 얼마나 깊은 인상을 칼라일에게 주었는지 모른다. 그는 영국이 자랑하는 공리적인 기계관은 생명의 근원적 창조의 활동이 아니요 한낮 시대적인 껍데기에 불과함을 느꼈다. 정말로 강한 정신은 표면에 나타나는 것이 아니다. 나타난 것은 일체 의복이요 표상에 불과하다. 표상을 본체인 것처럼 망상할 때 인류는 걷잡을 수 없는 수렁으로 굴러간다. 그것을 본 칼라일이 있는 힘을 다하여 브레이크를 잡는다.

토머스 칼라일은 1795년 스코틀랜드의 남쪽 잉글랜드와 가까운 에클페칸(Ecclefechan)이라는 작은 마을에서 태어났다. 아버지 제임스 칼라일(James Carlyle)은 근엄하고 경건한 석공이요, 어머니 마가렛은 자비로운 부인으로 아들 넷, 딸 다섯을 낳아 길렀다. 맏아들인 토머스는 세상에 나오기까지 어려운 생활 속에서도 동생들을 잘 도왔으며 교육에도 많은 염려를 해주었다. 칼라일의 어머니에 대한 애정은 굉장히 두터워서 그가 사상적으로 성장함에 따라 어머니가 열중하는 칼뱅 교리에서는 떠나갔지만 평생 어머니에 대한 존경과 애모를 떠나 본 일은 없었다.

소박한 농촌생활을 진지하게 살아가는 어머니의 태도야말로 이유를 넘어서 진정으로 그는 경애할 수 있는 것이었다. 그는 가족뿐만 아니라 고향 에클페칸의 자연의 풍경에도 한없는 애착을 가졌다.

에클페칸은 동북으로 높은 언덕이 있고 서남으로 시내가 흘러가고 있었다. 고요하고 아름다운 자연의 풍치와 소박하고 근엄한 농촌사람들의 생활은 그의 영원한 마음의 고향이었다.

이러한 시골에서 자란 칼라일이 탁월한 지능과 왕성한 지식욕의 소유자로서 15세에 벌써 에든버러 대학에 들어갔으며 그가 가슴 깊이 품은 청운의 꿈은, 16세기 이래 전통에 빛나는 교수들의 강의로써도 만족을 얻을 수가 없어 혼자 도서관에서 이 책 저 책에 매달렸다가 19세에 학사학위도 따지 못한 채 대학을 떠나버리고 말았다.

대학을 떠나서 몇 해 동안은 수학교사가 되었지만 차차 깊은 환멸을 느끼고 적당한 직업을 얻지 못한 채 신경성 소화불량은 심해지고 드디어 삶의 보람을 잃고 존재의 의미를 의심하는 고뇌의 시대가 계속되었다. 이 시대에 그는 커콜디(Kirkcaldy)에 사는 에드워드 어빙(Edward Irving)과 친분이 두터워져 그에게 배우고 있던 제인 웰쉬(Jane Welsh)는 드디어 칼라일의 아내가 된다.

이러한 방랑시대에 그가 탐독한 것은 독일문학으로 그는 괴테, 쉴러, 리히터 연구와 번역에 정열을 기울였다. 그의 사상의 핵심은 이때에 형성되었다고 볼 수 있다. 고뇌에 찬 오랜 사상적인 방랑이 끝날 무렵 1821년 6월 칼라일이 에든버러에서 리즈로 가는 도중 갑자기 하늘로부터 한줄기의 계시를 얻어 지금까지의 비판과 번민이 씻은 듯이 사라지고 속으로부터 불같은 힘이 오르는 것을 금할 수가 없었다. 그는 후에 이렇게 기록했다.

나는 나에게 이렇게 물었다.

"도대체 네가 무서워하는 것이 무엇이냐. 너는 왜 비겁하게 줄곧 울고 콧물을 흘리고 벌벌 떨면서 걷고 있느냐. 덜된 인생아, 네 앞에 놓여진 최악의 경우가 도대체 무엇이란 말인가. 죽음이냐? 그래 그렇다고 하자. 그리고 지옥의 고통이나 악마의 고문이 너에게 할 수 있는 전부이겠지. 그런데 너는 그것이 무엇이기에 그것을 이겨내지 못하고 비겁하게 쫓기고 있단 말인가. 생각해 보라. 네가 비록 쫓겨는 났다고 하지만 너는 그래도 자유의 아들이 아니냐. 지옥불이 너를 태워버리기 전에 너는 네 발을 들어 지옥 불을 짓밟아버릴 수는 없단 말이냐. 무엇이나 올 테면 오너라. 부딪쳐 보자꾸나. 그것이 지옥이건 악마건 맞서 보자꾸나."

내가 이렇게 생각했을 때 돌연 내 마음에 한줄기의 불꽃이 힘 있게 흘러갔다. 그 순간에 나는 영원한 공포를 잊어버리고 나는 알 수 없는 힘으로 한없이 강해졌다. 나는 하나의 얼이요, 거의 신에 가까웠다. 그 다음부터는 나의 비통한 기분은 일소되었다. 공포와 울음은 사라지고 그 대신 의문과 자비의 싸움이 벌어졌다.

그 후 그에게 있어서는 공리주의 철학으로 물들은 당시의 기계적인 인생관은 영원히 부정될 것으로 보였다. 몸을 불사르는 듯한 내면적 고민을 거쳐 모든 세상을 멀리하는 무관심의 중심에 도달한다. 여기에서 그는 다시 힘을 얻어 공리적 쾌락주의에 물든 자아를 마음속의 악마로 보고 이것과 결사적으로 싸워 이긴 후 이 관문을 지나 영원한 긍정에 도달한다.

자아를 초월함으로써 시대의 물결에 휩쓸리지 않게 되고 생사를 벗어남으로써 인간 속에 깊이 숨어 있는 참다운 자아가 영감을 얻어 깨어난다. 마치 프로메테우스의 불세례를 받은 영감의 작가로서 참으로 높은 이를 숭배하고 그분에게 복종할 수 있는 자유인으로서 참된 의식이 가능해졌고 겸허하게 살 수 있는 하나의 삶을 살기 시작한 것이다.

35세에 『의복철학』을 비롯해서 『프랑스 혁명사』, 『영웅숭배론』, 『과거와 현재』, 『크롬웰 전기』, 『프리드리히 대왕』 등, 피가 뛰고 살이 날으는 많은 작품을 썼다.

나이 71세에 에든버러 대학의 총장이 되고 심원한 사상과 고고한 풍모로 첼시의 현인이라 불리고, 71세에 부인이 간 후로는 담담한 심경으로 자기의 과거를 회상하는 글을 썼다. 궁중에서 보내온 수작 授爵, 서훈敍勳의 영광을 초개처럼 거절하고 86세를 일기로 1881년 영원한 안식으로 들어갔다. 시인, 문학자의 최고의 영예로서 웨스트민스터 사원에 묘지를 정하자는 제안도 있었으나 유언에 따라 그의 유해는 어렸을 때 자란 에클페칸의 작은 마을로 고요히 옮겨 갔다.

의복철학

칼라일의 『사르토르 리사르투스Sartor Resartus』(1833)를 보통 『의복철학』이라고 한다. 세계 명사들 가운데는 백 번 이상 읽었다는 사람도 많다. 이 책이 이처럼 사람에게 끌리는 이유는 이 책에 인간의 영원한 근본문제가 취급되어 있기 때문이다. 인간의 영원한 근본문제란 자기를 묻는 일이다. 칼라일은 진지하게 내가 무엇인가를 묻고 있다.

인간은 자칫하면 자기가 무엇인지를 묻는 일에 등한히 하기가 쉽다. 인간은 한번 '내가 무엇이다.' 하고 대답하기까지 계속 자기가 무엇인지를 물어야 한다. 이것이 인간의 생각이란 것이다. 사람들은 생각하기를 싫어한다. 자기가 무엇인지를 묻고자 하지 않는다. 부어오르는 상처를 싸고도는 어린애처럼 의사의 눈길이 가는 것을 무서워한다. 그리고 곪고 썩는 줄을 알면서도 그대로 세월을 끌어간다. 이것이 인간의 타성이요 태만이다. 새파란 칼날을 꺼내들고 자기와 자기 아닌 것을 갈라놓기를 꺼려한다. 이것이 칼라일의 인생에 대한 진단이다.

칼라일은 나와 나 아닌 것을 몸과 옷으로 비유한다. 동물들은 옷이 없다. 옷이 있다면 그들의 가죽이 그대로 옷이다. 동물들은 옷과 몸이 갈려 있지 않다. 그것이 동물의 동물다운 점이다. 그런데 사람은 동물이 아니다. 사람에게 있어서는 옷과 몸은 엄연히 구별되어 있다. 옷은 옷이요 몸은 몸이다. 옷을 만드는 사람이 있고 옷을 입는 사람이 있다.

인간의 특징은 옷과 몸이 분리되어 있다는 것이다. 인간은 언제나 옷을 입을 수도 있고 옷을 벗을 수도 있다. 인간은 옷이 아니다. 옷걸이도 아니다. 옷을 입을 수도 있고 옷을 벗을 수도 있는 옷의 주인이다. 필요에 따라 옷을 입고 필요에 따라 옷을 벗는다. 칼라일은 마치 뉴턴(Isaac Newton)의 사과가 떨어지는 것을 보고 만유인력의 원리를 생각해 내듯이 옷을 입는 인간을 보고 인간의 본질을 생각해 낸 사람이다. 인간이 본래 벌거벗은 존재라는 것을 칼라일이 처음 느끼던 날 그는 인간의 본질을 깊이 꿰뚫어 본 것이다.

"인간이란 인간 이상의 것이다." 이것이 칼라일의 인간에 대한 깨달음이다. 인간은 시간을 초월하여 영원한 현재에 살 수도 있고 공간을 초월하여 무한한 여기에 있을 수도 있고 인간을 초월하여 신령한 나로 빛날 수도 있다. 인간이란 도대체 무엇이냐. 생각 아니냐. 신령한 바다 위에 빛나는 한점의 광명, 신이 창조한 우주를 밝히는 일점 영명이다.

자연은 정신의 옷이다. 시간 공간은 정신이 짜내는 옷의 날[經]과 씨[緯]에 불과하다. 사회와 문화와 사상과 신념이란 정신이 짜내는 속옷의 날과 씨다. 시간 공간의 자연과 인간 세간의 문화를 넘어서서 신과 하나인 근원자가 나다. 나에게 있어서 몸과 마음은 하나의 옷에 불과하다.

칼라일은 몸과 마음을 훌훌 벗어버린 자기를 보고서야 비로소 생사生死와 유무有無에 끌려 다니지 않는 자기를 붙잡게 되었다.

옷의 노예였던 인간이 옷을 지배하는 인간으로 바뀌는 과정을 적은 것이 『의복철학』이다. 한마디로 자유, 이것이 의복철학의 본질이다. 그렇기 때문에 자유를 사랑하는 수많은 사람이 『의복철학』을 읽고 또 읽어 자기도 의복을 입을 수 있는 사람으로 태어나는 것이다.

우선 이 책에서 한 곳을 인용한다. 그것은 영원한 부정, 무관심의 중심, 영원한 긍정이라는 곳이다. 영원한 부정은 시대정신에 대하여 용감하게 '아니다' 하고 부르짖음이요, 무관심의 부정은 고단한 싸움 이후에 깊은 잠을 자는 것이요, 영원한 긍정은 자기의 할일을 발견하는 일이다. 영원한 부정의 마지막 부분은 이렇게 적혀 있다.

"이러한 기분에 젖어 아마도 프랑스의 서울을 누구보다도 가장 불행한 사람이 되어, 찌는 듯이 더운 어느 토요일 더럽고 좁은 생-토마 드 랑페르(Saint-Thomas de l'Enfer) 가街를 쓰레기 같은 시민들 사이에 끼어 한증막 같은 열풍과 느브갓네살(Nebuchadnezzar)의 용광로처럼 달아오른 보도 위를 무거운 발을 끌면서 걷고 있었다.

그때 나에게 갑자기 이런 생각이 떠올랐다. 도대체 나는 무엇을 무서워하는 것일까. 왜 이렇게 겁쟁이처럼 밤낮 벌벌 떨고만 있을까. 가엾은 두발 가진 짐승, 그래 네 앞에 놓인 최악의 사태란 무엇인가. 결국 죽음이지. 그래 죽음이라고 하자. 그리고 지옥에 떨어져 고생을 하고 악마와 유령이 너를 괴롭힌다고 하자. 그런데 너에게는 용기가 없는가. 그것을 견디어 낼 수 있는 힘이 없는가. 아무리 버림을 받았다고 해도 자유의 아들인 너는 지옥 자체를 그리고 그것이 너를 불사르고 있는 동안에 네 발바닥으로 짓밟아버릴 수 있지 않는가. 자, 올 테면 오라. 한번 싸워보자. 이렇게 생각했을 때 무엇인지 불같은 것이 내 속을 스치고 지나갔다.

이때 나는 비겁한 공포를 영원히 떨쳐버리고 한없이 강해졌다. 지금까지 알 수 없던 힘이 솟아올랐다. 나는 정신이요 거의 신이 되었다. 그 후 불행하다는 기분은 일소되고 불을 뿜으며 나는 불의와 싸우기 시작했다. 영원한 부정이 나의 모든 자아의 구석구석까지 침투해 들어갔다. 그 때 나는 태초에 하나님이 세상을 창조하실 때 입혀주신 위엄으로 힘 있게 일어나서 있는 힘을 다하여 '아니'라고 외쳤다.

이와 같은 분개와 도전은 심리학적 견지로 볼 때에 인생에 있어서 가장 중요한 항전일 것이다. 영원한 부정(악마)은 '나를 보라. 너는 애비도 없고 버림받은 자다. 그리고 우주는 내 것이다.'라고 주장했다.

거기 대하여 나의 전체가 이렇게 대답했다.

'나는 네 것이 아니다. 그리고 나는 자유다. 나는 영원히 너를 미워한다.'

그 후 하마탄[harmattan]의 뜨거운 바람도 지나가고 그렇게도 무섭던 마음속에 울부짖음도 가라앉았고 오랫동안 귀가 막혔던 영혼도 이제 소리를 들을 수 있게 되었다. 나의 미친 듯한 방랑은 끊어지고 주저앉아 기다리면서 생각했다. 무언가 변화의 시기가 가까워 온 것처럼 느껴졌기 때문이다. 나는 속으로 이렇게 중얼거렸다.

'꺼져라, 거짓 희망의 그림자여, 나는 이 이상 너를 쫓을 생각은 없다. 나는 너를 이제는 믿지 않겠다. 그리고 너희들 굶주린 공포의 유령들이여, 나는 너희와도 인연을 끊겠다. 너희들도 모두 그림자와 거짓이다.'

자, 나는 이제부터 좀 쉬어야겠다. 여행에 지치고 삶에 지쳤다. 이대로 죽어버려도 좋다. 나는 이제는 자야겠다. 죽건 살건 나에게는 마찬가지다. 모두 아무 뜻도 없는 것이다. 이리하여 나는 무관심無關心의 중심中心에 가로 누워서 얼마나 깊은 잠에 빠져 들어갔는지 모른다. 아마도 자비로운 하나님의 도우심이었겠지만 무겁고 괴로운 꿈은 사라지고 내가 눈을 뜨고 깨어났을 때는 새로운 하늘과 새로운 땅이 열려 있었다. 이리하여 최초의 예비적인 도덕행위로서의 자아는 멸滅하여 버리고 나의 마음눈은 뜨고 내 손의 수갑은 어느새 떨어져 있었다.

　나는 다른 눈초리를 가지고 즉 무한한 사랑과 동정을 가지고 내 동포들을 보게 되었다. 가엾이 헤매며 떠도는 인간들, 너희들도 나와 마찬가지로 시험을 당하고 채찍에 맞는 것이 아닌가. 그대가 왕의 옷을 입었건 거지의 누더기를 들썼건 언제나 몹시 여위고 무거운 짐에 시달리고 있지 않느냐. 그런데 그대의 쉴 곳은 무덤밖에 없으니. 아아, 형제여, 나는 어째서 그대를 내 품안에 껴안고 네 눈에서 눈물을 닦아줄 수가 없을까. 지금까지 이 거치른 땅위에 살면서 내 귀로 들을 수 있었던 가지각색의 소음, 이제부터는 그것이 미쳐 날뛰는 불협화음이 아니라 내 마음을 움직이는 신에 대한 기도처럼 들렸다. 그리고 가냘픈 기쁨을 가진 가엾은 대지도 가난한 어머니일망정 차디찬 계모는 아니었다. 인간은 이처럼 미칠 듯이 큰 욕망을 가지면서 인간의 하는 일은 너무도 초라하다. 가엾은 인생들, 나는 그들이 한없이 가엾다. 내게는 그들에게 고뇌와 죄악이 있기 때문에 나는 무엇보다도 그들을 형제라고 부르게 되었다.

　결국 사람 마음 속에는 행복을 사랑하는 마음보다 더 높은 마음이 있다. 인간은 행복 없이도 살 수 있다. 그러나 축복은 소유해야 한다. 모든 시대의 현인, 순교자, 시인, 승려들이 박해를 받으면서도 사람을 깨우침은 인간 속에 숨어 있는 신성神性때문이며 신성이야 말로 다름 아닌 힘과 자유의 근원이다. 삶을 넘고 죽음을 넘어서 인간이 증거 하는 것은 인간의 신성뿐이다. 인간이 인간을 사랑할 수 있는 것도 신성 때문이 아니겠느냐. 신의 영감을 받은 가르침이 너희에게도 전해지고 있다. 네가 회개하고 그 가르침을 배우게 될 때까지 온갖 고난과 박해로 부셔 질 것이다. 아아, 그런 고난을 준 너의 운명에게 감사를 드려라. 그리고 앞으로 오는 고난에 대하여 감사하며 견디어라. 너에게는 그것이 필요한 것이다.

네 속에 있는 죄악은 소멸되어야 한다. 은혜로운 열병적 경련을 일으킨 후 삶[生]은 생의 병원을 뿌리 뽑고 죽음에 대하여 개가를 부른다. 삼킬 듯한 시대의 큰 물결에 떠 올라온 그대는 물결에 먹히지 않고 영원한 창공으로 높이 솟구쳐 오르게 된다. 향락을 좋아해서는 안 된다. 하나님을 사랑하라. 이것이 영원한 긍정이요, 그 속에서 모든 모순은 풀려지고 그 속에서 걷고 일하는 사람은 누구나 행복할 수 있다.

인간의 마음도 자연과 마찬가지로 창조의 시작은 빛이다. 눈이 보이기까지는 신체는 움직여지지 않는다. 과거에 소요와 혼란이 가득 찼던 혼돈 위에 빛이 있으라고 신의 말씀이 울려 퍼진 것처럼 폭풍에 시달린 마음 속에 같은 말씀이 울려 퍼진다.

거룩한 순간, 이러한 순간을 겪은 사람만이 하나님의 계시임을 증거하는 것이 아닐까. 나도 나에게 이렇게 말할 수가 있다. 이제는 혼돈임을 그만두고 하나의 세계가 되라. 그것이 비록 아무리 적어도 괜찮다. 자, 무엇을 생산하자. 아무리 적은 산물이라도 괜찮다. 하나님의 이름을 걸고 내놓자. 누구나 자기 힘의 한도 안에서 내놓으면 된다. 그리고 일어서자. 네 손으로 할 수 있는 일이라면 무엇이나 괜찮다. 있는 힘을 다해서 하자. 오늘이라는 이 날에 일하자. 아무도 일할 수 없는 밤이 속히 올 것이다."

이것이 영원한 긍정의 마지막 부분이다.

한마디로 토이펠스드뢰크(Teufelsdrockh)의 『의복철학』이란 이 세계는 신의 의복이라는 것이다. 자연과학은 이 의복을 입은 분이 누구인지를 모르고 이 의복의 질료만 연구하고 조사한다. 자연은 어떠한 과학적 방법으로도 알 수 없는 관념의 계시요 관념의 상징이다. 인간이 관습에 의하여 침체하고 시들어졌을 때 참다운 실재에 대한 경이의 감정을 불러일으키는 것이 철학의 임무다.

우리들의 신앙의 표현도 신의 의복에 불과하다. 신앙의 옷도 자주 새롭게 신에 의하여 만들어져야 한다. 그의 인생의 궁극은 쾌락이 아니라 신을 사랑하고 일하기를 좋아하는 사회를 건설하는 것이라고 말한다.

영원의 부정과 긍정

영원의 부정이란 말은 괴테가 쓰기 시작한 말이다. 파우스트가 산책을 나갔는데 길가에서 묘한 강아지 한 마리를 발견하여 그것을 서재로 데리고 돌아왔다. 조그만 검은 강아지가 난로 옆에 쭈그리고 앉았다. 파우스트가 혼자서 이것저것 뒤적이고 있는데 무엇인가 이상한 소리가 들려 돌아보니 강아지는 변하여 메피스토펠레스라는 악마가 되어 있었다. 새까만 옷을 입고 까부라진 코에 무엇이나 눈치 채어 비웃고 무시하는 태도로 재치 있고 영리한 천재 같은 얼굴이었다. 파우스트가 깜짝 놀라 누구냐고 물었다. 악마가 이렇게 대답했다.

"나는 부정하는 영이다. 무엇이나 무시해 버리는 영, 바로 영원의 부정이다."

사람이 점점 자라 자기라는 것이 생기면 차차 세상을 무시하는 버릇이 생긴다. 그러다가 결국은 일체를 무시하고 아무것도 믿지 않게 된다. 회의를 거듭하여 마음은 더욱 캄캄해지고 나중에는 새까매져서 동서를 구별할 수도 없게 된다. 사람이 세상에 살 수 있는 것은 어떤 신념에 의하여 살고 있는 것이다. 신념 때문에 부끄러움도 참고 십자가에 달려도 능히 참고 순교해 낼 수 있는 힘이 생기는 것이다. 그런데 사람에게 신앙이 없어지면 아무 일도 못한다. 아무리 팔자가 좋아도 결국 그 속에서 자살하게 되는 것뿐이다.

사람은 누구나 어려서 부모에게 받은 전통적인 신념이 있다. 그러나 자라서 일단 그것을 잃어버리면 마치 머리털을 깎인 삼손처럼 사람은 일체의 힘을 잃고 그만 나가떨어지게 된다. 종교적 신념의 상실은 결국 일체의 상실을 의미한다. 사람은 신념을 잃으면 결국 자기의 할일을 찾지 못하고, 자기의 할일이 무엇인지 자기의 의무가 무엇인지 알 수도 없게 되고, 인생에 내재하는 도의는 희박하여지고 보이는 것을 결국 돈이나 이름이나 쾌락뿐이다.

인생의 목적은 행복이 되어 행복이 그의 생을 결정하고 만다. 그렇게 되면 의무를 위해서라든지 자기를 희생한다든지 하는 숭고한 생각은 털끝만큼도 없어지고 결국 이기주의적인, 세상과 등진 작은 인생이 된다. 위대한 인물을 보아도 위대한 사건을 만나도 세상과 사회와 등진 젊은이는 그것의 가치나 위대함을 인정할 수가 없고 생의 목적을 상실한 채 결국 절망과 고독의 길을 걷게 되는 것이다. 그리고 세상은 어디를 보든지 무력하고 냉랭하여 아무도 자기를 알아주는 사람이 없다. 말할 이도 없고 말하고 싶지도 않다. 사람들은 모두 꼭두각시요 기계에 불과하다.

사람이 들끓는 도심지나 사람이 없는 산길을 가도 사람은 언제나 고독하고, 언제나 무력하다. 사람들은 모두 원수 같고, 세상은 모두 악마 같다. 사람은 신도 믿을 수 없지만 악마도 믿을 수 없다. 우주는 의미가 없고 일체가 허무다. 우주는 죽은 하나의 기계에 불과하다. 그 거대한 톱니로 모든 생물을 하나씩 둘씩 짓밟고 지나간다.

아무도 돌아보는 이 없고 무엇을 해도 되는 것이 없다. 운명이 그를 버린 지 오래다. 몸은 약해지고 마음은 찢어져서 정신없이 거리를 걸어가는 하나의 허수아비가 죽음을 향하여 걷고 있는 것뿐이다. 남은 것은 죽음뿐이다. 죽은 후에 무엇이 있다면 지옥뿐이다. 사람은 이러한 궁지에 빠져서 그저 쓰러져 죽는 수도 있다.

그러나 생의 마지막이 찾아오자 생의 마지막과 더불어 생의 시작이 다시 싹이 틀 수 있다. 결국 어려서 가졌던 신앙이 다시 살아나는 수도 있고 어려서 젖 먹은 힘이 최후의 반발을 할 때도 있다. 도대체 인생이란 무엇인가. 죽으면 인생은 끝인가. 죽음을 넘어서는 힘은 없는가. 나는 어디서 왔는가. 내가 오기 전엔 무엇이었던가. 무에서 유가 생겼던가. 그렇다면 다시 무로 돌아가는 것인가. 무란 무엇인가. 무는 허무란 말인가. 허무에서 어떻게 유가 생겨났을까. 유를 낳을 수 있는 무라면 단순한 허무는 아니지 않는가. 허무 아닌 무, 그렇다. 나는 허무가 아닌 무다.

이 무는 유를 낳을 수 있는 동시에 유를 거둘 수도 있다. 유는 무를 어떻게 할 수가 없다. 죽음이 나를 찾아온다고 하자. 그러나 죽음은 유를 어떻게 할 수는 있을지언정 무를 어떻게 할 수는 없을 것이다. 무를 가지고 유를 짓밟아 버리자. 그것이 죽음이건 지옥이건 악마건 무엇이든지 좋다. 무의 무거운 발로 짓밟아버릴 때 영원의 부정은 부정되어 내 속에는 다시 새로운 힘이 솟아 나온다. 무의 힘이다. 무서운 무의 힘이 혼의 한가운데서 터져 나온다. 영원 전부터 있고 영원 후까지 있는 불멸의 힘이다. 아무도 없이 할래야 할 수 없는 무의 힘이다.

이 힘은 부모가 낳기 전에 있었고 이 세상을 떠나도 없어지지 않는 태초부터 있는 본래의 힘이다. 이 무의 힘이 허무를 극복하고 영원의 부정을 짓밟아 버리고 회의나 불신의 악마를 죽여 버린다. 이

때에 비로소 나는 살아난다. 나는 나다. 나는 인격이다.

나는 자유다. 나는 부정을 부정하고 절대 무다. 나는 영원히 없어지지 않는 영이다. 이 때에 인생은 영적으로 다시 살아 영원을 다시 긍정하고 새로운 신앙을 가지게 된다.

동양 사람들은 이런 경지를 기체氣體라고 불렀다. 인생이 기체가 되기 전에는 영원을 긍정을 할 수가 없다. 기체는 선생이라는 말과 같이 쓰인다. 선생님 기체후氣體候라고 하지만 기체는 생을 초월한 경지이기 때문에 생을 초월한 선생이 되기 전에는 기체가 될 수 없을 것이다. 날개를 가진 어미 닭처럼 기체가 된 사람만이 알을 깨칠 수가 있고 삶을 건질 수가 있다.

선생이란 생을 넘어선 사람이다. 생을 넘어섰다고도 하고 사를 넘어섰다고 해도 좋다. 생사를 넘어섰다는 말은 육신을 초월했다는 말이다. 육신은 시간에 갇혀 있다. 육신을 넘어선 존재만이 시간을 넘어서고 생사를 넘어서고 세상을 넘어서고 사람을 넘어선다.

기체가 되면 그 삶을 남에게 계시하게 된다. 그의 생활태도가 달라졌기 때문이다. 먹는 데 맛을 붙이고 자는 데 샘을 내던 내가 먹는 것을 잊어버리고 자는데 매력을 느끼지 않게 되었다. 땅에 붙었던 생활이 하늘에 붙게 되어 미워하던 진리가 그리워지고 보기 싫던 생명이 귀여워진다. 먹기 위해 살던 것이 생각으로 살게 되고, 꿈을 꾸며 자던 것이 날을 위해 깨게 된다. 어른이 된 것이다. 기체가 된 것이다. 영혼이 된 것이다. 불멸이 된 것이다. 자연을 사랑하게 되고 하나님을 만나게 되고 사람을 찾게 된다. 칼라일은 이런 삶을 영원의 긍정이라고 하였다.

사람은 누구나 처음부터 영원을 긍정할 수 있는 자유인이 아니다. 애벌레가 나비가 되듯이 사람은 많은 고통과 험로를 거쳐야 한다. 영원한 부정에 끌려 다니어 오랜 세월을 거치게 마련이다.

예수의 사막은 무신론적인 회의론의 사막이다. 이 사막은 40일이나 40년으로 끝이 나지 않을지도 모른다. 그러나 결국은 이겨야 할 싸움이요 벗어나야 할 사막이기에 고된 싸움을 싸우게 된다.

그러나 결국 인간은 오랜 싸움에 지쳐 쓰러지게 마련이다. 인생의 모든 소망은 허사다. 금전도 가정도 지식도 명예도 정말 인생에 만족을 줄 수는 없다. 그러한 모든 욕망은 거짓 그림자에 불과하다. 지친 인간은 사는 것도 죽는 것도 모두 귀하지 않게 된다. 다만 깊은 사색의 고단한 잠으로 끌려 들어가는 것이 전부다. 그러나 오랜 수면은 자기도 모르는 사이에 생의 고단을 풀어주고 사의 쇠사슬에서 놓아준다. 그렇게도 무섭던 공포와 허망은 오랜 사색으로 끝이 난다.

새 하늘과 새 땅이 열린다. 새벽 샛별이 동편 하늘에 유난히도 빛난다. 절망도 공포도 삶도 죽음도 자기도 모두 어둠과 같이 물러간다. 이것을 칼라일은 영원의 부정을 거쳐 무관심의 중심을 지나 영원한 긍정에 도달한다고 말한다.

이제 새로운 진리의 태양빛이 떠오른다. 아름다운 하늘의 음악이 들려온다. 세계는 회오리바람이 부는 무서운 쓸쓸한 악마의 빈 들이 아니다. 꽃이 피고 나비가 춤추는 하나님의 봄날이다. 자연은 사탄의 형틀이 아니다. 자연은 하나님의 옷이다. 산 옷이다. 아름다운 옷이다. 오랫동안 누구도 믿지 못하고 마치 계모에 시달리는 어린애처럼 오랫동안 비애의 신전에서 나갈 구멍을 찾지 못하고 불신과 회의에서 길 잃은 양처럼 다치고 찢기면서 오랫동안 헤맨다.

그러나 이제야 나갈 구멍을 발견하였다. 인간의 목적은 행복이 아니다. 인간은 행복으로 만족할 수 있는 그런 고깃덩어리가 아니다. 인간 속에는 위대한 무한이 있다. 이 무한이 채워지기 전에는 인간에게는 참다운 만족은 없다. 이 무한은 세계의 무엇을 가지고도 메꿀 수가 없다. 행복을 버리는 일, 인간의 욕망을 버리는 일, 인생이

칼라일 331

라는 분수分數는 분모分母를 공으로 할 때 무한이 된다.
 "그대의 욕구를 공으로 하라. 그 때 세계는 그대의 것이 될 것이다." 세상을 살고 간 위대한 정신, 성인, 순교자, 시인, 걸승은 모두 행복을 버리고 하나님을 위해서 그들의 생명을 바쳤다. 인간 속에는 본질적으로 신과 같은 성품이 있다. 이 성품이 살아난 때만 인간은 비로소 자유인이 된다. 인간은 오랫동안 자기부정의 쓰라린 싸움을 겪은 후에야 모든 모순을 물리치고 영원을 긍정하는 사람이 되기 마련이다. 향락을 사랑하지 말라. 행복을 사랑하지 말라. 하나님을 사랑하라. 진리를 사랑하라. 철학자 제논이 네 발에 불이 닿기 전에 그 불을 밟아버리라고 말한 것처럼 행복과 쾌락을 밟아버리고 비애와 축복을 숭배하는 사람이 되라.
 기독교의 전통이 1,800년을 지나는 동안에 비록 무너지고 흩어졌다고 해도 인간의 영원한 문제는 다르게 해결될 수 있는 길이 없다. 인간의 회의가 인간의 행동으로 변하기 전에는 인생의 문제는 해결이 안 된다. 행의 세계는 의심의 안개를 걷고 불신의 장막을 없이 해준다.
 내가 할 수 있는 일이 무엇인지 그것이 비록 적을지라도 가까운 데서부터 시작해 보자. 천국은 멀리 있다고 생각해서는 안 된다. 내가 할 일을 다 할 때 거기가 바로 천국이다. 내가 할 일을 내일로 미루어서는 안 된다. 오늘 이 순간이 내가 깨어야 할 순간이다. 하나님의 이름으로 생산하는 모든 일, 채소를 생산하든 문화를 생산하든 무엇이나 좋다. 내가 참되게 느낀 것을 말하고 내가 할 수 있는 일을 하면 그것이 영원을 긍정하는 일이다. 되건 안 되건 물을 것이 아니다. 영원의 씨를 뿌려 보는 것이다.
 싹이 트건 안 트건 그것은 하나님께 맡겨 버리자. 그것이 우리가 가질 수 있는 유일한 믿음이다.

에머슨

Emerson, Ralph Waldo 1803-1882

에머슨

Emerson, Ralph Waldo 1803-1882

에머슨은 만 29세 때, 우리 나이로 30에 뜻을 세웠다[三十而立].
 나는 나에게서부터 떠나서 살 생각은 없다. 나는 남의 눈으로 무엇을 보고 싶지도 않다. 나는 내 마음으로 옳은 것과 그른 것을 판단할 수 있다. 나는 자유다. 남을 어떻게 기쁘게 할까 하고 생각하는 동안은 자유는 없다. 용감하게 나의 길을 개척해 가자. 새처럼 가벼운 마음으로 나는 하나님과 같이 살고 있다. 나는 나의 마음 깊은 곳에서 하나님을 발견하고 거기서 하나님의 소리를 끊임없이 듣는다. 가장 신성한 것은 마음뿐이다. 마음처럼 밝은 것은 없고 마음처럼 맑은 것은 없다.
 에머슨의 '너 자신을 알라' 는 시詩가 있다.
 그러니까 인간들이여, 그대의 혼에 맞게 행동하라. 어디에 가든지 위엄 있게 하나님의 사자답게 담대하여라. 그대가 그분의 소리에 귀를 기울이고 그 드높은 사상을 쫓아간다면 그분의 소리는 그대의 귀에 더욱 맑게 들려오고 그분의 빛은 그대의 눈에 더욱 밝게 빛날 것이다. 그대여, 성숙하여라.

교만하면 안 된다. 교만을 무시할 수 있도록 성숙하여라. 확실히 눈을 떠라. 진실하게 그대의 앞길을 똑똑히 보라. 혼자 있을 때도 위엄을 잃지 말고 기쁨에 넘쳐서 걸어가거라. 그리고 황제가 자기의 왕국을 배신하지 않는 것처럼 그대도 자기의 왕국을 배신하지 말라. 우주에 계시된 것을 그대가 잘 이해하는 이유는 일체 속에 살고 있는 영혼이 그대 속에도 살고 있기 때문이다. 그대가 자연의 법칙을 배울 수 있는 것은 그 법칙을 만든 자가 그대의 마음속에 숨어 있기 때문이다.

행복한 젊은이여, 그대가 이 진리를 알고 사랑한다면 그대는 행복하리라. 그대는 자기 자신에 대하여 하나의 법칙이 되어라. 만물의 영혼이 그대 마음 속에 있기 때문에 그대는 그대 밖에 아무것도 필요치 않다. 법칙, 복음, 신의 섭리, 천국, 지옥, 최후의 심판, 끝없는 보물들을 오직 그대의 마음 속에서 찾아내야 한다. 그렇지 않으면 다른 어떤 곳에서도 찾을 수 없다. 그대 자신이 법칙이다. 그대 마음 깊은 곳에서 대답하지 않는다면 복음도 평화와 희망을 계시할 수가 없다. 다른 것은 다 검부러기다. 그런 것은 미지의 진리를 계시할 수 없다. 신의 섭리를 배우는 것은 너 자신밖에 없다. 그대가 부지런하면 보물은 그대의 것이요, 그대가 게으르면 그대는 허무다. 그대가 착하면 그대는 영광이요, 그대가 악하면 그대는 죽음이다.

그대의 마음 속에 바람을 일으키는 이는 누군가. 그대 마음 속에 사시는 신이다. 언제나 같은 이 신이 같은 법칙으로 천사들의 영혼을 기쁘게 하고 악마들의 영혼을 슬프게 한다. 보라, 하나님밖에는 아무것도 없다. 어디를 보아도 모든 것이 하나님을 향하여 올라가고 있다. 태양빛도 신의 빛에 비하면 희미한 그림자에 불과하다.

에머슨에게 있어서는 마음이 유일한 세계요 우주다. 건강과 기회만 있으면 진리는 진리자신을 증명하고 있으며 신앙은 책에 의존하지 않아도 된다. 기독교는 교리의 체계가 아니다. 기독교가 강조하는 것은 도덕적인 진리요 신앙의 법칙이 아니라 생명의 법칙이다. 고로 나는 이것을 증거 하기 위하여 나를 바치노라.

그는 이렇게 맹세하고 교단을 떠나 대중 강연과 저작생활로 들어갔다. 나는 이제부터 가만히 앉아서 생각해야 한다. 그리고 미국의 목사들을 깨우쳐 주어야 한다. 현대 신학과 교회가 잘못된 것을 알려주고 그들이 내어 쫓은 빛나는 도덕성을 다시 끌어들여야 한다. 그는 교회의 의식과 신조에 대항하여 개인의 영혼과 정신의 독립을 최고의 심판자로 삼았다. 예수 그리스도는 진짜 예언자 중의 한 사람이다. 그는 눈을 뜨고 영혼의 신비를 보았다. 그리고 엄숙한 조화와 그 아름다움에 황홀하여 영혼의 신비 속에서 살고 갔다.

인류사상 오직 예수 그리스도 한 사람만이 인간의 위대함을 깨달은 것이다. 그 분 한 사람만이 여러분의 마음 속에 있는 것과 내 마음 속에 있는 것에 대하여 진실하였다. 예수 그리스도는 하나님 자신이 언제나 새롭게 일하고 계심을 깨달았다. 예수 그리스도는 이 숭고한 기쁨에 넘쳐 있었다. 나는 신성하다. 나를 통해서 하나님의 손길은 역사하시고 나를 통해서 신은 말씀하신다. 하나님을 보고 싶으면 나를 보시오. 또는 그대 자신을 보시오. 만일 그대도 나처럼 생각할 수 있다면 그대 속에서 신을 볼 수 있을 것이다.

에머슨의 사상을 간추리면 성선性善과 직관直觀이다. 우리가 사는 우주에서는 선은 실재요 악은 비실재다. 선은 적극적이요 악은 소극적이다. 모든 악은 죽은 것이요 거짓이다. 사람이 선을 찾는 한 자연은 언제나 그를 돕는다. 만일 사람이 선을 떠나면 사람은 자꾸 작아져서 나중에는 죽어버리게 된다. 인간은 직관으로 진리를 깨달을 수 있다. 이것이 인류에게 있어 최대의 행복이다. 이것은 인간에게 무한한 생명을 부여한다. 이것을 통해서 비로소 영혼은 자기를 안다. 모든 선의 샘이 자기 속에 있는 것을 보여주고 모든 사람이 이성의 바다에 들어가는 시내임을 알게 한다. 이것은 위인을 흉내 내어 위인이 되겠다든가 남에게서 이익을 얻겠다는 유치한 생각을 몰아내 준다. 신전의 문은 언제나 열려 있으며 진리의 신탁은 언제나 들리고 있다. 진리를 간접적으로 받을 수는 없다. 인간에게는 직관이 있기 때문이다.

에머슨은 예수 그리스도에게만 신성이 있는 것이 아니라 모든 사람에게도 신성이 있다는 것, 하나님의 계시는 성서에서 끝나는 것이 아니라 지금도 계시는 계속되고 있다는 것, 하나님은 옛날에만 계신 것이 아니라 지금도 계시고 지금도 사람에게 말씀하신다는 것을 강조하였다.

"내가 여러분에게 말하고 싶은 것은 누구나 자기 발로 자기가 걸어가는 것이다. 아무리 다른 사람이 신성하다고 해도 그를 믿지 말고 직접 하나님을 사랑하는 것이 가장 중요한 것이다. 그리고 일체의 모방을 배제하고 직접 신을 알려주어야 한다. 신은 동양 사람이나 유태 사람에게만 알려질 것이 아니라 서양 사람에게도 알려져야 한다. 성경은 수많은 사람의 생명의 떡이 되었다. 우리도 빛나는 법칙을 찾아 신의 은총에 부딪쳐 세계가 영혼의 거울인 것을 깨닫고 중력의 법칙과 순결한 심정이 같이 소중하고 의무와 과학이 같이 고귀하다는 것을 보여주어야 한다."

에머슨에게 있어서 예수 그리스도의 복음의 중심은 언제나 누구나 자기 속의 신성을 발견하는 것이다.

에머슨은 기독교의 두 가지 제도를 찬양하였다. 주일날과 설교다. 이제 일요일은 전 세계의 축제일이 되었다. 이제 빛은 철학자의 서재에도 머슴의 안방에도 어두운 감옥에도 다같이 빛을 던져 준다. 일요일은 영원히 보존해야 한다. 새로운 사랑과 새로운 신앙과 새로운 식견이 일요일을 더욱 빛나게 한다.

설교는 사람에게 말하는 형식으로는 가장 자유로운 것이다. 사람은 설교를 통해 자기의 인생과 양심이 가르치는 대로 진리를 말하고 힘 잃은 사람의 마음에 새로운 희망과 계시를 불어 넣어주고 그들의 힘을 길러주어야 한다. 그는 교회 지도자들에게 이렇게 호소한다.

"교회의 정신적 기근飢饉에 대하여 생각 있는 사람들은 누구나 걱정을 금치 못한다. 도덕성이 자라는데서만 얻어지는 위안과 희망과 존엄이 무시되고 있는데 대하여 누구나 근심하고 있다. 지금이야말로 설교자들은 태만에서 깨어나 세속적인 소음에서 벗어나 설교자의 위대하고 영원한 의무를 다해야 한다. 설교는 도덕심을 일으켜 인생의 의무를 다하게 하는 것이다. 설교를 통해서 사람들은 내가 무한한 영혼이며 천지의 마음이며 자기가 영원한 신령임을 알게 된다. 지금 어느 곳에서 사람의 마음을 낙원으로 인도하고 천국에서 흘러나온 설교임을 증명하고 있는 설교자가 있는가. 옛날 부모와 처자를 버리고 쫓아간 진리의 말씀은 어디에 있는가. 엄숙한 도덕의 법칙과 있는 정열을 바쳐서 인간을 높이는 힘 있는 설교가 어디에 있는가. 참 신앙은 자연의 법칙이 손의 운동을 통솔하는 것처럼 신앙의 힘으로 영혼을 깨우는 것이다. 설교자는 권위와 형식주의를 내던지고 하나님을 직접 바라보고 꺼져가는 제단에 기름을 부어야 한다. 새로운 형식이나 제도로 교인들을 얽매어서는 안 된다. 신앙은 우리가 만드는 것이 아니라 신앙이 우리를 만드는 것이다."

신앙 때문에, 너무도 진실한 신앙 때문에 그는 교회를 떠나 우주를 교회로 삼게 되었다.

간단히 에머슨의 생애를 살펴보면 1803년 보스턴에서 태어났다. 24세까지 하버드 대학 신학부를 다녔다. 26세에 보스턴 제2교회 목사가 되었다. 이때에 코울리지(Samuel Taylor Coleridge, 1772−

1834)의 작품을 탐독했다. 27세에는 칼라일과 괴테의 작품에 매혹되었다. 29세에 교회를 사직하고 유럽 여행을 떠났다. 30세 되는 2월에 유럽에 상륙하여 시실리, 나폴리, 로마, 플로렌스, 베니스를 방문하고 알프스를 넘어 스위스에 가서 얼마 있다가 6월에 파리에 도착, 7월에는 런던에 가서 코울리지, 워즈워스(William Wordsworth, 1770-1850), 칼라일을 만난다. 10월에 돌아와서 강연을 시작한다.

32세에 보스턴에서 대표 위인전을 6번 강연하고 33세에 칼라일의 『의복철학』 출판, 영문학 강연 10회, 9월에 『자연론』을 출판하고, 〈트랜센덴탈[超絶] 클럽〉을 조직, 12월에는 역사철학강연회 12회, 34세 때에는 소로우(Henry David Thoreau, 1817-1862)와 만나게 된다. 8월에 〈파이 베타 카파 협회(The PHI BETA KAPPA SOCIETY)〉 강좌에서 미국학자론 강의, 36세 인간문화론 10회, 35세에 신학부 강연, 36세에 인생관 10회, 현대론 10회, 37세에 『다이알』지 창간, 38세 때 소로우와 동거, 『초월주의론』 출판, 39세에 뉴욕에서 강연, 9월에 호손(Nathaniel Hawthorn, 1804-1864)을 만난다.

40세에 필라델피아, 워싱턴 강연, 41세에 수필집 출판, 42세에 보스턴에서 대표위인전 7회 강연, 43세 『칼라일』, 『크롬웰 전기』 출판, 44세에 영국 강연, 45세에 프랑스 강연, 46세 강연과 강의 출판, 47세 서부여행, 나이야가라 폭포를 본다.

48세에 피츠버그 강연, 50세 오하이오 강연, 51세 서부강연, 52세 휘트먼(Walt Whitman, 1819-1892)을 만남. 겨울에 남부 강연. 이때에 노예제도에 관심을 가지게 됨. 54세 노예 해방투사 존 브라운(John Brown, 1800-1959)을 자기 집에 초청, 55세 정신 철학방법 강연 6회, 56세 존 브라운 처형에 많은 감명을 받는다. 57세 그가 존경하는 링컨(Abraham Lincoln, 1809-1865)이 대통령에 취임,

58세 인생과 문학 6회 강연, 보스턴에서 이때 남북 전쟁이 터진다. 59세에 소로우가 죽는다.

60세 보스턴 찬가 발표, 62세에 남북전쟁이 끝난다. 63세 민중철학 6회 강연, 64세 5월 시집 출판, 하버드대학 감독관에 임명, 66세 영시 강연 10회, 67세 하버드 대학에서 지성사 강연 16회, 68세 캘리포니아 여행, 69세 제3 회 유럽여행, 72세 문학과 사회 출판, 79세 4월에 세상을 떠났다.

에머슨이 의식과 교리를 떠나 나와 하나님을 직접 연결시키려고 하게 된 것은 그의 광범한 동방경전의 탐색 때문이다. 기독교 성경 외에도 그가 사람들에게 추천한 경전은 페르샤의 디사틸과 조로아스터의 신탁, 힌두교의 베다, 『마누법전』, 『우파니샤드』, 베시누 프라나, 『바가바드기타』, 불교경전, 공자 맹자의 사서삼경 등이다.

이러한 도덕적 정신의 표현은 어떤 글보다도 사람을 깊이 감동시킨다. 경건한 마음을 담은 문장은 아무리 오래 되었어도 아직 신선한 향기로 넘치고 있다. 이런 생각은 믿음이 두텁고 명상적인 동양 사람의 마음에는 더욱 깊이 숨어 있다. 그것이 가장 순수하게 표현된 지역이 팔레스틴이요 이집트요 페르샤요 인도요 중국이다.

에머슨이 동양사상에 관심을 가지게 된 것은 하나님[唯一者]이라는 관념이다. 모든 사람 속에는 근본적 통일根本的 統一 속에 안주하려는 마음이 언제나 있다. 모든 사람이 하나님께 돌아가려는 생각은 어디서나 찾아볼 수 있다. 모든 사람은 하나를 지향하고 있다.

에머슨이 이런 생각을 하게 된 것은 그가 대표적 위인을 논할 때이며 그에게 가장 매력적인 것은 플라톤이었다. 플라톤의 선의 이데아는 존재의 근본적 통일을 철학으로 표현한 것이다. 플라톤의 철학이 신비화한 것이 플로티누스다. 그의 자연론의 시작은 플로티누스의 시로 시작된다. 그에게 있어서 자연의 아름다움은 영원한 아름다움의 상징에 불과하다. 진선미는 유일자唯一者의 여러 가지 표현에 지나지 않는다. 그래서 그는 영혼을 가지고 직관에 의하여 우주의 중심으로 하나인 신에게 돌입하는 것이 참다운 의미에서 자연과 하나가 되는 것이다.

그는 인생의 목적을 영혼의 정화淨化를 통해서 신과 융합하는 것이라고 생각했다. 모든 타협을 버리고 신과 사람의 직접 사귐만을 통해서 법열을 느끼는 것, 이것이 젊은 에머슨의 생각이었다. 이런 생각은 그를 인도로 끌어가지 않을 수 없었다.

42세, 44세, 51세, 64세, 65세에 그는 다섯 번이나 『바가바드기타』에 심취한다. 42세까지 동양의 경전 14권을 탐독하고 43세 이후에는 40권에 달하고 있다. 동양의 경전 가운데서 그에게 가장 감동적인 것은 육체는 죽일 수 있어도 영혼은 죽일 수 없다는 생각이다.

에머슨이 인도사상에 공명한 것은 범아일여梵我一如의 사상이다. 『우파니샤드』의 해탈은 브라만[梵]이 곧 아트만[我]이라는 것을 깨닫는 것이다. 이러한 사상은 에머슨으로 하여금 하나님과의 직접적인 만남, 초월신과 내재신의 일치라는 신비사상으로 그를 끌고 간 것이다. 에머슨은 자기 속에 있는 신을 자기 자신이라고 믿고 너 자신을 아는 것이 신앙이라고 강조하게 된 것이다.

에머슨은 중국 고전 특히 논어 맹자를 좋아하였다. 아침에 도를 들으면 저녁에 죽어도 좋다든가, 무엇을 호연지기라고 하는가 등을 좋아하였다. 그 기운은 지강지대至剛至大하여 곧[直]이를 가지고 길러만 가면 천지에 찬다. 이런 말을 그가 좋아하였다. 온 우주가 하나라는 생각, 그것은 언제나 에머슨을 법열과 환희로 몰아넣었다.

에머슨은 인간을 무한한 가능성을 가진 존재로 보았다. 그도 맹자와 더불어 자연계의 모든 현상이 정신계에 내재되어 있는 것으로 보았다[萬物皆備於我]. 자기를 살리지 남을 모방해서는 안 된다. 우리가 타고 난 선물은 일생의 수양을 통해서 언제나 그것을 드러낼 수 있다. 그러나 남에게 빌린 재능은 일시적으로 그것을 소유할 뿐이다. 각 개인이 자기의 진가를 발휘할 수 있는 것은 창조주의 선물을 살리는 것이다.

에머슨은 젊어서 하버드 대학을 다닐 때 강의나 독서보다도 자연을 더 사랑했다. 소년시절부터 자연미에 예민했던 에머슨은 그 일기 속에 "봄날 산과 들의 아름다움에 끌려서 숲 속을 배회하고 교실 창 너머로 불어오는 산들 바람에 끌려 골짜기로 내려가 라틴말이나 영어를 공부하는 것보다도 새 소리를 듣는 것이 더욱 즐거웠다."라고 쓰고 있다. 숲은 그의 휴식처이며 자연은 그에게 말을 걸고 교훈을 주었다. 숲 속에서 우리는 이성을 신앙으로 바꾼다. 여기만 있으면 생애에 무서운 것은 아무것도 없다.

에머슨은 31세에 콩코드[Concord]를 영주할 땅으로 정했다. 콩코드에는 푸른 언덕이 산재하고 북서쪽에는 콩코드 강이 흐르고 남쪽에는 월든[Walden] 호수가 자리 잡고 있었다. 부근 들판에는 소 떼가 풀을 뜯고 새들과 나무들과 못들과 시냇물이 그림처럼 전개된다. 마치 옛날 희랍의 템페의 골짜기와 에나의 언덕을 연상케 하여 콩코드인지 아크톤인지 구별할 수가 없을 정도다. 멀리 농가가 가물거리고 새벽이 되면 닭 우는 소리가 들려오고 숲 속에는 새들이 낙원을 이루고 있다.

자연을 본능적으로 사랑하고 자연에 싸여서 살아온 에머슨에게는 자연을 통하여 신을 볼 수밖에 길이 없었다. 어렸을 때 아버지가 세상을 떠나고 어머니와 같이 고학을 할 때에도 그를 위로해 준 것은 언제나 자연이었다.

그에게 있어서 자연은 찾는 자를 맞아주는 신전이요 대답을 해주는 신탁이었다. 에머슨에게 있어서 자연은 어디까지나 신적인 자연이었다. 에머슨의 자연은 과학의 대상이 아니라 직관의 대상이었다. 자기의 마음 속을 응시하고 거기에 숨어 있는 영혼이 신성한 것을 깨달으면 자기와 자연은 합일하여 신의 존재도 거기서 발견할 수 있을 것이라고 생각했다. 자기 탐구와 자연 배후에 발견된 신에의 귀의歸依가 에머슨 사상의 기반이라고 할 수 있다.

그 후 동서의 사상을 접하여 이 사상이 더 심화되어 갔으며 인간의 주체적인 노력에 의하여 자연과 인간의 합일, 자연의 배후에 존재하는 신과의 융합이 가능하다고 믿게 되었다.

에머슨에게 있어서 자연은 모든 기쁨의 원천이다. 자연은 신의 현현顯現인 동시에 인간이 신에게 도달하는 길이었다. 해가 질 무렵 황야를 걸어갈 때 이유도 없이 하나의 공포처럼 엄습하는 기쁨을 그는 어쩔 수가 없었다. 숲 속에만 들어가면 그는 나이를 잊고 어린애가 되어 자기를 잊고 무아의 상태가 되어 일체를 통찰할 수 있는 직관을 가졌다.

그는 타고난 신新 플라톤 주의자 였으며 쉘링의 낭만주의나 동양의 자연사상은 플라톤적인 관조를 더욱 아름답게 하였다. 그러나 그가 동양적인 범신론에 빠지지 않은 것은 전통적인 청교도의 신앙 때문이다.

자연은 신의 피조물이며 인간도 신의 피조물로서 자연과 인간 속에 내재하는 신성을 발견하자는 것이 에머슨이지 자연과 인간이 신이라는 것은 아니다. 인간 속에 신성을 발견하고 자연 속에 신성을 발견하면 인간에게 부족한 것은 아무것도 없다. 에머슨은 언제나 자연 속에서 영감을 받아 자연과 하나가 될 수가 있었다.

에머슨은 사람이 세상을 초월하여 자기의 신성을 파들어 가면 모든 사람의 비밀에 통할 수 있다는 것을 믿었다. 개인의 해방은 곧 인류의 해방이다. 자기 속에 신성을 믿고 창조하고 행동하는 것이

에머슨의 주장이다. 자기 속의 신성을 발견한 사람이 위인이다. 위인은 인류를 위해 살고 인류는 위인 안에서 산다. 역사는 위인의 전기다. 이런 점에서 그는 칼라일과 막역한 친구였다.

에머슨이 언제 자기의 입장을 얻고 하나의 인간으로서 낙천주의자樂天主義者가 될 수 있었는가 하면 그의 나이 30세 때다. 그가 칼라일을 찾아간 것이 바로 30세 때이다. 그는 칼라일을 만나 자기의 생에 대해서 자신을 갖게 되었다. 그가 칼라일의 『의복철학』을 탐독하고 『의복철학』과 『크롬웰 전기』를 미국서 출판한 것을 보면 그가 얼마나 칼라일을 사랑했는지 알 수가 있다. 에머슨에게 있어서 정신적 위기는 25세에 시작된다. 그의 동생이 정신이상이 되었고 28세에 사랑하는 아내가 죽었으며, 29세에 그는 부조父祖 대대로 물려받은 성직을 떠나지 않으면 안 되게 된다. 이 모든 것이 그에게는 한없는 절망과 괴로움이었다.

그럴 때마다 그의 피난처는 자연이었다. 자연의 아름다움은 그에게 있어서는 신의 아름다움이었다. 자연을 통해서 그는 신을 찾았다. 그는 지성과 영성으로 자연을 대했지만 마침내는 영성 속에 지성은 포함되고 말았다. 자연을 통한 신의 직관은 일체의 절망에서 그를 이겨내도록 하였다.

생각은 직접 신에게서 진리를 받아들이는 길이다. 이것이 산 신앙이다. 자기 신뢰는 교만이 아니라 경건이며 하나님 이외의 다른 것을 인정하지 않는 태도다. 자기를 믿을 수 있다는 사람은 자기가 없어진 사람에게만 가능하다. 하나님의 말씀은 매개물을 통해서가 아니라 자기를 통해서만 가능하다. 사람은 생각을 통해서만 하나님의 소리를 들을 수 있다. 생각한다는 것, 이것이 매개물을 통하지 않고 직접 하나님께로부터 진리를 듣는 것이다. 생각, 이것이 신앙이다. 참다운 자기를 인식하기 위해서는 자기를 떠나서 전체가 되어야 한다.

현실세계는 신의 계속적인 창조다. 인간이 창조할 수 있는 것은 현실을 직관하는데 있다. 인간이 진리를 깨달았을 때 기쁨을 느끼는 것은 하나님의 세계를 보았기 때문이다. 하나님을 본 사람은 영원히 살 수 있다. 자연의 고귀함은 신을 드러내기 때문이다. 자연은 늙지 않는다. 신이 영원하기 때문이다. 인간도 늙을 수가 없다. 신이 영원하기 때문이다.

자연은 인간에게 무한을 느끼게 한다. 인간이 인간에게 무한을 느낄 때 인간은 자기의 존재를 알게 되는 것이다. 인간은 무한하다. 여기에 인간의 창조가 있다.

에머슨은 우주의 정신과 자기의 정신은 궁극적으로 같은 것이고 그 근원은 모두 하나라고 생각했다. 그것을 에머슨은 대령大靈(The Over-Soul)이라고 하였다. 인간은 자기가 영이 될 때 자연과 하나가 될 수 있고 신과 하나가 될 수도 있다. 그것은 자연도 영이요, 신도 영이기 때문이다. 숲 속에서 뱀이 허물을 벗듯이 인간은 나이를 떠나서 언제나 어린이가 될 수 있다.

숲 속에는 영원한 젊음이 있다. 하나님이 심으신 이 동산에 예절과 신성이 넘치고 영원한 제사가 거행되고 있다. 대지에 우뚝 서서 머리를 무한한 공간에 높이 들고 즐거운 공기로 목욕하면 비천한 이기주의는 사라져 버린다. 나는 투명한 눈알이 되고 나는 무無가 되어 일체를 꿰뚫어 보게 되고 보편적 존재가 나의 몸 속에 스며들어 나는 신의 일부분이 된다.

30세에 쓴 그의 자연론은 그의 입장을 밝히는 선언문이다. 이 책에서 그는 자연을 철학이 아닌 영감으로 해석하였다. 자연론의 서문은 이런 말로 시작된다.

"현대는 너무도 회고적이다. 조상의 무덤을 장식하고 고인의 전기와 과거의 역사와 비평을 사랑한다. 그러나 옛 사람들은 직접 얼굴을 맞대고 신과 자연을 보았다. 우리들은 다른 사람을 통해서 보고 있다. 왜 우리는 우주와 직접 관계를 가져서는 안 된다는 말인가. 왜 우리는 전통이 아니고 직관에 의한 시와 철학을 가져서는 안 된다는 말인가. 태양은 오늘도 빛나고 있다. 새로운 땅, 새로운 사람, 새로운 사상, 이 모든 것이 우리의 것이다."

에머슨은 자연을 정신의 상징으로 보았다. 자연의 직관은 신의 직관이다. 누구나 별을 보는 것이 좋다. 저 별에서 오는 빛은 인간을 현실에서 넘어서게 할 것이다. 맑은 공기는 하늘의 숭고함을 알려주고 있지 않는가. 에머슨의 초절超絶주의는 직관주의요, 그것은 자연주의요, 그것은 정신주의다. 대령大靈, 그것은 어른이란 말이다. 어른이 되는 것이 초월하는 것이요, 눈을 뜨는 것이다.

소로우

Thoreau, Henry David 1817-1862

소로우
Thoreau, Henry David 1817-1862

간디가 아프리카에 가서 인간해방을 위하여 힘을 기를 때에 그의 길잡이가 된 것은 미국의 소로우였다고 한다.

아프리카에 톨스토이 농장을 세우고 하루에 한 끼를 먹으면서 진리파지眞理把持의 길을 걸은 것은 소로우가 월든(Walden) 호숫가에서 하루에 한 끼를 먹으면서 자기를 탐구하는데 자극이 되었다고 한다. 그는 월든 호숫가에서 2년 2개월 동안 자기 탐구에 몰두하였다. 사해死海 호숫가에 가서 40일 금식하는 그리스도처럼 그는 2년 2개월 동안 월든 호숫가에서 금욕생활을 실천하면서 신을 찾았다. 그것은 모든 힘의 근원이 신에게 있다고 생각했기 때문이다.

마음이 깨끗한 자는 신을 본다고 한다. 그는 마음을 깨끗하게 하기 위하여 자연으로 갔다. 자연은 그에게 있어서 한없이 깨끗한 곳이다. 자연 가운데서도 월든 호수는 한없이 깨끗하였다. 월든 호수는 그에게 하나의 순수하고 투명한 금강석이었다. 이 금강석을 통하여 그는 신을 보려고 한 것이다.

1845년 29세에 그는 출가를 하였다.

월든 호수는 순수성純粹性과 투명성透明性 그대로였다. 그것은 하늘의 빛이요 신의 물방울이었다. 그는 월든 호수를 이렇게 노래하고 있다.

"수많은 세대를 지나면서 수많은 민족이 이 호수의 물을 마시고 이 호수를 찬양하고 이 호수의 깊이를 상상하면서 지나갔을 것이다. 그 물은 언제나 푸르고 투명하다. 이 물은 마르는 샘이 아니다. 아마도 아담 하와가 낙원에서 쫓겨나던 봄날 아침에도 월든 호수는 존재하였을 것이다. 안개 같은 봄비에 얼음이 녹기 시작하고 물위에 수많은 오리 떼와 백조들이 호수의 깨끗함을 즐기고 있었을 것이다. 그때부터 월든의 수면은 다소 오르기도 하고 내리기도 하였지만 그러나 물만은 언제나 깨끗하여 지금 보는 빛깔을 그때도 지녔을 것이며 그것은 이 지상에 있는 오직 하나뿐인 호수였다. 그것은 하늘의 이슬이 모여서 내린 성지聖地이며 기억할 수도 없는 많은 문학의 시신詩神들이 즐겨 마시는 생명의 샘이었다. 그리고 옛 황금시대에 어떤 요정들이 이 호수를 다스렸는지 아무도 아는 사람이 없다. 월든 호수는 콩코드지방의 면류관에 빛나는 최고의 보석이다."

소로우가 월든으로 나간 것은 이 보석을 통하여 신을 보기 위해서였다. 호수에 비치는 하나님의 형상을 보기 위해서 그는 매일 목욕재계沐浴齋戒하고 호수를 바라보았다. 그것은 현대인의 마음이 물질문명과 사회체제 때문에 너무도 더러워졌기 때문이다. 개인의 존재를 위태롭게 하는 사회제도와 물질문명을 그대로 내버려 둘 수는 없다. 개인의 존엄은 월든 호수처럼 빛나야 하며 개인의 마음은 월든 호수처럼 맑아야 한다. 개인은 자주적인 입장을 가지고 독립독보의 정신을 견지하면서 우주적으로 긍정되는 삶을 살아야 한다.

소로우에게는 인간이 사회적인 존재가 되기 이전에 우주적인 존재가 되어야 했다. 소로우는 월든을 통해서 우주의 배후를 꿰뚫어 보는 것이다. 월든은 소로우의 성경이며 월든은 신의 계시이다. 이 투명한 물을 통하여 신을 직관하고자 하는 것이 월든 호숫가로 떠나는 소로우의 희망이었다.

소로우가 쓴 『월든Walden』은 1장 독서, 2장 소리, 3장 고독으로 제1부가 여름으로 시작되고, 농장, 높은 법칙, 이웃으로 제2부인 가을에 들어가고, 난방으로 겨울이, 그리고 봄으로 끝을 맺는다. 마치 알에서 애벌레가 나오고, 애벌레가 고치가 되고, 고치에서 나비가 나오듯이 소로우가 월든에서 기대하는 것은 정신적 부활이었다. 그는 자기의 헌 책상 판자에서 깨어 나오는 빛나는 벌레를 보면서 이렇게 적어간다.

"뉴잉글랜드에서는 모르는 이가 없는 이야기가 있다. 처음에는 케네티컷의 각 주州에서 그리고 매사추세츠 주 농가의 부엌에서 60년 동안이나 쓰던 능금나무로 만든 헌 밥상에서 아름다운 벌레가 깨어 나왔다. 이 밥상이 만들어진 해보다도 훨씬 전에 그 나무가 아직도 살아 있을 때에 낳아 놓은 알이 깨어 나왔다는 것이다. 아마 커피 끓이는 주전자의 따뜻한 온기에 깨어 나온 것일까. 나무를 뚫는 벌레의 소리가 몇 주일 동안이나 들려왔다는 것이다. 이 말을 듣고도 부활을 믿지 않는 사람이 있을까." 월든 호숫가의 작은 집에서 소로우도 깨어 나올 봄을 기다리고 있었다. 소로우는 얼마나 간절히 밥상 속을 뚫는 벌레소리에 귀를 기울였을까. 만일 인간이 자기 자신의 천성天性의 가장 희미한 암시暗示에 끊임없이 귀를 기울인다면 확실히 어느 땐가는 그것이 자기 앞에 나타나는 것을 볼 수가 있을 것이다.

소로우는 마치 소크라테스처럼 자기 안의 소리를 듣고자 하였다. 그것은 궁극적인 실재의 내적 소리였다. 소로우는 나의 생활의 참된 수확은 마치 아침 하늘과 저녁 노을처럼 손에 잡기가 어렵지만 그러나 내손에 붙잡힌 하늘의 별 가루와 내 마음에 비춰진 하늘의 무지개는 우주를 뒤흔드는 거문고처럼 세계에 넘쳐흐를 것이다. 확실히 소로우의 작품 『월든: 숲 속의 생활』에는 거문고 소리처럼 천성의 암시가 넘치고 있다. 그의 직관력을 통하여 보인 자연의 밑바닥에는 빛나는 정신의 별빛이 빛나고 있다.

소로우에게는 구상화된 밝은 자연의 세계와 자연을 넘어서는 초자연의 세계가 언제나 같이 숨쉬고 있다. 소로우에게 있어서 자연은 객관화된 정신이요, 초자연의 상징이며 맑은 영혼은 자연을 통하여 언제나 신을 볼 수가 있다. 그에게 있어서 자연은 기계적인 자연이 아니요, 유기적인 자연이며 영적인 힘이 충만한 것이다. 그것은 일체를 정화할 수 있는 힘을 가지고 있다. 청정한 영혼은 청정한 자연을 통하여 청정한 신을 볼 수가 있다.

정신이 자연과 하나가 될 때에는 육욕적인 일체는 깨끗하고 순진한 것으로 탈바꿈을 한다. 자연은 우리에게 보다 높은 법칙을 제공하며 이 법칙에 순응할 때 애벌레가 나비로 변하게 되는 것이다. 모든 사람은 각자 자기의 방법으로 자기가 믿는 신에게 자기의 육체라는 신전을 건축하고 있다. 인간은 누구나 대리석 신전으로 육체적 신전을 대신할 수는 없다. 우리는 모두 조각가요 화가요 건축가다. 우리의 살과 피와 뼈가 그 재료인 것이다. 거룩한 정신은 인간의 얼굴을 깨끗하게 하고 보다 높은 법칙은 인간의 몸을 튼튼하게 한다. 육체와 영혼의 결합은 모든 사람이 바라는 길이다. 보다 높은 생활로 나아가는 것은 모든 정신생활의 근본 방향이다.

소로우가 이렇게 자연을 사랑하게 되는 것은 에머슨의 덕이다. 20세에 하버드 대학을 나온 소로우는 2년 동안을 에머슨과 같이 살게 된다. 콩코드의 현인賢人, 에머슨의 초절超絶주의[Transcendentalism]는 소로우의 영혼 깊이 스며들어갔다. 에머슨의 초절주의는 동양사상에 깊이 뿌리박고 있다. 에머슨에게 베다는 모든 종교적 감정을 내포한 것이었다.

내가 숲 속이나 호수를 사랑한다면 나는 브라만 교도임에 틀림이 없다. 영원한 숙명, 끊임없는 보상, 헤아릴 수 없는 얼힘[靈力], 절대의 침묵, 이런 것들이 그들의 신조다.

소로우는 미국 문학사상에서도 가장 동양적인 작가라고 할 수 있다. 그의 사상에는 인도와 중국이 진하게 들어 있다. 소로우는 말한다.

"나는 하나의 종교나 철학을 택하지 않는다. 나는 브라마나 비슈누나 불타佛陀나 대령大靈[Over-Soul]이나 신이나 다 받아들인다."

그는 에머슨의 서재에서 동양적인 것을 탐독했다. 『마누법전[Manu Smrti]』, 공자어록, 사서四書, 불교경전 등을 읽었다. 물론 서양고전, 영국 시를 읽는 것은 말할 것도 없다. 소로우는 특히 공자의 인간다운 태도에 깊이 감명을 받았다. 공자의 "아는 것을 안다고 하고 모르는 것을 모른다고 하는 것, 이것이 아는 것이다."라는 말에는 깊은 감탄을 금할 수가 없었다. 인도 사상에서 그는 수도자의 고독과 침묵에 깊이 동의를 표하였다. 그는 자연철학자요 초절주의자요 신비가가 되었다. 그가 가장 사랑한 것은 인도의 민족서사시 『바가바드 기타』였다. 『바가바드 기타』는 신의 찬가로서 마하트마 간디가 가장 사랑한 것이다.

"모든 국민이 후세에 자기 자신을 기념하게 하는 것은 집이 아니라 사색의 힘이다. 동양의 모든 유적보다 『바가바드 기타』는 한없이 고귀하다. 매일 아침 나는 고대 인도의 서사시 『바가바드 기타』의 위대하고 우주적인 철리哲理로서 나 자신의 지성을 목욕시켰다."

사랑보다도 재물보다도 명예보다도 진실을 사랑하는 소로우에게 동양의 고전은 진실한 책이요 지혜의 샘이었다.

월든 호숫가에서 그는 쌀을 주식으로 하면서 인도의 철학을 사랑하는 내가 쌀을 주식으로 하는 것은 당연하다고 말한다. 그는 『우파니샤드』를 사랑하였다. 사색에 의하여 사람은 진리의 세계에 들어갈 수 있다. 깬 정신은 업業과 그 결과[生死]를 초월할 수 있을 것이다. 나는 자기 자신을 하나의 사상과 감정의 무대라고 생각한다. 나는 자기 자신으로부터 멀리 떠나 있을 수 있다.

나의 경험이 아무리 격렬할지라도 나는 나의 일부분이 나의 경험을 보고 있다는 것을 알고 있다. 그것은 나의 일부분이라기보다는 나의 경험에는 참여하지 않은 방관자인지도 모른다. 따라서 그것은 나도 아니요, 그대도 아니요, 다만 인생 연극을 보는 관객인 것이다. 연극이 끝나면 관객은 사라진다. 인생극이란 이 관객에게는 하나의 허구요, 하나의 상상된 작품에 불과하다. 이런 이중성 때문에 우리도 하나의 관객으로 이 세상을 보고 있는 것이다.

소로우에게 있어서 인도는 명상의 나라다. 그의 일기에 동방의 세계를 바라보니 거기는 일체가 정적靜寂에 휩싸여 있다. 아라비아, 페르샤, 인도는 명상의 나라다. 『마누법전』에 의하면 브라만 교도는 누구나 나이 들면 산에 들어가 고요히 명상하고 일체의 욕심을 끊고 살아갈 것을 명하고 있다. 브라만 교도는 생활을 위해서 민중의 대화 속에 끼어들면 안 된다. 부정을 떠나고 술책을 버리고 장사꾼을 멀리하고 승려의 생활을 본받아야 한다. 혼자서 고독한 장소에서 언제나 영혼의 신성神性을 위하여 명상하라.

소로우는 명상을 통해서 시간의 초월을 경험할 수 있었다. 그가 빛 속에 가만히 앉아 있으면 새 소리도 들리지 않고 시간 가는 줄 또한 전혀 모르게 되었다. 그 때가 소로우에게는 가장 좋은 때였다. 몸 전체가 하나가 된 듯한 느낌이며 피부의 모든 털구멍이 기쁨을 흡수하는 것 같았다.

"나는 이상한 자유로 자연 속을 왕래하면서 그 일부분이 되고 마는 것이다. 사람들은 진리의 세계를 멀리 태양계 저쪽에 아니 더 멀리, 별 저편에 그리고 옛날 아담보다 이전에, 또는 훗날 마지막 사람 뒤에 있는 것처럼 생각한다. 그러나 진실하고 숭고한 영원은 현재 여기에 있는 것이다. 하나님 자신도 현재 이 순간 여기에 계시다."

여기 지금이야말로 흘러가는 모든 시대를 통하여 이 이상 더 존엄한 것은 없는 것이다. 우리들은 나를 둘러싸고 있는 진실에 나를 내맡겨 그것이 내 속으로 젖어들어 오게 할 때에 비로소 숭고한 것, 고귀한 것을 파악할 수가 있다.

우주는 끊임없이 조용히 우리들의 사색에 대답한다. 우리가 일찍 시작하건 늦게 시작하건 길은 우리를 위하여 언제나 마련되어 있다. 그렇다면 우리는 명상의 세계로 들어가 보는 것이 어떨까. 인생이란 얕은 시냇물에 불과하다. 거기서 나는 물을 마시면서 그 밑에 바닥을 보고 그것이 얼마나 얕은 것인지를 알 수가 있다. 이렇게 얕은 시냇물은 언젠가는 말라버릴 것이다. 그러나 영원은 마르지 않는다. 나는 깊은 곳에서 물을 마시고 싶다. 별을 모래로 하는 깊은 하늘에다 낚시를 던지고 싶다.

소로우에게는 고독처럼 좋은 것이 없었다. 사람들은 잡담을 하지 않고 시간을 보낼 수는 없을까. 자기 자신의 생각만으로 자기 자신을 기쁘게 할 수는 없을까.

공자는 진짜로 덕불고德不孤 필유린必有隣이라고 하지 않았는가. 생각을 통해서 우리는 독특한 정신을 가지고 자기 자신을 빠져나갈 수 있다. 나는 대부분의 시간을 고독하게 보내는 것이 건전한 것이라고 생각한다. 아무리 좋은 사람이라도 함께 있으면 곧 싫증이 나고 기분이 산만해진다. 나는 고독을 사랑한다. 우주는 우리가 생각했던 것보다 얼마나 더 넓은지 모른다.

월든의 특징은 개인의 존엄성, 완전성, 독립성 그리고 자연과의 융합이라는 일원론적 우주관이다. 그것을 위해서 고독과 명상이 필요하다. 그는 맹자의 진실한 사람은 자기의 본성을 알고[知性], 자기의 본성을 아는 사람은 하늘을 안다[知天]라는 말을 그대로 믿었다. 자기 밖에서 자기를 찾으면 안 된다. 사람들의 결점은 자기를 잊고 남을 문제로 삼는 것이다. 사람들은 남에게 많은 것을 요구하면서 자기 자신에게는 아무것도 요구하지 않는다.

소로우는 동양의 고전을 통해서 개인과 영혼이 신성하다는 생각에 깊이 감동하였다. 영혼은 자기를 증거한다. 영혼자체가 유일한 자기의 위로다. 내 안에 있어서의 최고의 증거인 자신의 깬 영혼을 막아서는 안 된다. 너 자신을 알라. 그리하면 하늘을 알게 될 것이다. 인간의 영혼은 육체에 머무를 때라고 해도 만일 진선과 진미를 명상할 때에는 신성이 될 수가 있다.

참으로 인간의 본성이란 신성한 것으로서 지상에 사는 짐승과는 다르며 신이라고 불리는 천상의 존재와 맞먹는다. 모든 것이 내 속에 완전히 포함되어 있다[萬物皆備於我]. 인간의 형상은 신성인데 그것을 참으로 드러내는 이가 성인이다. 『마누법전』은 모든 브라만교도에게 이렇게 명한다. 보이건 안보이건 모든 자연은 신안에 있으니 확실히 눈을 뜨고 보라. 이런 말에 영향을 받아서 인도의 늙은이들이 숲 속에 들어가듯이 소로우도 숲 속으로 들어간 것이다.

"내가 숲으로 들어가는 이유는 신중하게 살기 위해서다. 인생의 근본적 사실에만 직면하고 그것이 가르치고자 하는 것을 내가 정말 배울 수가 있을까를 알아보기 위해서다. 그리하여 내가 죽을 때에 '이것이 산 것이다'라고 말하기 위해서 나는 숲으로 가는 것이다. 나는 거기서 깊이 생각하고 인생의 모든 의미를 깨달아 인생이 아닌 것은 무엇이나 내던지는 용감한 스파르타 사람이 되기를 바란다. 나는 거기서 인생의 귀한 것을 찾아 내가 맛볼 뿐만 아니라 내세에 그것을 가지고 신 앞에 보여드릴 수 있게 되기를 바라서 숲으로 간다."

월든 호숫가에 오두막집을 짓고 그는 매일 아침 목욕을 하였다. 아침은 자연 자체와 같이 언제나 단순하고 깨끗[無垢]하여 나의 생활을 시작하기에 가장 유쾌한 때다. 나는 그리스 사람처럼 마음 속으로부터 새벽[元曉]의 여신을 사랑한다. 내가 아침 일찍 일어나 호수에서 목욕을 하는 것은 나에게는 하나의 종교적 의식이다. 옛날 중국 탕왕湯王의 목욕탕에는 '매일 너를 새롭게 하라[日新又日新]. 그리하여 날마다 날마다 그것을 되풀이 하여라.' 라는 뜻의 글자가 새겨져 있었다고 한다. 나는 그 마음을 알 것만 같다.

"아침은 영웅의 시대를 다시 살려낸다. 먼동이 터올 즈음 내가 문과 창을 활짝 열어놓고 앉아 있을 때 내 방을 빠져나가는 눈에도 보이지 않는 작은 모기 한 마리의 날개소리는 영광에 빛나는 어떠한 나팔소리보다도 내 마음을 더 흔들어 놓았다. 그것은 마치 호메로스의 진혼곡 같고 일리아드나 오디세이 못지않게 자기 자신의 분노와 방랑을 노래하고 있는 것이다. 거기는 무엇인가 우주적인 것이 있고 이 세상에서 다할 수 없는 활력과 풍요로움이 있는 것이다.

하루 속에서 가장 기억되어야 할 때는 바로 아침이다. 이때야말로 내 속에 있는 어떤 부분이 눈을 뜨는 때다. 시녀들의 기계적인 흔들음에서가 아니라 각자의 수호신에 의하여 조용히 눈을 뜨는 때다. 공장의 종소리가 아니라 천체가 연주하는 음악의 파동과 대기의 가득 찬 향기에 의하여 어젯밤 잘 때보다도 훨씬 높은 생활 속에서 깨어나는 것이다. 이때에 비로소 어두운 밤에 무르익은 정신의 열매가 아침빛보다는 더욱 아름다움을 알게 되는 것이다.

이런 아침이 없는 하루란 아무것도 기대할 수가 없다. 새로운 아침에 일찍 신성한 오로라의 시간을 가지지 못하는 사람은 벌써 인생에 절망한 사람이며 더욱 어둡고 내리막길을 걷는 인생들이다. 감각생활의 부분적 휴식 뒤에 인간의 영혼은 다른 기관과 같이 매일 아침 새로운 활력으로 되살아난다. 이때 수호신은 그것이 얼마나 고상한 생활을 해낼 수 있는가를 다시 시험해본다. 모든 기념할 만한 일들은 아침에, 아침 분위기 속에서 일어난다고 말하고 싶다.

모든 지혜는 아침과 같이 깨어난다고 베다 속에 적혀 있다. 시와 예술 인간행위 속에서 가장 아름답고 가장 기념할 만한 것은 아침시간에 시작된다. 사상은 활력이 넘치고 기운이 태양과 같이 떠오르는 사람은 하루가 그대로 아침인 것이다. 하루의 일이 어떤 종류의 것일지라도 그런 것은 문제가 되지 않는다. 내가 깨어있는 순간은 언제나 아침이다. 아침에 내 마음 속에는 언제나 먼동이 트는 것이다.

우리의 할 일은 잠을 떨쳐버리는 것이다. 잠을 떨쳐버린 사람은 무슨 일이나 해낼 수 있다. 육체적인 건강을 위해서는 몇 백만 명이 깨어나가지만 정신적인 건강을 위해서는 몇 백만 명 가운데 한 사람 정도가 겨우 일어나고 있으며 신성한 영혼의 건강을 위해서 억만 명 가운데 한 사람 정도가 깨어 있을 것이다. 깨어 있다고 하는 것이 살아 있는 것이다. 나는 지금까지 육체와 정신과 영혼이 다 깬 사람을 본 일이 없다."

소로우는 1817년에 매사추세츠 콩코드에 태어났다. 아버지는 연필 장사로서 그는 대학시절에 아버지를 따라 뉴욕에 간 일이 있다. 20세에 대학을 졸업하고 콩코드의 성자 에머슨을 만나 깊은 영향을 받게 된다. 21세에 형 존과 같이 학교를 세우고 가끔 지방 순회강연을 시작했다. 22세에 형과 같이 콩코드와 메리맥 강변을 답사하고 23세에는 『다이얼』 잡지에 시와 수필과 논문을 싣기 시작했다. 24세 때부터 26세까지 직접 에머슨의 집에 거하면서 공부하고 작품을 써

『다이얼』지에 실었다. 27세에 에머슨의 조수가 되어 『다이얼』지를 편집, 『다이얼』지 외에 『보스톤』지, 『민주평론』 등에 논문과 시를 발표하였다. 28세에 집에 돌아와 아버지의 연필공장을 열심히 돌보았다. 29세 3월부터 월든 호숫가를 답사 7월 4일 오두막을 짓고 살면서 명상 생활을 했다. 30세에 세금을 내지 않는다고 감옥에서 하룻밤을 지내고 31세 9월 6일에 월든 호수를 떠났다.

그 후 에머슨 집에서 또 한해를 살면서 『그래함』 지誌에 칼라일을 소개하였다. 32세에 여기저기 강연을 다녔고 33세에 『콩코드와 메리맥 강 위의 한 주간』이라는 책을 출판하였다. 34세에 캐나다를 방문하고 36세에 『캐나다의 미국인』을 발표하였다. 38세에 『월든』을 출판했다. 38세에 케이프 코드를 방문하고 39세에 월트 휘트먼을 만나게 된다. 40세에 메인을 방문하여 존 브라운을 만난다. 41세에 화이트 산과 모내드녹 산에 올라갔다.

42세에 에머슨과 같이 존 브라운을 옹호하였다. 브라운은 링컨 이전에 무력으로 노예 해방을 실천한 용사였다. 에머슨은 브라운의 순교정신은 교수대를 십자가로 빛낼 수 있었다고 격찬하였다. 소로우는 브라운을 변호하기 위하여 세 편의 수필을 쓰고 브라운에게 반감을 가지는 민중들에게 옹호 강연을 하였다.

1800년에 태어난 브라운은 젊어서부터 노예해방운동에 열중하다가 55세에 그는 가족들과 같이 노예제도 지지자와의 전투에 들어갔다. 56세 때는 캔사스 접경에서 30여명을 지휘하여 노예지지자 21명을 포로로 삼았으며, 가을에는 40명을 가지고 250명의 노예제도 지지자와 격돌하여 승리를 거두고, 58세에는 11명의 노예를 해방시켰으며, 여름에는 5인의 흑인을 포함하는 46인의 부하들과 자유주를 건설할 목적으로 헌법을 만들고 정부를 조직하고 브라운은 총사령관이 되어 59세 때 포토막 강을 건너 하퍼즈 훼리에 있는 정부 무기고를 점령하게 되었다. 이리하여 정부군과 대치하게 되어 결국 잡혀서 처형된 것이 추운 겨울이었다.

　소로우는 브라운을 변호하여 브라운은 인간 부정을 인정할 수 없는 사람이라고 했다. 인간의 존엄은 정부의 권위보다도 더 높다. 브라운처럼 용감하게 인간성의 존엄을 위하여 일어난 미국인은 일찍이 없었다. 그런 의미에서 그는 우리 모든 사람가운데서 가장 훌륭한 미국인이다. 지금까지 미국에서는 진짜 죽은 사람은 없었던 것 같다. 왜냐하면 정말 산 사람 아니면 정말 죽을 수가 없기 때문이다.

　브라운이 죽음으로써 미국에도 비로소 진짜 죽음이 있게 되었다. 브라운이 어떻게 살았는지를 생각해 보라. 이런 사람을 만들기 위하여 가장 훌륭한 금강석이 필요하였다. 그는 노예를 구하기 위하여 하늘에서 보내진 사람이었다. 그런데 사람들은 그를 교수형으로 대하고 말았다. 그는 기독교적인 순교자요 훌륭한 퓨리턴으로 자유를 위하여 전사한 사람이다.

　소로우는 개인의 자유를 국가의 권력보다 더 높다고 생각한 사람이다. 개인을 더럽히는 사회를 그는 언제나 거절하고 개인의 존엄을 가장 숭배하는 깨끗한 사회를 만드는 것이 그의 꿈이었다. 우리들은 다같이 눈을 떠야 한다. 그리고 언제까지나 깨어 있는 것을 배워야 한다.

　기계적 수단이 아니고 인간의 의식적인 노력에 의하여 자기의 생활을 높여가는 인간의 힘처럼 아름다운 것은 없다. 아무리 사람이 자고 있을지라도 우리를 버리지 않고 밝아오는 새벽을 믿어야 한다. 세상 사람들이 좋다고 하는 것을 나는 별로 좋다고 생각하지 않는다. 정말 좋은 것은 개인의 양심에서 우러나오는 절대적인 하나님의 소리뿐이다.

　개인의 마음을 의식적으로 밝히는 것만이 인간이 완성될 수 있는 유일한 길이다. 진실한 책을 진실한 정신으로 읽는 것이다. 마치 그것은 월든 호수처럼 한없이 순수하고 한없이 심오하다. 하나님의 말씀으로 인간의 영혼을 언제나 깨끗하게 하여 하나님의 형상을 마음에 그리고 한없이 존엄하게 사는 것이 인간의 가치를 최고로 높이는 길이다.

43세에 다시 모내드녹 산에 올라가 야영을 하였다. 44세에 폐병에 걸려 미네소타로 요양을 갔고 45세 고향에 돌아와 세상을 떠났다. 이해에 『월든, 숲 속의 생활』이 재판되었다.

카프카

Kafka, Franz 1883-1924

카프카

Kafka, Franz 1883-1924

카프카의 『어른들의 걱정』이라는 작품이 있다. 이 작품의 주인공은 오드라덱이라는 이름을 가진 물건인데 어떤 이들은 이 이름의 어원을 러시아어에서 또는 독일어에서 유래된 것이라고 주장하는 사람들도 있다. 그러나 이 의견은 모두 의심스러워 둘 다 틀렸다고 해도 무방하다. 실지로는 말의 뜻이 분명치 않기 때문이다.

물론 오드라덱이라는 물건이 없다면 그런 말의 어원을 묻는 사람도 없을 것이다. 얼핏 보면 그것은 납작한 별 모양의 실을 감는 실패처럼 보인다. 물론 그것은 끊어진 낡은 매듭으로 이어진 얽힌 여러 가지 빛깔과 종류의 실들이지만 실지로 거기는 실이 감겨져 있기도 하다. 그런데 그것은 실을 감는 것뿐만 아니라 별 모양의 한가운데서부터 작은 막대기가 가로로 한개 튀어나오고 이 튀어나온 막대기와 직각으로 또 하나의 막대기가 거기에 이어져 있다. 이 나중 막대기와 그리고 별의 발 하나를 빌려 마치 그것을 두 발인 양 몸체가 똑바로 설 수도 있다. 이 물건은 이전에는 무엇인가 쓸모 있는 모양을 하고 있었던 듯한데 지금은 깨져서 이 꼴이 되었다고 누구나 생각할 것이다.

하여튼 오드라덱은 상당히 행동이 빨라서 붙잡을래야 붙잡을 수가 없다. 그것은 다락방이나 계단 복도 현관 등을 돌아다니면서 살고 있다. 때로는 몇 달 동안이고 모습을 나타내지 않기도 한다. 그럴 때는 아마 다른 집에 틀어박힌 모양이다. 그러나 꼭 정해놓고 이 집에 돌아온다. 가끔 우리들이 방문을 열고 복도로 나가면 바로 그것이 계단 첫머리의 난간에 기대고 있는 것이 보이기도 한다. 그럴 때는 불쑥 말을 걸어보고 싶기도 하다. 물론 까다로운 질문일 수는 없고 다만 그 짜임새가 작기 때문에 어린이 취급을 한다.

"네 이름은 뭐니?"

"오드라덱이에요."

"어디 사니?"

"별로 일정한 곳이 없어요."

그런데 그렇게 대답하면서 웃는 그 웃음소리는 폐로 숨쉬는 소리가 아니다. 말하자면 물건에서 나는 소리다. 마치 마른 잎이 땅 위에서 바삭바삭하는 것 같은 소리다. 그런 정도로 말은 끝나 버린다. 그런데 이 정도의 대답마저도 늘 있다고 할 수는 없다. 그것은 나무처럼 언제나 가만있는 때가 많고 나무라고 해도 별로 지장이 없을 정도다. 그것은 장차 어떻게 될 것인가. 나는 생각해 보았으나 알 수가 없다. 그것은 도대체 죽을 것인가. 죽을 것이라면 무엇이든 살아 있는 동안은 어떤 목적을 가지고 일정한 활동을 하고 그것으로 몸을 닦고 마음을 모아가지만 그런 것이 오드라덱에게는 맞지 않는다.

그렇기 때문에 언젠가 그것은 내 아들이나 아들의 아들들에게 발로 채여서 실을 뒤로 끌면서 계단을 굴러 떨어질 수도 있을 것이다. 그것은 아무에게도 해를 끼치지 않을 것만은 분명하다. 그러나 그것이 나보다도 훨씬 오래 살게 되지 않을까 하고 생각하면 거의 가슴이 아파온다. 이것이 『어른들의 걱정』이라는 작품이요, 아버지 입장에서 본 카프카의 모습이다.

오드라덱이 러시아말도 독일말도 아니라는 것은 카프카가 독일말을 하며 체코에 살지만 유대인이라는 것과 동일한 의미를 가진다. 오드라덱은 목적과 방향으로의 활동에서 탈락되었기 때문에 그것은 죽을 수도 없고 그렇다고 그는 다른 것처럼 살 수도 없다. 오드라덱은 말도 하고 웃기도 하지만 그것은 호흡을 동반하지 않는, 말하자면 물건의 소리일 뿐이다. 그것은 두 개의 막대기가 튀어나온 별 모양의 실 감는 도구로 단순하게 보이기도 한다.

시대의 변천 생성소멸의 세계에서 의식적으로 튀어나온 어떤 전통에도 매이지 않는 오드라덱처럼 남보다 민첩하고 붙잡히지 않을 수 있을 때에만 비로소 자유롭고 전체를 바라볼 수 있는 사람다운 삶을 살아갈 수 있는 것이 아닐까 하는 것이 카프카의 의도인 듯하다.

사람이 물건처럼 살면 사람이 물건이 되어 일상의 고뇌로부터 해방된다. 오드라덱은 현실을 떠난 초월적인 것은 아니다. 극히 평범하고 일상적인 실 감기에 불과하다. 끊어진 실바람을 감은 것이 아무런 관련도 통일도 없는 것 같지만 그렇다고 귀가 떨어지고 이가 빠진 흔적은 없고 물건 전체가 무슨 의미를 지닌 것 같지는 않지만 오드라덱은 재빨라 붙잡을 수가 없다. 하여튼 오드라덱은 어떤 선입관념이나 고정관념으로도 포착할 수 없는 존재다. 그것은 인간존재처럼 구속될 수 없는 다양성과 그것대로 통일된 어떤 전체성을 지니고 있다. 다만 어떤 의도나 목적을 지니고 있지 않기 때문에 성인의 세계에 끼어들 수가 없다.

성인이란 인간사회건 동물사회건 그 사회에 내재하는 어떤 경향,

어떤 소원, 어떤 율법, 어떤 도덕에 알맞은 이상에 대해서 책임을 자각하고 있는 인간이다. 이런 사람들은 자기 개인을 위해 사는 것이 아니다. 자기를 위해 생각하는 것이 아니다. 가족 때문에 살고 가족 때문에 생각한다. 가족들은 어떤 법칙 때문에 가장을 하나의 형식적인 필요물로 생각하고 있다.

이런 가족과의 관계 때문에 성인은 자유로울 수가 없다. 그런데 오드라덱은 집 가운데서도 집안 식구들이 주로 살지 않는 다락방이나 계단 복도 현관 등에서 가족에게 방해가 되지 않게 자리를 옮겨가며 살고 있다. 그러나 그것은 어린이들에게 발길로 채일지도 모르고 그렇게 되면 풀린 실이 길게 복도로 흩어질 수도 있고 그 실이란 복잡다단하게 얽힌, 토막난 실들이다.

그러나 그런 것이 지금 이 실패에 하나로 감겨져 있다. 이것이 카프카의 내용이다. 이런 생각, 저런 생각이 후일까지 많은 사람에게 문제가 될지도 모르며 카프카는 역사보다도 더 오래 남을지도 모른다.

오드라덱은 확실히 두 가지 세계에 살고 있다. 집안에 살면서 집안 식구답지 않은 두 세계를 살고 있다. 활동하는 현실 세계와 상징적인 영원한 세계에 살고 있는 것이다. 이 두 세계는 끊어진 채 절망적으로 대립되어 살고 있다. 이 대립을 한 몸에 지닌 것이 실 감는 도구로 상징되는 카프카인 것이다.

카프카의 작품은 카프카 개인으로부터 유리될 수는 없다. 그러나 카프카에게 있어서는 카프카가 작품을 썼다는 것보다는 작품이 카프카를 끌고 갔다고 표현될 수 있을 것이다. 그에게 있어서 작품은 준비되고 성취된 것이 아니라, 그가 작품에 끌려 다니고 소모된 것뿐이다. 그에게 있어서는 인간은 하나의 그림자로 이 그림자의 배후에 그는 영원불변하는 진실을 볼 수 있었다. 이 진실은 그가 찾아왔던 것이었으나 접근할 수 없는 환상幻相의 불이었다. 이 불에 들어가기 위해서 그는 자기의 몸을 버려야 한다. 마치 불에 뛰어드는 불나방처럼 그도 이 불에 뛰어들고 싶었지만 그를 막는 무엇 때문에 그는 뛰어들지 못하고 그 불을 바라보는데 얼이 빠지고 말았다.

그는 젊은 시절부터 현실적인 생을 단념하고 줄곧 이 불길을 바라다보고 있었다. 그렇기 때문에 카프카에게 있어서는 상징의 세계가 현실의 세계보다 앞서게 되었고 내면적 인간이 사회적 동물보다 윗자리에 놓이게 된다. 그렇기 때문에 사회생활의 모든 허위는 그를 침범할 수가 없었고 그가 비록 오해를 받고 푸대접을 받기는 했지만 자기를 속이지는 않았다. 그는 불길을 계속 바라보았으며 그의 눈빛만이 어두운 그의 방구석을 비치는 유일한 조명이 된 것이다.

어둠을 몰아내는 것은 빛밖에 없다. 거짓을 몰아내는 것은 진실밖에 없다. 진실을 하나의 육체와 혼 속에 가진다고 하는 것, 이것 때문에 그는 한없이 고생하고 고민하게 되는 것이다.

카프카는 오스트리아 황제와 헝가리 왕이 지배하는 이중 군주체제 밑에서 삼십 여년을 살고 마지막 몇 해를 체코슬로바키아 공화국에서 산다. 1883년에 나서 41세에 죽기까지 프라하를 떠나지 못하고 시장 근방에서 평생을 산다. 아버지는 체코 계통의 부유한 유태인 장사꾼이고 어머니는 독일계통의 부유한 레위 지파의 유태인이다. 여동생이 셋이 있었으나 독일이 체코를 점령하여 유태인을 학살할 때 전부 죽었고 이들이 지니고 있던 카프카의 작품들은 영원히 소멸되고 말았다.

아버지는 갖은 고난을 겪으면서 돈을 모아 자녀들의 교육에 열을 올렸다. 그 결과 카프카는 7세에 독일계 소학교에 다녔고 11세에는 프라하에서 제일 좋은 중·고등학교를 갔다. 프라하는 대부분이 체코 사람이고 독일 사람은 얼마 되지 않았다. 그 가운데서도 유태인은 더욱 적었다. 카프카의 조국은 독특한 전통과 신앙을 가진 유태인의 고독한 집이 전부였다. 자수성가한 아버지는 자녀교육에 전력을 기울였다. 40세에 카프카가 여동생에게 쓴 편지에는 부모의 이기주의에 대해서 자세히 기록되어 있다.

부모의 사랑은 교육문제에 닥치면 더 이기적이 된다. 아버지는 자기 아들에게서 자기가 못 다한 것을 꼭 이루기를 기대한다. 아이들은 만만하니까 아이들이 자라기를 기다리지도 않고 미친 사람처럼 아이들을 꼭 성공시키려고 한다. 그러나 그것은 실패하고 만다. 그것은 이미 아버지 손에서 어린이는 빠져 나가기 때문이다. 전제군주 같은 아버지는 어린이에게 자신을 주지 못하고 결국 겁쟁이로 만들고 말았다.

카프카가 36세 때 『아버지에게 쓴 편지』가 있다. 이 편지는 결국 아버지 손에는 가 닿지 못했다. '너는 왜 나를 그렇게 무서워하느냐?'에 대한 대답인 듯하다.

"당신은 평생을 일만 하셨습니다. 자녀들 때문에 특히 나를 위해서는 무엇이건 다 바쳤습니다. 덕택으로 나는 애지중지 자라게 되었습니다. 나는 얼마든지 배울 수 있었으며, 끼니 걱정도 없었고 아무 걱정도 없이 자랄 수 있었습니다. 당신은 그 대가로 고마워함을 기대하지 않았습니다. 당신은 효성이란 낱말을 알고 있습니다. 그러나 효도를 받은 일은 결코 없었습니다. 나는 밤낮 당신으로부터 달아나 내 방이나 책 속이나 친구나 공상 속으로 도망치고 말았기 때문입니다. 나는 마음 놓고 당신과 이야기한 적이 없습니다. 아버지와 아들다운 기분을 가진 일도 없습니다. 나는 아버지의 강인하고 말 잘하고 자족한 우월감 앞에서는 더 꼼짝할 수가 없었습니다. 나는 나의 길을 조금 열어주길 바랐습니다. 그러나 아버지는 아버지의 길을 걷게 하였습니다.

당신은 당신의 힘으로 당신이 된 분입니다. 아버지는 자기 생각에 너무도 자신이 강했습니다. 자기의 의견만이 옳고 남의 의견은 다 틀렸다고 생각했습니다. 이 점에 대해서 당신의 자신은 대단했습니다. 당신은 자기 의견이 잘 맞지 않아도 옳은 데는 틀림이 없습니다. 당신이 나에게 있어서는 모든 폭군이 가지는 수수께끼를 지니고 있었습니다. 폭군의 폭군 됨은 그 사람됨에 있지 사상에 있는 것이 아닙니다. 결국 당신은 세 가지를 논증하기 위하여 얼마나 나를 억압했는지 모릅니다. 첫째는 아버지에게는 절대 잘못이 없다는 것, 둘째는 나만 잘못했다는 것, 셋째는 아버지는 언제나 나를 용서하는 관용을 베푼다는 것입니다."

마치 전제적인 신이 선악과를 따먹지 못하게 금하고 결국은 영원한 죄의식을 심어주는 것이나 마찬가지다. 결국 자식은 첫째 노예가 되고, 둘째로 아버지는 폭군이 되고, 셋째 아들은 아버지에게 접근할 수가 없어 결국 폭군의 손이 가 닿지 않는 곳으로 도망칠 수밖에 길이 없다. 아들이 갈 수 있는 곳이란 그렇게 많지도 않고 별로 좋은 곳도 못된다. 그는 비참하게도 영원한 죄의식 속에서 억압과 고독으로 일생을 끝내게 된다. 카프카의 소년시절은 언제나 화내고 언제나 험악한 아버지 앞에서 자라게 된다.

초등학생이 되어서는 무서운 얼굴이 또 하나 더해진다. 그것은 교사들의 얼굴이다. 카프카는 언제나 아무것도 모르고 아무 힘이 없는 자기는 당장에 학교를 쫓겨날 것 같은 기분에 사로잡혀 있었다. 그러나 고등학교를 졸업한 카프카는 18세에 프라하 대학에서 법학을 공부하여 23세에는 법학 박사가 된다. 그는 숨어서 헤르더의 일기, 『아미엘의 일기』, 바이런, 에커만과의 대화, 괴테의 편지, 쇼펜하우어(Arthur Schopenhauer, 1788–1860), 도스토예프스키의 전기를 통해서 그들의 심원을 찾아 들어간다. 빈틈없이 쌓아 올려서 망원경

카프카 373

없이는 볼 수 없이 높은 그런 인생을 바라보면서 마음이 가라앉기 보다는 마음이 더 아파왔다. 마음이 아파지는 것은 도리어 좋은 일이다.

"내 마음을 찌르는 책만 읽을 수 있었으면 좋겠다. 내가 읽는 책이 내 골을 쪼갤 수 있는 책이 되었으면 좋겠다. 나에게 충격을 줄 수 있는 책이 필요하다. 한권의 책이 내 안의 얼어붙은 바다를 깨뜨릴 수 있는 도끼가 되었으면 좋겠다."고 늘 생각하였다.

그는 열심히 철학모임에도 참석하였다. 브렌타노가 은퇴하고 그의 젊은 후계자들이 열을 올리고 있었다. 4년 이상이나 불똥 튀는 토론에 그는 참가하였다.

그는 유태사람으로서 『탈무드』를 읽고 독일 고전으로 괴테를 읽고 프랑스 문학으로 파스칼, 발작, 플로베르(Gustave Flaubert, 1821-1880)를 원서로 읽었다. 그는 희랍어로 프로타고라스(Protagoras)를 읽었으며 그가 가장 깊이 파고든 것은 성경이었다. 성경이야말로 그에게는 모든 예술의 원천이었고, 괴테야말로 예술의 문지기처럼 생각되었다. 토마스 만, 헤르만 헤세(Hermann Hesse, 1877-1962), 한스 카로사(Hans Carossa, 1878-1956), 에밀 슈트라우스, 빌헬름 쉐퍼를 좋아하였다.

문학은 상상 속에 나타난 존재의 힘을 빌려서 자기 혼자서는 내쫓을 수 없는 여러 가지 유혹과 강박관념으로부터 자기를 해방시켜주는 카타르시스[淨化]의 역할을 해주었다. 나는 문학 이외에 아무것도 바라지 않는다. 문학 이외의 것은 모두 지루하고 싫다.

그에게 있어서 문학은 하나의 종교였다. 그는 21세에 『어떤 싸움의 수기』라는 작품을 썼다.

"그렇게 되면 나는 어떻게 될까. 그때 나는 세상에서 내쫓기는 것일까. 누구에게나 무서운 일은 있게 마련이다. 만일 몸의 한부분이 떨어져 나간다든가 전염병에 걸린다든가. 그런데 내가 당신에게 묻고 싶은 것은 세상은 본래 어떻게 꾸며져 있기에 다른 사람의 책상 위에는 작은 술병이 기념비처럼 서 있는데 나의 주위는 눈이 쏟아지듯 무너져가는가 하는 것이다.

그런데 나는 그 까닭을 너무도 가끔 느끼게 되는데 그런 느낌이 15분만 계속해도 물에 빠진 사람의 입에 물이 흘러들 듯 내 입에는 독이 흘러들지도 모른다. 지금은 아무도 모르는 그 때에 나는 그 까닭을 언제나 느끼면서 쓰러졌다. 마치 누가 내 몸에 이것이 마지막이라는 큰 상처를 발견한 것처럼. 그리고 그것이 내 몸보다도 더 커지기 때문에 내가 지금까지 내 인격을 내 일이나 내가 보고 듣고 걷는 것에 향하고 있었다면 나는 이제 바람개비처럼 전혀 반대 방향을 향하게 될 것이다. 그 사람은 이제 힘 있게 우리 민족 밖에 우리 인류 밖에 서 있다."

카프카는 이 때 벌써 일상적인 것을 떠나서 전혀 반대 방향에서 이제는 생각할 수도 없는 말을 쓰고 싶었던 것이다. 거기서는 모든 일상적인 의미가 구름같이 사라지고 다른 해석의 동이 트기 시작한다.

법학박사가 된 후 그는 변호사가 되기 위한 실지 실습을 받고 선택해야 할 때 그는 문학을 할 수 있는 직업을 택했다. 그것이 노동자 재해 보험국이다. 그는 여기서 오전은 근무에 충실하고 오후에는 글을 쓸 수가 있게 되었다. 그는 14년 동안 이 직장에 근무하였다.

그는 휴가를 얻어 독일, 이태리, 스위스, 프랑스, 아드리아 해안 등을 여행하는 것이 즐거움이었다. 그는 작가들과 친밀하게 지냈다. 친구들도 그의 사상이 확고한 데는 놀랐다고 한다. 그를 만나면 이런 느낌이 든다. 위대한 것은 보기는 그 반대이지만 결국 위대한 것이다. 세계의 핵심인 고귀한 것은 영원히 불완전한 것이나 오류로 침범되지 않는다. 그는 진리를 말하지 않았다. 극히 드물게 그 비슷한 것을 말할 때에도 언제나 주저하고 도피하는 식으로 말했기 때문에 거의 농담으로 들리는 것이 태반이었다.

그러나 그의 태도를 보아서 그는 남모르게 올바르고 확고하며 순수한 어느 모로 보나 억지가 아닌 확신을 가지고 살아갔다. 그것은 아주 작은 행동에서도 드러났다. 그가 확신하는 생활태도는 확실히 있었다. 그런 생활태도가 어디서 나왔는지 그것을 발견하기는 어려울 것이다. 하여튼 속에 고귀한 것이 익어가고 있다는 것을 깊이 믿고 있는 것은 틀림없다.

카프카는 문학창조를 위해 모든 준비가 된 듯하다. 29세에 『판결』, 『화부』, 『변신』을 쓰기 시작하면서 그의 마음은 무엇인가 만족감을 안겨 주었던 것 같다. 단조롭고 공허하고 미칠 듯한 직장생활에서 그는 예술의 푸른 숲을 보았다. 『변신』을 쓸 때에는 자기를 잊고 며칠 밤을 새우기도 했다. 『판결』은 그 해 9월 22일 밤 10시에서부터 다음날 아침 6시까지 써냈다고 한다.

그의 소설은 그가 달려 있는 바위다. 그는 다른 것은 아무것도 모른다. 그에게 있어서 사물을 꿰뚫어 볼 수 있는 조건은 고독이다. 집에서도 외톨이고 아버지와는 떨어져 있고 유태인 사회에는 끼어보지도 못하고 더욱이 독신의 불행이 그를 더욱 외롭게 했다. 그는 세상에서 떨어지면 떨어질수록 알기는 알지만 말할 수 없는 노예처럼 꾸벅꾸벅 일에만 열중할 수밖에 없었다. 그의 세계는 더욱 좁아져서 나중에 그가 죽을 때에는 관이 꼭 알맞은 정도로 좁아져 버린다.

독신자가 되는 일은 누구에게도 괴로운 일이다. 하룻밤을 남과 함께 지내기 위해서도 예절을 갖추어 끼워주기를 간청해야 하고 언제나 인사하고 또 빠져나와야 한다. 그러나 불 켜진 전구, 고요한 방 안, 밖은 어둡고 눈이 깨있는 최후의 순간, 이런 것이 그에게 글을 쓰도록 힘을 돕는다. 이 도움을 그는 빨리 행사하여 글을 쓰는 것이다. 그가 하지 않으면 안 되는 것은 혼자 있지 않으면 안 된다는 것이다. 궁극적 사실을 밝히기 위해서는 혼자라야 한다.

카프카에게는 사물을 꿰뚫어보는 직관력이 있었다. 그리고 예술에 바쳐진 인간의 고난이 있었다. 그는 세상과 사귀지만 세상과는 인연이 끊어졌고 쾌활할 것 같지만 쓸쓸하였다. 그도 역시 파스칼이나 키에르케고르 같은 부류에 속하였다. 그는 고뇌라는 절망 속에서 자기의 생과 창조의 힘을 발견해야만 했다.『판결』,『화부』,『변신』,『심판』등 카프카의 대부분의 작품은 단편적이요 미완성이요 사후에 출판된 것이다.

그러나 그 속에는 압도하는 듯한 통일감이 도사리고 있다. 하룻밤에『심판』을 쓰고 나서 그는 일기에 "무서울 정도의 긴장과 기쁨이 내 눈앞에서 전개되고 나는 몇 번이고 나의 무거운 짐을 짊어졌다."고 그의 마음을 기록해 놓았다. 모든 것의 전혀 이상한 생각을 위해서 얼마나 위대한 불이 준비되어 있는가. 이 불 속에서 생각은 꺼졌다가는 또다시 되살아난다. 이러한 관련 속에서만 육체와 혼은 완전히 개방되어 쓸 수 있는 문이 열려진다. 그는 두 달 동안에 4백 페이지 이상의 원고를 썼다. 이러한 관련 속에서만 완전히 고독한 상태에서 일은 진행된다.

토마스 만은 그를 '꿈꾸는 사람'이라고 평했다. 그의 문학은 완전히 꿈의 성격으로 쓰여 지고 형성된다. 그의 문학은 인생의 불가사의한 꿈의 비논리적인 우울한 어리석음을 웃음보를 터뜨릴 정도로 상세하게 묘사하고 있다. 그러나 그 웃음은 보다 높은 차원에서의 웃음이요, 이 웃음을 소유한다는 것은 우리에게 있어서 가장 좋은 것을 가지는 것이며, 이 웃음을 이해한 사람은 카프카의 작품이 세계문학을 생산하는 근원적인 가치를 지니고 있다는 것을 알게 될 것이다.

  카뮈(Albert Camus, 1913-1960)는 카프카의 작품 속에 생의 부조리가 전적으로 폭로되어 있다고 보았다. 생이란 결국 부조리가 아닌가. 부조리가 인정되고 받아들여지고 인간이 부조리를 그대로 살게 될 때 인간은 부조리를 벗어나는 것이 아닐까. 그런 의미에서 카프카는 인간에게 부조리를 극복하는 길을 가르쳐 준 희망의 천사가 아닌가. 부조리의 생을 극복할 수 있는 인간, 인간의 모순을 믿을 수 있는 사람, 절망 속에서 희망을 찾고 죽음을 그대로 삶이라고 말할 수 있는 사람, 인간의 비통한 얼굴이 그려질수록 그 속에는 인간의 보편적인 것이 드러나는 것이 아닐까. 부조리, 그것이 진리이다. 그것이 실재다. 부조리를 볼 수 있는 사람, 그것이 실재를 볼 수 있는 사람이다.

  카프카는 소유가 없는 존재만을 말한다. 카프카는 자기가 찾고 있지만 영원히 잡을 수 없는, 인간의 원시적인 초월적인 것을 절대로 파괴되지 않는 완전한 것이라고 한다. 그것은 무한한 희망이요 동시에 절망이다. 가나안 복지는 희망의 땅이면서 영원히 도달할 수 없는 절망의 땅이다. 카프카는 근원적인 희망과 절망이라는 불안을 살고 있었다. 모세가 가나안 복지에 들어가지 못한 것은 그의 생애가 짧았던 것이 아니라 그것이 그의 삶의 운명이었기 때문이었다. 약속의 땅은 희망의 상징인 은총이면서 절망의 상징인 심판도 된다. 카프카는 공중 그네타기처럼 언제나 인류의 권외에서 언제나 굶주리고 피로해 있다. 고뇌의 계속되는 순간이 사는 것이다.

  그는 그가 디딜 줄과 그가 잡을 줄 이외에 아무것도 가진 것이 없다. 그는 희망과 절망사이를 뛰고 있는 것뿐이다. 생의 시련 속에서 인간은 사는 것이다. 초월의 구원을 희망하면서 절망을 먹고 사는 곳에 인간 실존의 뿌리가 있다. 시련 속에서만 빛나는 금강석처럼 약속의 땅에서 추방되어 광야를 방황하는 시련 속에 생의 의미는 빛나는 것이다.

카프카는 자기 구원을 문학에서 찾았지만 그의 이상세계는 창조를 분배할 수 있는 노동의 세계였다. 그는 언제나 농부나 직공이 되어 팔레스티나로 갈 것을 계획하고 있었다. 그러나 그것이 실현될 수 없을 때 그는 자기를 하찮은 존재로 생각하게 되었다. 카프카의 실존은 희망찬 구원이 아니며 절망적인 단절을 살아가는 것이다. 강가에 굴러가는 자갈처럼 모가 없어지고 완전무결한 인격을 형성하기까지 계속 강물에 부딪치는 일이다. 영원한 순간의 통일은 환상에 불과하다.

카프카의 실존은 추방과 방황 속에서 다듬어지는 자각적인 생이다. 카프카에 있어서는 문학은 구제의 수단이 아니라 실존적 자각이다. 쓰는 것과 사는 것은 둘이 아니다. 쓰는 것이 그대로 사는 것이다. 존재하지 않으면서 존재한다는 것이 카프카의 강한 자기의식이다. 카프카는 모순을 산 사람이요, 부조리를 산 사람이다. 부조리를 살 수 있는 사람만이 부조리를 볼 수 있는 것이다.

카프카의 성격

카프카는 29세에 친구의 집에서 펠리체 바우어(Felice Bauer, 1887-1960)를 만난다. 그녀는 목석처럼 매력 없는 여자였다. 어느 날 브로트[Max Brod]한테 갔을 때 그녀는 식사를 하고 있었다. 아무리 보아도 시골서 올라온 가정부 정도로 밖에는 생각되지 않았다. 카프카는 그녀가 누군지 별다른 관심이 없었으나 곧 그녀에게 만족을 느꼈다. 속에는 아무것도 든 것이 없고, 광대뼈 나온 공허한 얼굴, 뻣뻣한 목덜미, 구겨진 저고리, 때 묻은 치마, 거의 얻어맞은 것 같은 납작한 코, 밤색의 뻣뻣한 볼품없는 머리, 억센 턱, 그는 앉아서 좀 더 자세히 그녀의 얼굴을 들여다보았다. 그가 앉을 때에는 이미 자신의 마음을 정하고 있었다.

카프카는 5년을 끌었다. 29세 가을에 비공식으로 약혼을 했다가 30세 여름에 약혼을 취소, 31세 봄에 정식 약혼, 여름에 다시 파혼, 32세 봄에 다시 사귀기 시작하여 34세 여름에 또 약혼, 겨울에 다시 파혼. 5년 동안이나 세 번씩이나 약혼을 했다가는 다시 취소하면서 500여 통의 편지를 썼다.

결혼하면 글을 못 쓰고, 결혼 안하면 자녀가 없고, 정신적인 자녀를 위해서는 육체적인 자녀를 희생해야 했고, 육체적인 자녀를 위해서는 정신적인 자녀를 희생해야 했다. 카프카에게는 이 둘을 다 가질 수 있는 정력이 없었다. 얼마 되지 않는 정력을 가지고 그는 어느 편인가를 택해야 했다. 결국 정신적인 것이 우세하여 그쪽을 택하게 되지만 그러나 육적인 욕망은 좀처럼 그를 놓아주지 않았다. 그래서 5년을 끌었고 그 후에도 35세에 유리에와 알게 되어 36세에 약혼, 37세에 파혼을 하였다. 그 해에 밀레나[Milena]와 알게 되었고 40세에는 도라[Dora]와 살게 되는 비극은 계속된다.

도심道心은 희미하고 인심人心은 위험하다고 하지만 도심과 인심의 끝없는 싸움이 연약한 카프카의 일생에서 벌어진다. 도심이 살아날 때마다 내가 하지 않으면 안 되는 것은 혼자하지 않으면 안 되는 것이다. 내가 할 일은 궁극적인 사실을 밝히는 일이다. 그렇기 때문에 나는 결혼할 권리가 없는 것이다. 그에게 필요한 것은 절대적인 고독이다. 그런데 고독은 그에게 말할 수 없는 불안을 안겨주었다. 이 불안은 실존과의 관계에서 일어나는 것이었다. 이 불안은 그의 삶에 근원적으로 뿌리박은 공포에서부터 오는 것이다. 호랑이 앞의 토끼처럼 그는 도망치려고 몸부림치다가 다시 실존에 끌려 들어간다.

34세 폐병에 쓰러졌을 때 그는 다시는 실존의 품에서 도망칠 수는 없을 것 같았다. 폐병이야말로 다시는 도망칠 수 없게 하기 위한 신의 선물처럼 느껴지기도 하였다. 그의 할 일은 궁극적인 사실 실존을 밝히는 일이었다.

폐병이 무거워졌을 때 오히려 그는 모든 것에서 해방된 것 같은 기분이었다. 지금까지 그를 살 수 없게 한 것은 그 자신이 아니고 신이었다. 사랑도 직업도 친구도 없이 그는 혼자가 되었다. 그는 병의 덕택으로 이제야 의심할 수 없는 확실한 것을 위해서 자기를 바칠 수 있을 것 같았다. 창조하기 위해서 그는 있는 것이다. 자신을 위하여 창조하는데 사명이 있다. 그의 생이 종말에 가까울 때 그는 시작해야 한다. 그의 행복, 건강, 생명 드디어는 정신까지도 희생하여 이것을 해나가야 하는 것이다.

실존에 대한 사랑은 불안에 대한 사랑을 가져오게 된다. 카프카의 불안은 사랑을 받을만한 값이 있는 것이다. 카프카 속에서 사랑할 수 있는 것은 이밖에 아무것도 없다.

두 번째의 연인, 밀레나는 16세기의 귀족을 연상하게 하였다. 정열적이고 대담하고 냉정하고 현명한 여인이었다. 친구로서의 그녀는 끝없는 선의, 끝없는 원조, 끝없는 사랑이었다. 그러나 그녀와 결혼할 수는 없었다. 그는 이미 불안과 결혼하고 있었기 때문이다. 그녀와의 정열은 곧 벽이 되고 산이 되고 정확하게는 무덤이 될 것이다. 그는 결혼을 하려고 무척이나 노력을 하였다. 그러나 결혼으로 그의 불안이 없어질 것 같지는 않았다. 고독만이 그의 사명인 것이다. 내 속에는 아무런 거짓도 없다. 인간적인 관계만 없으면 한정된 동그라미는 순수하다. 나에게는 고독만이 필요하다. 내가 한 일은 모두 고독의 결과에 불과하다.

　문학과 관계없는 것은 나와는 아무 상관이 없다. 사람과 말하는 것도 지루하고 사람을 찾아가는 것도 귀찮다. 가족들의 고락은 나를 화나게 하고 다른 사람과의 이야기는 나의 생각에서 중요한 것과 진실한 것과 진지한 것을 빼앗아 버린다. 남과 결부된다거나 남에게 기울어진다는 것은 결코 나를 혼자 있게 하는 것이 아니다. 결혼하여 아내에게 주어지는 것은 그만큼 문학에서는 빼앗기는 일이다. 그럴 수는 없다. 그것은 절대 있을 수 없다. 만약 결혼을 해도 오히려 더 금욕을 해야 한다. 금욕생활만이 결혼 생활의 유일한 가능성이다. 그래서 고독이 필요했고 정력이 필요했다. 생각하기 위해서는 고독이 필요하고 정력이 필요하다.

　결혼 생활에서 그가 무서워한 것은 고독보다는 정력의 낭비다. 기름 없이 자동차가 운행될 수 없는 것처럼 정력 축적 없이 생각은 불가능하다. 그가 바란 것은 애정뿐이지 애욕은 아니었다. 애욕 없는 결혼이 가능할 수 있을까. 세 번씩이나 약혼하고 세 번씩이나 파혼하여 500여 통의 편지만을 남긴 채로 그에게 있어서 결혼은 불가능한 것임이 판정이 되었다.

　나의 욕구와 나의 사명은 일치할 수가 없다. 나는 문학 외에는 아무것도 아니고 나는 그 외에 아무것도 없다. 아버지에 대한 저주, 결혼에 대한 불가능, 그리고 폐결핵은 카프카를 더욱 겸허한 체념과 해탈로 이끌어 갔다. 세상의 향락과 단순한 행복과 자기 자신으로부터까지 추방된 카프카는 다만 자기의 진정을 자기 작품 속에 쏟아 놓을 수밖에 없었다. 문학만이 유일한 그의 천직이 되었다. 그에게는 쓰는 것만이 단조롭고 공허하고 길 잃은 인생에 의미를 부여했다. 쓰는 것만이 그를 앞으로 이끌어 가는 유일한 힘이었다.

　그는 글을 쓰기만 하면 한없는 힘이 솟아 나왔다. 대담하고 적나라하고 힘 있고 사람을 놀라게 하는 불사신이 되는 것이다. 그러나 카프카는 그 힘을 오래 계속할 수가 없었다. 그는 장편을 쓸 수가 없었다. 단편도 거의 미완성이다. 그는 죽을 때도 자기의 원고를 모조리 불태워 달라고 친구에게 부탁하였다. 그는 결과에 대한 확신이 없었다.

그의 정신상태는 높은 산에 올라가는 것과 비슷하였다. 어두워지기 전엔 산정에까지 도착해야 한다. 그는 용기를 낸다. 그러나 갈 것 같지 않다. 아무래도 안 된다. 그렇다고 해서 화낼 수도 없고 울 수도 없다. 이럴 수도 저럴 수도 없게 되어 그만 쓰러지고 만다. 수 없이 그는 쓰러졌다가는 일어나고 일어났다가는 쓰러졌다. 쓰러지면 그는 사랑을 찾고 사랑이 익어 가면 다시 쓸 말을 찾는다.

30세를 전후하여 그는 『판결』, 『변신』, 『유형지流刑地』등을 쓴다. 『변신』에서 그레고르 잠자[Gregor Samsa]의 이야기는 극히 평범하게 전개된다.

어느 날 아침 무엇인가 꺼림칙한 꿈에서 눈을 떠 보니 자기가 잠자리 속에서 거대한 한 마리의 지네로 변했다는 것이다. 지네로 탈바꿈한 자기를 본 가족들은 약간 당황하지만 그러나 이전에 자기가 기관지염에 걸렸을 때 이상은 아니었다. 외판원이던 그레고르가 이제는 몸이 자유롭지 못하여 이웃마을의 소매상을 찾아갈 수도 없고 자기 상점의 지배인을 볼 수도 없게 된 사정을 이해시키느라고 진땀을 뺀다. 그레고르는 벌레로 바뀐 자기에 대해서 고민하고 있는 것일까? 카프카는 조심성 있게 그 말은 안 한다. 그는 남의 빈축을 사고 반감을 사지 않도록 다른 사람의 시선을 피한다. 그레고르는 자기가 그렇게 된 것을 원망하며 울음을 터뜨릴 것 같은데 전혀 그렇지 않다.

그는 마음대로 되지 않는 많은 발과 조금도 우아한 데가 없는 굳은 껍데기를 가지고 어떻게 몸을 움직일 것인지 그것만을 생각한다. 그는 등으로 평행을 잡으면서 침대에서 일어나기 시작했다. 이러다가 만일 떨어진다 해도 머리만 높이 치켜들면 다치지는 않을지도 모른다. 동생도 소제하러 그의 방에 들어오지만 비교적 냉정하다. 어머니는 가끔 신경질을 내지만 아버지는 이웃 사람들이 눈치 채지 않게 하기 위하여 얼마나 조심하는지 모른다. 이처럼 의외의 사건은 큰소리를 내고 울부짖는 일도 없이 다른 사람에게 들키지도 않는다. 마치 가난한 사람들이 불행을 달게 받아들이는 것처럼 저절로 받아들이는 것뿐이다.

결국 이야기는 끝없는 비애로 끝난다. 지네가 이 방에서 죽는다. 그것을 일꾼들이 막대기로 찌른다. 잠자 부인은 그 막대기를 막을 듯한 몸짓을 하였으나 실제는 내버려 두었다.

『변신』의 주인공은 하나의 의식을 나타낸다. 그것은 편파적인 의식이 육체 속에 갇혀 있는 모습이다.

인간의 영혼이 동물의 육체 속에 갇힌다는 윤회설은 그노시스파 [Gnostics]의 고정관념이다. 그노시스파에 의하면 모든 존재는 위에서부터 아래로, 아래서부터 위로 오르내리는 피조물의 운명을 요약하고 있다. 사람이 죽으면 그 공죄에 의하여 천사로 태어날 수도 있고 벌레나 돌로 태어날 수도 있다. 영혼은 물질 속에 깊이 갇혀 있어서 거기서 빠져 나오려고 한다. 악은 더욱 어두움으로 떨어져 들어가는 하나의 과정으로 본다.

마니교는 이런 생각을 유지하고 있고, 유태의 신비주의 카발라 [Cabala]도 이런 생각을 가지고 있다. 존재하는 것은 정신의 세계뿐이지 감각의 세계는 악의 세계요, 허무한 세상이라는 것이다. 모든 생물은 육체라는 감옥에 갇혀 있는 영이다. 현실에 만족하는 영은 더욱 비참하게 떨어진다.

카프카의 이야기는 하나의 우화다. 의식은 하나의 감옥이요, 세상은 우스꽝스러우면서 냉혹한 하나의 미궁이다. 나는 뚫고 나갈 수 없는 가시덤불 속에 묻히고 말았다. 수위를 불렀지만 수위는 내가 있는 데까지는 올 수가 없다. 마치 내가 여기에 온 후에 가시가 무성한 듯하다.

카프카는 이런 이야기를 통해서 편견 속에 갇혀서 사는 의식의 세계를 그리고 있는 것이다. 자기의 체온 속에 웅크리고 있는 고독한 피조물과 그 피조물을 만족시킬 수 있는 하나님 사이에는 그들이 서로 만날 수 있는 터가 있어야 한다. 그 터가 인생인 것이다. 그런데 이제 인생은 그들이 만날 수 있는 기회를 제공하는 것을 거부하고 말았다. 살기 위해서 아무리 애를 써도 사람들이 발견하는 것은 미궁뿐이다.

인생이란 인간은 그 목적인 신에게 이르게 하는 길인데 이 길이 막히고 혼미해진 것이다. 인생은 마치 긴 터널 속에서 고장 난 기차와 같다. 나갈 수도 들어갈 수도 없는 암담한 몸이 되고 말았다. 인간은 어쩔 수 없이 고뇌에 차서 자기를 한정하는 육체의 운명 속에 꼼짝도 못하고 들어박혀 있다.

인간의 고독은 인간의 운명이 되고 말았다. 인간은 집착 속에 자기를 가두고 세상에서부터는 단절된 채 불가피한 조건으로써 자기의 운명에 갇혀 있는 실정이 되고 만 것이다. 그것은 지네 속에 갇힌 그레고르 잠자의 운명이요, 모든 현대인의 운명이기도 하다.

현대인은 자기 껍질 속에 갇혀있을 뿐만 아니라 세계와의 단절이라는 이중의 고독 속에 신음하고 있다. 내 방에는 책상과 금고와 의자 이외는 아무것도 없다. 인간은 그 속에 자기를 감추기 위해서 높은 벽을 쌓고 세상과 단절되어 있다.

개인이 감옥이라는 근본적 사실은 여러 가지로 표현된다. 『단식주의자』라는 이야기에는 단식이 유일한 즐거움으로 단식 속에 갇혀 있다가 죽는다는 이야기다.

사람은 누구나 어떤 고정 관념 속에 감금되어 있다. 인간에게 달라붙은 작은 집착이 저주받은 세계를 무서운 미궁으로 바꾸어 버리는 것이다. 사람은 언제나 하나의 편견과 집착에 사로잡혀 있다. 마치 줄타기 광대가 줄 위에 있지 않으면 사는 기분을 느끼지 못하는 것처럼 인간은 각자의 목적을 위해서 잘 되지 않으면 존재할 수가 없는 것이다.

인간은 누구나 독자적이고 독자적으로 일하게끔 되어 있는 것이다. 사람은 누구나 자기의 독자성을 좋아해야 한다. 이리하여 사람은 자기라는 거짓 자아에 자기 자신을 팔아버린다. 이리하여 현대인은 누구나 인간소외의 감옥 속에서 살게 되는 것이다.

카프카는 무미건조한 치밀한 묘사를 통해서 비현실적인 것에 현실감을 불어 넣는다. 그것은 있을 법하지도 않은 세계지만 그러나 그것은 존재한다.

카프카는 36세에 유리에와 다시 약혼을 하지만 아버지의 반대가 심하여 37세에 다시 파혼한다. 그리고 밀레나와 사귀게 되지만 같이 살 결심이 서지 않아 결국 도라와 마지막을 같이 살게 된다. 도라는 유태인이다. 폐병을 치료하러 바닷가에 갔다가 만난 여성이다. 엄한 가정을 뛰쳐나와 연극과 히브리어를 공부하는 여성이었다. 같이 이사야서를 읽다가 마지막으로 타오른 불이다. 그들은 베를린에 가서 마지막 행복을 속삭여 본다. 그곳에 숨어 있으면 악마도 찾기 어려울 것이라고 생각했다.

그러면서도 그는 다시 『보금자리』, 『가희 요제피네』, 『어떤 개의 회상』, 『단식주의자』 등을 써냈다. 그는 마지막으로 남과 같이 살았고 자기가 사랑하는 여인과 동거생활도 하였다. 그러나 운명은 그를 내버려 두지 않았다. 그가 40세 되는 겨울은 몹시도 추웠다. 그리고 물가는 폭등하고 정치적 불안은 심해지고 무엇보다도 그의 폐병은 더욱 깊어갔다. 그는 그의 육체가 쇠약해 가는대로 내버려 두었다. 카프카는 그것에 대해서 너무 신경을 쓰고 싶지 않았다.

병과 절망이 다가오고 있다. 인간의 감금 상태는 조금도 변함이 없고 앞으로 그것이 더 확실하다고 해도 마지막 해방은 막을 수가 없을 것이다. 모든 것은 최후의 결정적인 해방의 불가피한 전제가 될 것이다. 병세가 악화됨에 따라 바닷가로 산으로 왔다 갔다 하지만 41세 때에는 요양소에서도 받아주질 않았다.

카프카의 폐와 인후는 너무도 증세가 악화되어 전문가도 이제는 어쩔 수 없어서 오직 아편으로 고통을 줄여가고 있을 뿐이었다. 카프카는 이제 말도 할 수 없게 되었다. 마침내 도라와 결혼할 결심을 하였다. 그러나 이 제안은 물동이가 우물에 와 닿기도 전에 깨져 버렸다. 최후의 순간이 오고만 것이다. 헤일 수 없이 습격해 오는 무서운 순간이 계속되고 밤낮 아픈 것 이외에는 아무것도 생각할 수 없게 되었다. 한 마리의 부엉새가 가끔 창 밖에서 울어 줄 뿐이었다.

오월의 햇살이 지친 육체에 스며들 때 너무도 맑고 분명한 의식만이 혼자 깨어 있었다. 카프카는 모든 것이 시작이요 끄트머리인 자기의 최후가 가까워 온 것을 알았다. 그는 이제 하나님의 지성소에 들어가기 위하여 신발을 벗고 짐을 버리고 옷을 벗고 알몸이 되어 깨지지 않은 지성의 등불을 켜고 지성소로 나아가야 한다.

그를 정성껏 간호하던 도라가 잠깐 나갔다 오겠다고 말하자 그는 아마 내가 먼저 나갈 것이라고 말하고는 숨이 끊어져 버렸다. 도라는 허탈 상태가 되어 몇 시간 동안 사랑하는 카프카의 이름을 불렀다. 그의 자상한 성품은 사라졌고 그의 고귀한 정신만이 그의 얼굴을 빛내고 있다. 그것은 옛 대리석상보다도 더 아름다웠다.

안개가 짙게 낀 어느 날 아침에 가족들은 프라하의 유태인 묘지에 그를 갖다 묻었다. 죽음이 참혹한 종말의 고통을 가져다주지만 종말은 갖다 주지 못한다.

1924년은 그의 나이가 41세가 되던 해였다.

카프카의 작품은 그의 심장에 고동을 울리면서 그들 나름대로 날아다닌다. 그가 죽은 지 10년 후에 전집이 출판되었지만 나치의 판매 금지를 당하고 프랑스에서는 활기를 띠었다. 그러나 2차대전이 끝나자 영국, 미국에까지 침투하고 50년대에 다시 독일로 돌아왔다. 그의 고향 프라하에서 체코말로 번역되었고, 63년에는 러시아말로 번역되고 그가 죽은 후 40년이 되자 그의 작품은 전 세계에 속하게 되고 그는 날카로운 눈을 가진 천재의 명성을 떨치게 되었다.

확실히 그에게는 실제의 세계를 꿰뚫어 보는 눈이 있었다. 이 눈 때문에 그는 몹시 불행하게 살고 갔다. 그러나 그는 지상적인 것의 최후의 한계를 넘은 것이다. 그는 진주를 찾기 위해서 누구보다도 많은 대가를 치룬 것이다. 그는 약속의 땅을 찾기 위해서 천길 깊은 물속에서 숨을 멈추지 않았다.

모세가 가나안 땅에 가 닿을 수 없는 것은 그의 생애가 짧았던 때문이 아니라 신이 허락하지 않았기 때문이다. 그가 유태인을 싫어하는 이유는 결국 그들의 종교 때문이다. 그들은 인류보다도 더 멀리를 내다보지만 자기의 발 뿌리를 보지 못한다. 그들의 지성은 역사를 밝히면서도 자기의 인생을 인도하지 못한다. 그들이 가진 것은 고뇌뿐이다. 이내 카프카의 사명은 죽을 수밖에 없는 것을 죽지 않을 것으로, 우연한 것을 필연으로 바꾸는 일이다. 그것 때문에 그는 부조리의 천재가 된 것이다.

사르트르(Jean Paul Sartre, 1905-1980)도 카프카를 현대의 가장 위대하며 희귀한 작가의 한 사람이라고 칭찬하였으며 그 밖에는 더 말할 것이 없다고 하였다. 그가 죽기 전에 그는 친구에게 자기의 원고를 불살라 달라고 부탁하였다. 그 원고 속에는 『성성(城)』도 미완성으로 남아 있었다.

한 남자가 어떤 마을에 와서 마을 근방에 있는 성곽에 오르려 한다. 그는 측량기사로서 자기의 책임을 다하려 하지만 오해와 악운의 금지 때문에 끝내 성에는 들어갈 수가 없다. 성에 오르기 위한 모든 수단이 거절되고 자기를 기다린다는 성안 사람으로부터 시간의 약속을 받지 못한 채 그는 좌절되고 만다.

어째서 이 남자는 어떤 수단이라도 써서 단호하게 성을 올라가지 못하는 것일까? 카프카도 모세처럼 가나안 땅에 들어갈 수 없는 것일까? 신과 인간의 단절은 계속되고 있는 것일까? 보이지 않는 박해 속에서 반항할 수도 없는 유태인의 신세만을 그린 것일까?

일꾼으로 고용되어 성에 접근하려고 방황하는 현대 실존은 생의 의미와 논리가 없다는 것을 끊임없이 발견해 간다. 생의 가치와 논리가 발견될 수도 없고 영원한 의문 속에 감추어진 것임을 알면서도 그것을 부정적으로 정의해 보고자 하는 노력만은 끈질기게 추구되고 있는 것이 그의 작품세계다. 카프카는 생의 의미를 부정적으로 추구하여 모든 잘못된 해결이 부조리에 도달하고 고뇌에 도달하기까지 탐구해 가는 것이다.

『심판』에서 요제프 K가 고소되었다는 통지를 받았지만 판사나 변호사를 만나지 못한다. 그래도 요제프 K는 하숙집 주인이나 이웃집 여인과 자기의 소송을 이야기한다. 그러나 당국에서 전달되는 지시는 전혀 이해할 수 없는 것이다. 『심판』이나 『성』은 확실히 종교적 우화임에 틀림없다. 이것은 인생의 의미를 결정짓는 사명의 불확실과 사회정의의 부재가 인생에게 주는 근본적인 공포와 미혹을 예술적으로 그린 것이라고 생각할 수 있다.

인생의 수수께끼를 푸는 길은 그 수수께끼마저 수수께끼여야 한다는 것이다. 수수께끼의 수수께끼이기 때문에 작품은 설명할 수가 없고 해석하면 할수록 작가의 뜻에서 멀어질 수밖에 길이 없다. 『성』에서 고작 신의 섭리와 은총의 신비를 보고, 『심판』에서 신의 심판을 볼 수 있으면 그것으로 족할지도 모른다.

심판과 은총이 카프카가 몸담고 있는 유태 신비사상인 카발라의 주제다. 카프카는 카발라 뿐만 아니라 칼 바르트(Karl Barth, 1886－1968)도 연구하고 있다. 인간의 삶이 신으로 가는 길이 아니기 때문에 인간의 삶은 혼미와 부조리로 거듭하고 있다는 것, 그렇기 때문에 인간의 살길은 신으로부터 부르심을 받고 선택이 되어야 한다는 것, 그런데 인간이 진정 선택되었는가 하는 불확실성 때문에 인간은 불안에 떨고 있다는 것이다. 이렇게 되는 이유는 자본체제의 관료세계가 빚어내는 악몽인지도 모른다. 카프카는 자본주의 사회의 물결과 이 물결에 빠져 얼빠진 관료들의 인상을 환상적인 말로 표현하고 있다.

보이지 않는 박해 속에서 고발당할 아무런 이유도 없이 끌려 다니는 피고인이 억울하고 분하지만 호소할 수도 반항할 수도 없는 전제 하에 길들여져서 자기의 권리를 주장할 수도 없고 주장할 권리도 없는 상태, 다만 유태인으로 태어난 부당한 원리를 감수하면서 법망을 빠져 나가려는 유태인의 몸부림을 그리고 있는 것이다.

카프카의 소설은 사실에 대한 해석이 아니라 사실에 대한 환상이다. 인생의 의미가 불확실하다는 것이 아니라 인생의 의미가 문제조차 되지 않고 있는 사회를 그린 것 같다. 마치 안개 낀 아침에 태양을 찾으려는 것이 아니라 안개를 제거해 보려는, 끝없는 허무를 되풀이 하는 것 같다.

『성』의 주인공이나 『심판』의 주인공도 실존의 의미와 논리를 찾으려고 헤매지만 그 결과 실존에는 의미와 논리가 없다는 것을 끝없이 알게 될 뿐이다. 그의 작품은 인생의 의미와 논리를 알 수 없게 되자, 마치 바다의 진주를 발견할 수 없게 되자 바닷물을 퍼버리는 사람과 마찬가지로, 부정적인 태도로 표현된 예술인지도 모른다. 무참하게 짓밟고 지나가는 거대한 괴물에 희생되는 가장 소중한 것을 그릴 수가 없어 무의식 속에서 일체를 정복하는 어둡고 교만한, 부조리한 힘을 암시하고 있는 것뿐이다. 그러나 그의 예술은 하나의 예언처럼 후세 사람에게 충격을 주었다.

1914년에 쓴 『유형지流刑地』는 1943년 강제수용소의 예고였고, 1919년의 『판결』이나 『아버지에게 쓴 편지』는 권위에 반항하는 모든 작품의 선구가 되었으며, 『심판』이나 『성』은 경찰정치, 고문, 강제고백, 새벽의 구금 등이 판치는 독제체제와 행정의 부조리를 암시하고 있다.

카프카는 앞으로 올 세대를 보고 그린 것 같은 예언자다. 그가 본 세계는 환상의 세계가 아니라 미래의 세계였다. 그는 직관력을 가지고 꿰뚫어 보는 사람이었다. 신의 부재와 아무런 대답도 기대할 수 없는 고독한 인간의 불안은 현대 작가들에 의하여 더 비참하게 그려져 갔다.

카프카가 우리에게 보여준 것은 목적과 방법의 상실 또는 신의 부재와 율법의 해체였다. 이것은 천년 전에 유대사람이 제기한 문제요, 또 현재의 카프카가 제기하는 문제다. 그것은 현대의 문제뿐만 아니라 영원한 문제다. 지식의 혼미에서 오는 인간 목적의 상실과 가치의 불순에서 오는 인간 수단의 무력, 이러한 목적과 수단의 상실에서 오는 생의 의미의 무감각성, 이것은 인간이 안고 있는 영원한 문제다.

카프카는 당시의 시대정신에 도전하여 시대정신에 압도된 인간의 의미를 신화와 상징을 통하여 구원하고자 한다. 그의 열정은 그 자신마저 녹여버려 그 형체조차도 파악하기 어렵게 되고 말았다. 육체뿐만 아니라 심령의 갈등 때문에 자기 자신을 불사른 그의 영향은 후세의 작가들 위에 던져 주었다.

  카프카는 여기에서 인간사고의 한계에 서게 된다. 그의 작품에는 모든 것이 진정한 의미에서 본질적으로 존재한다. 작품 전체에 부조리가 제기된다. 모든 가능성을 제시하면서 어떤 가능성도 보장하지 않는 것이 그의 작품의 위대성이다.

카 뮈

Camus, Albert 1913-1960

카뮈
Camus, Albert 1913-1960

이방인

    1942년 연합군이 북아프리카에 상륙작전을 감행하여 카뮈는 가족과의 연락이 끊어지고 말았다. 이 때 그의 나이는 29세였다.
    삼십이립三十而立이라고 하지만 이 해에 벌써 카뮈는 세계적인 작가가 되었다. 그것은 『이방인』이란 그의 소설과 『시지프스의 신화』라는 그의 수필이 출간되었기 때문이다.
    『이방인』의 특색은 그의 문장이 독특하다는 점이다. 그것은 주인공이 본 주관적인 것을 주인공으로 하여금 객관적으로 말하게 한다는 것이다. 그의 문장은 단순하고 건조하다. 이방인의 첫머리는 이렇게 시작된다.
    "오늘 어머니가 죽었다. 어쩌면 어제인지도 모른다." 자기 어머니의 죽음인데도 마치 남의 일처럼 무관심하다. 분석한다든가 설명하는 것은 전혀 없고 별로 말하고 싶지 않은 것을 심문에 못 이겨서 억지로 말하는 죄수의 고백과도 비슷한 태도이다.
    카뮈는 『이방인』 서문에 이런 말을 한다. 이 책의 주인공이 벌을 받게 되는 것은 그가 남처럼 행동을 하지 않기 때문이다. 이런 면에서 그는 그가 사는 세계에 대하여 이방인이다. 그는 개인적으로는 타락한 생활을 하고 있다. 그래서 사람들은 그가 불량자라고 생각하기도 한다. 그러나 만일 뫼르소가 남처럼 행동하기를 꺼리는 것일까 하고 깊이 생각해 본다면 보다 더 정확한 의견을 얻을 수 있을 것이다. 대답은 간단하다. 그것은 그는 거짓말을 할 수 없다는 것이다. 거짓말이 나빠서가 아니라 거짓말을 할 필요를 느끼지 못해서 그런 것이다.

거짓말이란 본래 자기가 느낀 것 이상을 말하는 것이다. 그래서 사람들은 자기 생활을 편리화하려고 든다. 그러나 주인공은 생활을 편리하게 단순하게 할 필요를 느끼지 않는다.

그는 이 세상에서 잘살고 싶지가 않은 것이다. 그렇기 때문에 그는 진실을 말한다. 그가 자기의 감정을 속이기를 거부하면 사회는 곧 위협을 느낀다. 그는 사회적인 관습에 따라 자기의 잘못을 뉘우치라고 한다. 그러나 그는 뉘우칠 것이 없는데 무엇을 뉘우치라는 거냐고 반문하는 태도가 그에게 유죄를 판결하는 까닭이 되어 버린다.

뫼르소는 불량자도 아니고 다만 가난한 사나이로서 어두운 데가 전혀 없는 태양의 아들이다. 그에게는 감정이 없는 것이 아니다. 그의 깊은 정열이 그를 움직이고 있는 것이다. 그에게는 태양을 그리워하는 뜨거운 정열과 절대적인 것에 대한 진실이 도사리고 있다. 그것은 고요하고 소극적인 진실이요, 존재와 감정에 대한 진실이지만 그것 없이는 자기와 세상에 대해서 어떤 승리도 기대할 수 없는 진실인 것이다.

어떠한 영웅적인 행동도 없이 진실을 위해서 그저 죽어가는 사나이의 이야기로서 이 책을 읽어 가면 된다. 그런데 역설적이기는 하지만 그리스도의 모습이 비쳐진 것이 아닐까 하고 생각해 볼 수도 있다. 그것은 그리스도를 모독하는 의도에서가 아니라 자기가 만든 인물에 대해서 예술가로서 느낄 수 있는 어떤 애정에서 비롯되는 것이다.

사실 『이방인』에는 거짓말이 없는 것이 아니다. 그는 아랍여인을 속이기도 하고 경찰서에 가서도 거짓말을 한다. 뫼르소에게 진실이 있다면 그것은 자기감정에 대한 진실이다. 그는 남을 기쁘게 하기 위해서 기쁘지도 않은 것을 기쁜 체 할 수도 없는 인간이었다. 또 거짓말을 하면 자기가 빠져 있는 궁지에서 헤어날 수 있었겠지만 그렇다고 거짓말까지 해가면서 나올 생각은 없는 것뿐이다. 왜 없는지 그건 아무도 모른다. 없으니까 없는 것뿐이다. 그는 자기의 감정을 속이고 싶지가 않은 것이다.

신성한 것이 있다면 자기의 감정이다. 이 감정은 도저히 속일 수 없고 꺾을 수 없는 절대적인 것이다. 그에게 신이 있다면 이 감정이 신이다. 이 감정 때문에 그는 순교하고 마는 것이다.

뫼르소는 어떤 의미로 세속적인 그리스도다. 그는 자기를 속일 수가 없어서 죽는 것이다. 그런데 자기라고 하는 것이 세속적인 감정이다. 그것은 니체적인 디오니소스라고 해도 좋다. 감정적이고 세속적이지만 뫼르소에게는 어쩔 수 없이 절대적인 것이다. 절대적인 것을 지녔기 때문에 상대적인 세상에서는 이방인이 될 수밖에 없는 것이 『이방인』의 주인공 뫼르소인 것이다.

『이방인』의 주인공 뫼르소는 알제리에서 살던 사무원인데, 이 소설의 시작은 이렇다.

"오늘 어머니가 죽었다. 어쩌면 어제인지도 모른다. 양로원 원장은 상세하게 설명을 하였으나 나는 거의 듣지 않았다. 어머니를 보고 싶을 거라며 유해실로 데리고 갔으나 유해를 보지 않았다.

장례식 날 아침의 미풍이 찝찔한 바다 냄새를 풍겨다 주었다. 맑은 날이 시작되려는 참이다. 오래 시골에 가본 일이 없기 때문에 어머니 일만 없었다면 얼마나 즐거운 산책을 할 수 있었을까 하고 생각하기도 하였다. 장례식 때는 넘치는 태양이 풍경을 전율케 하고 비인간적인 기분을 들게 하였다. 그 다음 날 토요일에는 해수욕을 나가 마리를 만났다.

그녀는 검은 넥타이를 보고 깜짝 놀라며 누가 죽었느냐고 물었다. 어머니가 죽었다고 대답했다. 언제냐고 묻기에 어제라고 했더니 당황하며 뒤로 물러섰으나 아무 말도 없었다. 아파트에 와서 같이 자고 눈을 뜨니 그녀는 없었다. 오늘은 일요일이라서 질색이다. 10시까지 잔다.

다음날 매춘을 알선하는 생테스가 자기의 정부情婦가 달아났다면서 욕을 해댔다. 정든 것처럼 편지를 내어 돌아오면 같이 자고 얼굴에 침을 탁 뱉겠다고 하기에 편지를 써 주었다. 그녀는 아랍인이었다.

나는 마리와 바다에 갔다 와서 또 같이 잤다. 마리는 자기를 사랑하느냐고 물었다. 사랑하지 않는다고 대답했다.

생테스의 집에서는 야단법석이 났다. 생테스는 여자를 때리고 있었다. 여자는 경찰을 불러 달라고 한다. 나는 경찰이 싫다고 대답했다. 생테스는 폭행죄로 기소되고 나는 증인으로 불려가게 되었다. 생테스는 여자가 함께 사는 아랍인들에게 감시를 당하고 있다고 한다. 밤에 마리가 찾아와 자기와 결혼할 마음이 있는가고 물었다. 나는 아무래도 좋다고 하였다. 그녀는 결혼이 중대하다고 했으나 나는 그렇지 않다고 하였다. 뫼르소는 생테스의 여자가 생테스에게 충실하지 못했다고 증언을 했다.

생테스가 풀려나올 때 무리지어 아랍사람들이 담배 가게 앞에 기대고 있었다. 그 가운데는 그녀의 오빠가 끼어 있었다. 아랍인들은 우리의 뒤를 따랐다. 바다가 멀리 떨어졌을 때 긴바지를 입은 두 아랍인이 우리에게 오고 있었다. 생테스가 얼굴을 보더니 그녀석이라고 말했다. 바닷가에서 싸움이 일어나 아랍 사람의 하나가 칼을 뽑았다. 생테스는 아랍사람을 쏴 치우자고 했지만 나는 냉혹하게 쏴버리는 것을 반대했다. 생테스는 나에게 권총을 던졌다. 이 때 아랍사람은 바위 뒤로 숨었다. 두 사람은 뜨거운 햇빛이 내리 쬐이는 바닷가를 걷고 있었다.

　나는 바닷가에 아랍사람을 발견했고, 아랍사람은 칼을 뽑았다. 바다는 진한 열기를 뿜고 있었다. 하늘은 둘로 갈라져 불비를 퍼붓는 것 같다. 나는 오싹하여 손에 권총을 댔다. 방아쇠가 말을 듣고 귀창을 찢는 듯한 소리로 일체가 시작됐다. 나는 땀과 햇볕을 떨쳐 버렸다. 나는 바닷가의 고요함을 깨치고 만 것이다. 나는 꼼짝도 안하는 시체에 네 방을 더 쏘았다. 총알은 흔적도 없이 파고들었다. 마치 불행한 문짝을 두드리는 노크 소리처럼."

　이리하여 1부가 끝나고 2부에 재판이 시작된다. 경찰은 어머니의 장례식에 비정했다는 것으로 비난하고 변호사는 슬픈 날에 고통을 느꼈는가고 물었다. 물론 어머니를 사랑하지만 그것은 의미가 없다. 누구나 건강한 사람이라면 자기가 사랑하는 이의 죽음을 약간은 희망할 것이라고 답한다. 변호사는 당황하여 자신에게나 다른 사람에게나 그런 말은 하지 말라고 부탁했다.

　법정은 어머니의 시체를 보지도 않고 시체 앞에서 담배를 피우고 술을 마시고 장례식 다음날 마리와 같이 잤다는 말에 흥분했다. 검사는 뫼르소의 비정을 강조하고 변호사는 비극적인 순간 자제심을 잃은 것이라고 변호하였다.

　뫼르소는 사형을 선고받고 처형을 기다리는 순간 자기를 만나러 온 사제의 위로를 거절하고 누구나 언젠가는 사형을 받을 것인데 하고 중얼거렸다.

"배의 기적소리가 들려온다. 나도 이제 세상을 떠나게 된다. 나는 오래간만에 어머니를 생각했다. 어머니가 왜 생의 종말에 약혼하려고 했는지 그 까닭을 알 것 같았다. 죽음을 앞둔 어머니는 자기가 해방되는 기분으로 모든 것을 다시 살아보고 싶은 기분이 든 모양이다. 아무도 그녀에게 눈물을 뿌릴 자격은 없다. 나도 다시 살아보고 싶은 기분이다.

별이 반짝이는 밤을 앞에 놓고 나는 비로소 세계 앞에 내 마음을 연다. 세계는 나와 비슷한 형제처럼 느껴지고 나는 행복한 기분이다. 모든 것이 끝났고 나의 고독을 달래기 위하여 내가 처형되는 날은 많은 구경꾼이 몰려와서 증오의 소란으로 나를 감싸줄 것을 기대하는 것뿐이다."

뫼르소가 죽게 되는 것은 사회체제 때문이지만 그는 마지막에 고독이 싫다고 자기의 최후를 사회와 같이 보내기를 원한다. 그를 죽이는 것은 사회윤리지 사회자체는 아니었는지도 모른다. 그를 결정적으로 죽음으로 결정짓게 한 것은 검사에 의해서 청중에 폭로되는 뫼르소의 사생활이다. 마치 더러운 추문처럼 재판정에 출석한 사람들을 아연실색케 하고 도덕적인 분노를 일으키고 말았다.

그때 검사가 일어서서 굉장히 위엄 있는 얼굴로, 정말 숙연한 목소리로 뫼르소를 지적하면서 천천히 한마디 한마디 잘라서 말했다.

"배심원 여러분, 이 사나이는 어머니가 세상을 떠난 다음날, 바다에 가서 해수욕을 하고, 여자와 부정한 관계를 가졌었고, 희극영화를 보고 좋아한 사람입니다. 이 이상 더 여러분에게 말할 것이 없습니다."

무거운 침묵 속에서 그는 착석했다. 이것이 운명으로 하여금 그에게 등을 돌리게 한 결정적인 계기다. 사회가 그를 죽이는 것이다.

그는 죽기까지 감옥에 갇혀 바다에도 못 가고 여자와도 못 만나고 담배도 못 피워 고통을 받지만 그는 조금씩 감옥 속에서 자연과의 접촉을 회복해 간다. 뫼르소는 누군가가 마른 나무 밑그루 속에 가뒤둔다고 해도 머리위에 펼쳐지는 한없이 아름다운 하늘을 바라보면 넉넉히 견딜 것 같은 생각이 들었다.

뫼르소는 모든 신경을 집중하여 하늘을 쳐다보고 낮에서 밤으로 옮아가는 빛깔의 변화를 바라보면서 이제 지루함을 회피한 것이 아니라 한순간 한순간을 불변의 정열을 가지고 격렬하게 살아가는 것, 새로운 하루하루를 넘치는 기쁨으로 받아들이는 것이다.

인간은 결코 불행할 수 없다고 어머니가 말하곤 했지만 비록 감옥 속에서라도 하늘이 보이고 새로운 하루가 독방에 스며들 때 뫼르소는 어머니가 옳다고 생각했다. 자연과의 화해가 그를 비극적 승리로 이끌어 간다.

그러나 그가 살인을 범하게 되는 동기는 태양의 강렬함이었다. 태양과 태양이 퍼붓는 흐릿한 도취에서 이겨보려고 그는 전신에 힘을 주었다. 모래, 흰 조개껍질, 유리조각 등에서 빛의 칼날이 번득일 때마다 그의 턱이 쥐어들었다. 그는 태양의 열기에 현혹되어 사람을 죽이고 만다. 그 순간 눈썹 위에 맺힌 땀이 한꺼번에 흘러내려 후덥지근하게 눈을 덮어 눈물과 소금의 휘장 때문에 그는 앞을 볼 수 없게 되었다.

그를 죽게 한 것은 자연의 강렬함이다. 그러나 자연은 단지 강렬한 것만은 아니다. 자연은 어머니 품처럼 부드러움도 가지고 있다. 그것은 인간적인 위로와는 비길 것이 아니다.

뫼르소는 감옥으로 찾아온 사제의 방문을 계기로 자신에게 있어서는 누구보다 더 자신이 생겼다. 그의 인생에 대해서나 다가오는 죽음에 대해서 확신이 있는 것이다. 그는 지금까지 이렇게 살아왔지만 다르게 살 수도 있었다. 그는 이렇게 살았고 저렇게는 살지 않았다. 그러면 어떠냐? 그는 자기가 옳았다고 인정될 것만 같은 밝아오는 그 순간을 줄곧 기다리고 있은 것 같다.

이 순간 이후 뫼르소의 마음에는 화해와 감격이 엇갈린다. 거듭나기 위해서 죽음은 삶의 피할 수 없는 일부분이다. 가혹한 겨울이 지나가면 다시 따뜻한 봄이 온다. 자연과 하나가 된 뫼르소는 인간을 떠나서도 행복할 수 있었다. 사회가 그를 죽이지만 자연이 그를 살려낼 것이다.

뫼르소는 본래 이 사회에 대해서 이방인이다. 뫼르소의 사회에 대한 무관심은 사회로 하여금 그를 죽음에까지 몰아넣게 한다. 무관심이 죽음에 해당한 죄까지 될 수 있을까. 나에게 무관심한 사람은 죽여도 좋은가. 이것이 카뮈가 제기하고 싶은 문제일 것이다. 자기와 다른 생각을 가진 집단은 송두리째 죽여도 좋은가. 자기에게 넘쳐 있기 때문에 이쪽에 대해서 아무런 관심을 표명하지 않는다고 해서 그 사람을 죽여야만 하는가. 자기를 드러내지 않는 인간을 격분으로 단죄하는 사회는 정말 옳은 것일까. 여기 카뮈의 사회에 대한 고발이 있다. 뫼르소의 사회에 대한 무관심 때문에 빚어지는 그의 행동은 누가 보아도 상식에 벗어나고 이치에 맞지 않는 부조리로 보일 수밖에 없을 것이다.

카뮈는 역설적이지만 뫼르소에게서 그리스도의 모습을 그려보려고 하였다고 말하고 있다. 예수도 사회에서 소외당한 사람이다. 율법학자와 바리새 사람에게 비난을 받고 고향에서 쫓겨나고 나중에는 대제사장, 장로, 율법학자, 빌라도에게 사형을 당한다. 신을 모독한 죄라고 하지만 사실은 사회에 대한 부조화 때문에 일어난 것이었다.

양로원 수위가 뫼르소가 어머니의 시체를 보려고 하지도 않고 담배를 피우고 술을 마셨다고 증언했을 때 뫼르소는 방청석 전체가 일어나는 것 같은 무엇을 느꼈고 비로소 자신이 죄인이구나 하는 것을 알 수 있게 되었다. 이 때부터 사회는 도덕적으로 뫼르소를 부정하기 시작했다. 피고는 유죄요 사형에 합당하다고 배심원이 선고했을 때 사회는 그를 완전히 몰아내고 만 것이다.

표면적인 이유는 아랍인 살해지만 백인이 흑인을 죽였다는 것은 그것도 정당방위로 죽였다는 것은 그들의 사회인습에서는 그리 중대한 문제는 아니다. 그것보다는 뫼르소에 의하여 나타나고 증언에 의하여 강조된 사회적 인습에 대한 멸시가 그를 죽음으로 이끌어 간다. 그런 면에서 뫼르소는 그리스도처럼 그가 사회를 버린 것이 아니라 사회가 그를 버린 것이다. 뫼르소는 사회가 요구하는 도덕이나 인습이나 신앙을 가장하여 죽음을 회피할 생각은 없었다.

사람은 누구나 다 죽어야 한다. 하나의 운명이 뫼르소와 그밖에 그와 같은 모든 사람을 택하는 것이다. 그것은 누구나가 가질 수 있는 특권이다. 다른 사람들도 언젠가는 처형될 날이 있을 것이다. 뫼르소가 말하고 싶은 것이 있다면 인생은 한번 밖에 못산다는 것 그러나 인생은 자유롭고 행복할 수 있다는 것이다. 그것은 이방인의 삶에서만 가능하다.

카뮈는 그리스도처럼 부활할 수 있는 힘을 뫼르소에게 줄 수는 없다. 그런 의미에서 뫼르소는 신인神人이 아니다. 그러나 그는 인간에게 자유와 행복을 살 수 있는 한 번만의 삶을 제시할 수는 있었다. 그런 의미에서 뫼르소는 인신人神이다. 그는 죽음을 통해서 인간이 가질 수 있는 어떤 승리를 사회에 보여주기 위해서 자기가 처형되는 날 많은 사람들이 모여들어 증오의 눈초리로 자기를 바라볼 것을 기대하였다.

반항적 인간

1951년 38세 때 카뮈는 『반항적 인간[L'Homme révolté]』이란 수필집을 냈다. 마침내 나는 자유를 선택했다. 왜냐하면 정의가 실현될 수 없다고 해도 자유는 부정에 대해서 항의할 수는 있기 때문이다.

반항적 인간이란 자기의 주장을 가지고 싸우는 인간이다. 나는 반항한다. 고로 나는 있다. 그런데 반항하는 사람들의 주장에 인류적 공동성을 가질 때에는 나의 반항은 곧 우리의 반항이 된다. 나는 반항한다. 고로 우리들은 있다.

카뮈의 반항의 뿌리가 어디 있는지를 더듬어 본다. 신화적으로 세계를 창조했다는 신에 대한 반항부터 시작된다. 그것은 신이 창조한 세계가 너무도 부조리하다는 것이다.

18세기의 사회는 많은 작가들에게 반항의식을 고취케 했다. 사도들은 욕망의 분방하는 힘을 가지고 굳어버린 사회윤리에 도전하였으며, 이반 카라마조프는 굳어버린 교회윤리에 도전하여 극단으로 행하지 않으면 인간은 살 수 없다, 신과 영생을 집어치우고 인간이 새롭게 신이 되어 세계를 지배해야 한다, 형이상학적 혁명을 완성하라, 신이 없으면 율법도 없고 율법이 없으면 무엇이나 할 수 있지 않은가, 모든 것이 허용된다. 그러나 이런 논리는 세계를 다시 황폐한 허무주의로 만들어 버린다고 반항하였다.

니체(Friedrich Wilhelm Nietzsche, 1884-1900)는 신의 죽음을 선언하고 세계를 절대화하여 권력의지에 희망을 걸어본다. 그러나 히틀러(Adolf Hitler, 1889-1945)의 권력의지는 6백만의 학살을 불러일으킨다.

카뮈는 모든 혁명을 형이상학적 반항에 그 뿌리를 두고 있다. 프랑스 혁명도 루소에 근거한 이성혁명이었으며, 쟈코뱅의 추상적 이성이 공포정치를 내놓았다.

헤겔은 구체적인 보편이성을 추구하였고, 20세기의 집단적인 이성이 마르크스(Karl Marx, 1818-1883)를 통하여 권력의지를 대행하게 되었다. 새로운 제국주의가 레닌(Vladimir Il'ich Lenin, 1870-1924)에 의하여 창조되고, 무서운 공포정치가 스탈린(Joseph Stalin, 1879'-1953)에 의하여 집행된다. 목적을 위해서는 수단을 돌보지 않는 무서운 잔인성이 영구혁명을 영구전쟁으로 몰아넣고 말았다. 이리하여 18세기 이후의 역사는 카인의 후예가 맡게 되었다. 이런 세계에서 카뮈가 살 수 있는 길은 예술적 반항뿐이었다.

허무주의적인 전쟁의 폐허 속에 그가 내놓을 수 있는 것은 무덤을 장식하는 한 포기의 꽃뿐이다. 아무에게도 다른 사람의 자유를 파괴할 수 있는 권리는 없다. 모든 사람의 자유는 인정되어야 한다. 또다시 정의와 자유가 되살아나기 위해서 우선 예술적인 창조가 비를 뿌려야 한다. 그리고 다시 새로운 태양이 빛을 비쳐야 한다. 그것이 카뮈의 정오의 형이상학이다.

카뮈는 혁명의 역사에서 언제나 인간의 신격화가 이루어져 악마가 판치는 현실을 묵과할 수가 없었다. 신이 존재하지 않고 진리가 존재하지 않는다면 무엇이나 해도 괜찮다는 유럽의 절대적 허무주의에 대하여 카뮈는 반기를 들었다. 인간은 절대적일 수는 없다. 해가 졌다면 촛불이라도 켜야 하지 않느냐. 이것이 예술의 꽃을 피워서 각 사람의 자유만은 지켜야 한다는 그의 주장이다. 목적을 위해서는 수단을 가리지 않는다. 공포정치를 극복하는 길은 공포에 공포로 대하는 것이 아니라 정치의 예술로 대하자는 것이다. 그리하여 만인의 자유로운 의사에 의하여 다시 정의의 사회를 구현해 보자는 것이다.

희랍 사람들은 절망과 비극 속에서도 아름다움과 웃음을 잃지 않았다. 그것은 카뮈의 지중해적 기질에서 온 것인지도 모른다. 아름답고 쾌활한 지중해의 기질이 카뮈로 하여금 어떤 절망 속에서도 웃음을 잃지 않게 했는지도 모른다.

전락

『전락[La chute]』은 카뮈가 1956년 43세에 알제리 정권을 호소했지만 반응은 없고 실망에 빠져 파리로 돌아와 쓴 작품이다.

네덜란드는 꿈같다. 낮에는 안개가 끼고 밤에는 연기가 낀다. 안개와 연기의 꿈이다. 동그라미를 겹친 것 같은 암스테르담의 운하가 마치 단테의 지옥의 동그라미를 연상시켰다. 지옥의 가장 깊은 구렁텅이에 장 바티스트 클라망스[Jean-Baptist clamence]가 나타나 인간의 죄악을 고발하는 장면이다.

전락의 시작은 때 묻지 않음[無垢]으로 시작한다. 때 묻지 않은 성자들이 벌써 다 죽음을 당하고, 정말 때 묻지 않은 하나님의 어린 양도 이제는 찬장 속에 숨겨져 있을 뿐이다. 그러나 클라망스는 어떠한 대가를 지불하고라도 자기가 무죄라는 착각을 지키려고 한다.

인간에 있어서 가장 자연스런 본연의 생각은 자기에게는 죄가 없다는 생각이다. 그것은 인간의 본성의 밑바닥에서부터 순수하게 나타나는 관념인 것 같다.

변호사라는 그의 직업은 그를 판사 위에 올려놓아 그가 재판하게 하고, 피고 위에 올려놓아 자기에게 감사하지 않고는 견디지 못하게 하고 있었다. 그는 아무런 제제도 당하지 않고 낙원의 빛 속에서 자유롭게 군림하고 있다. 이런 꼭대기야말로 그가 사는 유일한 곳이다. 높은 데가 아니면 아무래도 마음이 놓이지 않는다. 아마 꼭대기에 사는 것이 그의 천성인가보다. 실은 자기가 초인 같은 느낌도 든다. 높은 곳에 올라 거기에 불을 켜놓기도 하였다.

이리하여 클라망스의 모든 정열은 자신에게 쏟아진다. 감격도 자기에게 향해진다. 적어도 지금까지 단 한번 연애한 일이 있지만 그때도 사랑한 것은 자신뿐이었다. 교만, 자기중심, 이것이 클라망스의 전부다.

그런데 어느 날 지배계급의 냉정함을 고발하고 법정에서 돌아오는 길에서 클라망스가 강을 건너올 때 그는 자기 뒤에서 웃는 소리를 들었다. 뒤를 돌아보니 아무도 보이지 않았다. 이 웃음소리에는 조금도 이상한 울림은 없었다. 자연스럽고 마음을 놓이게 하는 친밀하고도 부드러운 웃음소리였다. 그러나 그날 밤 거울에 비친 자기의 얼굴을 보았을 때 그의 미소가 이중으로 보였다.

사실 이런 일이 있기 3년 전에 그가 파리 센 강을 건너고 있는 중에 그는 다리 난간을 잡고 있는 여성을 보았다. 그리고 잠시 후에 물속으로 뛰어드는 어떤 소리를 들었다. 섬뜩했지만 뒤를 돌아보지는 않았다. 그 후 몇 차례 다리 밑에서 비명이 들려왔으나 얼마 있다가 이내 사라졌다.

그는 한참 동안 귀를 기울이다가 다시 빗속을 걸었다. 그는 아무한테도 말하지 않았다. 그 후 대서양을 건너가는 배 위에서 그는 바다 속에 하나의 흑점을 본다. 곧 눈을 돌렸으나 가슴이 뛴다. 그가 또 한번 그것을 보려고 하였지만 흑점은 사라져 버렸다. 그러나 그것은 또다시 모습을 드러냈다. 떠내려가는 대수롭지 않은 물건인지도 모른다. 그러나 그는 그것을 보고 있을 수가 없었다. 왜냐하면 옛날 다리에서 떨어져 죽은 여인처럼 보였기 때문이다. 그래서 그는 이렇게 믿게 되었다. 몇 해 전 센 강의 자신의 뒤에서 들리던 그 비명은 하나의 흑점이 되어 강을 건너고 해협을 지나 바다로 퍼져 어디서나 자기를 기다리고 있게 되었다고.

 자기 자신에 대한 존경과 다른 사람에 대한 존경은 사라지고 인간의 자존심은 지옥 밑바닥으로 굴러 떨어진다. 그것은 공간을 통해서 인류전체로 오염되어 간다.

페스트

 카뮈는 1947년 34세 때, 소설『페스트』를 써서〈비평가 상〉을 탔다. 부조리에 오염된 폐쇄된 알제리의 항구 도시 오랑[Oran]을 그린 것이다.

 의사 류[Rieux]는 말 안하는 사람 가운데는 끼지 않기 위해서 또 페스트에 피습된 사람들에게 유리한 증언을 남기기 위해서 그들에게 감행된 비인도적인 학대의 만분의 하나라도 알려주기 위해서 글을 쓰기로 결심하였다.

 소설『페스트』는 민중에게 갑자기 몰아닥친 재난에 대하여 인간의 단합이 승리를 이룩한 기록이다. 주인공 류는 모두가 자기 터에서 싸우는 단합에 의하여 반항을 완성하는 것이다. 오랑에 오자마자 갇혀버린 신문기자 랑베르도 이곳을 탈출하여 애인에게 갈 것을 생각했으나 나중에는 그것을 부끄럽게 생각하고 류와 함께 페스트와 맞서 싸우게 된다.

 그들이 페스트를 이겨낼 것이라고 믿는 사람은 아무도 없었다. 그들은 언젠가는 죽게 될 것으로 알고 있었으며 자기의 힘 안에서 최대의 반항을 하는 것으로 대처하고 있었다. 그러는 동안에 페스트는 사라진다. 그들의 승리는 페스트를 내쫓았다는 것이 아니라, 이런 싸움을 통해서 그들이 각각 선 자리는 다르지만 서로가 허용한 아름다운 우정과 인간의 존엄은 영원히 잊을 수 없는 게 그들의 소득이었다.

그들은 페스트라는 부조리 속에서도 절망이나 허무주의로 도망치지 않고 힘을 합해 싸움으로써 도리어 세계와 인간에게 밀착할 수 있는 계기가 되었다. 여기서 페스트를 나치스로 상징한 것은 카뮈가 제2차 대전 때 30세에 반독투쟁에 가담하여 『콩바(전투)』라는 지하신문에 편집을 책임지는 동안에 느낀 동지애의 따뜻함이 해방 후 여러 정치적인 상황에 의하여 싸늘하게 식어가는 것이 아쉬워 『페스트』를 쓰게 된 듯하다.

오랑 시는 나치에 점령된 프랑스를 상징하고, 방역반에 들어갈까 그보다는 애인을 찾아 탈출할까에 고민하는 사나이는 반독지하투쟁에 가담할 것인가, 개인의 안일을 찾을 것인가, 국민의식과 개인의식의 갈등을 그린 것이다.

카뮈가 레지스탕스 운동에 가입한 것은 1941년 12월 독일 사람들이 공산당 간부 가브리엘 페리를 처형한데서 시작된다. 폭력보다도 폭력적인 제도가 더 나쁘다고 생각했기 때문이다. 『콩바』의 일원으로 지하활동에 투신하였으며 43년에는 『콩바』라는 지하신문을 카뮈가 편집장이 되어 발간하였다. 『콩바』는 8월부터 일제 공격을 개시한다.

돌과 물의 넓은 들판에서 역사에 무거운 책임을 맡은 이 강변의 모든 사람들은 자유의 바리게이트를 일으켜 세워야 한다. 그리고 정의가 사람들의 피를 희생으로 하여 다시 얻어져야만 한다. 독일의 점령과 저항의 체험이 『페스트』란 소설로 구상된다.

알제리의 연안도시 오랑, 주인공은 의사 류, 4월 16일 아침 류는 병원 밖 계단에서, 한 마리의 죽은 쥐를 발견한다. 그런데 곧 지붕 밑에서, 지하실에서, 광에서, 하수도에서 많은 쥐들이 비틀거리며 줄을 지어 올라와 밝은 햇볕 속에서 핑핑 돌다가 쓰러져 죽는다. 마치 대지 속에 썩고 곪았던 고름이 터져 나오기나 하는 듯하다. 쥐는 점점 줄어들고 한 마리도 없이 다 죽은 뒤에 류의 아파트 문지기가 병으로 쓰러진다. 페스트가 발생한 것이다. 그러나 천재天災는 사람의 추측을 넘어선다.

사람들은 천재가 비현실적이요, 곧 지나갈 일시적인 악몽으로 생각했다. 시민들은 장사하고 여행하고 이야기들을 하고 있었다. 페스트가 미래未來도 왕래往來도 이야기도 모두 단절해 버릴 것이라고는 생각하지 않았다. 그러나 재난이 있는 한 누구나 결코 자유로울 수가 없는 것이다. 오랑은 페스트가 선언되고 도시都市는 폐쇄된다.

신문기자 랑베르는 탈출을 계획한다. 류는 랑베르의 탈출을 도울 수 있는 증명발급을 거절한다. 성당에서는 파늘루 신부가 페스트를 오랑 시에 내려진 죄의 징벌이라고 말한다. 마치 보리타작에 도리깨처럼 거대한 막대기가 도시의 상공을 휘두르며 닥치는 대로 두드리고 피투성이가 되어 올라가서 진리의 추수를 준비하는 알곡을 거두기 위해 인류의 피와 고통을 뿌리고 있었다.

류는 페스트 토벌을 조직한다. 랑베르도 마지막에는 페스트의 도시에 남기로 결정한다. 혼자서 행복해진다는 것이 부끄러웠기 때문이다. 극장에서는 가수가 페스트로 쓰러지고 사람들은 출구로 몰려들었다. 판사 오통의 아들도 페스트로 죽는다. 십자가상을 붙잡은 채 파늘루 신부도 쓰러진다. 통계사 그랑이 페스트에 쓰러졌다가 처음으로 회복한다.

통계의 그래프가 점점 내려간다. 류와 같이 페스트와 싸우던 타루가 죽는다. 류는 타루가 진정으로 평화를 찾았는지 알 수 없지만 류는 평화로울 수는 없었다. 아들을 빼앗긴 어머니나 친구를 빼앗긴 사나이에게는 휴전이란 있을 수 없다. 류의 아내가 죽었다는 통지가 왔다.

페스트가 물러갔다는 벽보가 붙었다. 랑베르의 애인이 달려왔다. 성문이 열리고 그들은 말없이 껴안는다. 페스트가 끝나고 공포의 시대는 지나갔으며, 사람들을 파리 떼처럼 죽이던 시대가 갔다. 사람들은 계획된 광란, 참혹한 감금, 죽음의 썩은 냄새를 회상하기조차 싫어하게 되었다.

민중은 정신을 잃고 시체의 무더기가 진한 연기와 함께 사라지고 무력과 공포의 쇠사슬에 얽매여 자기 차례를 기다리던 그 모습도 잊어버렸다. 사람들은 이 시련을 통해서 알아낸 것이 있다면 인간의 애정이 얼마나 소중한가 하는 것이다. 그리고 류는 기쁨이란 사랑으로 뭉친 이런 사람들에게만 찾아온다는 것을 생각할 수 있게 되었다.

류는 그 동안에 일어났던 모든 것을 기록할 결심을 한다. 말만 하는 사람들 사이에 끼지 않기 위해서다. 그리고 페스트에 걸렸던 사람들에게 유리한 증언을 하고 인간에게 경멸할 점보다 찬미할 점이 더 많다는, 재난을 통해서 배운 것을 알리기 위해서 기록할 결심을 했다. 그러나 이 기록이 결정적인 승리의 기록이 아님을 말할 것도 없다. 오직 공포와 침략에 대하여 대처하지 않을 수 없었던 사실을 증언할 뿐이다. 거리에서 들려오는 민중의 환희 속에서 그는 이런 말을 덧붙여 쓰지 않을 수가 없었다.

"페스트균은 결코 죽지도 않고 없어지는 것도 아니다. 수십 년간 가구나 옷장이나 창고나 누더기나 쓰레기 속에서 계속 살아 있다가 또다시 쥐들을 불러 들여 어딘가 행복한 도시로 그들을 죽게끔 보내게 될 것이다."

페스트는 옛날부터 견디기 어려운 형벌처럼 그려져 있다. 『오이디푸스 왕』의 신화에서 테베는 큰 물결에 휘말려 이제는 죽음의 파도 위에 머리도 내놓을 수 없게 되었다. 죽음이 도시를 짓눌러 땅위의 열매는 망울지어 말라버리고 소 떼나 여인들도 새끼나 어린애를 낳을 수가 없게 되었다. 불타는 여신, 무엇보다도 무서운 여신, 페스트가 그들을 덮친 것이다.

그 후 페스트는 과학으로는 풀 수 없는 수많은 환상을 빚어냈다. 페스트 때문에 새들이 없어진 아테네, 소리 없이 단말마에 시달리는 중국거리, 마르세유, 자바, 콘스탄티노플, 밀라노, 런던, 어디서나 언제나 대문을 두드리며 찾아드는 페스트, 대문을 두드리는 수만큼 집안의 사람들이 죽어가는 무서운 죽음의 사냥이 현대에도 벌어지고 있는 것이다.

카뮈는 파늘루 신부의 설교를 통해서 페스트를 이렇게 묘사한다.

"보세요, 저 페스트의 천사를. 마치 루시퍼처럼 아름답고 악마답게 번뜩이는 모습으로 붉은 창을 가진 바른손을 얼굴까지 추켜들고 왼손으로 당신의 집을 가리키면서 당신의 지붕 위에 서 있지 않아요?"

그것은 씨 뿌리는 농부처럼 인간의 피와 고뇌를 뿌리고 있었다. 오랑은 비둘기도 떠나고, 나무도 없고, 정원도 없고, 새소리도 나뭇잎 소리도 들리지 않는 거리가 되었다. 페스트의 태양은 모든 색채를 지워버리고 일체의 기쁨을 멀리하였다. 오랑의 시민들은 관습에 끌린 채 사는 것도 잊고 사랑함도 없이 죽음을 생각할 수도 없다. 오랑은 페스트 때문에 세계와는 동떨어지고 식량은 줄어들고 전기는 약해지고 대부분이 물자부족에 시달리지만 이 틈을 타서 필수품 투기로 배불리는 놈도 있다. 공포와 불신이 더욱 성하여 마치 짐승처럼 되어 간다.

그러나 카뮈는 이런 속에서도 자기를 희생하고 집단적 재난을 막으려는 사람들을 증언한다.

"나는 『페스트』가 여러모로 읽혀지기를 바라지만 이 작품은 나치에 대한 유럽의 저항운동을 그 내용으로 한 것이다. 이들 투사들은 장래 어떠한 공포에 직면한다고 해도 그 공포의 양상이 아무리 처절하다고 해도 그들은 그들이 해낸 솜씨를 또 한번 되풀이할 것이다.

그것은 공포에는 여러 가지 양상이 있을 것이고 사람들이 모든 공포에 대해서 효과적으로 부딪쳐 나갈 수 있도록 나는 공포의 내용을 밝혀 적지 않은 정당성을 증명할 것이다. 그것은 절대적이요 거의 추상적인 악이기 때문이다."

페스트가 일체를 덮어버렸다. 이제 여기에는 개인의 운명이 존재하지 않고 페스트라는 집단적 역사와 만인이 공유하는 감정이 있을 뿐이다. 그 가운데서도 가장 심각한 감정은 이별과 추방이요, 거기에 따르는 공포와 반항이다. 이제 새로운 설움 외에 아무 상대도 갖지 않은 사람에 있어서나 또 이 순간 잃어버린 사람의 추억에 잠긴 사람에 있어서나 공포의 감정은 절정에 도달했다. 이제 이름도 없는 무덤 속으로 행방을 감추었거나 화장터 잿더미 속에 모습을 감춘 이들과 더불어 일체의 기쁨을 잃어버린 부모나 부부나 애인들에게는 변함없이 페스트는 계속되는 것이다.

카뮈는 『페스트』를 통해서 우리들이 다 같이 괴로웠던 질식 상태와 우리가 체험한 협박과 추방의 분위기를 표현하고 싶어 하였다. 그와 동시에 이러한 해석을 일반적인 존재의 개념으로까지 확대시켜 보고 싶었던 것이다.

페스트는 사랑하는 사람들만의 이별의 원인이 아니다. 인간과 자연과의 이별도 되고 인간과 인간 자체와의 분열의 원인도 된다. 그들에게 있어서 진정한 조국은 숨 막히는 성밖이었다. 언덕위의 향내 나는 숲, 푸른 바다, 자유로운 토지, 사랑의 하늘이었다. 그러나 성 안에 갇힌 사람들은 이 모든 것과 이별한 것이다.

사람은 또 자기 자신과 마주섰을 때 불안과 불쾌를 느끼게 된다. 그것은 자기 존재 속의 분열을 느끼기 때문이다. 파늘루 신부도 참혹한 어린이의 죽음과 어떠한 충성 때문에 일어난 반항과 공포 때문에 정신이 분열된 듯하다.

타루도 살아있는 동안 자기 자신과 분열되어 참다운 평화를 찾지 못한 채 오르페우스처럼 찢기어 죽어간다. 무엇이라고 말할 수는 없지만 그가 제일 좋다고 생각했던 것과는 영원히 만나지 못하게 되고 만다.

악이란 존재의 여러 모습을 한결같이 싸서 침투해가는 원리이며 제일 원인이요 편재성과 영원회귀를 그 특징으로 한다. 악은 인간으로 하여금 이별과 분열을 가져오게 한다. 진정으로 통합과 화합을 갈망한다면 인간의 운명인 이별과 분열은 이렇게까지 괴롭히지는 못할 것이다.

인간이 자기와의 화평을 가지게 되고 남이나 자연계와 조화하여 살 수 있는 세계에 대한 향수는 카뮈의 작품에는 어디나 진하게 나타난다.

페스트는 처음에는 역병이지만 창조와 인간에 내재하는 악마가 된다. 이 작품은 명백하면서도 신비하고 대낮의 태양처럼 강렬하면서 깊은 물처럼 맑기 짝이 없다. 필요한 것은 무슨 방법으로든지 싸우는 일이다. 무릎을 굴해서는 안 된다. 될 수 있는 대로 많은 사람의 죽음을 막고 그들에게 이별의 괴로움을 맛보지 않게 하는 일이다. 그러기 위해서 인간은 페스트와 싸우지 않으면 안 된다. 이 진리는 특별한 것이 아니라 하나의 당연한 귀결이다.

사상

 카뮈는 1913년 알제리에서 태어났다. 알제리는 그 당시 프랑스의 식민지였다. 알제리의 수도에는 프랑스의 총독이 아랍 계통의 원주민을 통치하고 있었다. 카뮈의 아버지는 프랑스인으로 일자리를 구하여 포도가 많기로 알려진 몽도비에 와서 포도주 공장에서 노동자로 일했으며, 카뮈가 태어난 다음 해 전쟁에 끌려 나가 마른 전투에서 전사하였다. 불구가 되어 돌아오기보다는 잘 됐다고 중얼거리는 어머니는 몸이 약해 초등학교도 못 다닌 일자무식으로 자식을 위하여 식모살이를 했다.
 카뮈의 가난한 어린시절은 거의 밖에서 세월을 보냈다. 지중해의 태양, 바다, 밤하늘, 맑은 공기는 그에게 한없는 감수성을 길러 주었다. 담임선생의 도움으로 장학금을 얻어 중·고등학교에 가게 되었다. 13세 때 그는 지드, 몬테루란, 말로(Andre Malraux, 1901-1976) 등을 읽었다고 한다.
 그리고 축구와 수영이 무엇보다 그의 즐거움이었다. 시합에 이겼을 때의 기쁨은 말할 것도 없지만 시합에 지고 실컷 울었을 때도 그의 생은 만족하였다. 수영은 그의 작품과 더불어 신비한 것이었다. 그런데 카뮈가 17세 때 그는 폐병肺病 때문에 문학을 좋아하는 외삼촌 네 집에서 한 동안 요양을 하게 되었다. 그 덕분에 그는 많은 책을 읽을 수 있게 되었다.
 19세에 알제 대학에 간 카뮈는 장 그르니에(Jean Grenier, 1898-1971) 선생을 만나게 된다. 파리대학의 미학교수였던 그는 그때 카뮈에게 베르그송 철학을 가르쳐 주었다. 그르니에는 카뮈에게 철학적 불안을 문학으로 표현하는 길을 열어 주었다. 카뮈는 친구들과 같이 『남쪽』이라는 잡지를 내고 23세에는 그의 최초의 희곡 『아스튀리의 반란』을 출판하였다.

카뮈는 로맹 롤랑이 창설한 반파쇼 운동에 가담하고 21세에는 공산당에 가담하여 원주민 속에 끼어들어 선전활동을 한다. 이때 그는 시몬과 결혼하지만 한 해도 못가 헤어지고 24세에는 당과도 인연을 끊는다. 그는 알제대학에서 철학을 연구하면서 자동차 부속품 가게의 외판원도 하고 『알제 레퓌블리캥』의 신문기자가 된다. 그는 『안과 겉』, 『칼리굴라』를 출판하였다.

26세 때에 제2차 대전이 터지자 전쟁에 나갈 것을 지원하지만 건강이 좋지 않아 탈락하게 된다. 건강 때문에 결국 교수자격시험도 치지 못하게 됨에 카뮈는 알제리 방송극단의 배우가 되고 각지 순회공연에 참가하다가 연말에는 친구들과 같이 독자적으로 극단을 결성하여 「수녀」를 상연했는데 대성공이었다.

그런데 카뮈의 『알제 레퓌블리캥』의 원주민 옹호는 정부의 미움을 사서 폐간되고 다시 시작한 『수아르 레퓌블리캥』도 다음 해 폐간되어 27세에 카뮈는 알제리 정부로부터 출국명령을 받고 파리로 건너가서 『파리 수아르』지의 편집인이 되었다. 이때 5월에 『이방인』을 완성한다. 그러나 6월에 프랑스가 독일에 전면 항복하는 바람에 파리를 떠나 산으로 들어가 나치항전에 가담한다. 이때 카뮈는 『시지프스의 신화』를 썼다.

시지프스에게 내려진 형벌은 쉴 새 없이 바위를 산꼭대기까지 밀어 올리는 것이다. 꼭대기에 도달하면 바위는 자기 무게 때문에 굴러 떨어진다. 무익하고 희망 없는 노동처럼 무서운 징벌은 없다. 그러나 시지프스는 위엄에 넘쳐서 정열을 가지고 이 일을 받아들인다.

시지프스의 기쁨의 근원이 여기에 있다. 그의 운명은 그의 손안에 있다. 바위도 그의 제물이 되었다. 시지프스는 확실히 부조리의 영웅이다.

시지프스의 신화는 자살논의로 시작된다. 존재의 부조리성에 대한 진정한 반항은 죽는 일이 아니라 반항하면서 사는 것이라고 가르쳐 준다. 그 후 28세에 프랑신느 포르와 재혼하고 알제리 오랑에 돌아와서 『페스트』를 쓰기 시작한다. 히틀러의 폭력적 제도가 페스트보다도 더 무섭다는 것을 그리기 위해서다.

29세에 폐병이 재발하여 프랑스로 돌아가 오베르뉴 농장에서 쉬다가 지하투쟁에 가담한다. 그는 파리에 나가 겉으로는 가리말 서점의 원고 교정을 보면서 속으로는 비밀조직의 기관지 『콩바』의 편집 책임을 맡았다. 이 때 『이방인』과 『시지프스의 신화』가 출판된다.

1944년 9월 24일 카뮈가 31세 되던 해 파리는 해방되어 『콩바』도 처음으로 대낮에 신문을 내놓게 되었다. 32세에는 일본에 원자폭탄이 떨어졌다. 기계문명이 그 야만성에 있어서 절정에 도달했음을 통탄했다.

이 해에 처음으로 공연된 『칼리굴라』는 대성공을 거두었다. 33세에 미국을 여행하고 10월에는 사르트르, 쾨스틀러 등과 심각한 사상적인 갈등을 빚어내기 시작했다. 34세에 『페스트』가 출판되어 〈비평가 상〉을 받았다. 많은 비평가들이 『페스트』를 신 부재의 신성함이라고 비평하고 카뮈는 정의의 화신인 것처럼 생각되었.

카뮈는 목적을 위해서 수단을 가리지 않는 극좌極左나 극우極右의 태도는 모두 그의 성미에 맞지 않았다. 정의는 목적과 수단이 아니라 모두 정의로워야 한다. 그러기 위해서는 폭력과 허언이 아니라 이성과 진실이어야 한다.

35세에 그는 게리 데비우스의 세계시민선언에 지지연설을 하고 사르트르의 민주연합전선에서도 자유의 증인이란 연설을 하고 이해 카뮈의 「계엄령」이 초연을 가졌다. 36세에 남미를 여행하고 건강이 다시 악화되어 그는 들어 박혀 『반항적 인간』을 썼다. 그의 희곡 『정의의 사람들』이 파리에서 초연되어 대성공을 거두었다.

37세 봄 프랑스 남쪽 그라스 근교에서 요양, 여름에는 사보다에서 보내고 가을에 파리로 돌아와 『시사평론』 제1권을 내고 38세에 『반항적 인간』이 출판되었다.

『반항적 인간』은 폭력비판의 책이다. 그것은 사회적·정치적 세력을 획득하기 위하여 쓰이는 폭력에 대한 반항이다. 카뮈는 스탈린의 독재를 비난하고 해방 후의 폭력혁명을 비난한다. 폭력혁명이 허락되는 경우는 한번 있다. 그것은 주동자가 자기의 생명을 내던질 때만 가능하다.

카뮈가 사르트르를 안 것은 그가 30세 때의 일이다. 사르트르의 절찬으로 『이방인』은 매진되고 카뮈는 세계적인 작가가 되었다. 카뮈도 사르트르의 영향으로 야스퍼스, 하이데거, 키에르케고르를 더 읽게 되었다. 그러나 그는 끝까지 자기는 실존주의가 아니라고 생각했다. 더욱이 공산주의와 동조하는 사르트르와는 차차 정치적으로 멀어지기 시작했다.

특히 한국동란이 일어나자 카뮈는 스탈린의 폭력에 반항하지 않을 수 없었다. 사르트르도 스탈린주의자들의 범죄 행위를 비난하지 않은 것은 아니다. 그러나 이런 범죄 행위가 공산주의 이론의 당연한 귀결이며 공산주의가 현대세계의 유일한 악의 원천임을 거절하였다. 그러나 카뮈는 현대의 악은 공산주의에 있음을 강조한 것이다. 이리하여 두 사람은 거리가 멀어져 갔다.

한국전쟁이 한창일 때 39세의 카뮈는 사르트르를 마르크스주의자라고 못 박고 레닌 스탈린주의적 정신구조에 의하여 지적으로 지배되고 있으며 도덕적으로는 혼자 잘난 체하고 지적으로는 교만의 죄를 범하고 있으며 공산당에게는 이익을 주지만 일반 대중에게는 지적 혼란을 확대시키고 있는 공산주의자의 앞잡이라고 사르트르를 비난하여 그들의 우정은 단절되고 말았다.

40세에 동 베를린에서 공산주의에 반항하는 폭동이 있을 때도 카뮈는 반항하는 사람을 지지하고 『시사평론』 제2권을 출판했다. 그런데 41세 때 알제리의 반란이 일어났다.

카뮈는 알제리에서 태어났지만 사람은 프랑스 사람이다. 이론적으로 약자의 편에 서지만 현실적으로는 강자에 속하는 갈등을 해결할 길이 없었다. 그는 약자가 되어 독일에 반항하고 소련에 반항했지만 지금 카뮈는 자기도 모르게 프랑스인으로 원주민에 대하여 강자가 되었고 아무리 약자가 되려고 해도 약자들이 그를 받아 주지 않았다.

원주민과 이주민과의 대립은 날로 격화하여 결국 1945년 카뮈가 32세 때 국부적인 폭동이 일어나 공군·해군의 폭격으로 원주민이 15,000명이 살육되었다. 그 후 살인과 진압의 알제리가 탄생하여 민주화의 이념은 완전히 봉쇄되어 버렸다.

카뮈는 프랑스와 원주민이 공존하는 정의의 알제리를 바라지만 그것은 현실적으로 불가능했다. 알제리의 분쟁은 악화일로를 거듭했다. 42세에는 비혁명·비폭력을 호소하고 43세에는 현지 시민에게 정전을 호소하지만 아무런 반응도 못 얻었다. 그는 원주민과 이주민을 내용으로 하는 많은 작품을 썼다.

41세 알제리 반란이 시작하던 해에 출판된 『추방과 왕국』에는 6편의 이야기가 적혀 있다. 처음 이야기는 불륜의 이주민 자닌느가 원주민 유목민의 생활을 그리워하여 사막으로 뛰어 나가는 장면을 그리면서 거기서 그녀는 자기의 뿌리를 발견한 것같이 생각되었다고 적고 있다.

카뮈에게는 언제나 두 얼굴이 겹친 채 일치되지 않고 있다. 그것이 부조리의 근원인지도 모른다. 그러나 따로 떼어 놓고 볼 때 알제리의 카뮈는 언제나 강렬한 태양이 빛나고 검푸른 지중해의 물결이 감도는 환희의 카뮈다. 그의 생은 하나의 시련이다. 아무것도 없는 무일물의 전라全裸는 생명의 풍요함을 말하고 끝없이 반항하는 시지프스는 행복한 얼굴에 기쁨을 감추지 못한다.

그러나 프랑스의 카뮈는 언제나 시대와 싸우는 고민하는 지식인의 야윈 얼굴이다. 이와 같이 밝음과 어두움, 생과 사의 대립은 어쩔 수 없이 부조리의 감각을 이끌어 내고 이런 명암을 넘어서고 생사를 넘어서 절대적 인식을 찾으려는 카뮈는 자연 영원한 것을 더듬지 않을 수 없었을 것이다. 여기에 희랍의 영원한 이념의 지중해의 젊음과 하나가 되어 영원한 젊음을 구현하는데 카뮈의 작품에 매력이 있을 것이다.

44세에 카뮈는 노벨문학상을 받았다. 주불駐佛 스웨덴 대사는 이런 축사를 보냈다.

"코르네이유의 영웅처럼 당신은 레지스탕스의 투사요 반항적인 인간이다. 그 반항적 인간은 부조리에 하나의 의미를 부여할 수가 있었다. 그리고 당신은 이 착란된 세계 속에서 창조와 행동과 인간의 고결에 대하여 하나의 위치를 부여하였으며 비록 그것이 어려운 희망이지만 심연의 밑바닥으로부터 희망의 필요를 지탱할 수 있는 사람이다."

카뮈는 나를 알제리의 프랑스 작가로 인정해준 데 대하여 감사한다고 답변하였다. 사실 알제리의 카뮈는 일체가 깨끗하였다. 태양도, 하늘도, 바다도, 폐허도 카누를 탄 벌거숭이 어린이도 모두 깨끗하였다. 그것은 때 묻지 않은 자연 그대로였다. 그러나 현실적인 카뮈는 자꾸 굴러 떨어지고 있었다. 이것이 그의 『전락』이라는 작품이다.

　『전락』의 주인공 클라망스는 지옥의 밑바닥에까지 떨어진 속세의 성자였다. 45세에 『안과 겉』을 재판再版하였으며 46세에는 자신의 각색과 연출로서 도스토예프스키의 『악령』을 상연했고, 47세가 되던 해 1월 4일 교통사고로 세상을 떠났다.

찾아보기

책이름

『시도시집時禱詩集』
  ················ 166, 176
『나의 기쁨』 ············ 169
『두이노의 비가』 ········ 148
『말테의 수기』 ·········· 172
『매혹된 혼』 ············ 136
『반항적 인간』 ·········· 404
『백치』 ·················· 13
『변신』 ············ 376, 384
『보르프스베데』 ········· 224
『부활』 ················· 266
『빌헬름마이스터』 ······· 309
『성』 ··················· 389
『순수이성비판』 ········· 317
『시지프스의 신화』 ······ 395
『신시집』 ··············· 182
『심판』 ················· 389
『안나 카레니나』 ········ 261
『어른들의 걱정』 ········ 367
『에티카』 ··············· 112
『오디세이』 ············· 282
『월든Walden』 ·········· 353
『의복철학』 ············· 321
『이반의 죽음』 ·········· 266

『이방인』 ··············· 395
『이피게니에』 ··········· 281
『장크리스토프』 ····· 119, 83
『전락』 ················· 406
『전쟁과 평화』 ·········· 260
『죄와 벌』 ··········· 19, 45
『죄와벌』 ················ 45
『카라마조프의형제』 ····· 26
『크로이체르 소나타』 ···· 266
『파우스트』 ············· 287
『페스트』 ··············· 408
『햄릿』 ·················· 95
『형상시집』 ············· 170

(ㄱ)

가난 ···················· 176
가톨릭 ··················· 77
간디 ··············· 108, 109
감정 ···················· 397
거짓말 ·················· 396
게쉬히테[原歷史] ········ 216
결혼 ···················· 382
고독 ··············· 219, 357
고생苦生 ················ 291
고통의 비밀 ············· 19
공리주의 ··········· 315, 317
공산주의 ················· 53
과학적 사회주의 ········ 268
교육문제 ················ 372

교회 ················· 339
구원 ········ 204, 293, 295
그리스도 ·········· 26, 38,
           402, 41, 43
그리스도관 ············ 14
그리스도의 본질 ········ 40
근본경험 ······ 104, 217, 98
기도 ················· 208
기독교 ········ 203, 297, 337
기독교의 정신 ·········· 39

(ㄷ)
단독자 ················ 221
단테 ················· 119
대령大靈 ·············· 346
대심문관 ········ 14, 26, 33
덕불고德不孤 ·········· 357
도심道心 ·············· 380
디오니소스 ············ 117

(ㄹ)
레지스탕스 ············ 409

(ㅁ)
무 ··················· 329
무관심無關心의 중심中心
    ·················· 324
무신론 ················ 50
문학혁명 ············· 304

물질주의 ············· 109
민중 ·················· 62

(ㅂ)
반항 ················· 404
범아일여梵我一如 ······· 342
베토벤 ················ 87
변신變身 ·············· 216
부요한 빈곤 ··········· 175
부조리 ·········· 378, 392
부활 ················· 353

(ㅅ)
사랑 ········ 209, 210, 69
사랑과 도덕 ··········· 261
사회주의 ············ 25, 59
생명 ·················· 43
선험철학 ············· 316
성선性善 ·············· 337
세계관 ················ 98
순간 ·················· 16
순수직관 ············· 295
순진성 ················ 47
슈타인부인 ············ 281
스와라지 ············· 110
스피노자 ············· 112
시 ·············· 214, 242
시인 ········ 233, 237, 241
신 체험 ················ 54

신비주의 ················ 79
신앙 ············· 263, 297
신즉자연 ··············· 306
신학 ··················· 206
실존 ··············· 201, 239

(ㅇ)

아버지의 사랑 ··········· 37
아트만 ················· 116
악마 ··········· 293, 37, 53
앤테레케이아 ············ 284
에덴동산 ··············· 222
에머슨의 사상 ··········· 337
영원의 부정 ············· 327
영원한 긍정 ············· 326
예수 그리스도 ··········· 337
예술 ············· 162, 209,
      226, 229, 232, 284, 309
예술작품 ··············· 236
오드라덱 ··············· 367
완전태 ················· 284
월든(Walden) ··········· 351
유태 신비사상 ··········· 390
응무소주이생기심應無所住而生
其心 ··················· 226
인간의 본질 ············· 36

(ㅈ)
자아의식 ··············· 113

자연 ··················· 302
자연론 ················· 346
자유 ················ 25, 35
자유주의 ··············· 59
전인全人 ··············· 307
종교적 감정 ············ 69
죄인 ··················· 40
주체 ·············· 215, 221
죽음 ·········· 173, 174, 212
즉물성卽物性 ··········· 227
즉물적직시卽物的直視 ··· 230
직관 ··················· 114
진리파지眞理把持 ········ 351
진실 ··················· 115

(ㅊ)
참만고일성순參萬古一成純
························ 225
창작 ··················· 214
창조 ··················· 293
천국 ··················· 73
출가出家 ·········· 220, 250

(ㅋ)
코란 ··················· 190

(ㅌ)
탐진치貪瞋痴 ··········· 291
탕자 ····· 202, 211, 224, 225

찾아보기 425

투시현상 ·············· 189

(ㅍ)
페스트 ················ 410
플로티누스(Plotinus) ···· 117

(ㅎ)
해탈 ·················· 222
허무주의 ···· 40, 404, 56, 56
형상 ·················· 170
형상화 ················ 275
호연지기浩然之氣 ······· 342
회심 ·················· 192
히스토리[歷史] ········· 216